Calcio Year Book 2024

Sergio Angelo Chiesa presenta:

Serie A

STAGIONE 2023/24

www.datasport.it

Editore Wise - Digital services

Calcio Year Book 2024
Serie A 2023/2024
ISBN: 979-12-985117-0-5

Autore
Sergio Angelo Chiesa Datasport® - sergio.chiesa@datasport.it

Consigli, segnalazioni o correzioni
Ogni contributo e consiglio di addetti ai lavori, lettori e appassionati
è ben accetto per il miglioramento immediato del prodotto, sia
digitale sia cartaceo segnalazioni@datasport.it - +39 345 484 3900

Contenuti
Alberto Rossi (coordinatore), Nicolò Maria Janiri ed Emanuele
Manzini (assistenti), Domenico Alicino, Davide Corradini, Marco
Foianesi, Massimiliano Grimaldi, Francesco Montanino, Sabato
Peluso, Giovanni Rolle e Francesco Russo (Inviati)

Statistiche
Banca Dati Calcio Datasport®

Datasport©
redazione@datasport.it - www.datasport.it - +39 345 484 3900

Progetto e coordinamento
Sergio Angelo Chiesa

Sezione Commerciale e pubblicità
Wilma Gagliardi - wilma.gagliardi@wiseitalia.it

Progetto grafico
Antonella Colucci

Crediti immagini
Copertina e pagine 3-5-11-93:
elaborazione su immagini Freepik

Indice

Sergio Angelo Chiesa

Il futuro del Calcio fra intelligenza artificiale e Una persona in ogni stadio

Sergio Angelo Chiesa è Direttore di Datasport - Agenzia Giornalistica Digitale Multimediale

redazione@datasport.it

La solita frase: "Non c'è Futuro senza conoscere il passato" è quanto mai di attualità. Chi pensa che i motori di ricerca risolvano la questione, vadano a cercare chi è stato il migliore tiratore della Roma per tre anni consecutivi o se Paolo Maldini è stato il più presente fra i capitani del Milan e se Maradona ha subìto in media più o meno falli di Immobile o se duravano di più le partite negli anni '80 o quelle di adesso. Tutte risposte che solo una banca dati organizzata e "dati elementari" registrati possono offrire. L'intelligenza artificiale può far tanto solo se: i dati esistono, sono completi e sono organizzati.

Proprio per queste ragioni quest'anno puntiamo in alto pensando al tempo effettivo ponderato delle partite e alla gestione più scientifica delle stesse con la discussione se il Var deve avere o meno più importanza.

Il contributo dell'Intelligenza Artificiale esalta la valorizzazione dei dati esclusivi che Datasport possiede. Un database che guiderà il racconto del calcio italiano nei prossimi anni, dai protagonisti più conosciuti a "mio nonno si ricorda che…".

Il futuro del Calcio, nostrano e non, si adagerà su tre linee di sviluppo: l'evoluzione del Var, moviola in campo; il tempo effettivo ponderato per non svilire il gioco, la valorizzazione di tutti i protagonisti moderni gladiatori.

Sono a disposizione per incontrare, confrontare, esaminare i dati del calcio italiano.

I tempi cambiano e stanno cambiando sotto i nostri occhi. Quando tutto cambia, cambia tutto! Nessuna delle generazioni attuali ha assistito ad un cambiamento così vasto e coinvolgente: costumi, economia nord-sud, est-ovest, tecnologia. Siamo immersi nostro malgrado in un frullatore che non sappiamo quando si spegnerà.

In tempi come questi di transizione, sembra che il passato non interessi nessuno, dato che tutti i mezzi di comunicazione sono concentrati sul presente e sull'immediato.

Avere coscienza di quello che si è fatto, contarlo per avere traccia della Storia, non sembra avere importanza.

Diamo molta importanza alle teorie della disciplina psicologica che insegnano che il ricordo del passato ci rende depressi e il futuro ci crea ansia. Perciò dobbiamo concentrare le attenzioni sul presente per dare il meglio delle nostre capacità e conoscenze.

Il tempo passa, ma il momento di bilanci seppur minimi, dove serve una certificazione di eventi, luoghi, persone arriva inesorabile. Datasport dal 1985 raccoglie dati sul Calcio e sullo Sport.

L'attenzione è rivolta a chi non ha la luce della ribalta, alla quale arriva un giovane ogni 5.000 che provano. Un totale di 400.000 atleti-calciatori che scende in campo ogni anno pensando e credendo di essere il migliore. Proprio a questi "migliori" ci rivolgiamo raccontando con numeri e statistiche il loro cammino.

La ponderosità del lavoro svolto dalle persone che hanno aderito al Progetto "Una Persona in ogni Stadio" (unapersonainognistadio@gmail.com) è stato quello di fotografare la partita: Prima, Durante e Dopo il suo svolgimento, pubblicando su diversi mezzi di comunicazione le informazioni, immagini, dati e notizie. Dalle "probabili formazioni" alle presenze totali di campionato, passando dal sito internet Datasport.it alla pubblicazione sul Mobile, dalla carta stampata quotidiana ai libri al contenuto digitale pubblicato su E-book, libro elettronico in digitale. Dati, immagini, informazioni, notizie che tutti possono acquistare collegandosi a www.datasport.it. Un lavoro utile ed indispensabile per gli appassionati di Fantacalcio o per i concentrati analisti del calcio scommesse.

Nel ringraziare individualmente, tutti quelli che hanno contribuito a rendere reale questa difficile impresa e confidando in un miglioramento delle relazioni con Istituzioni, Società, Giocatori, Arbitri, Dirigenti e Allenatori per sviluppare in futuro un prodotto sempre migliore e soddisfare tutte le esigenze di informazione del Calcio, confidiamo sulla possibilità di essere in grado di organizzare, potenziare e migliorare la struttura per la Stagione 2024/2025 per tutti i campionati nazionali trattati.

SERGIO ANGELO CHIESA
DIRETTORE DI DATASPORT

Filippo Grassia

Come il Var ha cambiato il Calcio e come può ancora migliorarlo

Il Var: un problema umano. Mi auguravo che l'avvento del Var riducesse a una minima percentuale gli errori e le sviste degli arbitri e dei loro collaboratori. La partenza è stata efficace, direi quasi esemplare nella prima stagione e la constatazione non è paradossale. Alla vigilia del Mondiale in Russia la situazione è cambiata in peggio perché l'organo tecnico della Fifa ha introdotto un concetto che ancora oggi rende vulnerabile l'intervento della tecnologia: ovvero che i cosiddetti varisti possano e debbano intervenire solo in presenza di un "chiaro ed evidente errore" dell'arbitro in campo, come si legge nel secondo punto del protocollo legato a questa storica innovazione. E così la moviola in campo, come si usa dire in misura popolare, ha perso non solo il suo valore intrinseco, ma ha creato forti malumori sia in seno ai club sia fra il pubblico.

Quel "chiaro ed evidente errore", associato alla "decisione di campo" rappresenta ancora oggi una follia. Il Var, amici miei, dovrebbe entrare in scena ogni qualvolta si trovi in presenza d'un errore. E un errore non ha bisogno che sia "chiaro ed evidente", è un errore e basta. E quindi dovrebbe sempre innescare l'intervento di chi sta ai monitor. Può accadere infatti che un arbitro non riesca a interpretare al meglio un'azione anche se a due passi dall'episodio incriminato.

Eccoci ora ad un altro punto debole del sistema. Davanti ai monitor ritroviamo non solo arbitri in attività ma anche ex arbitri in pensione, e fra questi coloro che venivano ritenuti così scarsi da aver diretto poche partite di Serie A, ma che all'improvviso si sono trasformati in decisori inappellabili, fra l'altro con buona retribuzione. Un miracolo della natura umana... Bisogna porre al Var, altro suggerimento, gente preparata e adeguatamente formata. Se è ammissibile che un arbitro in campo commetta qualche errore, non sono da considerarsi altrettanto ammissibili le sviste di chi può vedere e rivedere un'azione da 10-12-14, financo 18 telecamere. L'episodio più clamoroso s'è avuto in avvio di campionato quando arbitro e Var, lasciando correre un fallo da ultimo uomo di Iling su Ndoye nell'area della Juventus, hanno negato al Bologna il rigore del possibile raddoppio e non hanno sanzionato il giocatore bianconero. È vero che si tratta della svista più clamorosa, è altrettanto vero però che la cosiddetta "decisione di campo" limita spesso l'intervento dei varisti. Un'altra colossale sciocchezza di cui si hanno flebili tracce nel regolamento. Tutte le decisioni dell'arbitro sono di campo. E quelle fallaci vanno corrette dal Var. Punto e basta.

Già che ci siamo, vorrei conoscere lo scienziato che ha portato alla distinzione fra "falli alti" e "falli bassi", con la conseguenza che i primi non vengono più fischiati. Fra questi le spinte con le quali si impedisce ad un avversario di proseguire un'azione da gol. Un fallo è tale, che sia "alto" o "basso". Troppi distinguo, troppe raccomandazioni. Con il rischio, ormai acclarato, di confondere la testa di tutti gli arbitri, i pochi di prestigio come le migliaia di giovani fischietti inviati per un tozzo di pane a dirigere le gare dei campionati minori. Sarà bene, inoltre, migliorare la selezione, promuovendo le donne e gli uomini più capaci, dotati soprattutto di personalità, indipendentemente dalle sezioni di provenienza. Indispensabile infine un ricambio generazionale, basti pensare che c'è solo un arbitro sotto i 40 anni fra i 9 che hanno diretto più partite nell'ultimo campionato di Serie A: il bravissimo comasco Colombo. Quelli buoni, a mio parere, dovrebbero essere promossi in A già a 26-27 anni ed entrare a 30-32 fra gli internazionali. Quelli buoni non si bruciano.

La moviola alla radio, più di un ossimoro. La rubrica "La moviola, guardiamola alla radio" ha compiuto le nozze d'argento avendo avuto inizio nel lontano 1999. Da allora ha rappresentato l'unica grande novità di "Tutto il calcio minuto per minuto", la trasmissione cult di Rai Radio1. In questo lungo periodo la moviola alla radio, a pensarci bene un vero e proprio ossimoro, ha raccolto un'audience incredibile non solo fra il popolo del calcio, ma anche fra gli arbitri che si affrettavano e si affrettano tuttora a collegarsi con Radio Rai 1 per ascoltarla. Il giorno che proposi questa mia idea, si era alla vigilia del Mondiale 1998, sorpresi tutti ad eccezione del compianto Marco Martegani, allora responsabile della redazione sportiva di Radio Rai, anch'egli cultore delle cose arbitrali. Ci volle un anno prima di tradurla in pratica, di passare dalle parole ai fatti, con l'assenso dell'allora direttore del GR, Paolo Ruffini, il quale sposò questa mia innovazione per arricchire un format rimasto dal 1960 uguale a sé stesso. Gli inizi furono faticosi perché c'erano da controllare 7 partite in contemporanea ad eccezione dell'anticipo del sabato sera e del posticipo della domenica sera. Formidabili furono subito i risultati grazie al lavoro dei collaboratori che si sono alternati al mio fianco, capaci di distinguere un calciatore dal modo in cui si muoveva o da come portava i calzettoni o dalla postura al momento di un dribbling, di un tiro, di un tackle. Si andava in onda 45 minuti dopo la fine delle partite, in forte anticipo su tutte le tivù. L'accoglienza fu subito fantastica da parte del pubblico che voleva "vederci" chiaro. A occhio e croce credo aver esaminato in questi 25 anni oltre 13mila partite, mi auguro con la massima indipendenza di giudizio e la visione oggettiva degli episodi più discussi. Per certi versi la "moviola alla radio" ha anticipato d'un ventennio il Var. Con un pizzico di orgoglio penso che questa trasmissione abbia ridotto gli errori arbitrali e la sudditanza psicologica oltre che permesso ai radioascoltatori (e ai giocatori) di conoscere meglio le regole arbitrali.

Avanti con il Var, quindi, a patto che i suoi manovratori usino la tecnologia, di per sé inossidabile, con intelligenza ed equilibrio affinché i verdetti risultino in linea con quanto accaduto in campo.

Ufficio Studi Datasport

Perchè è il momento di introdurre il tempo effettivo nel Calcio

Il **tempo effettivo nel calcio** è un argomento che ha suscitato discussioni accese tra appassionati, giocatori e addetti ai lavori. Tradizionalmente, una partita di calcio dura 90 minuti, divisi in due tempi da 45 minuti ciascuno. Tuttavia, il tempo effettivo di gioco, ovvero il tempo in cui la palla è effettivamente in movimento, è spesso molto inferiore. Vari studi, fra cui quelli di Datasport datati 30 anni fa, hanno dimostrato che, in media, il tempo effettivo di gioco si aggira intorno ai 60 minuti, con significative variazioni tra diverse competizioni e stili di gioco.

Gli ultimi episodi di questa stagione di Serie A hanno coinvolto la responsabilità degli arbitri oltre misura e oltre ogni ragione di buon senso. Le cinque sostituzioni per parte, ammesso che richiedano 30 secondi l'una, comportano 5 minuti netti da recuperare! Il tempo non giocato si allunga è dovuto a vari fattori, tra cui le interruzioni di gioco per falli, punizioni, rimesse laterali, calci d'angolo e sostituzioni che nascondono tempi morti per l'organizzazione della ripresa del gioco. L'esultanza per un gol segnato riveste la sua importanza. Si cerca di far segnare più gol per coinvolgere di più gli spettatori, ma abolire le esultanze delle panchine e dei giocatori in campo significherebbe negare il piacere di vedere e praticare il gioco del "pallone".
Questa stagione molti episodi hanno creato polemiche. Uno dei protagonisti è stato sicuramente Stefano Pioli, allenatore del Milan e attento studioso di ogni piccolo particolare della disciplina. Pioli ha osservato e considferato le tante ingiustizie commesse gestendo il tempo in modo approssimativo.

Analizzando i pro e i contro dell'adozione del tempo effettivo nel calcio, emergono opinioni contrastanti. Tra i vantaggi principali, vi è la possibilità di aumentare la giustizia e l'equità del gioco, riducendo l'impatto delle tattiche di perdita di tempo. Questo potrebbe portare a partite più dinamiche e avvincenti, con un ritmo di gioco costante e una maggiore trasparenza nelle decisioni arbitrali. Inoltre, garantire un tempo effettivo di gioco più lungo potrebbe incrementare il coinvolgimento emozionale degli spettatori, sia dal vivo che in televisione. Tuttavia, ci sono anche degli svantaggi. L'implementazione del tempo effettivo richiederebbe un sistema di cronometraggio accurato e un numero maggiore di persone coinvolte nella gestione delle partite.

Datasport che ha tracciato il solco, ha iniziato ufficialmente a rilevare il tempo effettivo durante i campionati Mondiali disputati in Italia nel 1990, Italia '90, e i suoi due rilevatori a partita erano dotati di tre cronometri perché, oltre al tempo effettivo, venivano anche rilevati i tempi di possesso palla. il cambiamento, come svantaggio, potrebbe alterare la natura tradizionale del calcio, incontrando resistenza da parte di puristi e conservatori del gioco.

L'introduzione di tecnologie avanzate, come il VAR (Video Assistant Referee), ha ulteriormente influenzato il tempo effettivo di gioco. Sebbene il VAR abbia migliorato l'accuratezza delle decisioni arbitrali, ha anche introdotto nuove interruzioni nel flusso della partita. Ogni revisione video comporta un'attesa che si aggiunge alle già numerose pause del gioco. Per affrontare queste problematiche, la FIFA e altre organizzazioni calcistiche stanno considerando varie soluzioni, tra cui l'adozione di misure per ridurre le perdite di tempo intenzionali.

La tecnica e, di conseguenza, lo spettacolo migliorerebbero, andando verso una maggiore oggettività. Si eviterebbero così, le tante piccole ingiustizie tra squadre di prima fascia e quelle di seconda fascia. Il tempo effettivo favorirebbe le pause per ristoro se necessario, le pause tecniche, una migliore serenità negli interventi medici e, non ultimo, la possibilità di tempi certi per l'inserzione di pubblicità televisiva. Da non dimenticare che, nelle serie inferiori rispetto alla Serie A, tutto quanto sopra riportato aumenterebbe di valore e l'equità e la giustizia tra le squadre crescerebbero, specialmente a livello giovanile e amatoriale.

Inquadra il Qr-code

Su Datasport.it
**trovi le statistiche
di tutti gli arbitri
di serie A:**
**partite dirette,
media voti, numero
di cartellini
a livello nazionale
e internazionale**

Le Squa dre

Atalanta Bergamasca Calcio s.p.a. (1907)

ANNO DI FONDAZIONE
1907

COLORI SOCIALI
Nero Azzurro

INDIRIZZO SEDE
CenCorso Europa,
46 - Zingonia -
Ciserano (BG)
035 4186211

STADIO
Gewiss Stadium,
Viale Giulio
Cesare, 18 -
20124 Bergamo

ORGANIGRAMMA

Presidente Antonio Percassi. **Co-Chairman** Stephen Gerard Pagliuca. **Amministratore delegato** Luca Percassi. **Consiglieri** Joseph Case Pagliuca, Luca Bassi, David Gross, Mario Volpi. **Collegio sindacale** Claudia Rossi, Giambattista Negretti, Piero Albani. **Direttore generale** Umberto Marino. **Direttore operativo** Roberto Spagnolo. **Direttore sportivo** Tony D'Amico. **Collaboratore area tecnica** Gabriele Zamagna. **Resp. sviluppo risorse tecniche** Fabio Gatti. **Team manager** Mirco Moioli. **Segretario generale** Marco Semprini. **Segretario sportivo** Pietro Bertino Colleoni. **Direttore marketing** Romano Zanforlin. **Responsabile comunicazione** Elisa Persico. **Resp. comunicazione sportiva** Andrea Anselmi. **Ufficio stampa** Andrea Lazzaroni. **Direttore amministrazione, controllo e finanza** Valentino Pasqualato

STAFF TECNICO

Allenatore Gian Piero Gasperini. **Allenatore in seconda** Tullio Gritti. **Collaboratori tecnici** Mauro Fumagalli, Cristian Raimondi. **Match analyst** Luca Trucchi, Stefano Brambilla

STAFF MEDICO

Medico sociale Carmine Stefano Poerio

E MAIL
info@atalanta.it

SITO INTERNET
www.atalanta.it

PAGINA FACEBOOK
atalantabc/

PROFILO INSTAGRAM
atalantabc/

LA ROSA DELLA SQUADRA

Nome	Cognome	Nato il	PR	RE	AM	ES	SF	SA	Ruolo
Michel	**Adopo**	19/07/2000	10	0	0	0	10	0	CEN
Mitchel	**Bakker**	20/06/2000	14	1	1	0	11	4	CEN
Giovanni	**Bonfanti**	17/01/2003	2	0	0	0	1	1	DIF
Marco	**Carnesecchi**	01/07/2000	27	0	0	0	0	1	POR
Charles	**De Ketelaere**	10/03/2001	35	10	1	0	10	24	ATT
Marten	**De Roon**	29/03/1991	30	0	10	0	1	1	CEN
Berat	**Djimsiti**	19/02/1993	37	0	4	0	5	4	DIF
Jose dos Santos	**Ederson**	07/07/1999	36	6	8	0	4	8	CEN
Hans	**Hateboer**	09/01/1994	23	0	5	0	13	3	DIF
Isak	**Hien**	13/01/1999	16	0	3	0	7	0	DIF
Emil	**Holm**	13/05/2000	22	1	5	0	10	11	DIF
Sead	**Kolasinac**	20/06/1993	30	1	4	0	5	9	DIF
Teun	**Koopmeiners**	28/02/1998	34	12	5	0	5	10	CEN
Ademola	**Lookman**	20/10/1997	31	11	4	0	9	18	ATT
Leonardo	**Mendicino**	25/06/2006	1	0	0	0	1	0	CEN
Aleksey	**Miranchuk**	17/10/1995	27	3	1	0	15	8	CEN
Luis	**Muriel**	16/04/1991	18	2	0	0	16	2	ATT
Juan	**Musso**	06/05/1994	11	0	0	0	0	0	POR
Jose	**Palomino**	05/01/1990	4	0	0	0	4	0	DIF
Mario	**Pasalic**	09/02/1995	34	6	3	0	11	10	CEN
Francesco	**Rossi**	27/04/1991	1	0	0	0	1	0	POR
Matteo	**Ruggeri**	11/07/2002	34	0	3	0	6	21	DIF
Giorgio	**Scalvini**	11/12/2003	33	1	3	0	2	13	DIF
Gianluca	**Scamacca**	01/01/1999	29	12	1	0	12	16	ATT
Rafael	**Toloi**	10/10/1990	18	0	4	1	8	4	DIF
El Bilal	**Toure**	03/10/2001	11	2	2	0	8	1	ATT
Duvan	**Zapata**	01/04/1991	2	1	0	0	0	2	ATT
Davide	**Zappacosta**	11/06/1992	31	2	5	0	8	17	DIF
Nadir	**Zortea**	19/06/1999	5	1	1	0	5	0	DIF

LEGENDA PR presenze - **RE** reti - **A** ammonizioni - **E** espulsioni - **SF** sostituzioni fatte - **SA** sostituzioni avute

Ademola Lookman: Undici reti e sette assist per il man of the match di Dublino

Gianluca Scamacca: Terzo per reti al minuto (uno ogni 118); serve anche sei assist

IL COMMENTO DELLA STAGIONE

Stagione memorabile per l'Atalanta. La compagine di Gian Piero Gasperini, finalista in Coppa Italia e trionfatrice per la prima volta in una competizione internazionale, chiude la massima serie al quarto posto assicurandosi dopo tre anni il ritorno in Champions League. Obiettivo centrato cinque giorni prima della finale di Europa League in virtù dell'affermazione colta a Lecce nel 37° turno, sesto dei sette successi di fila ottenuti dai nerazzurri in uno straripante finale di campionato. Solo il ko subito nel recupero del 2 giugno al Gewiss Stadium (dove ha ottenuto ben 41 dei 69 punti totali) contro la Fiorentina impedisce all'Atalanta di eguagliare gli storici terzi posti di altri tre tornei.

ANDAMENTO IN CAMPIONATO

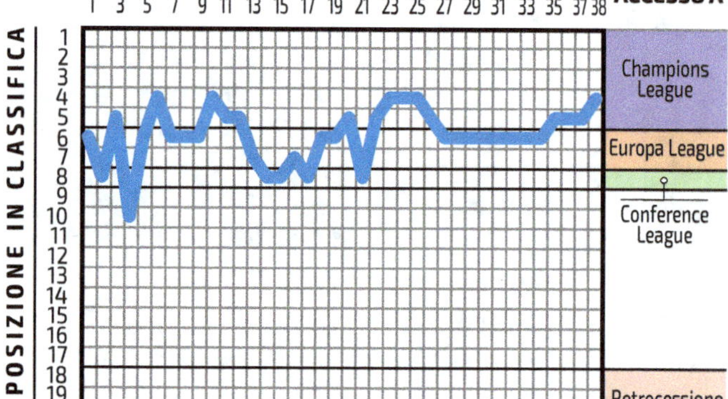

COMPORTAMENTO DELLA SQUADRA

Statistiche		Classifica																				Rank
		20	19	18	17	16	15	14	13	12	11	10	09	08	07	06	05	04	03	02	01	
Giocatori schierati	29																					14
Giocatori in rete	16																					5
Giocatori under 18	1																					12
Giocatori over 30	7																					6
Cartellini gialli	74																					4
Cartellini rossi	1																					2
Cambi effettuati	188																					3

LA STAGIONE 2023/2024

	Avversario	Casa / Fuori	Risultato		Arbitro
				Vinta · Nulla · Persa	
1	**Sassuolo**	F	0-2	Vinta	Matteo Marchetti
2	**Frosinone**	F	2-1	Persa	Juan Luca Sacchi
3	**Monza**	C	3-0	Vinta	Matteo Marcenaro
4	**Fiorentina**	F	3-2	Persa	Luca Pairetto
5	**Cagliari**	C	2-0	Vinta	Ermanno Feliciani
6	**Verona**	F	0-1	Vinta	Federico Dionisi
7	**Juventus**	C	0-0	Nulla	Daniele Chiffi
8	**Lazio**	F	3-2	Persa	Daniele Orsato
9	**Genoa**	C	2-0	Vinta	Livio Marinelli
10	**Empoli**	F	0-3	Vinta	Luca Massimi
11	**Inter**	C	1-2	Persa	Simone Sozza
12	**Udinese**	F	1-1	Nulla	Gianluca Aureliano
13	**Napoli**	C	1-2	Persa	Maurizio Mariani
14	**Torino**	F	3-0	Persa	Marco Piccinini
15	**Milan**	C	3-2	Vinta	Federico La Penna
16	**Salernitana**	C	4-1	Vinta	Ermanno Feliciani
17	**Bologna**	F	1-0	Persa	Antonio Rapuano
18	**Lecce**	C	1-0	Vinta	Gianluca Manganiello
19	**Roma**	F	1-1	Nulla	Gianluca Aureliano
20	**Frosinone**	C	5-0	Vinta	Alessandro Prontera
21	**Inter**	F	4-0	Persa	Andrea Colombo
22	**Udinese**	C	2-0	Vinta	Marco Piccinini
23	**Lazio**	C	3-1	Vinta	Marco Guida
24	**Genoa**	F	1-4	Vinta	Andrea Colombo
25	**Sassuolo**	C	3-0	Vinta	Alessandro Prontera
26	**Milan**	F	1-1	Nulla	Daniele Orsato
27	**Bologna**	C	1-2	Persa	Federico La Penna
28	**Juventus**	F	2-2	Nulla	Marco Guida
29	**Fiorentina**	C	2-3	Persa	Daniele Orsato
30	**Napoli**	F	0-3	Vinta	Luca Pairetto
31	**Cagliari**	F	2-1	Persa	Antonio Rapuano
32	**Verona**	C	2-2	Nulla	Juan Luca Sacchi
33	**Monza**	F	1-2	Vinta	Antonio Giua
34	**Empoli**	C	2-0	Vinta	Michael Fabbri
35	**Salernitana**	F	1-2	Vinta	Ermanno Feliciani
36	**Roma**	C	2-1	Vinta	Marco Guida
37	**Lecce**	F	0-2	Vinta	Antonio Rapuano
38	**Torino**	C	3-0	Vinta	Simone Sozza

BOLOGNA

Bologna Football Club 1909 s.p.a. (1909)

ANNO DI FONDAZIONE
1909

COLORI SOCIALI
Rosso Blu

INDIRIZZO SEDE
Via Casteldebole 10, 40132 Bologna, 051 6111111

STADIO
Renato Dall'Ara, Via Andrea Costa 174, Bologna

ORGANIGRAMMA

Presidente Joey Saputo. **Amministratore delegato** Claudio Fenucci. **Consiglieri** Joe Marsilli, Anthony Rizza. **Collegio sindacale** Francesco Catenacci, Renato Santini, Massimo Tamburini **Responsabile area tecnica** Giovanni Sartori. **Direttore sportivo** Marco Di Vaio. **Team manager** Tommaso Fini. **Segretario generale** Luca Befani. **Segretario sportivo** Daniel Maurizi. **Direttore marketing** Christoph Winterling. **Responsabile comunicazione** Carlo Caliceti. **Resp. comunicazione sportiva** Federico Frassinella. **Ufficio stampa** Gloria Gardini. **Direttore amministrazione, controllo e finanza** Alessandro Gabrieli

STAFF TECNICO

Allenatore Thiago Motta.
Allenatore in seconda Alexandre Hugeux. **Collaboratori tecnici** Simon Colinet. **Match analyst** Flavio Francisco Garcia, Alessandro Colasante

STAFF MEDICO

Medico sociale Gianni Nanni, Giovanbattista Sisca, Luca Bini

E MAIL
segreteria @bolognafc.it

SITO INTERNET
www.bolognafc.it

PAGINA FACEBOOK
bfc1909official/

PROFILO INSTAGRAM
bolognafc1909/

LA ROSA DELLA SQUADRA

Nome	Cognome	Nato il	PR	RE	AM	ES	SF	SA	Ruolo
Michel	**Aebischer**	06/01/1997	36	0	8	0	10	13	CEN
Nicola	**Bagnolini**	14/03/2004	1	0	0	0	1	0	POR
Sam	**Beukema**	17/11/1998	30	1	4	1	1	2	DIF
Kevin	**Bonifazi**	19/05/1996	1	0	0	0	0	0	DIF
Riccardo	**Calafiori**	19/05/2002	30	2	4	0	4	3	DIF
Santiago	**Castro**	18/09/2004	8	1	1	0	6	1	ATT
Tommaso	**Corazza**	29/06/2004	9	0	1	0	8	1	DIF
Lorenzo	**De Silvestri**	23/05/1988	15	2	0	0	8	7	DIF
Nicolas	**Dominguez**	28/06/1998	2	0	0	0	1	1	CEN
Oussama	**El Azzouzi**	29/05/2001	18	2	4	0	13	4	CEN
Giovanni	**Fabbian**	14/01/2003	27	5	4	0	16	9	CEN
Lewis	**Ferguson**	24/08/1999	31	6	8	0	0	6	CEN
Remo	**Freuler**	15/04/1992	32	1	9	0	2	10	CEN
Jesper	**Karlsson**	25/07/1998	7	0	0	0	3	4	ATT
Victor	**Kristiansen**	16/12/2002	32	0	4	0	6	10	DIF
Jhon	**Lucumi**	26/06/1998	29	0	2	0	6	1	DIF
Charalampos	**Lykogiannis**	22/10/1993	22	2	2	0	12	7	DIF
Nikola	**Moro**	12/03/1998	23	1	0	0	13	9	CEN
Dan	**Ndoye**	25/10/2000	32	1	4	0	12	16	ATT
Jens	**Odgaard**	31/03/1999	10	2	1	0	5	5	ATT
Riccardo	**Orsolini**	24/01/1997	33	10	2	0	14	13	ATT
Stefan	**Posch**	14/05/1997	31	1	7	0	2	11	DIF
Federico	**Ravaglia**	11/11/1999	6	0	0	0	0	1	POR
Alexis	**Saelemaekers**	27/06/1999	30	4	5	1	9	14	CEN
Lukasz	**Skorupski**	05/05/1991	32	0	2	0	0	0	POR
Kacper	**Urbanski**	07/09/2004	22	0	3	0	13	7	CEN
Sydney	**Van Hooijdonk**	06/02/2000	9	0	0	0	7	2	ATT
Joshua	**Zirkzee**	22/05/2001	34	11	8	0	2	17	ATT

LEGENDA PR presenze - **RE** reti - **A** ammonizioni - **E** espulsioni - **SF** sostituzioni fatte - **SA** sostituzioni avute

Lewis Ferguson: Sei reti e tre assist per il leader carismatico scozzese

Joshua Zirkzee: Premiato come miglior U23 della Serie A (11 gol e 4 assist)

IL COMMENTO DELLA STAGIONE

La grande sorpresa del campionato. Il Bologna consegue uno strabiliante 5° posto che gli consentirà di prendere parte per la seconda volta nella sua storia alla massima competizione europea, a 60 anni di distanza da quella precedente. La squadra diretta da Thiago Motta mostra subito il suo valore impegnando il Milan e uscendo imbattuta dai duelli contro Juventus, Napoli e Inter. Posizionati a metà classifica dopo otto turni, i rossoblù, facendo leva su un rendimento interno altissimo (inferiore al termine solo a quello dell'Inter), risalgono la china nei restanti match del girone d'andata virando al 5° posto. Posizione che il Bologna conferma a fine torneo dopo aver occupato anche il terzo.

ANDAMENTO IN CAMPIONATO

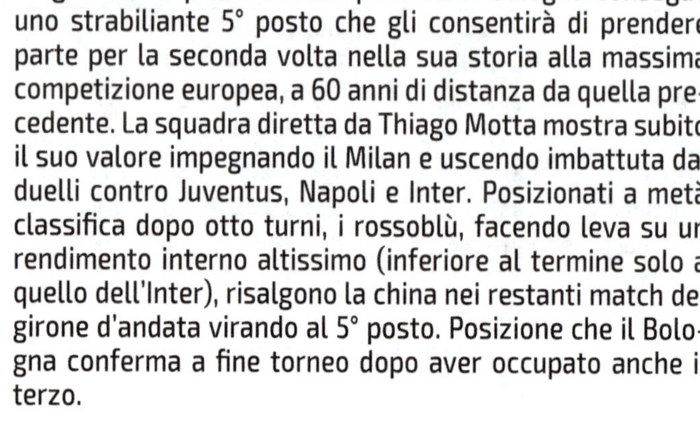

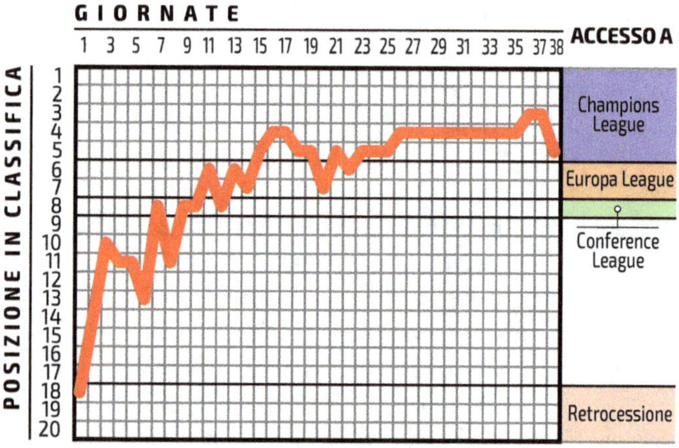

COMPORTAMENTO DELLA SQUADRA

Statistiche		Classifica	Rank
		20 19 18 17 16 15 14 13 12 11 10 09 08 07 06 05 04 03 02 01	
Giocatori schierati	28		**17**
Giocatori in rete	16		**5**
Giocatori under 18	2		**6**
Giocatori over 30	4		**16**
Cartellini gialli	85		**12**
Cartellini rossi	2		**5**
Cambi effettuati	174		**14**

LA STAGIONE 2023/2024

	Avversario	Casa / Fuori	Risultato		Arbitro
1	**Milan**	C	0-2	Persa	Luca Pairetto
2	**Juventus**	F	1-1	Nulla	Marco Di Bello
3	**Cagliari**	C	2-1	Vinta	Daniele Orsato
4	**Verona**	F	0-0	Nulla	Federico La Penna
5	**Napoli**	C	0-0	Nulla	Giovanni Ayroldi
6	**Monza**	F	0-0	Nulla	Ivano Pezzuto
7	**Empoli**	C	3-0	Vinta	Fabio Maresca
8	**Inter**	F	2-2	Nulla	Marco Guida
9	**Frosinone**	C	2-1	Vinta	Daniele Doveri
10	**Sassuolo**	F	1-1	Nulla	Antonio Giua
11	**Lazio**	C	1-0	Vinta	Federico La Penna
12	**Fiorentina**	F	2-1	Persa	Fabio Maresca
13	**Torino**	C	2-0	Vinta	Andrea Colombo
14	**Lecce**	F	1-1	Nulla	Daniele Doveri
15	**Salernitana**	F	1-2	Vinta	Simone Sozza
16	**Roma**	C	2-0	Vinta	Marco Guida
17	**Atalanta**	C	1-0	Vinta	Antonio Rapuano
18	**Udinese**	F	3-0	Persa	Daniele Orsato
19	**Genoa**	C	1-1	Nulla	Andrea Colombo
20	**Cagliari**	F	2-1	Persa	Gianluca Manganiello
21	**Fiorentina**	C	2-0	Vinta	Daniele Chiffi
22	**Milan**	F	2-2	Nulla	Davide Massa
23	**Sassuolo**	C	4-2	Vinta	Juan Luca Sacchi
24	**Lecce**	C	4-0	Vinta	Gianluca Manganiello
25	**Lazio**	F	1-2	Vinta	Fabio Maresca
26	**Verona**	C	2-0	Vinta	Giacomo Camplone
27	**Atalanta**	F	1-2	Vinta	Federico La Penna
28	**Inter**	C	0-1	Persa	Luca Pairetto
29	**Empoli**	F	0-1	Vinta	Michael Fabbri
30	**Salernitana**	C	3-0	Vinta	Ermanno Feliciani
31	**Frosinone**	F	0-0	Nulla	Daniele Orsato
32	**Monza**	C	0-0	Nulla	Federico La Penna
33	**Roma**	F	1-3	Vinta	Fabio Maresca
34	**Udinese**	C	1-1	Nulla	Juan Luca Sacchi
35	**Torino**	F	0-0	Nulla	Simone Sozza
36	**Napoli**	F	0-2	Vinta	Luca Pairetto
37	**Juventus**	C	3-3	Nulla	Giovanni Ayroldi
38	**Genoa**	F	2-0	Persa	Alberto Santoro

CAGLIARI

Cagliari Calcio s.p.a.

1920

Rosso Blu

Località Sa Ruina, 09032 Assemini (CA)
070 604201

Unipol Domus, Via Raimondo Carta Raspi, 09126 Cagliari

ORGANIGRAMMA

Presidente Tommaso Edoardo Giulini. **Vice presidente** Fedele Usai. **Amministratore delegato** Carlo Catte. **Consiglieri** Giangiacomo Ibba, Pasquale Lavanga, Alessandro Manunta, Stefano Signorelli. **Collegio sindacale** Luigi Zucca, Giovanni Pinna Parpaglia, Piero Sanna Randaccio. **Direttore sportivo** Nereo Bonato. **Team manager** Alessandro Steri. **Segretario sportivo** Matteo Stagno. **Direttore marketing** Corrado Pusceddu. **Responsabile comunicazione** Fabio Frongia

STAFF TECNICO

Allenatore Claudio Ranieri. **Allenatore in seconda** Paolo Benetti. **Collaboratori tecnici** Sergio Spalla, Vitantonio Pascale. **Match analyst** Davide Marfella, Giovanni Venturella (riprese tattiche)

STAFF MEDICO

Responsabile sanitario Marco Scorcu. **Medico sociale** Roberto Mura, Damiano Valerio Mattana

info@cagliari calcio.com

www.cagliari calcio.com

cagliaricalcio/

cagliaricalcio/

LA ROSA DELLA SQUADRA

Nome	Cognome	Nato il	PR	RE	AM	ES	SF	SA	Ruolo
Simone	**Aresti**	15/03/1986	1	0	0	1	1	0	POR
Tommaso	**Augello**	30/08/1994	32	1	5	0	4	16	DIF
Paulo	**Azzi**	15/07/1994	25	0	1	0	16	6	CEN
Alessandro	**Deiola**	01/08/1995	27	1	7	0	8	9	CEN
Alessandro	**Di Pardo**	18/07/1999	15	0	0	0	13	2	DIF
Alberto	**Dossena**	13/10/1998	35	2	5	0	2	3	DIF
Gianluca	**Gaetano**	05/05/2000	11	4	1	1	1	6	CEN
Edoardo	**Goldaniga**	02/11/1993	13	0	3	0	1	5	DIF
Pantelis	**Hatzidiakos**	18/01/1997	13	0	1	0	0	11	DIF
Jakub	**Jankto**	19/01/1996	18	1	0	0	5	13	CEN
Gianluca	**Lapadula**	07/02/1990	23	3	3	0	9	8	ATT
Zito	**Luvumbo**	09/03/2002	30	4	5	0	11	9	ATT
Antoine	**Makoumbou**	18/07/1998	32	1	3	2	0	5	CEN
Marco	**Mancosu**	22/08/1988	6	0	0	0	3	3	CEN
Yerry	**Mina**	23/09/1994	14	2	4	0	0	3	DIF
Kingstone	**Mutandwa**	05/01/2003	5	1	0	0	5	0	ATT
Nahitan	**Nandez**	28/12/1995	33	2	7	0	4	17	CEN
Adam	**Obert**	23/08/2002	17	0	1	0	7	3	DIF
Gaetano	**Oristanio**	28/09/2002	25	2	1	0	14	10	CEN
Leonardo	**Pavoletti**	26/11/1988	19	4	4	0	14	4	ATT
Andrea	**Petagna**	30/06/1995	18	1	2	0	5	9	ATT
Matteo	**Prati**	28/12/2003	26	1	4	0	7	5	CEN
Boris	**Radunovic**	26/05/1996	7	0	0	0	0	0	POR
Simone	**Scuffet**	31/05/1996	31	0	3	0	0	1	POR
Eldor	**Shomurodov**	29/06/1995	22	3	1	0	12	10	ATT
Ibrahim	**Sulemana**	22/05/2003	21	2	4	0	5	9	CEN
Nicolas	**Viola**	12/10/1989	26	5	3	0	15	8	CEN
Mateusz	**Wieteska**	11/02/1997	19	0	2	1	9	2	DIF
Gabriele	**Zappa**	22/12/1999	38	1	2	0	13	7	DIF

LEGENDA PR presenze - **RE** reti - **A** ammonizioni - **E** espulsioni - **SF** sostituzioni fatte - **SA** sostituzioni avute

Zito Luvumbo: Garanzia di dinamismo e tecnica al servizio di Ranieri

Nahitan Nández: Fondamentale per la salvezza nella sua ultima stagione in rossoblù

IL COMMENTO DELLA STAGIONE

Il Cagliari consegue una salvezza insperata. La certezza della permanenza nella massima serie dei rossoblù arriva con un turno d'anticipo sul termine del campionato con il successo ottenuto il 19 maggio a Reggio Emilia contro il Sassuolo. La svolta per il raggiungimento dell'obiettivo è invece datata 10 febbraio: le dimissioni rassegnate dal tecnico Claudio Ranieri al termine della quarta gara persa di fila contro la Lazio vengono respinte da società e squadra. Il Cagliari, penultimo con 18 punti in 24 giornate, ne conquista altrettanti nelle successive undici gare mettendo in luce, in sei delle quali, uno spirito indomito che lo porta a recuperare, spesso nei finali, situazioni di svantaggio.

ANDAMENTO IN CAMPIONATO

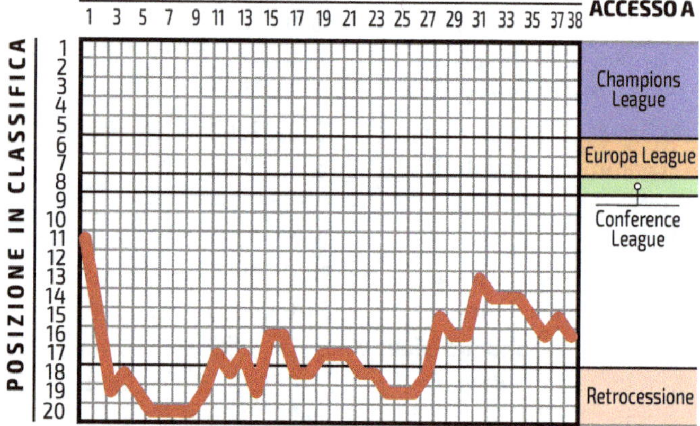

COMPORTAMENTO DELLA SQUADRA

Statistiche		Classifica																				Rank
		20	19	18	17	16	15	14	13	12	11	10	09	08	07	06	05	04	03	02	01	
Giocatori schierati	29																					14
Giocatori in rete	19																					1
Giocatori under 18	0																					16
Giocatori over 30	5																					9
Cartellini gialli	74																					4
Cartellini rossi	4																					12
Cambi effettuati	184																					4

LA STAGIONE 2023/2024

	Avversario	Casa / Fuori	Risultato		Arbitro
1	**Torino**	F	0-0	Nulla	Francesco Cosso
2	**Inter**	C	0-2	Persa	Michael Fabbri
3	**Bologna**	F	2-1	Persa	Daniele Orsato
4	**Udinese**	C	0-0	Nulla	Daniele Doveri
5	**Atalanta**	F	2-0	Persa	Ermanno Feliciani
6	**Milan**	C	1-3	Persa	Federico La Penna
7	**Fiorentina**	F	3-0	Persa	Marco Di Bello
8	**Roma**	C	1-4	Persa	Simone Sozza
9	**Salernitana**	F	2-2	Nulla	Daniele Chiffi
10	**Frosinone**	C	4-3	Vinta	Luca Pairetto
11	**Genoa**	C	2-1	Vinta	Marco Guida
12	**Juventus**	F	2-1	Persa	Marco Piccinini
13	**Monza**	C	1-1	Nulla	Matteo Marchetti
14	**Lazio**	F	1-0	Persa	Federico Dionisi
15	**Sassuolo**	C	2-1	Vinta	Maurizio Mariani
16	**Napoli**	F	2-1	Persa	Matteo Marcenaro
17	**Verona**	F	2-0	Persa	Daniele Orsato
18	**Empoli**	C	0-0	Nulla	Fabio Maresca
19	**Lecce**	F	1-1	Nulla	Davide Massa
20	**Bologna**	C	2-1	Vinta	Gianluca Manganiello
21	**Frosinone**	F	3-1	Persa	Federico Dionisi
22	**Torino**	C	1-2	Persa	Andrea Colombo
23	**Roma**	F	4-0	Persa	Matteo Marcenaro
24	**Lazio**	C	1-3	Persa	Marco Di Bello
25	**Udinese**	F	1-1	Nulla	Maurizio Mariani
26	**Napoli**	C	1-1	Nulla	Luca Pairetto
27	**Empoli**	F	0-1	Vinta	Antonio Rapuano
28	**Salernitana**	C	4-2	Vinta	Francesco Fourneau
29	**Monza**	F	1-0	Persa	Matteo Marcenaro
30	**Verona**	C	1-1	Nulla	Daniele Doveri
31	**Atalanta**	C	2-1	Vinta	Antonio Rapuano
32	**Inter**	F	2-2	Nulla	Francesco Fourneau
33	**Juventus**	C	2-2	Nulla	Marco Piccinini
34	**Genoa**	F	3-0	Persa	Federico Dionisi
35	**Lecce**	C	1-1	Nulla	Matteo Marcenaro
36	**Milan**	F	5-1	Persa	Simone Sozza
37	**Sassuolo**	F	0-2	Vinta	Daniele Doveri
38	**Fiorentina**	C	2-3	Persa	Alessandro Prontera

EMPOLI

Empoli Football Club

ANNO DI FONDAZIONE
1920

COLORI SOCIALI
Azzurro

INDIRIZZO SEDE
Via di Pianezzoli,
50053 Empoli (FI)
0571 93471

STADIO
Computer Gross Arena, Via delle Olimpiadi, 50053 Empoli (FI)

ORGANIGRAMMA
Presidente Fabrizio Corsi.
Vice presidente Rebecca Corsi. **Amministratore delegato** Rebecca Corsi. **Collegio sindacale** Pier Giovanni Baldini, Aldo Lolli, Cristiano Baldini. **Direttore operativo** Gianmarco Lupi. **Direttore sportivo** Pietro Accardi. **Team manager** Simone Giunti. **Segretario generale** Stefano Calistri. **Segretario sportivo** Graziano Billocci. **Ufficio stampa** Luca Casamonti

STAFF TECNICO
Allenatore Paolo Zanetti (1-4), Aurelio Andreazzoli (5-20), Davide Nicola.
Allenatore in seconda Simone Barone. **Collaboratori tecnici** Manuel Cacicia, Stefano Bianconi. **Match analyst** Federico Barni, Giampiero Pavone

STAFF MEDICO
Responsabile sanitario Luca Gatteschi. **Medico sociale** Jacopo Giuliattini, Giuseppe Anania

E MAIL
info@empolifc.com

SITO INTERNET
empolifc.com/

PAGINA FACEBOOK
empolifcofficialpage

PROFILO INSTAGRAM
empoli_fc_official/

LA ROSA DELLA SQUADRA

Nome	Cognome	Nato il	PR	RE	AM	ES	SF	SA	Ruolo
Tommaso	**Baldanzi**	23/03/2003	14	2	1	0	6	5	ATT
Simone	**Bastoni**	05/11/1996	16	1	3	0	7	8	CEN
Bartosz	**Bereszynski**	12/07/1992	24	0	3	0	2	7	DIF
Etrit	**Berisha**	10/03/1989	14	0	0	0	0	0	POR
Liberato	**Cacace**	27/09/2000	31	0	6	0	13	7	DIF
Nicolo	**Cambiaghi**	28/12/2000	37	1	3	0	8	18	ATT
Matteo	**Cancellieri**	12/02/2002	36	4	7	0	18	14	ATT
Elia	**Caprile**	25/08/2001	23	0	0	0	0	0	POR
Francesco	**Caputo**	06/08/1987	20	3	0	0	5	11	ATT
Alberto	**Cerri**	16/04/1996	12	1	2	0	2	10	ATT
Giacomo	**Corona**	24/02/2004	1	0	0	0	1	0	ATT
Mattia	**Destro**	20/03/1991	15	0	2	0	12	3	ATT
Tyronne	**Ebuehi**	16/12/1995	15	0	0	0	4	1	DIF
Emmanuel	**Ekong**	25/06/2002	1	0	0	0	1	0	ATT
Jacopo	**Fazzini**	16/05/2003	31	1	6	0	17	12	CEN
Alberto	**Grassi**	07/03/1995	27	0	5	1	5	13	CEN
Emmanuel	**Gyasi**	11/01/1994	33	1	9	0	12	8	ATT
Nicolas	**Haas**	23/01/1996	1	0	1	0	0	0	CEN
Liam	**Henderson**	25/04/1996	1	0	0	0	1	0	CEN
Ardian	**Ismajli**	30/09/1996	26	0	2	0	3	3	DIF
Viktor	**Kovalenko**	14/02/1996	17	1	1	0	13	4	CEN
Sebastiano	**Luperto**	06/09/1996	38	1	4	0	0	1	DIF
Daniel	**Maldini**	11/10/2001	7	0	1	0	4	3	ATT
Youssef	**Maleh**	22/08/1998	34	0	11	0	4	13	CEN
Razvan	**Marin**	23/05/1996	30	0	3	0	10	9	CEN
M'Baye	**Niang**	19/12/1994	14	6	1	0	9	5	ATT
Samuele	**Perisan**	21/08/1997	1	0	0	0	0	0	POR
Giuseppe	**Pezzella**	29/11/1997	19	0	4	0	5	9	DIF
Roberto	**Piccoli**	27/01/2001	2	0	0	0	2	0	ATT
Filippo	**Ranocchia**	14/05/2001	9	0	3	0	4	5	CEN
Stiven	**Shpendi**	19/05/2003	12	0	0	0	8	4	ATT
Andrea	**Sodero**	07/08/2004	1	0	0	0	1	0	CEN
Sebastian	**Walukiewicz**	05/04/2000	27	0	6	0	4	4	DIF
Szymon	**Zurkowski**	25/09/1997	13	4	4	0	3	7	CEN

LEGENDA PR presenze - **RE** reti - **A** ammonizioni - **E** espulsioni - **SF** sostituzioni fatte - **SA** sostituzioni avute

M'Baye Niang:
Il suo arrivo a gennaio si rivela prezioso; sigla il gol-salvezza

Elia Caprile:
Dopo l'esordio-no e l'infortunio si rivela all'altezza del compito

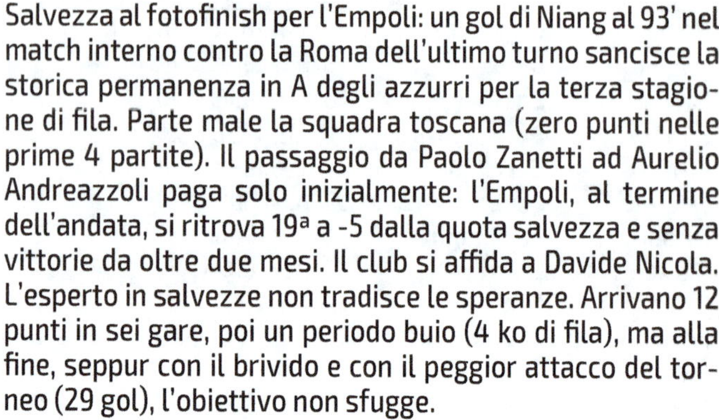

IL COMMENTO DELLA STAGIONE

Salvezza al fotofinish per l'Empoli: un gol di Niang al 93' nel match interno contro la Roma dell'ultimo turno sancisce la storica permanenza in A degli azzurri per la terza stagione di fila. Parte male la squadra toscana (zero punti nelle prime 4 partite). Il passaggio da Paolo Zanetti ad Aurelio Andreazzoli paga solo inizialmente: l'Empoli, al termine dell'andata, si ritrova 19ª a -5 dalla quota salvezza e senza vittorie da oltre due mesi. Il club si affida a Davide Nicola. L'esperto in salvezze non tradisce le speranze. Arrivano 12 punti in sei gare, poi un periodo buio (4 ko di fila), ma alla fine, seppur con il brivido e con il peggior attacco del torneo (29 gol), l'obiettivo non sfugge.

ANDAMENTO IN CAMPIONATO

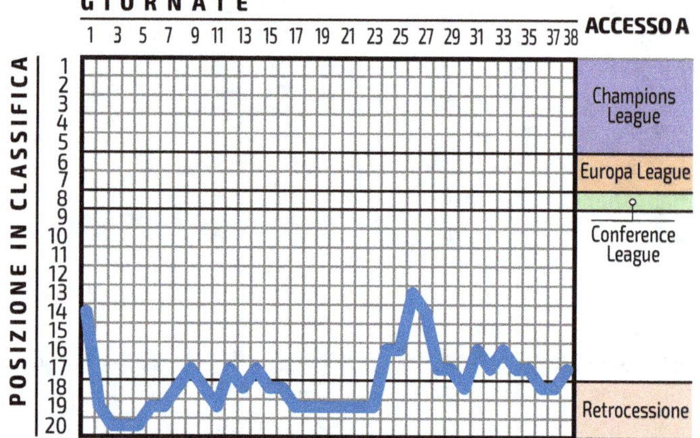

COMPORTAMENTO DELLA SQUADRA

Statistiche		Classifica																				Rank
		20	19	18	17	16	15	14	13	12	11	10	09	08	07	06	05	04	03	02	01	
Giocatori schierati	34	■	■	■	■	■	■	■	■	■	■	■	■	■	■	■	■					**4**
Giocatori in rete	12	■	■	■																		**18**
Giocatori under 18	1	■	■	■	■	■	■	■	■													**12**
Giocatori over 30	5	■	■	■	■	■	■	■	■	■	■											**9**
Cartellini gialli	88	■	■	■	■	■																**15**
Cartellini rossi	1	■	■	■	■	■	■	■	■	■	■	■	■	■	■	■	■	■	■			**2**
Cambi effettuati	184	■	■	■	■	■	■	■	■	■	■	■	■	■	■	■	■	■				**4**

LA STAGIONE 2023/2024

	Avversario	Casa / Fuori	Risultato		Arbitro
1	**Verona**	C	0-1	Persa	Luca Massimi
2	**Monza**	F	2-0	Persa	Gianluca Aureliano
3	**Juventus**	C	0-2	Persa	Giovanni Ayroldi
4	**Roma**	F	7-0	Persa	Juan Luca Sacchi
5	**Inter**	C	0-1	Persa	Matteo Marcenaro
6	**Salernitana**	C	1-0	Vinta	Antonio Rapuano
7	**Bologna**	F	3-0	Persa	Fabio Maresca
8	**Udinese**	C	0-0	Nulla	Michael Fabbri
9	**Fiorentina**	F	0-2	Vinta	Federico Dionisi
10	**Atalanta**	C	0-3	Persa	Luca Massimi
11	**Frosinone**	F	2-1	Persa	Gianluca Manganiello
12	**Napoli**	F	0-1	Vinta	Alessandro Prontera
13	**Sassuolo**	C	3-4	Persa	Simone Sozza
14	**Genoa**	F	1-1	Nulla	Gianluca Aureliano
15	**Lecce**	C	1-1	Nulla	Andrea Colombo
16	**Torino**	F	1-0	Persa	Livio Marinelli
17	**Lazio**	C	0-2	Persa	Matteo Marchetti
18	**Cagliari**	F	0-0	Nulla	Fabio Maresca
19	**Milan**	C	0-3	Persa	Federico La Penna
20	**Verona**	F	2-1	Persa	Daniele Doveri
21	**Monza**	C	3-0	Vinta	Antonio Giua
22	**Juventus**	F	1-1	Nulla	Livio Marinelli
23	**Genoa**	C	0-0	Nulla	Ermanno Feliciani
24	**Salernitana**	F	1-3	Vinta	Maurizio Mariani
25	**Fiorentina**	C	1-1	Nulla	Luca Pairetto
26	**Sassuolo**	F	2-3	Vinta	Gianluca Aureliano
27	**Cagliari**	C	0-1	Persa	Antonio Rapuano
28	**Milan**	F	1-0	Persa	Juan Luca Sacchi
29	**Bologna**	C	0-1	Persa	Michael Fabbri
30	**Inter**	F	2-0	Persa	Federico Dionisi
31	**Torino**	C	3-2	Vinta	Davide Massa
32	**Lecce**	F	1-0	Persa	Maurizio Mariani
33	**Napoli**	C	1-0	Vinta	Gianluca Manganiello
34	**Atalanta**	F	2-0	Persa	Michael Fabbri
35	**Frosinone**	C	0-0	Nulla	Daniele Doveri
36	**Lazio**	F	2-0	Persa	Gianluca Aureliano
37	**Udinese**	F	1-1	Nulla	Marco Guida
38	**Roma**	C	2-1	Vinta	Davide Massa

FIORENTINA

ACF Fiorentina s.p.a. (2002)

1926

Viola

Viale M. Fanti 4, 50137 Firenze, 055 503011

Artemio Franchi, Via Manfredo Fanti 4, 50137 Firenze

ORGANIGRAMMA

Presidente Rocco Commisso. **Amministratore delegato** Mark Stephan. **Consiglieri** Giuseppe Commisso. **Direttore sportivo** Daniele Pradè. **Direttore tecnico** Nicolas Burdisso. **Team manager** Simone Ottaviani. **Segretario generale** Fabio Bonelli. **Responsabile comunicazione** Alessandro Ferrari. **Ufficio stampa** Luca Di Francesco, Arturo Mastronardi. **Direttore amministrazione, controllo e finanza** Gian Marco Pachetti

STAFF TECNICO

Allenatore Vincenzo Italiano.
Allenatore in seconda Daniel Niccolini. **Collaboratori tecnici** Marco Turati, Stefano Firicano. **Match analyst** Paolo Riela

STAFF MEDICO

Responsabile sanitario Luca Pengue. **Medico sociale** Giovanni Serni, Niccolò Gori (1ª squadra)

E MAIL
fiorentinapoint@acffiorentina.it

SITO INTERNET
www.acffiorentina.com/it

PAGINA FACEBOOK
ACFFiorentina

PROFILO INSTAGRAM
acffiorentina/

LA ROSA DELLA SQUADRA

Nome	Cognome	Nato il	PR	RE	AM	ES	SF	SA	Ruolo
Lorenzo	**Amatucci**	05/02/2004	2	0	0	0	2	0	CEN
Henrique Ramos	**Arthur**	12/08/1996	33	2	2	0	10	19	CEN
Antonin	**Barak**	03/12/1994	21	2	2	0	13	4	CEN
Andrea	**Belotti**	20/12/1993	15	3	0	0	4	7	ATT
Lucas	**Beltran**	29/03/2001	32	6	6	0	11	18	ATT
Cristiano	**Biraghi**	01/09/1992	29	2	8	0	2	6	DIF
Giacomo	**Bonaventura**	22/08/1989	31	8	6	0	4	16	CEN
Josip	**Brekalo**	23/06/1998	11	1	0	0	3	6	ATT
Gaetano	**Castrovilli**	17/02/1997	6	1	0	0	1	4	CEN
Oliver	**Christensen**	22/03/1999	4	0	0	0	0	0	POR
Pietro	**Comuzzo**	20/02/2005	4	0	1	0	4	0	DIF
Cordeiro dos Santos	**Dodo**	17/11/1998	9	0	0	0	2	3	DIF
Alfred	**Duncan**	10/03/1993	30	2	2	0	6	18	CEN
Davide	**Faraoni**	25/10/1991	8	0	0	0	4	2	DIF
Nicolas	**Gonzalez**	06/04/1998	29	12	1	0	8	8	ATT
Jonathan	**Ikone**	02/05/1998	28	3	5	0	10	11	ATT
Gino	**Infantino**	19/05/2003	6	0	1	0	6	0	CEN
Michael	**Kayode**	10/07/2004	26	1	2	0	4	8	DIF
Christian	**Kouame**	06/12/1997	23	2	0	0	12	7	ATT
Maxime	**Lopez**	04/12/1997	19	0	1	0	12	5	CEN
Rolando	**Mandragora**	29/06/1997	33	3	5	0	17	9	CEN
Tommaso	**Martinelli**	06/01/2006	1	0	0	0	0	0	POR
Lucas	**Martinez Quarta**	10/05/1996	29	5	9	0	3	5	DIF
Nikola	**Milenkovic**	12/10/1997	34	0	4	0	7	1	DIF
Yerry	**Mina**	23/09/1994	4	0	1	0	4	0	DIF
M'Bala	**Nzola**	18/08/1996	33	3	2	0	18	8	ATT
Fabiano	**Parisi**	09/11/2000	21	0	4	0	5	3	DIF
Luca	**Ranieri**	23/04/1999	26	2	14	0	3	4	DIF
Riccardo	**Sottil**	03/06/1999	22	2	1	0	9	12	ATT
Pietro	**Terracciano**	08/03/1990	33	0	3	0	0	0	POR

LEGENDA PR presenze - **RE** reti - **A** ammonizioni - **E** espulsioni - **SF** sostituzioni fatte - **SA** sostituzioni avute

Giacomo Bonaventura: Brilla nell'ottimo girone d'andata dei viola; 8 gol e 3 assist

Nico Gonzalez: Trascinatore: realizza 12 reti, serve 3 assist e colpisce 6 pali

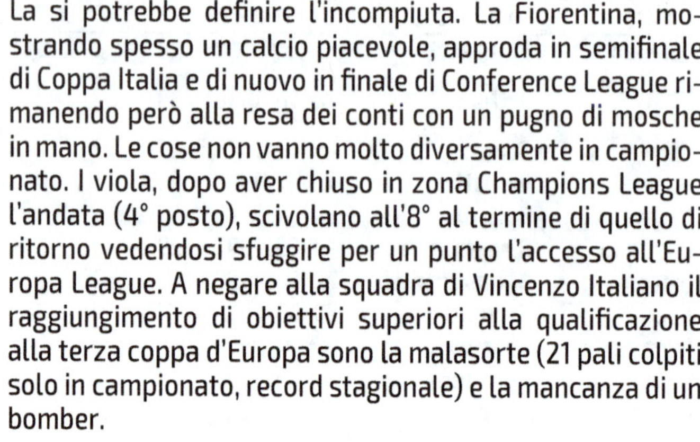

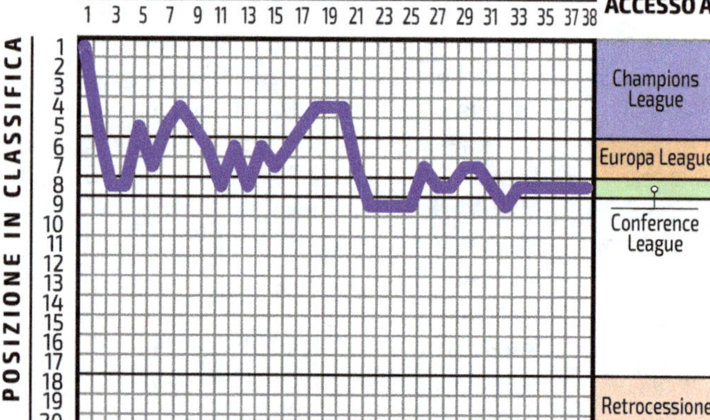

IL COMMENTO DELLA STAGIONE

La si potrebbe definire l'incompiuta. La Fiorentina, mostrando spesso un calcio piacevole, approda in semifinale di Coppa Italia e di nuovo in finale di Conference League rimanendo però alla resa dei conti con un pugno di mosche in mano. Le cose non vanno molto diversamente in campionato. I viola, dopo aver chiuso in zona Champions League l'andata (4° posto), scivolano all'8° al termine di quello di ritorno vedendosi sfuggire per un punto l'accesso all'Europa League. A negare alla squadra di Vincenzo Italiano il raggiungimento di obiettivi superiori alla qualificazione alla terza coppa d'Europa sono la malasorte (21 pali colpiti solo in campionato, record stagionale) e la mancanza di un bomber.

ANDAMENTO IN CAMPIONATO

COMPORTAMENTO DELLA SQUADRA

Statistiche		Classifica	Rank
		20 19 18 17 16 15 14 13 12 11 10 09 08 07 06 05 04 03 02 01	
Giocatori schierati	30		10
Giocatori in rete	18		2
Giocatori under 18	4		2
Giocatori over 30	5		9
Cartellini gialli	89		9
Cartellini rossi	0		1
Cambi effettuati	184		4

LA STAGIONE 2023/2024

	Avversario	Casa / Fuori	Risultato	Esito	Arbitro
1	**Genoa**	F	1-4	Vinta	Giovanni Ayroldi
2	**Lecce**	C	2-2	Nulla	Maria Sole Ferrieri Caputi
3	**Inter**	F	4-0	Persa	Matteo Marchetti
4	**Atalanta**	C	3-2	Vinta	Luca Pairetto
5	**Udinese**	F	0-2	Vinta	Daniele Chiffi
6	**Frosinone**	F	1-1	Nulla	Francesco Fourneau
7	**Cagliari**	C	3-0	Vinta	Marco Di Bello
8	**Napoli**	F	1-3	Vinta	Federico La Penna
9	**Empoli**	C	0-2	Persa	Federico Dionisi
10	**Lazio**	F	1-0	Persa	Matteo Marcenaro
11	**Juventus**	C	0-1	Persa	Daniele Chiffi
12	**Bologna**	C	2-1	Vinta	Fabio Maresca
13	**Milan**	F	1-0	Persa	Marco Di Bello
14	**Salernitana**	C	3-0	Vinta	Paride Tremolada
15	**Roma**	F	1-1	Nulla	Antonio Rapuano
16	**Verona**	C	1-0	Vinta	Maria Sole Ferrieri Caputi
17	**Monza**	F	0-1	Vinta	Juan Luca Sacchi
18	**Torino**	C	1-0	Vinta	Federico La Penna
19	**Sassuolo**	F	1-0	Persa	Rosario Abisso
20	**Udinese**	C	2-2	Nulla	Luca Pairetto
21	**Bologna**	F	2-0	Persa	Daniele Chiffi
22	**Inter**	C	0-1	Persa	Gianluca Aureliano
23	**Lecce**	F	3-2	Persa	Antonio Giua
24	**Frosinone**	C	5-1	Vinta	Ermanno Feliciani
25	**Empoli**	F	1-1	Nulla	Luca Pairetto
26	**Lazio**	C	2-1	Vinta	Marco Guida
27	**Torino**	F	0-0	Nulla	Matteo Marchetti
28	**Roma**	C	2-2	Nulla	Davide Massa
29	**Atalanta**	F	2-3	Vinta	Daniele Orsato
30	**Milan**	C	1-2	Persa	Fabio Maresca
31	**Juventus**	F	1-0	Persa	Federico La Penna
32	**Genoa**	C	1-1	Nulla	Davide Di Marco
33	**Salernitana**	F	0-2	Vinta	Matteo Marchetti
34	**Sassuolo**	C	5-1	Vinta	Matteo Marcenaro
35	**Verona**	F	2-1	Persa	Antonio Rapuano
36	**Monza**	C	2-1	Vinta	Luca Zufferli
37	**Napoli**	C	2-2	Nulla	Matteo Marchetti
38	**Cagliari**	F	2-3	Vinta	Alessandro Prontera

FROSINONE

Frosinone Calcio s.r.l.

ANNO DI FONDAZIONE
1928

COLORI SOCIALI
Giallo Azzurro

INDIRIZZO SEDE
Viale Olimpia, località Casaleno, 03100 Frosinone
0775 8190

STADIO
Benito Stirpe, Viale Olimpia, località Casaleno 03100 Frosinone

ORGANIGRAMMA
Presidente Maurizio Stirpe.
Consiglieri Rosario Zoino, Guido Angelozzi, Salvatore Gualtieri **Responsabile area tecnica** Guido Angelozzi.
Direttore organizzativo Pietro Doronzo. **Team manager** Manuel Milana. **Segretario sportivo** Pierluigi D'Agostini.
Chief marketing & communications officer Salvatore Gualtieri. **Responsabile comunicazione** Massimiliano Martino. **Direttore area finanza, controllo e ticketing** Rosario Zoino

STAFF TECNICO
Allenatore Eusebio Di Francesco.
Allenatore in seconda Luigi Iervese. **Collaboratori tecnici** Nicola Caccia, Giancarlo Marini. **Match analyst** Stefano Romano

STAFF MEDICO
Responsabile sanitario Andrea D'Alessandro

E MAIL
frosinone @lega-seriea.it

SITO INTERNET
www.frosinonecalcio.com

PAGINA FACEBOOK
Frosinone1928/

PROFILO ISTAGRAM
frosinonecalcio/

LA ROSA DELLA SQUADRA

Nome	Cognome	Nato il	PR	RE	AM	ES	SF	SA	Ruolo
Jaime	**Baez**	25/04/1995	11	1	1	0	5	7	ATT
Enzo	**Barrenechea**	22/05/2001	36	0	10	0	4	12	CEN
Kevin	**Bonifazi**	19/05/1996	6	0	0	0	3	0	DIF
Gennaro	**Borrelli**	10/03/2000	1	0	0	0	1	0	ATT
Mehdi	**Bourabia**	07/08/1991	10	0	1	0	7	3	CEN
Marco	**Brescianini**	20/01/2000	36	4	1	0	12	13	CEN
Luigi	**Canotto**	19/05/1994	1	0	0	0	1	0	ATT
Giuseppe	**Caso**	09/12/1998	14	0	2	0	12	2	ATT
Michele	**Cerofolini**	04/01/1999	8	0	1	0	1	0	POR
Walid	**Cheddira**	22/01/1998	36	7	0	0	12	19	ATT
Marvin	**Cuni**	10/07/2001	22	1	0	0	16	6	ATT
Luca	**Garritano**	11/02/1994	12	0	1	0	7	5	CEN
Francesco	**Gelli**	15/10/1996	27	0	3	0	11	7	CEN
Fares	**Ghedjemis**	06/09/2002	6	0	1	0	5	1	ATT
Abdou	**Harroui**	13/01/1998	18	3	2	0	5	13	CEN
Arijon	**Ibrahimovic**	11/12/2005	16	1	1	0	11	5	ATT
Pinto Ramos	**Kaio Jorge**	24/01/2002	20	3	2	0	12	6	ATT
Giorgi	**Kvernadze**	07/02/2003	5	0	0	0	5	0	ATT
Pol	**Lirola**	13/08/1997	25	2	1	0	7	11	DIF
Karlo	**Lulic**	10/05/1996	1	0	0	0	1	0	CEN
Mateus H.	**Lusuardi**	08/01/2004	4	0	1	0	1	2	DIF
Riccardo	**Marchizza**	26/03/1998	13	0	1	0	0	1	DIF
Luca	**Mazzitelli**	15/11/1995	29	5	4	1	3	14	CEN
Ilario	**Monterisi**	19/12/2001	24	2	1	0	8	3	DIF
Caleb	**Okoli**	13/07/2001	34	0	9	0	2	2	DIF
Anthony	**Oyono**	12/04/2001	16	0	4	0	2	2	DIF
Jesus C.	**Reinier**	19/01/2002	22	2	3	0	9	14	CEN
Simone	**Romagnoli**	09/02/1990	33	1	6	0	3	2	DIF
Demba	**Seck**	10/02/2001	11	0	0	0	8	3	ATT
Matias	**Soule**	15/04/2003	36	11	4	0	0	19	ATT
Przemyslav	**Szyminski**	24/06/1994	1	0	0	0	1	0	DIF
Stefano	**Turati**	05/09/2001	31	0	0	0	0	1	POR
Emanuele	**Valeri**	07/12/1998	16	0	3	0	2	2	DIF
Nadir	**Zortea**	19/06/1999	14	1	3	0	0	2	DIF

LEGENDA PR presenze - **RE** reti - **A** ammonizioni - **E** espulsioni - **SF** sostituzioni fatte - **SA** sostituzioni avute

Matias Soulé: Stagione da protagonista (11 gol e 3 assist); cala alla distanza

Stefano Turati: Un infortunio lo frena quando era riuscito a trovare continuità

IL COMMENTO DELLA STAGIONE

Una retrocessione bruciante per il Frosinone. La compagine ciociara vede svanire beffardamente la salvezza nei minuti di recupero dell'ultimo turno. Parte bene la formazione di Eusebio Di Francesco (ottavo posto con 12 punti all'8ª giornata). La situazione resta piuttosto tranquilla sino al 22esima (13ª posizione) quando 6 ko in 7 gare fanno precipitare i giallazzurri nella zona calda. Il Frosinone si rianima. Arrivano sei risultati utili compreso il ritorno alla vittoria dopo tre mesi. Il primo successo esterno colto a Monza sembra preludere a un epilogo positivo che invece si rivela ben diverso a seguito del ko patito in casa contro l'Udinese e alla vittoria in extremis dell'Empoli sulla Roma.

ANDAMENTO IN CAMPIONATO

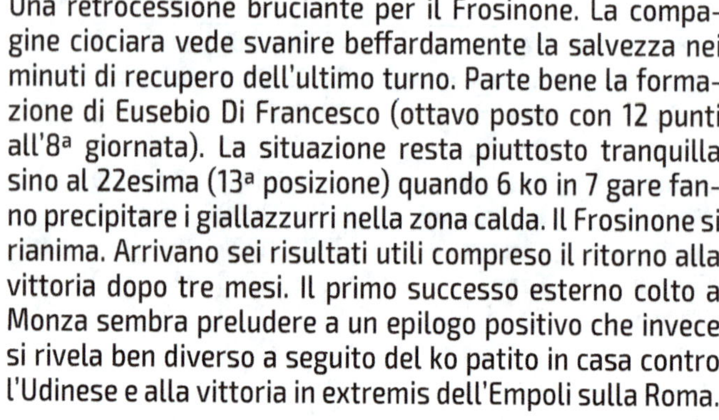

COMPORTAMENTO DELLA SQUADRA

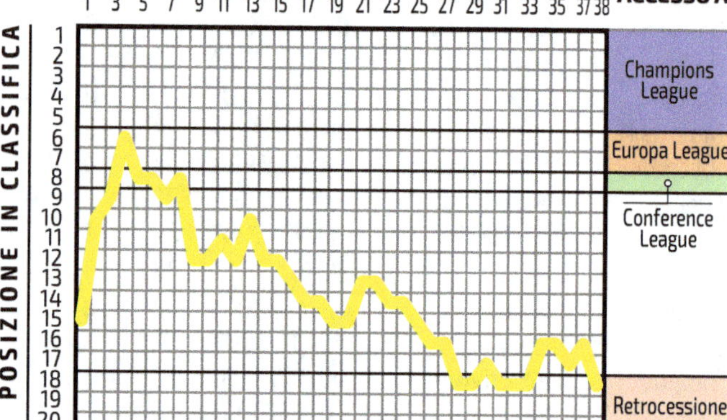

Statistiche		Classifica	Rank
		20 19 18 17 16 15 14 13 12 11 10 09 08 07 06 05 04 03 02 01	
Giocatori schierati	34		4
Giocatori in rete	14		8
Giocatori under 18	2		6
Giocatori over 30	3		17
Cartellini gialli	67		2
Cartellini rossi	2		5
Cambi effettuati	177		11

LA STAGIONE 2023/2024

	Avversario	Casa / Fuori	Risultato	Arbitro
1	**Napoli**	C	1-3	Matteo Marcenaro
2	**Atalanta**	C	2-1	Juan Luca Sacchi
3	**Udinese**	F	0-0	Marco Guida
4	**Sassuolo**	C	4-2	Alessandro Prontera
5	**Salernitana**	F	1-1	Marco Piccinini
6	**Fiorentina**	C	1-1	Francesco Fourneau
7	**Roma**	F	2-0	Matteo Marchetti
8	**Verona**	C	2-1	Maria Sole Ferrieri Caputi
9	**Bologna**	F	2-1	Daniele Doveri
10	**Cagliari**	F	4-3	Luca Pairetto
11	**Empoli**	C	2-1	Gianluca Manganiello
12	**Inter**	F	2-0	Federico Dionisi
13	**Genoa**	C	2-1	Luca Zufferli
14	**Milan**	F	3-1	Matteo Marchetti
15	**Torino**	C	0-0	Luca Massimi
16	**Lecce**	F	2-1	Luca Zufferli
17	**Juventus**	C	1-2	Maurizio Mariani
18	**Lazio**	F	3-1	Ermanno Feliciani
19	**Monza**	C	2-3	Maria Sole Ferrieri Caputi
20	**Atalanta**	F	5-0	Alessandro Prontera
21	**Cagliari**	C	3-1	Federico Dionisi
22	**Verona**	F	1-1	Federico La Penna
23	**Milan**	C	2-3	Luca Pairetto
24	**Fiorentina**	F	5-1	Ermanno Feliciani
25	**Roma**	C	0-3	Antonio Giua
26	**Juventus**	F	3-2	Antonio Rapuano
27	**Lecce**	C	1-1	Marco Guida
28	**Sassuolo**	F	1-0	Federico La Penna
29	**Lazio**	C	2-3	Antonio Rapuano
30	**Genoa**	F	1-1	Juan Luca Sacchi
31	**Bologna**	C	0-0	Daniele Orsato
32	**Napoli**	F	2-2	Michael Fabbri
33	**Torino**	F	0-0	Antonio Rapuano
34	**Salernitana**	C	3-0	Francesco Fourneau
35	**Empoli**	F	0-0	Daniele Doveri
36	**Inter**	C	0-5	Antonio Giua
37	**Monza**	F	0-1	Michael Fabbri
38	**Udinese**	C	0-1	Daniele Doveri

GENOA

Genoa Cricket and Football Club s.p.a.

ANNO DI FONDAZIONE
1893

COLORI SOCIALI
Rosso Blu

INDIRIZZO SEDE
Via Ronchi 67,
16155 Genova-
Pegli
010 612831

STADIO
Luigi Ferraris,
Via Giovanni
de Prà 1, 16139
Genova

ORGANIGRAMMA

Presidente Alberto Zangrillo.
Amministratore delegato Andrès Blàzquez Ceballos.
Direttore generale Flavio Ricciardella. **Direttore sportivo** Marco Ottolini. **Direttore tecnico** Marcel Klos. **Club manager** Marco Rossi. **Segretario generale** Diodato Abagnara. **Direttore marketing** Jacopo Pulcini. **Ufficio stampa** Dino Storace. **Chief financial officer** Stefano Vincis

STAFF TECNICO

Allenatore Alberto Gilardino.
Allenatore in seconda Gaetano Caridi, Tonda Eckert.
Collaboratori tecnici Roberto Murgita

STAFF MEDICO

Responsabile sanitario Alessandro Corsini. **Medico sociale** Francesco Nuccio, Marco Stellatelli

E MAIL
info@genoacfc.it

SITO INTERNET
www.genoacfc.it

PAGINA FACEBOOK
genoaCFCofficial/

PROFILO INSTAGRAM
genoacfc/

LA ROSA DELLA SQUADRA

Nome	Cognome	Nato il	PR	RE	AM	ES	SF	SA	Ruolo
David	**Ankeye**	22/05/2002	6	0	0	0	6	0	ATT
Milan	**Badelj**	25/02/1989	33	1	6	0	1	22	CEN
Mattia	**Bani**	10/12/1993	27	2	9	0	0	4	DIF
Davide	**Biraschi**	02/07/1994	1	1	0	0	0	0	DIF
Emil	**Bohinen**	12/11/1999	5	0	0	0	5	0	CEN
Giorgio	**Cittadini**	18/04/2002	5	0	0	0	4	1	DIF
Koni	**De Winter**	12/06/2002	29	0	6	1	3	3	DIF
Radu	**Dragusin**	03/02/2002	19	2	1	0	0	0	DIF
Caleb	**Ekuban**	23/03/1994	29	4	0	0	19	9	ATT
Seydou	**Fini**	02/06/2006	3	0	0	0	3	0	ATT
Morten	**Frendrup**	07/04/2001	37	2	6	0	1	5	CEN
Pablo	**Galdames**	30/12/1996	2	0	0	0	2	0	CEN
Albert	**Gudmundsson**	15/06/1997	35	14	4	0	1	8	CEN
Ridgeciano	**Haps**	12/06/1993	16	0	0	0	9	5	DIF
Silvan	**Hefti**	25/10/1997	6	0	0	0	5	1	DIF
Filip	**Jagiello**	08/08/1997	2	0	0	0	2	0	CEN
Berkan	**Kutlu**	25/01/1998	6	0	0	0	6	0	CEN
Nicola	**Leali**	17/02/1993	3	0	1	0	1	1	POR
Ruslan	**Malinovskyi**	04/05/1993	28	4	7	0	10	13	CEN
Aaron	**Martin**	22/04/1997	22	0	2	1	5	9	DIF
Josep	**Martinez**	27/05/1998	36	0	2	1	0	0	POR
Alan	**Matturro**	11/10/2004	6	0	0	0	5	1	DIF
Junior	**Messias**	13/05/1991	18	1	0	0	5	9	ATT
Christos	**Papadopoulos**	01/11/2004	1	0	0	0	1	0	CEN
George	**Puscas**	08/04/1996	8	0	0	0	7	0	ATT
Mateo	**Retegui**	29/04/1999	29	7	5	0	3	12	ATT
Stefano	**Sabelli**	13/01/1993	32	0	5	0	2	24	DIF
Daniele	**Sommariva**	18/07/1997	1	0	0	0	1	0	POR
Djed	**Spence**	09/08/2000	16	0	1	0	8	2	DIF
Kevin	**Strootman**	13/02/1990	27	0	4	0	12	13	CEN
Morten	**Thorsby**	05/05/1996	24	2	2	0	15	2	CEN
Johan	**Vasquez**	22/10/1998	37	1	6	0	5	6	DIF
Vitor Manuel	**Vitinha**	15/03/2000	9	2	2	0	7	1	ATT
Alessandro	**Vogliacco**	14/09/1998	20	0	4	0	6	9	DIF

LEGENDA PR presenze - **RE** reti - **A** ammonizioni - **E** espulsioni - **SF** sostituzioni fatte - **SA** sostituzioni avute

Morten Frendrup:
Rivelazione
rossoblù,
centrocampista di
sostanza e qualità

Mateo Retegui:
Sette reti e
due assist; si
guadagna la
convocazione in
Nazionale

GENOA

IL COMMENTO DELLA STAGIONE

La miglior neopromossa d'Europa. Basterebbe questo dato per rendere l'idea del sorprendente campionato disputato dal Genoa. La formazione diretta da Alberto Gilardino, dopo una partenza a rilento (4 punti in 5 gare) ma con risultati di rilievo da annoverare come il colpo all'Olimpico contro la Lazio e il 2-2 casalingo contro il Napoli, si esalta infliggendo un 4-1 interno alla Roma. I rossoblù, dopo aver veleggiato a lungo nella zona medio-bassa della classifica, salgono di rendimento dal 16° turno. A farne le spese sono big del calibro di Juventus, Inter e Bologna tutte frenate sul pari. Archiviato il discorso salvezza con quattro turni d'anticipo il Genoa chiude il torneo all'undicesimo posto.

ANDAMENTO IN CAMPIONATO

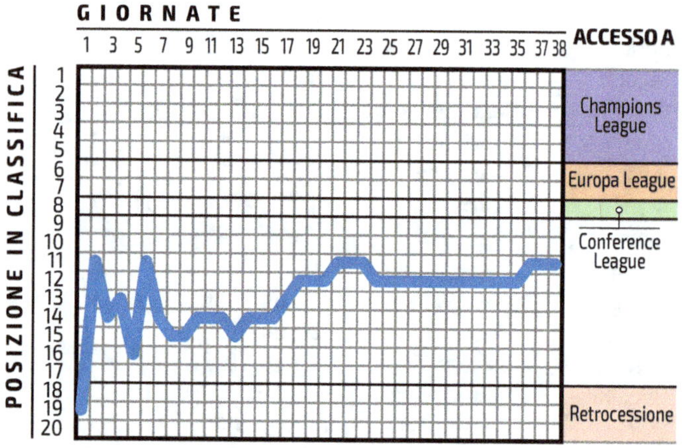

COMPORTAMENTO DELLA SQUADRA

Statistiche		Classifica	Rank
		20 19 18 17 16 15 14 13 12 11 10 09 08 07 06 05 04 03 02 01	
Giocatori schierati	34		**4**
Giocatori in rete	13		**14**
Giocatori under 18	2		**6**
Giocatori over 30	7		**6**
Cartellini gialli	76		**8**
Cartellini rossi	3		**9**
Cambi effettuati	160		**19**

LA STAGIONE 2023/2024

	Avversario	Casa / Fuori	Risultato	Vinta/Nulla/Persa	Arbitro
1	**Fiorentina**	C	1-4	Persa	Giovanni Ayroldi
2	**Lazio**	F	0-1	Vinta	Livio Marinelli
3	**Torino**	F	1-0	Persa	Daniele Chiffi
4	**Napoli**	C	2-2	Nulla	Michael Fabbri
5	**Lecce**	F	1-0	Persa	Antonio Rapuano
6	**Roma**	C	4-1	Vinta	Daniele Orsato
7	**Udinese**	F	2-2	Nulla	Maurizio Mariani
8	**Milan**	C	0-1	Persa	Marco Piccinini
9	**Atalanta**	F	2-0	Persa	Livio Marinelli
10	**Salernitana**	C	1-0	Vinta	Davide Massa
11	**Cagliari**	F	2-1	Persa	Marco Guida
12	**Verona**	C	1-0	Vinta	Daniele Orsato
13	**Frosinone**	F	2-1	Persa	Luca Zufferli
14	**Empoli**	C	1-1	Nulla	Gianluca Aureliano
15	**Monza**	F	1-0	Persa	Giuseppe Collu
16	**Juventus**	C	1-1	Nulla	Davide Massa
17	**Sassuolo**	F	1-2	Vinta	Marco Guida
18	**Inter**	C	1-1	Nulla	Daniele Doveri
19	**Bologna**	F	1-1	Nulla	Andrea Colombo
20	**Torino**	C	0-0	Nulla	Antonio Giua
21	**Salernitana**	F	1-2	Vinta	Daniele Orsato
22	**Lecce**	C	2-1	Vinta	Luca Pairetto
23	**Empoli**	F	0-0	Nulla	Ermanno Feliciani
24	**Atalanta**	C	1-4	Persa	Andrea Colombo
25	**Napoli**	F	1-1	Nulla	Juan Luca Sacchi
26	**Udinese**	C	2-0	Vinta	Francesco Fourneau
27	**Inter**	F	2-1	Persa	Giovanni Ayroldi
28	**Monza**	C	2-3	Persa	Ermanno Feliciani
29	**Juventus**	F	0-0	Nulla	Antonio Giua
30	**Frosinone**	C	1-1	Nulla	Juan Luca Sacchi
31	**Verona**	F	1-2	Vinta	Gianluca Manganiello
32	**Fiorentina**	F	1-1	Nulla	Davide Di Marco
33	**Lazio**	C	0-1	Persa	Ermanno Feliciani
34	**Cagliari**	C	3-0	Vinta	Federico Dionisi
35	**Milan**	F	3-3	Nulla	Alessandro Prontera
36	**Sassuolo**	C	2-1	Vinta	Maurizio Mariani
37	**Roma**	F	1-0	Persa	Gianluca Manganiello
38	**Bologna**	C	2-0	Vinta	Alberto Santoro

INTER

Football Club Internazionale Milano s.p.a. (1908)

ANNO DI FONDAZIONE
1908

COLORI SOCIALI
Nero Azzurro

INDIRIZZO SEDE
Viale della Liberazione 16/18, 20124 Milano, 02 82719080

STADIO
Giuseppe Meazza, San Siro, Piazzale Angelo Moratti, 20151 Milano

ORGANIGRAMMA

Presidente Zhang Kanyjang.
Vice presidente Javier Zanetti. **Amministratore delegato** Alessandro Antonello (corporate), Giuseppe Marotta (sport). **Consiglieri** Zhang Kangyang, Alessandro Antonello, Giuseppe Marotta, Xu Yichen, Zhu Qing, Zhou Bin, Ying Ruohan, Daniel Kar Keung Tseung, Carlo Marchetti, Amedeo Carassai. **Collegio sindacale** Alessandro Padula, Roberto Cassader, Simone Biagiotti. **Direttore sportivo** Piero Ausilio. **Club manager** Riccardo Ferri. **Chief revenue officer** Luca Danovaro. **Responsabile comunicazione** Matteo Pedinotti. **Chief financial officer** Andrea Accinelli

STAFF TECNICO

Allenatore Simone Inzaghi.
Allenatore in seconda Massimiliano Farris. **Collaboratori tecnici** Riccardo Rocchini, Ferruccio Cerasaro, Mario Cecchi. **Match analyst** Salvatore Rustico, Giacomo Toninato, Stefano Castellani

STAFF MEDICO

Responsabile sanitario Piero Volpi. **Medico sociale** Claudio Sprenger, Lorenzo Brambilla, Alessandro Quaglia

E MAIL

SITO INTERNET
www.inter.it

PAGINA FACEBOOK
Inter

PROFILO INSTAGRAM
inter/

LA ROSA DELLA SQUADRA

Nome	Cognome	Nato il	PR	RE	AM	ES	SF	SA	Ruolo
Francesco	**Acerbi**	10/02/1988	29	3	1	0	3	1	DIF
Lucien	**Agoume**	09/02/2002	1	0	0	0	1	0	CEN
Ajodun E.	**Akinsanmiro**	25/11/2004	1	0	0	0	1	0	CEN
Marko	**Arnautovic**	19/04/1989	27	5	0	0	22	3	ATT
Kristjan	**Asllani**	09/03/2002	23	1	1	0	17	2	CEN
Emil	**Audero**	18/01/1997	4	0	0	0	0	1	POR
Nicolo	**Barella**	07/02/1997	37	2	7	0	3	17	CEN
Alessandro	**Bastoni**	13/04/1999	28	1	5	0	0	14	DIF
Yann	**Bisseck**	29/11/2000	16	2	0	0	7	1	DIF
Tajon	**Buchanan**	08/02/1999	10	1	0	0	10	0	CEN
Hakan	**Calhanoglu**	08/02/1994	32	13	5	0	0	20	CEN
Zopolato Neves	**Carlos Augusto**	07/01/1999	37	0	1	0	23	3	DIF
Juan	**Cuadrado**	26/05/1988	10	0	1	0	10	0	CEN
Matteo	**Darmian**	02/12/1989	33	2	2	0	6	13	DIF
Stefan	**De Vrij**	05/02/1992	25	1	0	0	8	1	DIF
Raffaele	**Di Gennaro**	03/10/1993	1	0	0	0	1	0	POR
Federico	**Dimarco**	10/11/1997	30	5	0	0	1	28	DIF
Denzel	**Dumfries**	18/04/1996	31	4	2	1	12	14	CEN
Davide	**Frattesi**	22/09/1999	32	6	1	0	26	5	CEN
Davy	**Klaassen**	21/02/1993	13	0	1	0	12	1	CEN
Lautaro	**Martinez**	22/08/1997	33	24	5	0	2	13	ATT
Henrikh	**Mkhitaryan**	21/01/1989	36	2	4	0	1	21	CEN
Benjamin	**Pavard**	28/03/1996	23	0	6	0	2	8	DIF
Alexis	**Sanchez**	19/12/1988	23	2	0	0	17	3	ATT
Stefano	**Sensi**	05/08/1995	4	0	0	0	4	0	CEN
Yann	**Sommer**	17/12/1988	34	0	1	0	0	0	POR
Marcus	**Thuram**	08/06/1997	35	13	3	0	1	21	ATT

LEGENDA PR presenze - **RE** reti - **A** ammonizioni - **E** espulsioni - **SF** sostituzioni fatte - **SA** sostituzioni avute

Hakan Çalhanoğlu: Eletto miglior centrocampista della Serie A; 10/10 dal dischetto

Marcus Thuram: Grande prima stagione per il sostituto di Dzeko: 13 gol e 7 assist

IL COMMENTO DELLA STAGIONE

L'Inter torna dopo tre anni a laurearsi Campione d'Italia: i nerazzurri conquistano il loro 20° scudetto al termine di una cavalcata trionfale. La squadra diretta da Simone Inzaghi fa suo un torneo condotto praticamente sempre in testa (37 turni su 38) con 19 punti di vantaggio sul Milan vincendo 29 partite e perdendone solo 2 (entrambe con il Sassuolo). Il conseguimento della seconda stella arriva con cinque turni d'anticipo in un inedito quanto indimenticabile derby di lunedì sera vinto in casa dai rivali. Tra i record stagionali dei nerazzurri spiccano il miglior attacco (89 gol fatti), la difesa meno battuta (22 reti subite), la serie di successi di fila (10) e i turni d'imbattibilità (28).

ANDAMENTO IN CAMPIONATO

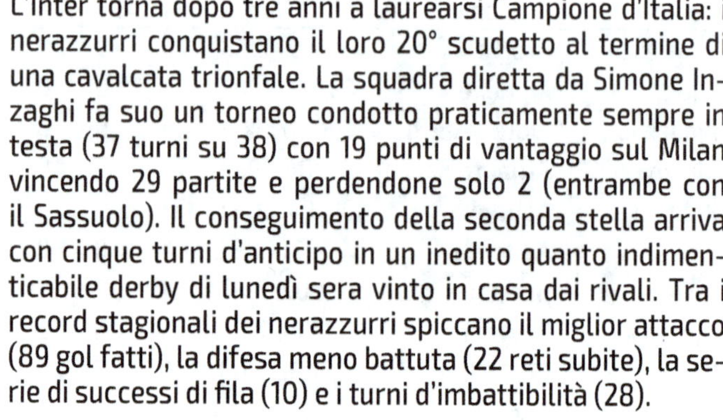

COMPORTAMENTO DELLA SQUADRA

Statistiche		Classifica	Rank
		20 19 18 17 16 15 14 13 12 11 10 09 08 07 06 05 04 03 02 01	
Giocatori schierati	27		18
Giocatori in rete	17		3
Giocatori under 18	0		16
Giocatori over 30	9		1
Cartellini gialli	46		1
Cartellini rossi	1		2
Cambi effettuati	190		1

LA STAGIONE 2023/2024

	Avversario	Casa / Fuori	Risultato	Esito	Arbitro
1	**Monza**	C	2-0	Vinta	Andrea Colombo
2	**Cagliari**	F	0-2	Vinta	Michael Fabbri
3	**Fiorentina**	C	4-0	Vinta	Matteo Marchetti
4	**Milan**	C	5-1	Vinta	Simone Sozza
5	**Empoli**	F	0-1	Vinta	Matteo Marcenaro
6	**Sassuolo**	C	1-2	Persa	Luca Massimi
7	**Salernitana**	F	0-4	Vinta	Rosario Abisso
8	**Bologna**	C	2-2	Nulla	Marco Guida
9	**Torino**	F	0-3	Vinta	Matteo Marchetti
10	**Roma**	C	1-0	Vinta	Fabio Maresca
11	**Atalanta**	F	1-2	Vinta	Simone Sozza
12	**Frosinone**	C	2-0	Vinta	Federico Dionisi
13	**Juventus**	F	1-1	Nulla	Marco Guida
14	**Napoli**	F	0-3	Vinta	Davide Massa
15	**Udinese**	C	4-0	Vinta	Marco Di Bello
16	**Lazio**	F	0-2	Vinta	Fabio Maresca
17	**Lecce**	C	2-0	Vinta	Matteo Marcenaro
18	**Genoa**	F	1-1	Nulla	Daniele Doveri
19	**Verona**	C	2-1	Vinta	Michael Fabbri
20	**Monza**	F	1-5	Vinta	Antonio Rapuano
21	**Atalanta**	C	4-0	Vinta	Andrea Colombo
22	**Fiorentina**	F	0-1	Vinta	Gianluca Aureliano
23	**Juventus**	C	1-0	Vinta	Fabio Maresca
24	**Roma**	F	2-4	Vinta	Marco Guida
25	**Salernitana**	C	4-0	Vinta	Marco Piccinini
26	**Lecce**	F	0-4	Vinta	Daniele Doveri
27	**Genoa**	C	2-1	Vinta	Giovanni Ayroldi
28	**Bologna**	F	0-1	Vinta	Luca Pairetto
29	**Napoli**	C	1-1	Nulla	Federico La Penna
30	**Empoli**	C	2-0	Vinta	Federico Dionisi
31	**Udinese**	F	1-2	Vinta	Marco Piccinini
32	**Cagliari**	C	2-2	Nulla	Francesco Fourneau
33	**Milan**	F	1-2	Vinta	Andrea Colombo
34	**Torino**	C	2-0	Vinta	Maria Sole Ferrieri Caputi
35	**Sassuolo**	F	1-0	Persa	Matteo Marchetti
36	**Frosinone**	F	0-5	Vinta	Antonio Giua
37	**Lazio**	C	1-1	Nulla	Juan Luca Sacchi
38	**Verona**	F	2-2	Nulla	Luca Zufferli

Juventus Football Club s.p.a. (1897)

ANNO DI FONDAZIONE

1897

COLORI SOCIALI

Bianco Nero

INDIRIZZO SEDE

Via Druento 175,
10151 Torino,
011 4530486

STADIO

Allianz Stadium,
Corso Gaetano
Scirea 50, 10151
Torino

ORGANIGRAMMA

Presidente Gianluca Ferrero.
Amministratore delegato Maurizio Scanavino. **Presidente onorario** Franzo Grande Stevens. **Football - Chief of staff** Federico Cherubini. **Direttore sportivo** Cristiano Giuntoli. **Team manager** Matteo Fabris. **Managing director revenue & football development** Francesco Calvo. **Chief marketing & communications officer** Mike Armstrong. **Chief corporate & financial officer** Stefano Cerrato

STAFF TECNICO

Allenatore Massimiliano Allegri (1-36), Paolo Montero.
Allenatore in seconda Marco Landucci. **Collaboratori tecnici** Maurizio Trombetta, Aldo Dolcetti, Simone Padoin, Francesco Magnanelli. **Match analyst** Riccardo Scirea, Paolo Pettinato, Domenico Vernamonte

STAFF MEDICO

Responsabile sanitario Luca Stefanini. **Medico sociale** Marco Freschi

E MAIL

SITO INTERNET

www.juventus.
com

PAGINA FACEBOOK

Juventusfc/

PROFILO INSTAGRAM

juventus/

LA ROSA DELLA SQUADRA

Nome	Cognome	Nato il	PR	RE	AM	ES	SF	SA	Ruolo
Carlos	**Alcaraz**	30/11/2002	10	0	0	0	7	2	CEN
Lobo Silva	**Alex Sandro**	26/01/1991	16	1	1	0	8	2	DIF
Gleison	**Bremer**	18/03/1997	36	3	9	0	0	1	DIF
Andrea	**Cambiaso**	20/02/2000	34	2	10	0	6	24	DIF
Leonardo	**Cerri**	04/03/2003	1	0	0	0	1	0	ATT
Federico	**Chiesa**	25/10/1997	33	9	1	0	8	16	ATT
Luiz da Silva	**Danilo**	15/07/1991	29	1	7	0	2	0	DIF
Mattia	**De Sciglio**	20/10/1992	1	0	0	0	0	1	DIF
Tiago	**Djalo**	09/04/2000	1	0	0	0	1	0	DIF
Nicolo	**Fagioli**	12/02/2001	8	0	1	0	4	4	CEN
Federico	**Gatti**	24/06/1998	32	4	7	0	2	7	DIF
Dean	**Huijsen**	14/04/2005	1	0	0	0	1	0	DIF
Samuel	**Iling-Junior**	04/10/2003	24	1	1	0	20	2	ATT
Moise	**Kean**	28/02/2000	19	0	2	0	11	8	ATT
Filip	**Kostic**	01/11/1992	29	0	2	0	3	23	CEN
Manuel	**Locatelli**	08/01/1998	36	1	6	0	2	5	CEN
Weston	**McKennie**	28/08/1998	34	0	6	0	5	12	CEN
Arkadiusz	**Milik**	28/02/1994	32	4	2	1	25	4	ATT
Fabio	**Miretti**	03/08/2003	25	1	3	0	9	16	CEN
Hans	**Nicolussi Caviglia**	18/06/2000	8	0	1	0	5	3	CEN
Joseph	**Nonge**	15/05/2005	2	0	1	0	2	1	CEN
Mattia	**Perin**	10/11/1992	3	0	0	0	0	1	POR
Carlo	**Pinsoglio**	16/03/1990	1	0	0	0	1	0	POR
Paul	**Pogba**	15/03/1993	2	0	0	0	2	0	CEN
Adrien	**Rabiot**	03/04/1995	31	5	8	0	1	2	CEN
Daniele	**Rugani**	29/07/1994	17	2	2	0	4	3	DIF
Nikola	**Sekulov**	18/02/2002	1	0	0	0	1	0	CEN
Wojciech	**Szczesny**	18/04/1990	35	0	1	0	0	0	POR
Dusan	**Vlahovic**	28/01/2000	33	16	6	1	6	18	ATT
Timothy	**Weah**	22/02/2000	30	0	5	0	18	9	CEN
Kenan	**Yildiz**	04/05/2005	27	2	3	0	18	9	ATT

LEGENDA PR presenze - **RE** reti - **A** ammonizioni - **E** espulsioni - **SF** sostituzioni fatte - **SA** sostituzioni avute

Weston McKennie: Non trova la rete ma si rivela con 7 il miglior assistman bianconero

Gleison Bremer: Pochi passaggi a vuoto per il centrale difensivo brasiliano

IL COMMENTO DELLA STAGIONE

La Juventus si assicura il ritorno in Champions League a distanza di un anno terminando al terzo posto un campionato dai due volti. La compagine di Massimiliano Allegri (sostituito negli ultimi due turni da Paolo Montero dopo la conquista della 15ª Coppa Italia), sino al 4 febbraio, tiene sorprendentemente il passo spedito dell'Inter assicurandosi persino un primato fittizio al 21° turno complici gli impegni dei rivali nella Supercoppa Italiana. La sconfitta patita a Milano nel Derby d'Italia di ritorno segna una svolta in negativo per i bianconeri. La squadra crolla in termini di risultati (18 punti in 15 partite) subendo il sorpasso del Milan e rischiando anche quello di Atalanta e Bologna.

ANDAMENTO IN CAMPIONATO

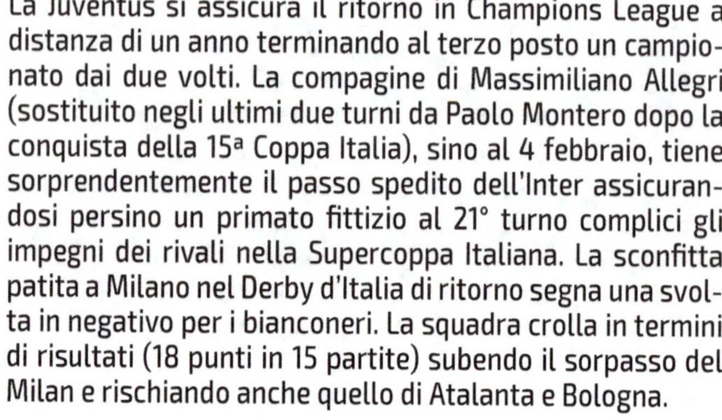

COMPORTAMENTO DELLA SQUADRA

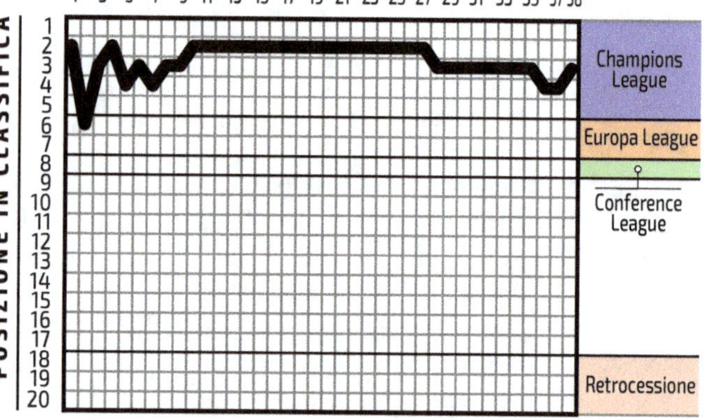

Statistiche		Classifica	Rank
		20 19 18 17 16 15 14 13 12 11 10 09 08 07 06 05 04 03 02 01	
Giocatori schierati	31		8
Giocatori in rete	14		8
Giocatori under 18	0		16
Giocatori over 30	8		3
Cartellini gialli	87		13
Cartellini rossi	2		5
Cambi effettuati	173		15

LA STAGIONE 2023/2024

	Avversario	Casa / Fuori	Risultato		Arbitro
			Vinta · Nulla · Persa		
1	**Udinese**	F	0-3	Vinta	Antonio Rapuano
2	**Bologna**	C	1-1	Nulla	Marco Di Bello
3	**Empoli**	F	0-2	Vinta	Giovanni Ayroldi
4	**Lazio**	C	3-1	Vinta	Fabio Maresca
5	**Sassuolo**	F	4-2	Persa	Andrea Colombo
6	**Lecce**	C	1-0	Vinta	Antonio Giua
7	**Atalanta**	F	0-0	Nulla	Daniele Chiffi
8	**Torino**	C	2-0	Vinta	Davide Massa
9	**Milan**	F	0-1	Vinta	Maurizio Mariani
10	**Verona**	C	1-0	Vinta	Ermanno Feliciani
11	**Fiorentina**	F	0-1	Vinta	Daniele Chiffi
12	**Cagliari**	C	2-1	Vinta	Marco Piccinini
13	**Inter**	C	1-1	Nulla	Marco Guida
14	**Monza**	F	1-2	Vinta	Michael Fabbri
15	**Napoli**	C	1-0	Vinta	Daniele Orsato
16	**Genoa**	F	1-1	Nulla	Davide Massa
17	**Frosinone**	F	1-2	Vinta	Maurizio Mariani
18	**Roma**	C	1-0	Vinta	Simone Sozza
19	**Salernitana**	F	1-2	Vinta	Marco Guida
20	**Sassuolo**	C	3-0	Vinta	Marco Piccinini
21	**Lecce**	F	0-3	Vinta	Daniele Doveri
22	**Empoli**	C	1-1	Nulla	Livio Marinelli
23	**Inter**	F	1-0	Persa	Fabio Maresca
24	**Udinese**	C	0-1	Persa	Rosario Abisso
25	**Verona**	F	2-2	Nulla	Marco Di Bello
26	**Frosinone**	C	3-2	Vinta	Antonio Rapuano
27	**Napoli**	F	2-1	Persa	Maurizio Mariani
28	**Atalanta**	C	2-2	Nulla	Marco Guida
29	**Genoa**	C	0-0	Nulla	Antonio Giua
30	**Lazio**	F	1-0	Persa	Andrea Colombo
31	**Fiorentina**	C	1-0	Vinta	Federico La Penna
32	**Torino**	F	0-0	Nulla	Fabio Maresca
33	**Cagliari**	F	2-2	Nulla	Marco Piccinini
34	**Milan**	C	0-0	Nulla	Maurizio Mariani
35	**Roma**	F	1-1	Nulla	Andrea Colombo
36	**Salernitana**	C	1-1	Nulla	Alberto Santoro
37	**Bologna**	F	3-3	Nulla	Giovanni Ayroldi
38	**Monza**	C	2-0	Vinta	Maria Sole Ferrieri Caputi

LAZIO

Società Sportiva Lazio s.p.a. (1900)

ANNO DI FONDAZIONE
1900

COLORI SOCIALI
Bianco Celeste

INDIRIZZO SEDE
Via di Santa Cornelia 1000, 00060 Formello, 06 97607111

STADIO
Olimpico, Via del Foro Italico, 00194 Roma

ORGANIGRAMMA

Presidente Claudio Lotito.
Consiglieri Marco Moschini. **Direttore sportivo** Angelo Maria Fabiani. **Team manager** Stefan Derkum. **Managing director revenue & football development. Segretario generale** Antonio Armando Calveri. **Coordinatore marketing, sponsorizzazioni ed eventi** Marco Canigiani. **Direttore amministrazione, controllo e finanza** Marco Cavaliere

STAFF TECNICO

Allenatore Maurizio Sarri (1-28), Giovanni Martusciello (29), Igor Tudor.
Allenatore in seconda Ivan Javorcic. **Match analyst** Giuseppe Maiuri

STAFF MEDICO

Responsabile sanitario Ivo Pulcini. **Medico sociale** Francesco Colautti

E MAIL
lazio@legaseriea.itwww.

SITO INTERNET
www.sslazio.it

PAGINA FACEBOOK
SSLazio OfficialPage

PROFILO INSTAGRAM
official_sslazio/

LA ROSA DELLA SQUADRA

Nome	Cognome	Nato il	PR	RE	AM	ES	SF	SA	Ruolo
Nicolo	**Casale**	14/02/1998	20	0	5	0	4	2	DIF
Valentin	**Castellanos**	03/10/1998	35	4	2	0	19	11	ATT
Danilo	**Cataldi**	06/08/1994	28	1	8	0	13	12	CEN
Pereira Gomes	**Felipe Anderson**	15/04/1993	38	5	3	0	5	19	ATT
Mario	**Gila**	29/08/2000	21	0	2	1	0	4	DIF
Matteo	**Guendouzi**	14/04/1999	33	2	3	1	6	9	CEN
Elseid	**Hysaj**	02/02/1994	22	0	2	0	11	5	DIF
Ciro	**Immobile**	20/02/1990	31	7	8	0	10	16	ATT
Gustav	**Isaksen**	19/04/2001	28	3	3	0	16	12	ATT
Daichi	**Kamada**	05/08/1996	29	2	3	0	12	11	CEN
Manuel	**Lazzari**	29/11/1993	24	0	4	1	5	7	CEN
Romero Alconchel	**Luis Alberto**	28/09/1992	33	5	7	0	4	16	CEN
Christos	**Mandas**	17/09/2001	9	0	0	0	1	0	POR
Adam	**Marusic**	17/10/1992	37	1	3	1	0	7	DIF
Gabarron Gil	**Patric**	17/04/1993	20	2	4	0	1	2	DIF
Rodriguez Ledesma	**Pedro**	28/07/1987	33	1	4	0	28	5	ATT
Luca	**Pellegrini**	07/03/1999	19	1	5	1	11	6	DIF
Ivan	**Provedel**	17/03/1994	30	0	0	0	0	1	POR
Alessio	**Romagnoli**	12/01/1995	29	0	9	0	3	1	DIF
Nicolo	**Rovella**	04/12/2001	23	0	6	0	7	10	CEN
Matias	**Vecino**	24/08/1991	31	6	8	0	23	6	CEN
Mattia	**Zaccagni**	16/06/1995	28	6	8	0	4	21	ATT

LEGENDA PR presenze - **RE** reti - **A** ammonizioni - **E** espulsioni - **SF** sostituzioni fatte - **SA** sostituzioni avute

Felipe Anderson: Disputa, nel complesso, un torneo più che positivo: 5 gol e 6 assist

Ciro Immobile: Stagione con più bassi che alti per il centravanti biancoceleste

IL COMMENTO DELLA STAGIONE

Campionato inferiore alle aspettative della vigilia per la Lazio. I biancocelesti, secondi nella scorsa stagione, peccano di continuità chiudendo il torneo in settima posizione. La squadra capitolina, dopo un deludente avvio (7 punti in altrettanti incontri), risale prepotentemente la classifica a cavallo del giro di boa arrivando a occupare il 4° posto al termine del 22° turno. La Lazio si blocca improvvisamente: 5 ko in sei gare fanno scivolare le Aquile in 9ª posizione. Maurizio Sarri rassegna le dimissioni. Sotta la guida di Giovanni Martusciello per una partita e di Igor Tudor nel prosieguo i biancocelesti si ricompattano riuscendo quantomeno a strappare la qualificazione all'Europa League.

ANDAMENTO IN CAMPIONATO

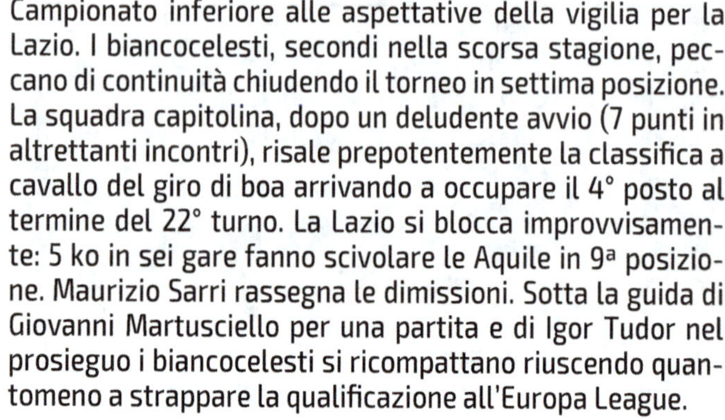

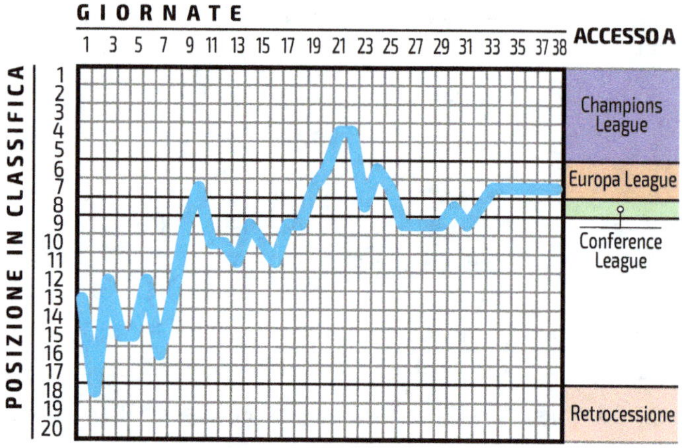

COMPORTAMENTO DELLA SQUADRA

Statistiche		Classifica	Rank
		20 19 18 17 16 15 14 13 12 11 10 09 08 07 06 05 04 03 02 01	
Giocatori schierati	22		20
Giocatori in rete	14		8
Giocatori under 18	2		6
Giocatori over 30	8		3
Cartellini gialli	100		20
Cartellini rossi	5		15
Cambi effettuati	183		7

LA STAGIONE 2023/2024

	Avversario	Casa / Fuori	Risultato	Vinta Nulla Persa	Arbitro
1	**Lecce**	F	2-1	Persa	Federico Dionisi
2	**Genoa**	C	0-1	Persa	Livio Marinelli
3	**Napoli**	F	1-2	Vinta	Andrea Colombo
4	**Juventus**	F	3-1	Persa	Fabio Maresca
5	**Monza**	C	1-1	Nulla	Rosario Abisso
6	**Torino**	C	2-0	Vinta	Michael Fabbri
7	**Milan**	F	2-0	Persa	Davide Massa
8	**Atalanta**	C	3-2	Vinta	Daniele Orsato
9	**Sassuolo**	F	0-2	Vinta	Marco Di Bello
10	**Fiorentina**	C	1-0	Vinta	Matteo Marcenaro
11	**Bologna**	F	1-0	Persa	Federico La Penna
12	**Roma**	C	0-0	Nulla	Davide Massa
13	**Salernitana**	F	2-1	Persa	Alessandro Prontera
14	**Cagliari**	C	1-0	Vinta	Federico Dionisi
15	**Verona**	F	1-1	Nulla	Giovanni Ayroldi
16	**Inter**	C	0-2	Persa	Fabio Maresca
17	**Empoli**	F	0-2	Vinta	Matteo Marchetti
18	**Frosinone**	C	3-1	Vinta	Ermanno Feliciani
19	**Udinese**	F	1-2	Vinta	Juan Luca Sacchi
20	**Lecce**	C	1-0	Vinta	Maria Sole Ferrieri Caputi
21	**Torino**	F	0-2	Vinta	Federico La Penna
22	**Napoli**	C	0-0	Nulla	Daniele Orsato
23	**Atalanta**	F	3-1	Persa	Marco Guida
24	**Cagliari**	F	1-3	Vinta	Marco Di Bello
25	**Bologna**	C	1-2	Persa	Fabio Maresca
26	**Fiorentina**	F	2-1	Persa	Marco Guida
27	**Milan**	C	0-1	Persa	Marco Di Bello
28	**Udinese**	C	1-2	Persa	Gianluca Aureliano
29	**Frosinone**	F	2-3	Vinta	Antonio Rapuano
30	**Juventus**	C	1-0	Vinta	Andrea Colombo
31	**Roma**	F	1-0	Persa	Marco Guida
32	**Salernitana**	C	4-1	Vinta	Luca Zufferli
33	**Genoa**	F	0-1	Vinta	Ermanno Feliciani
34	**Verona**	C	1-0	Vinta	Davide Massa
35	**Monza**	F	2-2	Nulla	Luca Pairetto
36	**Empoli**	C	2-0	Vinta	Gianluca Aureliano
37	**Inter**	F	1-1	Nulla	Juan Luca Sacchi
38	**Sassuolo**	C	1-1	Nulla	Paride Tremolada

LECCE

Unione Sportiva Lecce

ANNO DI FONDAZIONE
1908

COLORI SOCIALI
Giallo Rosso

INDIRIZZO SEDE
Via Colonnello Archimede Costadura 3 - 73100 Lecce
0832 241501

STADIO
Ettore Giardiniero
Via del Mare, 73100 Lecce

ORGANIGRAMMA
Presidente Saverio Sticchi Damiani.
Vice presidente Corrado Liguori. **Amministratore delegato** Sandro Mencucci. **Consiglieri** Alessandro Adamo, Dario Carofalo, Silvia Carofalo, Salvatore De Vitis, Paolo Del Brocco **Responsabile area tecnica** Pantaleo Corvino.
Direttore sportivo Stefano Trinchera. **Team manager** Claudio Vino. **Segretario sportivo** Rosario Imparato.
Direttore marketing Andrea Micati. **Responsabile comunicazione** Andrea Ferrante. **Ufficio stampa** Dario Sanghez, Tommaso Martino. **Direttore generale area amministrativa** Giuseppe Mercadante. **Direttore amministrazione, controllo e finanza** Chiara Carrozzo

STAFF TECNICO
Allenatore Roberto D'Aversa (1-28), Luca Gotti.
Allenatore in seconda Dan Vesterby Thomassen.
Collaboratori tecnici Simone Greco, Stefano Daniel. **Match analyst**

STAFF MEDICO
Medico sociale Giuseppe Congedo, Antonio Tondo

E MAIL
lecce@legaseriea.it

SITO INTERNET
www.uslecce.it

PAGINA FACEBOOK
USLecceOfficial/

PROFILO INSTAGRAM
uslecce/

LA ROSA DELLA SQUADRA

Nome	Cognome	Nato il	PR	RE	AM	ES	SF	SA	Ruolo
Pontus	**Almqvist**	10/07/1999	30	2	5	0	5	13	ATT
Lameck	**Banda**	29/01/2001	21	2	5	1	4	14	ATT
Federico	**Baschirotto**	20/09/1996	37	0	3	1	0	0	DIF
Medon	**Berisha**	21/10/2003	6	0	0	0	4	2	CEN
Alexis	**Blin**	16/09/1996	31	0	4	0	15	7	CEN
Rares Catalin	**Burnete**	31/01/2004	1	0	0	0	1	0	ATT
Jeppe	**Corfitzen**	29/12/2004	1	0	0	0	1	0	ATT
Federico	**Di Francesco**	14/06/1994	2	1	0	0	2	0	CEN
Patrick	**Dorgu**	26/10/2004	32	2	6	0	15	13	DIF
Wladimiro	**Falcone**	12/04/1995	38	0	0	0	0	0	POR
Antonino	**Gallo**	05/01/2000	35	0	2	0	5	17	DIF
Valentin	**Gendrey**	21/06/2000	37	2	5	0	2	9	DIF
Joan	**Gonzalez**	01/02/2002	29	1	6	0	16	9	CEN
Mohamed	**Kaba**	27/10/2001	23	0	2	1	8	9	CEN
Nikola	**Krstovic**	05/04/2000	35	7	4	1	5	19	ATT
Marcin	**Listkowski**	10/02/1998	1	0	0	0	1	0	ATT
Remi	**Oudin**	18/11/1996	31	3	3	0	10	19	CEN
Roberto	**Piccoli**	27/01/2001	35	5	5	0	23	8	ATT
Santiago	**Pierotti**	03/04/2001	11	0	0	0	11	0	ATT
Marin	**Pongracic**	11/09/1997	36	0	8	1	0	0	DIF
Hamza	**Rafia**	02/04/1999	28	1	4	0	11	17	CEN
Ylber	**Ramadani**	12/04/1996	34	1	13	0	0	7	CEN
Nicola	**Sansone**	10/09/1991	25	2	4	0	21	3	ATT
Gabriel	**Strefezza**	18/04/1997	19	1	4	0	6	11	ATT
Ahmed	**Touba**	13/03/1998	6	0	1	0	3	1	DIF
Lorenzo	**Venuti**	12/04/1995	14	0	1	0	11	2	DIF

LEGENDA PR presenze - **RE** reti - **A** ammonizioni - **E** espulsioni - **SF** sostituzioni fatte - **SA** sostituzioni avute

Wladimiro Falcone: Il portiere giallorosso si conferma una sicurezza tra i pali

Nikola Krstović: Sette reti segnate quasi tutte nella prima parte del campionato

IL COMMENTO DELLA STAGIONE

Salvezza record per il Lecce, club con il monte ingaggi più bassi della Serie A. La formazione salentina, complice l'anticipo Milan-Cagliari 5-1 del 36° turno, si garantisce la permanenza nella massima serie per la 2ª stagione di fila prima della disputa delle sue ultime tre gare. I giallorossi si rendono protagonisti di una grande partenza: 3° posto dopo 5 turni con 11 punti. Pur non proseguendo sugli stessi ritmi il Lecce si ritrova alla fine del 16° turno a vantare un consistente +8 sulla zona retrocessione. La squadra accusa una vistosa flessione (5 punti in 12 incontri). Luca Gotti subentra a Roberto D'Aversa. Arrivano 13 punti in 7 partite che assicurano il raggiungimento dell'obiettivo.

ANDAMENTO IN CAMPIONATO

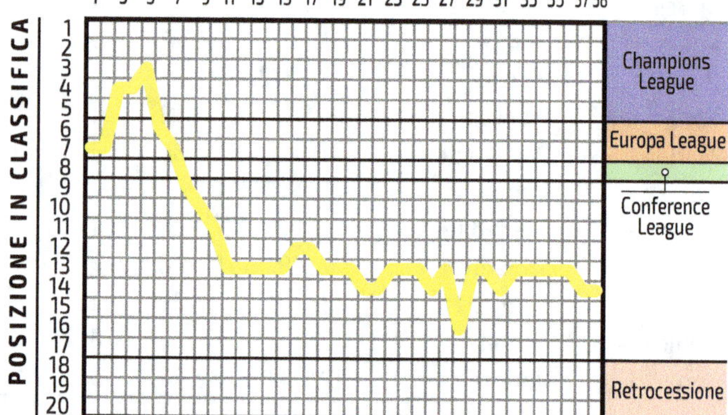

COMPORTAMENTO DELLA SQUADRA

Statistiche		Classifica	Rank
		20 19 18 17 16 15 14 13 12 11 10 09 08 07 06 05 04 03 02 01	
Giocatori schierati	26		19
Giocatori in rete	13		14
Giocatori under 18	0		16
Giocatori over 30	2		19
Cartellini gialli	89		16
Cartellini rossi	5		15
Cambi effettuati	180		8

LA STAGIONE 2023/2024

#	Avversario	Casa / Fuori	Risultato		Arbitro
				Vinta / Nulla / Persa	
1	**Lazio**	C	2-1	Vinta	Federico Dionisi
2	**Fiorentina**	F	2-2	Nulla	Maria Sole Ferrieri Caputi
3	**Salernitana**	C	2-0	Vinta	Luca Massimi
4	**Monza**	F	1-1	Nulla	Livio Marinelli
5	**Genoa**	C	1-0	Vinta	Antonio Rapuano
6	**Juventus**	F	1-0	Persa	Antonio Giua
7	**Napoli**	C	0-4	Persa	Luca Pairetto
8	**Sassuolo**	C	1-1	Nulla	Juan Luca Sacchi
9	**Udinese**	F	1-1	Nulla	Paride Tremolada
10	**Torino**	C	0-1	Persa	Gianluca Aureliano
11	**Roma**	F	2-1	Persa	Andrea Colombo
12	**Milan**	C	2-2	Nulla	Rosario Abisso
13	**Verona**	F	2-2	Nulla	Federico La Penna
14	**Bologna**	C	1-1	Nulla	Daniele Doveri
15	**Empoli**	F	1-1	Nulla	Andrea Colombo
16	**Frosinone**	C	2-1	Vinta	Luca Zufferli
17	**Inter**	F	2-0	Persa	Matteo Marcenaro
18	**Atalanta**	F	1-0	Persa	Gianluca Manganiello
19	**Cagliari**	C	1-1	Nulla	Davide Massa
20	**Lazio**	F	1-0	Persa	Maria Sole Ferrieri Caputi
21	**Juventus**	C	0-3	Persa	Daniele Doveri
22	**Genoa**	F	2-1	Persa	Luca Pairetto
23	**Fiorentina**	C	3-2	Vinta	Antonio Giua
24	**Bologna**	F	4-0	Persa	Gianluca Manganiello
25	**Torino**	F	2-0	Persa	Giovanni Ayroldi
26	**Inter**	C	0-4	Persa	Daniele Doveri
27	**Frosinone**	F	1-1	Nulla	Marco Guida
28	**Verona**	C	0-1	Persa	Daniele Chiffi
29	**Salernitana**	F	0-1	Vinta	Fabio Maresca
30	**Roma**	C	0-0	Nulla	Matteo Marcenaro
31	**Milan**	F	3-0	Persa	Luca Massimi
32	**Empoli**	C	1-0	Vinta	Maurizio Mariani
33	**Sassuolo**	F	0-3	Vinta	Daniele Doveri
34	**Monza**	C	1-1	Nulla	Alberto Santoro
35	**Cagliari**	F	1-1	Nulla	Matteo Marcenaro
36	**Udinese**	C	0-2	Persa	Davide Massa
37	**Atalanta**	C	0-2	Persa	Antonio Rapuano
38	**Napoli**	F	0-0	Nulla	Federico Dionisi

MILAN

Associazione Calcio Milan s.p.a. (1899)

ANNO DI FONDAZIONE
1899

COLORI SOCIALI
Rosso Nero

INDIRIZZO SEDE
Via Aldo Rossi 8,
20149 Milano,
02 82958070

STADIO
Giuseppe Meazza, San Siro, Piazzale Angelo Moratti, 20151 Milano

ORGANIGRAMMA

Presidente Paolo Scaroni.
Amministratore delegato Giorgio Furlani. **Vice presidente onorario** Franco Baresi. **Direttore tecnico** Geoffrey Moncada. **Team manager** Alberto Marangon. **Chief marketing officer** Tania Moreno. **Direttore marketing** Peter Morgan. **Responsabile comunicazione** Pier Donato Vercellone. **Chief financial officer** Stefano Cocirio

STAFF TECNICO

Allenatore Stefano Pioli.
Allenatore in seconda Giacomo Murelli. **Collaboratori tecnici** Daniele Bonera, Jesse Fioranelli, Davide Lucarelli, Luciano Vulcano. **Match analyst** Gianmarco Pioli, Igor Quaia

STAFF MEDICO

Responsabile sanitario Stefano Mazzoni. **Medico sociale** Dario Donato, Lucio Genesio (1ª squadra)

E MAIL

SITO INTERNET
www.
acmilan.com/t

PAGINA FACEBOOK
ACMilan

PROFILO INSTAGRAM
acmilan/

LA ROSA DELLA SQUADRA

Nome	Cognome	Nato il	PR	RE	AM	ES	SF	SA	Ruolo
Yacine	**Adli**	29/07/2000	24	1	3	0	7	11	CEN
Davide	**Bartesaghi**	29/12/2005	6	0	0	0	6	0	DIF
Ismael	**Bennacer**	01/12/1997	20	2	2	0	7	9	CEN
Davide	**Calabria**	06/12/1996	29	1	3	2	3	11	DIF
Mattia	**Caldara**	05/05/1994	1	0	0	0	1	0	DIF
Francesco	**Camarda**	10/03/2008	2	0	0	0	2	0	ATT
Samuel	**Chukwueze**	22/05/1999	24	1	1	0	12	10	ATT
Alessandro	**Florenzi**	11/03/1991	31	1	5	0	12	8	DIF
Matteo	**Gabbia**	21/10/1999	18	2	5	0	4	4	DIF
Olivier	**Giroud**	30/09/1986	35	15	1	1	7	17	ATT
Theo	**Hernandez**	06/10/1997	32	5	11	1	1	4	DIF
Alejandro S.	**Jimenez**	08/05/2005	3	0	1	0	3	0	DIF
Luka	**Jovic**	23/12/1997	23	6	2	1	15	5	ATT
Pierre	**Kalulu**	05/06/2000	9	0	0	0	5	2	DIF
Simon	**Kjaer**	26/03/1989	20	0	1	0	6	7	DIF
Rade	**Krunic**	07/10/1993	10	0	3	0	2	2	CEN
Rafael	**Leao**	10/06/1999	34	9	5	0	5	14	ATT
Ruben	**Loftus-Cheek**	23/01/1996	29	6	5	0	3	15	CEN
Mike	**Maignan**	03/07/1995	29	0	1	1	0	0	POR
Antonio	**Mirante**	08/07/1983	2	0	0	0	0	1	POR
Yunus	**Musah**	29/11/2002	30	0	5	0	17	6	CEN
Lapo	**Nava**	22/01/2004	1	0	0	0	1	0	POR
Noah	**Okafor**	24/05/2000	28	6	1	0	22	6	ATT
Marco	**Pellegrino**	18/07/2002	1	0	0	0	1	1	DIF
Tommaso	**Pobega**	15/07/1999	11	0	0	0	8	2	CEN
Christian	**Pulisic**	18/09/1998	36	12	2	0	4	21	ATT
Tijjani	**Reijnders**	29/07/1998	36	3	8	0	3	12	CEN
Luka	**Romero**	18/11/2004	4	0	1	0	4	0	CEN
Jan-Carlo	**Simic**	02/05/2005	4	1	0	0	4	0	DIF
Marco	**Sportiello**	10/05/1992	7	0	0	0	0	0	POR
Filippo	**Terracciano**	08/02/2003	3	0	1	0	2	1	CEN
Malick	**Thiaw**	08/08/2001	21	0	5	1	2	3	DIF
Fikayo	**Tomori**	19/12/1997	26	4	6	1	2	4	DIF
Chaka	**Traore**	23/12/2004	2	1	0	0	2	0	ATT
Kevin	**Zeroli**	11/01/2005	3	0	0	0	3	0	CEN

LEGENDA PR presenze - **RE** reti - **A** ammonizioni - **E** espulsioni - **SF** sostituzioni fatte - **SA** sostituzioni avute

Christian Pulisic:
Ottimo impatto con il calcio italiano: dodici reti e otto assist

Rafael Leao:
Nove gol e nove assist (re con Dybala) ma per 5 mesi non segna

MILAN

IL COMMENTO DELLA STAGIONE

Il Milan centra per la 4ª stagione di fila l'accesso alla Champions League. La compagine guidata da Stefano Pioli migliora il piazzamento finale in campionato rispetto all'edizione precedente passando dal quarto posto (quinto effettivo) al secondo senza però risultare mai in corsa per il titolo. I rossoneri, se si esclude l'alquanto provvisorio primato dell'ottava giornata, veleggiano per un lungo periodo in terza posizione prima di attuare al ventottesimo turno il controsorpasso alla Juventus. La resa definitiva nei confronti dell'Inter matura proprio nel derby di ritorno disputato davanti ai propri tifosi. Note positive per quasi tutti gli innesti estivi, decisamente meno per i teorici "big".

ANDAMENTO IN CAMPIONATO

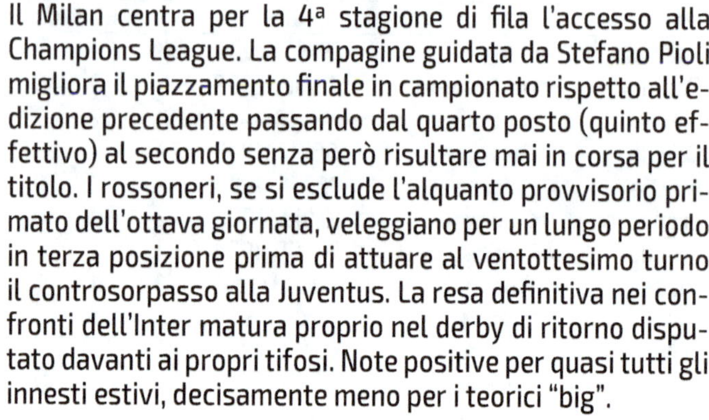

COMPORTAMENTO DELLA SQUADRA

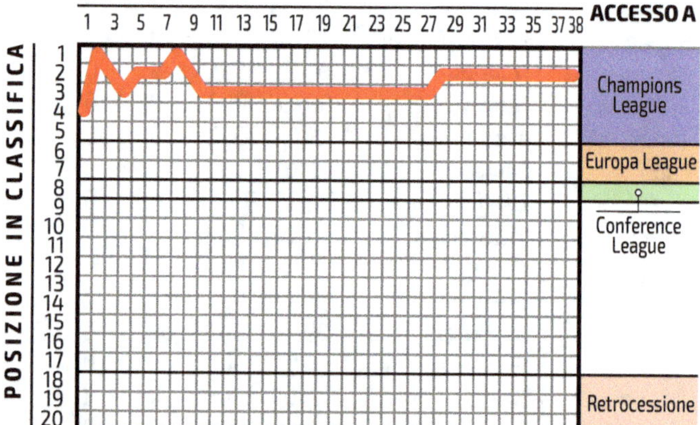

Statistiche		Classifica	Rank
Giocatori schierati	35		3
Giocatori in rete	17		3
Giocatori under 18	3		4
Giocatori over 30	5		9
Cartellini gialli	80		9
Cartellini rossi	8		20
Cambi effettuati	176		13

LA STAGIONE 2023/2024

#	Avversario	Casa / Fuori	Risultato		Arbitro
1	**Bologna**	F	0-2	Vinta	Luca Pairetto
2	**Torino**	C	4-1	Vinta	Maurizio Mariani
3	**Roma**	F	1-2	Vinta	Antonio Rapuano
4	**Inter**	F	5-1	Persa	Simone Sozza
5	**Verona**	C	1-0	Vinta	Fabio Maresca
6	**Cagliari**	F	1-3	Vinta	Federico La Penna
7	**Lazio**	C	2-0	Vinta	Davide Massa
8	**Genoa**	F	0-1	Vinta	Marco Piccinini
9	**Juventus**	C	0-1	Persa	Maurizio Mariani
10	**Napoli**	F	2-2	Nulla	Daniele Orsato
11	**Udinese**	C	0-1	Persa	Juan Luca Sacchi
12	**Lecce**	F	2-2	Nulla	Rosario Abisso
13	**Fiorentina**	C	1-0	Vinta	Marco Di Bello
14	**Frosinone**	C	3-1	Vinta	Matteo Marchetti
15	**Atalanta**	F	3-2	Persa	Federico La Penna
16	**Monza**	C	3-0	Vinta	Gianluca Aureliano
17	**Salernitana**	F	2-2	Nulla	Daniele Doveri
18	**Sassuolo**	C	1-0	Vinta	Livio Marinelli
19	**Empoli**	F	0-3	Vinta	Federico La Penna
20	**Roma**	C	3-1	Vinta	Marco Guida
21	**Udinese**	F	2-3	Vinta	Fabio Maresca
22	**Bologna**	C	2-2	Nulla	Davide Massa
23	**Frosinone**	F	2-3	Vinta	Luca Pairetto
24	**Napoli**	C	1-0	Vinta	Daniele Doveri
25	**Monza**	F	4-2	Persa	Andrea Colombo
26	**Atalanta**	C	1-1	Nulla	Daniele Orsato
27	**Lazio**	F	0-1	Vinta	Marco Di Bello
28	**Empoli**	C	1-0	Vinta	Juan Luca Sacchi
29	**Verona**	F	1-3	Vinta	Maurizio Mariani
30	**Fiorentina**	F	1-2	Vinta	Fabio Maresca
31	**Lecce**	C	3-0	Vinta	Luca Massimi
32	**Sassuolo**	F	3-3	Nulla	Davide Massa
33	**Inter**	C	1-2	Persa	Andrea Colombo
34	**Juventus**	F	0-0	Nulla	Maurizio Mariani
35	**Genoa**	C	3-3	Nulla	Alessandro Prontera
36	**Cagliari**	C	5-1	Vinta	Simone Sozza
37	**Torino**	F	3-1	Persa	Ermanno Feliciani
38	**Salernitana**	C	3-3	Nulla	Davide Di Marco

MONZA
Associazione Calcio Monza

ANNO DI FONDAZIONE
1912

COLORI SOCIALI
Rosso Bianco

INDIRIZZO SEDE
Via Ragazzi del'99, 14 - 20900 Monza
039 836664

STADIO
U-Power Stadium, Via Franco Tognini 4, 20900 Monza

ORGANIGRAMMA

Vice presidente vicario Adriano Galliani. **Amministratore delegato** Adriano Galliani. **Presidente onorario** Paolo Berlusconi. **Consiglieri** Adriano Galliani, Leonardo Brivio, Leandro Cantamessa, Elio Lolla, Roberta Mazzo, Danilo Pellegrino, Cristina Rossello. **Direttore operativo** Daniela Gozzi. **Direttore sportivo** Michele Franco. **Consulente tecnico area sportiva** Francois Modesto. **Team manager** Carmine Russo. **Segretario generale** Davide Guglielmetti. **Direttore marketing** Francesco Bevilacqua. **Responsabile comunicazione** Daria Nicoli. **Ufficio stampa** Enrico Cerruti

STAFF TECNICO

Allenatore Raffaele Palladino.
Allenatore in seconda Stefano Citterio. **Collaboratori tecnici** Federico Peluso, Marco Latino. **Match analyst** Marco Biraghi, Mattia Casella

STAFF MEDICO

Responsabile sanitario Fabio Francese

E MAIL
info@acmonza.com

SITO INTERNET
www.acmonza.com/

PAGINA FACEBOOK
ACMonza/

PROFILO INSTAGRAM
acmonza/

LA ROSA DELLA SQUADRA

Nome	Cognome	Nato il	PR	RE	AM	ES	SF	SA	Ruolo
Jean-Daniel	**Akpa-Akpro**	11/10/1992	19	0	5	0	11	7	CEN
Davide	**Bettella**	07/04/2000	1	0	0	0	1	0	DIF
Samuele	**Birindelli**	19/07/1999	35	0	7	0	13	14	DIF
Warren	**Bondo**	15/09/2003	25	1	9	0	11	6	CEN
Luca	**Caldirola**	01/02/1991	29	1	5	1	6	3	DIF
Gianluca	**Caprari**	30/07/1993	6	0	0	0	2	3	ATT
Andrea	**Carboni A.**	04/02/2001	21	1	1	0	5	6	DIF
Valentin	**Carboni V.**	05/03/2005	31	2	2	0	21	8	CEN
Giorgio	**Cittadini**	18/04/2002	1	0	1	0	1	0	DIF
Patrick	**Ciurria**	09/02/1995	22	0	2	0	4	8	ATT
Lorenzo	**Colombo**	08/03/2002	25	4	3	0	9	13	ATT
Andrea	**Colpani**	11/05/1999	38	8	1	0	2	30	CEN
Danilo	**D'Ambrosio**	09/09/1988	24	0	3	1	8	5	DIF
Michele	**Di Gregorio**	27/07/1997	33	0	0	0	0	2	POR
Milan	**Djuric**	22/05/1990	17	4	2	0	4	4	ATT
Giulio	**Donati**	05/02/1990	4	0	2	0	4	0	DIF
Andrea	**Ferraris**	22/02/2003	1	0	0	0	1	0	ATT
Roberto	**Gagliardini**	07/04/1994	33	1	5	0	4	11	CEN
Armando	**Izzo**	02/03/1992	23	0	9	0	3	7	DIF
Georgios	**Kyriakopoulos**	05/02/1996	28	0	3	0	8	12	DIF
Jose	**Machin**	14/08/1996	10	0	2	0	8	2	CEN
Daniel	**Maldini**	11/10/2001	11	4	0	0	9	2	ATT
Pablo	**Mari**	31/08/1993	34	0	7	0	4	6	DIF
Mirko	**Maric**	16/05/1995	10	1	0	1	9	1	ATT
Dany	**Mota**	02/05/1998	34	4	3	0	10	18	ATT
Alejandro	**Papu Gomez**	15/02/1988	2	0	0	0	2	0	ATT
Pedro	**Pereira**	22/01/1998	23	0	3	0	14	7	DIF
Matteo	**Pessina**	21/04/1997	37	6	3	1	0	6	CEN
Alessandro	**Sorrentino**	03/04/2002	7	0	0	0	2	0	POR
Samuele	**Vignato**	24/02/2004	10	1	2	0	7	3	ATT
Alessio	**Zerbin**	03/03/1999	13	0	0	1	6	5	ATT

LEGENDA PR presenze - **RE** reti - **A** ammonizioni - **E** espulsioni - **SF** sostituzioni fatte - **SA** sostituzioni avute

Andrea Colpani: Punto fermo per Palladino; chiude con otto gol e quattro assist

Michele Di Gregorio: Premiato come miglior portiere del campionato, una garanzia

MONZA

IL COMMENTO DELLA STAGIONE

Pur perdendo una posizione in graduatoria e conseguendo sette punti in meno il Monza bissa la salvezza tranquilla raggiunta nella sua prima stagione in A chiudendo al 12° posto a quota 45. I biancorossi, proponendo un calcio moderno e propositivo, navigano praticamente per tutto l'arco del torneo a centroclassifica. A lasciare un po' di amaro in bocca è soltanto il deludente finale di campionato. La squadra di Raffaele Palladino, dopo aver dato la sensazione di potersi inserire nella lotta per un posto in Conference League vincendo 4 partite su 5 tra il 25° e il 29° turno, si limita, con il conseguimento di 3 punti in 9 gare, ad archiviare il discorso salvezza con cinque giornate d'anticipo.

ANDAMENTO IN CAMPIONATO

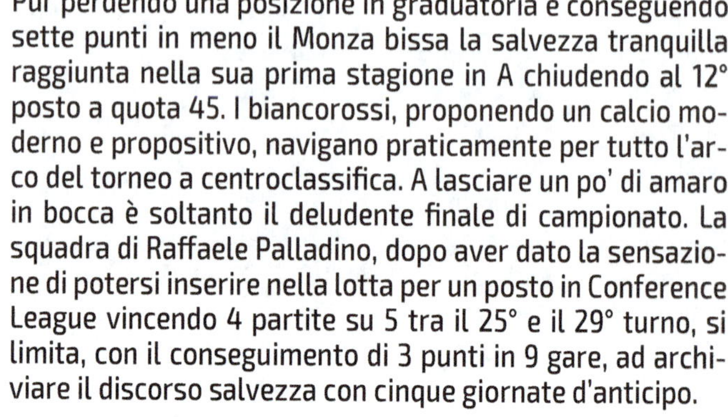

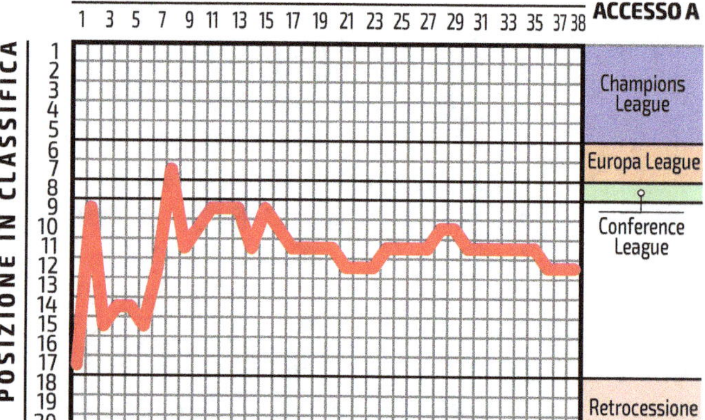

COMPORTAMENTO DELLA SQUADRA

Statistiche		Classifica	Rank
Giocatori schierati	31		8
Giocatori in rete	13		14
Giocatori under 18	2		6
Giocatori over 30	8		3
Cartellini gialli	84		11
Cartellini rossi	5		15
Cambi effettuati	189		2

LA STAGIONE 2023/2024

	Avversario	Casa / Fuori	Risultato		Arbitro
			Vinta Nulla Persa		
1	**Inter**	F	2-0	Persa	Andrea Colombo
2	**Empoli**	C	2-0	Vinta	Gianluca Aureliano
3	**Atalanta**	F	3-0	Persa	Matteo Marcenaro
4	**Lecce**	C	1-1	Nulla	Livio Marinelli
5	**Lazio**	F	1-1	Nulla	Rosario Abisso
6	**Bologna**	C	0-0	Nulla	Ivano Pezzuto
7	**Sassuolo**	F	0-1	Vinta	Luca Zufferli
8	**Salernitana**	C	3-0	Vinta	Luca Massimi
9	**Roma**	F	1-0	Persa	Giovanni Ayroldi
10	**Udinese**	C	1-1	Nulla	Alessandro Prontera
11	**Verona**	F	1-3	Vinta	Giuseppe Collu
12	**Torino**	C	1-1	Nulla	Daniele Doveri
13	**Cagliari**	F	1-1	Nulla	Matteo Marchetti
14	**Juventus**	C	1-2	Persa	Michael Fabbri
15	**Genoa**	C	1-0	Vinta	Giuseppe Collu
16	**Milan**	F	3-0	Persa	Gianluca Aureliano
17	**Fiorentina**	C	0-1	Persa	Juan Luca Sacchi
18	**Napoli**	F	0-0	Nulla	Marco Di Bello
19	**Frosinone**	F	2-3	Vinta	Maria Sole Ferrieri Caputi
20	**Inter**	C	1-5	Persa	Antonio Rapuano
21	**Empoli**	F	3-0	Persa	Antonio Giua
22	**Sassuolo**	C	1-0	Vinta	Gianluca Manganiello
23	**Udinese**	F	0-0	Nulla	Alessandro Prontera
24	**Verona**	C	0-0	Nulla	Davide Massa
25	**Milan**	C	4-2	Vinta	Andrea Colombo
26	**Salernitana**	F	0-2	Vinta	Michael Fabbri
27	**Roma**	C	1-4	Persa	Marco Piccinini
28	**Genoa**	F	2-3	Vinta	Ermanno Feliciani
29	**Cagliari**	C	1-0	Vinta	Matteo Marcenaro
30	**Torino**	F	1-0	Persa	Gianluca Aureliano
31	**Napoli**	C	2-4	Persa	Daniele Doveri
32	**Bologna**	F	0-0	Nulla	Federico La Penna
33	**Atalanta**	C	1-2	Persa	Antonio Giua
34	**Lecce**	F	1-1	Nulla	Alberto Santoro
35	**Lazio**	C	2-2	Nulla	Luca Pairetto
36	**Fiorentina**	F	2-1	Persa	Luca Zufferli
37	**Frosinone**	C	0-1	Persa	Michael Fabbri
38	**Juventus**	F	2-0	Persa	Maria Sole Ferrieri Caputi

NAPOLI

Società Sportiva Calcio Napoli s.p.a. (1926)

ANNO DI FONDAZIONE

1926

COLORI SOCIALI

Azzurro

INDIRIZZO SEDE

Strada Statale Domitiana Km 35300, 81030 Castel Volturno (CE)

STADIO

Diego Armando Maradona, Piazzale Vincenzo Tecchio, 80125 Napoli

ORGANIGRAMMA

Presidente Aurelio De Laurentiis.
Vice presidente Jacqueline De Laurentiis, Edoardo De Laurentiis. **Amministratore delegato** Andrea Chiavelli.
Direttore sportivo Mauro Meluso. **Club manager** Antonio Sinicropi. **Team manager** Giuseppe Santoro. **Segretario sportivo** Alberto Vallefuoco. **Head sales & marketing** Tommaso Bianchini. **Responsabile comunicazione** Nicola Lombardo. **Ufficio stampa** Guido Baldari. **Direttore amministrativo** Laura Belli

STAFF TECNICO

Allenatore Rudi Garcia (1-12), Walter Mazzarri (13-20, 22-25), Francesco Calzona.
Allenatore in seconda Simone Bonomi. **Collaboratori tecnici** Gianluca Segarelli. **Match analyst** Matteo Brini

STAFF MEDICO

Responsabile sanitario Raffaele Canonico. **Medico sociale** Gennaro De Luca (1ª squadra)

E MAIL

napoli@legaseriea.it

SITO INTERNET

sscnapoli.it

PAGINA FACEBOOK

SSCNapoli

PROFILO INSTAGRAM

officialsscnapoli/

LA ROSA DELLA SQUADRA

Nome	Cognome	Nato il	PR	RE	AM	ES	SF	SA	Ruolo
Frank	**Anguissa**	16/11/1995	34	0	2	0	2	8	CEN
Jens	**Cajuste**	10/08/1999	26	0	7	0	15	9	CEN
Nikita	**Contini**	21/05/1996	1	0	0	0	1	0	POR
Diego	**Demme**	21/11/1991	2	0	1	0	1	1	CEN
Leander	**Dendoncker**	15/04/1995	3	0	0	0	3	0	DIF
Giovanni	**Di Lorenzo**	04/08/1993	36	1	6	0	0	1	DIF
Eljif	**Elmas**	24/09/1999	11	2	2	0	7	4	CEN
Gianluca	**Gaetano**	05/05/2000	9	1	1	0	8	1	CEN
Pierluigi	**Gollini**	18/03/1995	7	0	0	0	0	0	POR
Guilherme	**Juan Jesus**	10/06/1991	24	1	7	0	1	3	DIF
Khvicha	**Kvaratskhelia**	12/02/2001	34	11	8	0	2	18	ATT
Jesper	**Lindstrom**	29/02/2000	22	0	2	0	20	2	CEN
Stanislav	**Lobotka**	25/11/1994	38	0	4	0	0	13	CEN
Silva Duarte	**Mario Rui**	27/05/1991	21	0	5	1	7	8	DIF
Pasquale	**Mazzocchi**	27/07/1995	10	0	0	1	6	3	DIF
Alex	**Meret**	22/03/1997	31	0	0	0	0	1	POR
Bernardo de Souza	**Natan**	06/02/2001	14	0	1	1	3	5	DIF
Cyril	**Ngonge**	26/05/2000	13	1	2	0	12	1	ATT
Mathias	**Olivera**	31/10/1997	23	1	3	0	5	8	DIF
Victor	**Osimhen**	29/12/1998	25	15	4	1	3	8	ATT
Leo	**Ostigard**	28/11/1999	25	1	3	0	7	2	DIF
Matteo	**Politano**	03/08/1993	37	8	2	1	6	29	ATT
Giacomo	**Raspadori**	18/02/2000	37	5	0	0	23	10	ATT
Amir	**Rrahmani**	24/02/1994	30	3	5	0	0	3	DIF
Giovanni	**Simeone**	05/07/1995	28	1	3	0	20	7	ATT
Hamed Junior	**Traore**	16/02/2000	9	0	1	0	4	6	CEN
Alessandro	**Zanoli**	03/10/2000	4	0	1	0	4	0	DIF
Alessio	Zerbin	03/03/1999	7	0	0	0	6	1	ATT
Piotr	Zielinski	20/05/1994	28	3	1	0	5	19	CEN

LEGENDA PR presenze - **RE** reti - **A** ammonizioni - **E** espulsioni - **SF** sostituzioni fatte - **SA** sostituzioni avute

Khvicha K'varatskhelia: Buoni numeri per l'ala sinistra georgiana: 11 gol e 6 assist

Matteo Politano: Uno dei migliori nel deludente torneo del Napoli: 8 gol e 7 assist

IL COMMENTO DELLA STAGIONE

La grande delusione. Il Napoli passa clamorosamente da un campionato vinto in modo trionfale a un anonimo 10° posto che preclude agli azzurri l'accesso a una competizione europea dopo 15 anni. Il record negativo di punti (53) per una squadra scudettata matura al termine di un torneo iniziato male (-10 dall'Inter a fine 12° turno) e finito peggio (-7 dall'ultimo posto valido per l'Europa). I cambi tecnici (da Rudi Garcia a Walter Mazzarri e da questi a Francesco Calzona) non sortiscono effetti. Al Napoli che rispetto al 2022-23 chiude con 22 gol in meno all'attivo e 20 in più al passivo restano solo primati poco redditizi: possesso palla, tiri, corner battuti e punti da situazioni di svantaggio.

ANDAMENTO IN CAMPIONATO

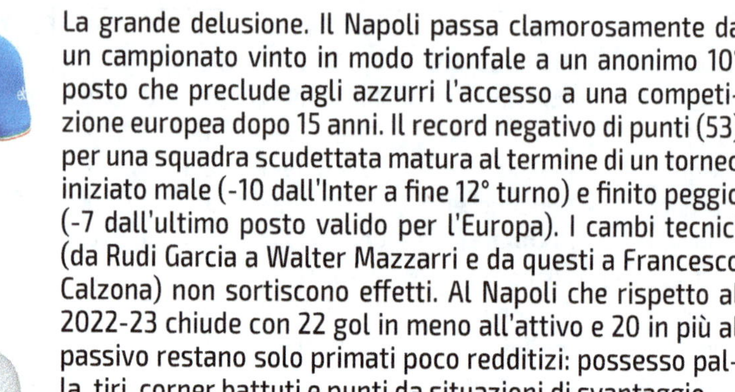

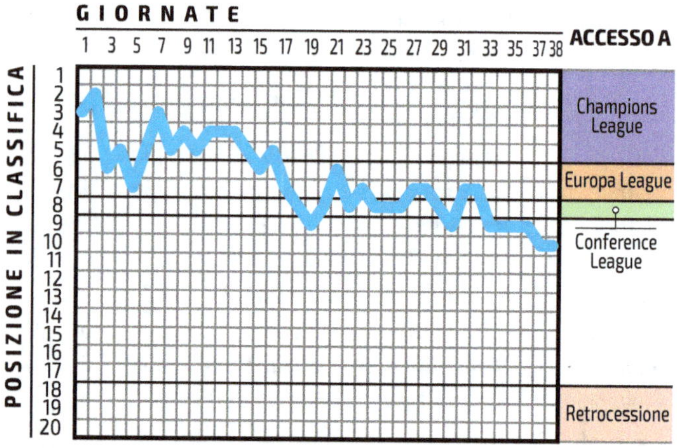

COMPORTAMENTO DELLA SQUADRA

Statistiche		Classifica	Rank
		20 19 18 17 16 15 14 13 12 11 10 09 08 07 06 05 04 03 02 01	
Giocatori schierati	29		14
Giocatori in rete	14		8
Giocatori under 18	1		12
Giocatori over 30	5		9
Cartellini gialli	74		4
Cartellini rossi	5		15
Cambi effettuati	171		16

LA STAGIONE 2023/2024

	Avversario	Casa / Fuori	Risultato	Vinta / Nulla / Persa	Arbitro
1	**Frosinone**	F	1-3	Vinta	Matteo Marcenaro
2	**Sassuolo**	C	2-0	Vinta	Antonio Giua
3	**Lazio**	C	1-2	Persa	Andrea Colombo
4	**Genoa**	F	2-2	Nulla	Michael Fabbri
5	**Bologna**	F	0-0	Nulla	Giovanni Ayroldi
6	**Udinese**	C	4-1	Vinta	Gianluca Manganiello
7	**Lecce**	F	0-4	Vinta	Luca Pairetto
8	**Fiorentina**	C	1-3	Persa	Federico La Penna
9	**Verona**	F	1-3	Vinta	Rosario Abisso
10	**Milan**	C	2-2	Nulla	Daniele Orsato
11	**Salernitana**	F	0-2	Vinta	Antonio Rapuano
12	**Empoli**	C	0-1	Persa	Alessandro Prontera
13	**Atalanta**	F	1-2	Vinta	Maurizio Mariani
14	**Inter**	C	0-3	Persa	Davide Massa
15	**Juventus**	F	1-0	Persa	Daniele Orsato
16	**Cagliari**	C	2-1	Vinta	Matteo Marcenaro
17	**Roma**	F	2-0	Persa	Andrea Colombo
18	**Monza**	C	0-0	Nulla	Marco Di Bello
19	**Torino**	F	3-0	Persa	Maurizio Mariani
20	**Salernitana**	C	2-1	Vinta	Livio Marinelli
21	**Sassuolo**	F	1-6	Vinta	Daniele Chiffi
22	**Lazio**	F	0-0	Nulla	Daniele Orsato
23	**Verona**	C	2-1	Vinta	Marco Piccinini
24	**Milan**	F	1-0	Persa	Daniele Doveri
25	**Genoa**	C	1-1	Nulla	Juan Luca Sacchi
26	**Cagliari**	F	1-1	Nulla	Luca Pairetto
27	**Juventus**	C	2-1	Vinta	Maurizio Mariani
28	**Torino**	C	1-1	Nulla	Daniele Orsato
29	**Inter**	F	1-1	Nulla	Federico La Penna
30	**Atalanta**	C	0-3	Persa	Luca Pairetto
31	**Monza**	F	2-4	Vinta	Daniele Doveri
32	**Frosinone**	C	2-2	Nulla	Michael Fabbri
33	**Empoli**	F	1-0	Persa	Gianluca Manganiello
34	**Roma**	C	2-2	Nulla	Simone Sozza
35	**Udinese**	F	1-1	Nulla	Gianluca Aureliano
36	**Bologna**	C	0-2	Persa	Luca Pairetto
37	**Fiorentina**	F	2-2	Nulla	Matteo Marchetti
38	**Lecce**	C	0-0	Nulla	Federico Dionisi

ROMA

Associazione Sportiva Roma s.p.a. (1927)

ANNO DI FONDAZIONE
1927

COLORI SOCIALI
Giallo Rosso

INDIRIZZO SEDE
Piazzale Dino Viola 1, 00128 Roma, 06 501911

STADIO
Olimpico, Viale dello Stadio Olimpico, 00194 Roma

ORGANIGRAMMA
Presidente Dan Friedkin.
Vice presidente Ryan Friedkin. **Amministratore delegato** Lina Souloukou. **Chief football operating officer** Maurizio Lombardo. **Team manager** Valerio Cardini. **Responsabile comunicazione** Gianni Castaldi

STAFF TECNICO
Allenatore José Mourinho (1-20), Daniele De Rossi.
Allenatore in seconda Guillermo Gonzalo Giacomazzi.
Collaboratori tecnici Emanuele Mancini. **Match analyst** Francesco Checcucci

STAFF MEDICO
Responsabile sanitario Massimo Manara. **Medico sociale** Vincenzo Costa

E MAIL

SITO INTERNET
www.asroma.com/it

PAGINA FACEBOOK
officialasroma

PROFILO INSTAGRAM
officialasroma

Nome	Cognome	Nato il	PR	RE	AM	ES	SF	SA	Ruolo
Tammy	**Abraham**	02/10/1997	8	1	1	0	6	2	ATT
Jose	**Angelino**	04/01/1997	16	0	2	0	2	9	DIF
Houssem	**Aouar**	30/06/1998	16	4	3	0	7	7	CEN
Sardar	**Azmoun**	01/01/1995	23	3	4	0	20	3	ATT
Tommaso	**Baldanzi**	23/03/2003	13	0	2	0	7	6	ATT
Andrea	**Belotti**	20/12/1993	14	3	1	0	8	2	ATT
Edoardo	**Bove**	16/05/2002	31	0	2	0	13	9	CEN
Zeki	**Celik**	17/02/1997	17	0	1	0	11	3	DIF
Joao	**Costa Cesco**	28/03/2005	3	0	1	0	3	0	ATT
Bryan	**Cristante**	03/03/1995	37	3	8	0	0	3	CEN
Paulo	**Dybala**	15/11/1993	28	13	3	0	3	19	ATT
Stephan	**El Shaarawy**	27/10/1992	33	3	2	0	14	14	ATT
Dean	**Huijsen**	14/04/2005	13	2	4	0	9	2	DIF
Rick	**Karsdorp**	11/02/1995	18	0	2	0	4	11	DIF
Rasmus	**Kristensen**	11/07/1997	29	1	5	0	10	7	DIF
Diego	**Llorente**	16/08/1993	29	1	5	0	2	7	DIF
Romelu	**Lukaku**	13/05/1993	32	13	5	1	2	6	ATT
Gianluca	**Mancini**	17/04/1996	36	4	9	0	2	8	DIF
Evan	**Ndicka**	20/08/1999	25	0	6	0	0	3	DIF
Riccardo	**Pagano**	28/11/2004	4	0	0	0	4	0	CEN
Leandro	**Paredes**	29/06/1994	34	3	15	1	2	14	CEN
Lorenzo	**Pellegrini**	19/06/1996	29	8	7	0	9	13	CEN
Niccolo	**Pisilli**	23/09/2004	1	0	0	0	1	0	CEN
Junior Luz	**Renato Sanches**	18/08/1997	7	1	2	0	6	2	CEN
Pedro Santos	**Rui Patricio**	15/02/1988	23	0	1	0	0	0	POR
Chris	**Smalling**	22/11/1989	8	0	0	0	4	2	DIF
Ola	**Solbakken**	07/09/1998	1	0	0	0	1	0	ATT
Leonardo	**Spinazzola**	25/03/1993	24	1	0	0	9	11	DIF
Mile	**Svilar**	27/08/1999	15	0	1	0	0	0	POR
Nicola	**Zalewski**	23/01/2002	22	0	1	1	12	8	CEN

LEGENDA PR presenze - **RE** reti - **A** ammonizioni - **E** espulsioni - **SF** sostituzioni fatte - **SA** sostituzioni avute

Paulo Dybala: Tredici gol e nove assist (primo con Leao) nonostante gli infortuni

Romelu Lukaku: Buon campionato per l'avanti belga: tredici reti e tre assist

IL COMMENTO DELLA STAGIONE

La Roma chiude per la terza volta di fila il campionato al 6° posto a quota 63. Un piazzamento che consentirà alla compagine capitolina di ritentare nella prossima stagione l'assalto all'Europa League. A impedire ai giallorossi la conquista di un posto in Champions League è soprattutto l'andamento altalenante palesato nella prima parte del torneo. Daniele De Rossi subentrato in panchina a José Mourinho alla vigilia del 21° turno riesce a garantire alla squadra l'agognata continuità. La Roma, incamerando 29 punti in 12 gare, si ritrova a cinque turni dal termine a ridosso del Bologna, ma i tanti impegni sostenuti si fanno sentire rendendo impossibile il sorpasso alla brillante formazione emiliana.

ANDAMENTO IN CAMPIONATO

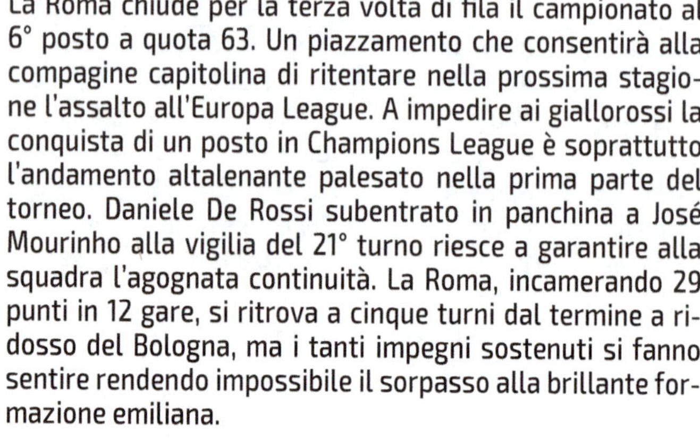

COMPORTAMENTO DELLA SQUADRA

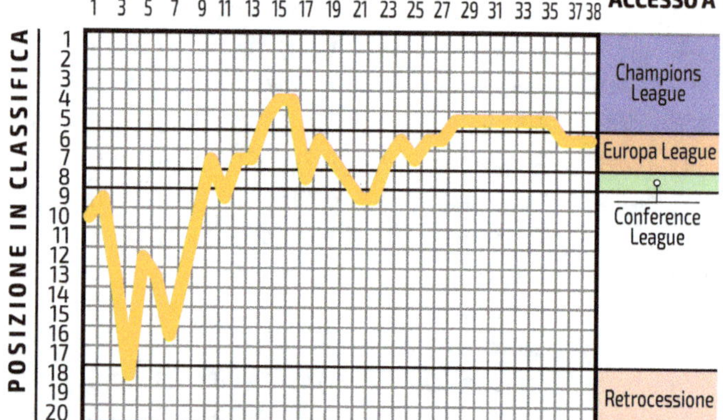

Statistiche		Classifica																				Rank
		20	19	18	17	16	15	14	13	12	11	10	09	08	07	06	05	04	03	02	01	
Giocatori schierati	30																					10
Giocatori in rete	16																					5
Giocatori under 18	3																					4
Giocatori over 30	6																					8
Cartellini gialli	94																					19
Cartellini rossi	3																					9
Cambi effettuati	171																					16

LA STAGIONE 2023/2024

	Avversario	Casa / Fuori	Risultato		Arbitro
1	**Salernitana**	C	2-2	Nulla	Ermanno Feliciani
2	**Verona**	F	2-1	Persa	Daniele Doveri
3	**Milan**	C	1-2	Persa	Antonio Rapuano
4	**Empoli**	C	7-0	Vinta	Juan Luca Sacchi
5	**Torino**	F	1-1	Nulla	Marco Guida
6	**Genoa**	F	4-1	Persa	Daniele Orsato
7	**Frosinone**	C	2-0	Vinta	Matteo Marchetti
8	**Cagliari**	F	1-4	Vinta	Simone Sozza
9	**Monza**	C	1-0	Vinta	Giovanni Ayroldi
10	**Inter**	F	1-0	Persa	Fabio Maresca
11	**Lecce**	C	2-1	Vinta	Andrea Colombo
12	**Lazio**	F	0-0	Nulla	Davide Massa
13	**Udinese**	C	3-1	Vinta	Luca Massimi
14	**Sassuolo**	F	1-2	Vinta	Matteo Marcenaro
15	**Fiorentina**	C	1-1	Nulla	Antonio Rapuano
16	**Bologna**	F	2-0	Persa	Marco Guida
17	**Napoli**	C	2-0	Vinta	Andrea Colombo
18	**Juventus**	F	1-0	Persa	Simone Sozza
19	**Atalanta**	C	1-1	Nulla	Gianluca Aureliano
20	**Milan**	F	3-1	Persa	Marco Guida
21	**Verona**	C	2-1	Vinta	Juan Luca Sacchi
22	**Salernitana**	F	1-2	Vinta	Marco Di Bello
23	**Cagliari**	C	4-0	Vinta	Matteo Marcenaro
24	**Inter**	C	2-4	Persa	Marco Guida
25	**Frosinone**	F	0-3	Vinta	Antonio Giua
26	**Torino**	C	3-2	Vinta	Juan Luca Sacchi
27	**Monza**	F	1-4	Vinta	Marco Piccinini
28	**Fiorentina**	F	2-2	Nulla	Davide Massa
29	**Sassuolo**	C	1-0	Vinta	Gianluca Manganiello
30	**Lecce**	F	0-0	Nulla	Matteo Marcenaro
31	**Lazio**	C	1-0	Vinta	Marco Guida
32	**Udinese**	F	1-2	Vinta	Luca Pairetto
33	**Bologna**	C	1-3	Persa	Fabio Maresca
34	**Napoli**	F	2-2	Nulla	Simone Sozza
35	**Juventus**	C	1-1	Nulla	Andrea Colombo
36	**Atalanta**	F	2-1	Persa	Marco Guida
37	**Genoa**	C	1-0	Vinta	Gianluca Manganiello
38	**Empoli**	F	2-1	Persa	Davide Massa

Risultato: **Vinta** / **Nulla** / **Persa**

Unione Sportiva Salernitana 1919

ANNO DI FONDAZIONE
1919

COLORI SOCIALI
Granata

INDIRIZZO SEDE
via Salvador
Allende - Varco 25
84131 Salerno
089 3061803

STADIO
Arechi,
via Salvador
Allende
84131 Salerno

ORGANIGRAMMA
Presidente Danilo Iervolino.
Amministratore delegato Maurizio Milan. **Direttore generale** Walter Sabatini. **Team manager** Salvatore Avallone. **Segretario generale** Massimiliano Dibrogni. **Segretario sportivo** Gabriella Borgia. **Responsabile comunicazione** Gianluca Lambiase. **Direttore amministrazione, controllo e finanza** Luigi Aiudi

STAFF TECNICO
Allenatore Paulo Sousa (1-8), Filippo Inzaghi (9-24), Fabio Liverani (25-29), Stefano Colantuono.
Allenatore in seconda Andrea Bovo. **Collaboratori tecnici** Manolo Pestrin. **Match analyst** Sandro Antonini

STAFF MEDICO
Responsabile sanitario Vincenzo Rosciano. **Medico sociale** Italo Leo

E MAIL

SITO INTERNET
salernitana.it/

PAGINA FACEBOOK
USSalernitana
OfficialPage

PROFILO INSTAGRAM
ussalernitana
1919official/

LA ROSA DELLA SQUADRA

Nome	Cognome	Nato il	PR	RE	AM	ES	SF	SA	Ruolo
Toma	**Basic**	25/11/1996	15	0	5	0	1	5	CEN
Jerome	**Boateng**	03/09/1988	7	0	0	0	3	4	DIF
Emil	**Bohinen**	12/11/1999	12	0	1	0	5	7	CEN
Erik	**Botheim**	10/01/2000	7	0	1	0	3	4	ATT
Domagoj	**Bradaric**	10/12/1999	34	0	5	0	4	5	DIF
Dylan	**Bronn**	19/06/1995	4	0	0	0	4	0	DIF
Jovane	**Cabral**	14/06/1998	12	1	1	0	4	5	ATT
Antonio	**Candreva**	28/02/1987	34	6	5	0	2	10	CEN
Benoit	**Costil**	03/07/1987	13	0	0	0	0	0	POR
Mamadou	**Coulibaly**	03/02/1999	1	0	0	0	1	0	CEN
Lassana	**Coulibaly**	10/04/1996	28	0	5	0	3	8	CEN
Flavius	**Daniliuc**	27/04/2001	14	0	2	0	6	4	DIF
Boulaye	**Dia**	16/11/1996	17	4	1	0	5	4	ATT
Federico	**Fazio**	17/03/1987	17	1	3	1	2	3	DIF
Vincenzo	**Fiorillo**	13/01/1990	4	0	1	1	0	0	POR
Gerardo	**Fusco**	18/05/2005	1	0	0	0	1	0	ATT
Iron	**Gomis**	09/11/1999	5	0	0	0	4	1	CEN
Norbert	**Gyomber**	03/07/1992	22	0	9	0	2	6	DIF
Chukwubuikem	**Ikwuemesi**	05/08/2001	25	1	2	0	14	9	ATT
Grigoris	**Kastanos**	30/01/1998	26	3	5	0	8	15	CEN
Mateusz	**Legowski**	29/01/2003	29	0	3	0	19	6	CEN
Matteo	**Lovato**	14/02/2000	13	0	2	0	2	4	DIF
Giulio	**Maggiore**	12/03/1998	27	4	7	1	7	11	CEN
Kostantinos	**Manolas**	14/06/1991	8	0	0	0	2	5	DIF
Agustin	**Martegani**	20/05/2000	18	1	1	0	12	5	CEN
Pasquale	**Mazzocchi**	27/07/1995	18	0	4	0	2	8	DIF
Guillermo	**Ochoa**	13/07/1985	21	0	0	0	0	0	POR
Triantafyllos	**Pasalidis**	19/07/1996	8	0	3	0	3	2	DIF
Marco	**Pellegrino**	18/07/2002	10	0	1	0	5	1	DIF
Niccolo	**Pierozzi**	12/09/2001	12	1	6	0	1	5	DIF
Lorenzo	**Pirola**	20/02/2002	27	1	4	0	3	8	DIF
Junior	**Sambia**	07/09/1996	18	1	4	0	8	7	DIF
Andres	**Sfait**	09/12/2004	2	0	0	0	2	0	CEN
Nwankwo	**Simy**	07/05/1992	15	3	0	0	9	4	ATT
Trivante	**Stewart**	22/03/2000	4	0	0	0	4	0	ATT
Loum	**Tchaouna**	08/09/2003	33	4	4	0	10	9	ATT
Emanuel	**Vignato**	24/08/2000	9	0	1	0	6	3	ATT
Shon	**Weissman**	14/02/1996	11	1	0	0	6	5	ATT
Alessandro	**Zanoli**	03/10/2000	17	0	3	0	7	7	DIF

Antonio Candreva: Notevole prima parte di stagione: sei reti e altrettanti assist

Guillermo Ochoa: Grandi interventi ma anche qualche errore di troppo; diversi stop

IL COMMENTO DELLA STAGIONE

La Salernitana retrocede in B dopo tre stagioni. I granata salutano la A con quattro turni d'anticipo sul termine di un campionato disastroso. La squadra campana, appena passata da Paulo Sousa a Filippo Inzaghi, si ritrova alla fine della 10ª giornata all'ultimo posto. Il successo interno sfuggito al 90' contro il Milan e la seconda affermazione riportata nel turno successivo a Verona sembrano preludere, a fine 2023, a una possibile risalita dell'Ippocampo. Non è così. La Salernitana, nonostante i tentativi della società di rianimarla con altri cambi tecnici (Liverani e Colantuono) e innesti invernali (Boateng e Manolas), continuerà, senza più vincere, a presidiare il fondo della classifica.

ANDAMENTO IN CAMPIONATO

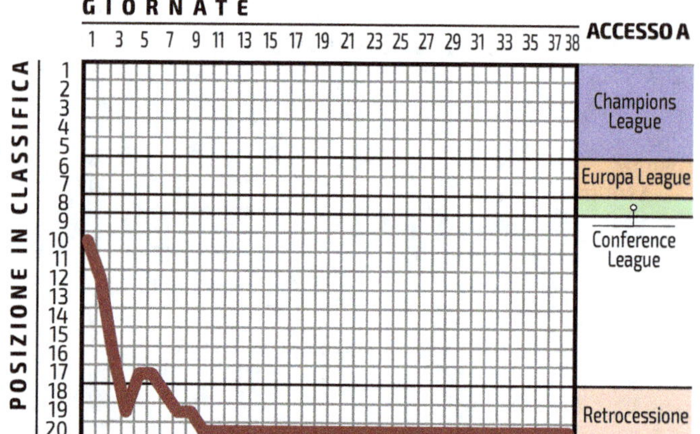

COMPORTAMENTO DELLA SQUADRA

Statistiche		Classifica	Rank
		20 19 18 17 16 15 14 13 12 11 10 09 08 07 06 05 04 03 02 01	
Giocatori schierati	39		1
Giocatori in rete	14		8
Giocatori under 18	5		1
Giocatori over 30	9		1
Cartellini gialli	90		17
Cartellini rossi	3		9
Cambi effettuati	180		8

LA STAGIONE 2023/2024

	Avversario	Casa / Fuori	Risultato		Arbitro
			Vinta Nulla Persa		
1	**Roma**	F	2-2	Nulla	Ermanno Feliciani
2	**Udinese**	C	1-1	Nulla	Davide Massa
3	**Lecce**	F	2-0	Persa	Luca Massimi
4	**Torino**	C	0-3	Persa	Antonio Giua
5	**Frosinone**	C	1-1	Nulla	Marco Piccinini
6	**Empoli**	F	1-0	Persa	Antonio Rapuano
7	**Inter**	C	0-4	Persa	Rosario Abisso
8	**Monza**	F	3-0	Persa	Luca Massimi
9	**Cagliari**	C	2-2	Nulla	Daniele Chiffi
10	**Genoa**	F	1-0	Persa	Davide Massa
11	**Napoli**	C	0-2	Persa	Antonio Rapuano
12	**Sassuolo**	F	2-2	Nulla	Davide Ghersini
13	**Lazio**	C	2-1	Vinta	Alessandro Prontera
14	**Fiorentina**	F	3-0	Persa	Paride Tremolada
15	**Bologna**	C	1-2	Persa	Simone Sozza
16	**Atalanta**	F	4-1	Persa	Ermanno Feliciani
17	**Milan**	C	2-2	Nulla	Daniele Doveri
18	**Verona**	F	0-1	Vinta	Maurizio Mariani
19	**Juventus**	C	1-2	Persa	Marco Guida
20	**Napoli**	F	2-1	Persa	Livio Marinelli
21	**Genoa**	C	1-2	Persa	Daniele Orsato
22	**Roma**	C	1-2	Persa	Marco Di Bello
23	**Torino**	F	0-0	Nulla	Daniele Chiffi
24	**Empoli**	C	1-3	Persa	Maurizio Mariani
25	**Inter**	F	4-0	Persa	Marco Piccinini
26	**Monza**	C	0-2	Persa	Michael Fabbri
27	**Udinese**	F	1-1	Nulla	Gianluca Manganiello
28	**Cagliari**	F	4-2	Persa	Francesco Fourneau
29	**Lecce**	C	0-1	Persa	Fabio Maresca
30	**Bologna**	F	3-0	Persa	Ermanno Feliciani
31	**Sassuolo**	C	2-2	Nulla	Simone Sozza
32	**Lazio**	F	4-1	Persa	Luca Zufferli
33	**Fiorentina**	C	0-2	Persa	Matteo Marchetti
34	**Frosinone**	F	3-0	Persa	Francesco Fourneau
35	**Atalanta**	C	1-2	Persa	Ermanno Feliciani
36	**Juventus**	F	1-1	Nulla	Alberto Santoro
37	**Verona**	C	1-2	Persa	Marco Di Bello
38	**Milan**	F	3-3	Nulla	Davide Di Marco

SASSUOLO

Unione Sportiva Sassuolo Calcio s.r.l. (1920)

1920

Nero Verde

Via Giorgio Squinzi 1, 40149 Sassuolo (MO) 0536 882645

Mapei Stadium- Città del tricolore, Piazzale Atleti Azzurri d'Italia 1, 42122 Reggio Emilia

ORGANIGRAMMA

Presidente Carlo Rossi.
Vice presidente Veronica Squinzi. **Amministratore delegato** Carlo Rossi, Giovanni Carnevali. **Direttore generale** Giovanni Carnevali. **Direttore sportivo** Giovanni Rossi. **Responsabile operativo** Alec Invernizzi. **Direttore organizzativo** Andrea Fabris. **Team manager** Massimiliano Fusani. **Segretario sportivo** Roberto Felicori. **Responsabile comunicazione** Jacopo Gismondi. **Ufficio stampa** Massimo Paroli, Massimo Pecchini. **Direttore amministrativo** Filippo Spitaleri

STAFF TECNICO

Allenatore Alessio Dionisi (1-20, 22-26), Emiliano Bigica (21), Davide Ballardini.
Allenatore in seconda Carlo Regno. **Collaboratori tecnici** Gianluca Colonnello, Nicola Tarroni,. **Match analyst** Gianluca Maran

STAFF MEDICO

Responsabile sanitario Marco Bruzzone. **Medico sociale** Riccardo Saporiti

info@sassuolo calcio.it

www.sassuolo calcio.it

official sassuolocalcio

sassuolocalcio/

LA ROSA DELLA SQUADRA

Nome	Cognome	Nato il	PR	RE	AM	ES	SF	SA	Ruolo
Nedim	**Bajrami**	28/02/1999	28	2	0	0	13	14	CEN
Domenico	**Berardi**	01/08/1994	17	9	6	0	0	7	ATT
Daniel	**Boloca**	22/12/1998	30	1	6	1	7	9	CEN
Samu	**Castillejo**	18/01/1995	17	0	2	0	11	6	CEN
Emil	**Ceide**	03/09/2001	11	0	0	0	11	0	ATT
Andrea	**Consigli**	27/01/1987	35	0	1	0	0	0	POR
Alessio	**Cragno**	28/06/1994	3	0	0	0	0	0	POR
Gregoire	**Defrel**	17/06/1991	20	1	0	0	13	7	ATT
Josh	**Doig**	18/05/2002	16	0	5	0	1	4	DIF
Martin	**Erlic**	24/01/1998	32	1	5	0	1	9	DIF
Gian Marco	**Ferrari**	15/05/1992	31	1	4	0	6	1	DIF
Marash	**Kumbulla**	08/02/2000	7	0	1	0	4	1	DIF
Justin	**Kumi**	16/07/2004	1	0	0	0	1	0	CEN
Armand	**Lauriente**	04/12/1998	37	5	5	0	2	20	ATT
Luca	**Lipani**	18/05/2005	8	0	0	0	3	5	CEN
Maxime	**Lopez**	04/12/1997	2	0	0	1	0	0	CEN
De Souza	**Matheus Henrique**	19/12/1997	31	2	6	1	4	4	CEN
Kevin	**Miranda**	10/03/2003	1	0	0	0	1	0	DIF
Filippo	**Missori**	24/03/2004	8	0	0	0	6	2	DIF
Samuele	**Mulattieri**	07/10/2000	27	0	1	0	26	1	ATT
Pedro	**Obiang**	27/03/1992	8	0	1	0	3	3	CEN
Marcus	**Pedersen**	16/07/2000	28	0	4	0	12	2	DIF
Andrea	**Pinamonti**	19/05/1999	38	11	4	0	1	24	ATT
Uros	**Racic**	17/03/1998	22	1	1	0	14	7	CEN
Kristian	**Thorstvedt**	13/03/1999	34	6	7	0	4	20	CEN
Jeremy	**Toljan**	08/08/1994	25	0	1	0	1	3	DIF
Ruan	**Tressoldi**	07/06/1999	26	0	5	1	10	6	DIF
Matias	**Vina**	09/11/1997	15	0	1	0	2	10	DIF
Mattia	**Viti**	24/01/2002	15	1	0	0	3	7	DIF
Cristian	**Volpato**	15/11/2003	22	1	1	0	17	5	CEN

LEGENDA PR presenze - **RE** reti - **A** ammonizioni - **E** espulsioni - **SF** sostituzioni fatte - **SA** sostituzioni avute

Domenico Berardi: 9 reti e 3 assist prima che la sfortuna si accanisca sull'avanti

Kristian Thorstvedt: Il norvegese è tra le poche note positive in casa neroverde

IL COMMENTO DELLA STAGIONE

Il Sassuolo conosce la sua prima retrocessione in B. I neroverdi, dopo 11 anni, danno l'addio alla A terminando il torneo al 19° posto. Dopo un avvio stentato (3 punti in 4 gare) la formazione di Alessio Dionisi sembra rilanciarsi battendo Juventus e Inter. Nel prosieguo il Sassuolo non brilla, ma quando si fa male Berardi (25/1) occupa ancora il 14° posto. La squadra perde 4 partite su 5 partite piombando nella zona calda. Nel 27° turno il Sassuolo si presenta a Verona con Davide Ballardini in panchina e Berardi in campo ma l'avanti si infortuna nuovamente e arriva un ko. I nove punti nei successivi dieci impegni si rivelano troppo pochi per evitare con un turno d'anticipo la discesa in B.

ANDAMENTO IN CAMPIONATO

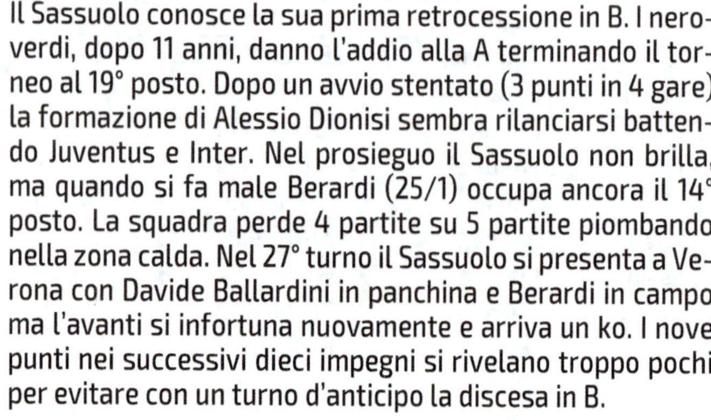

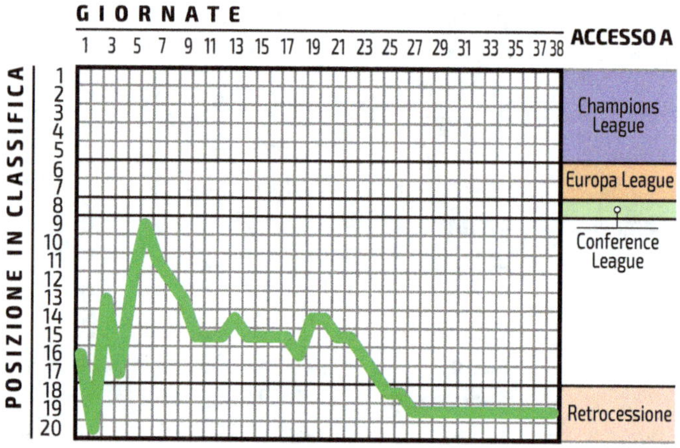

COMPORTAMENTO DELLA SQUADRA

Statistiche		Classifica	Rank
		20 19 18 17 16 15 14 13 12 11 10 09 08 07 06 05 04 03 02 01	
Giocatori schierati	30		10
Giocatori in rete	13		14
Giocatori under 18	0		16
Giocatori over 30	5		9
Cartellini gialli	70		3
Cartellini rossi	4		12
Cambi effettuati	177		11

LA STAGIONE 2023/2024

	Avversario	Casa / Fuori	Risultato		Arbitro
				Vinta Nulla Persa	
1	**Atalanta**	C	0-2		Matteo Marchetti
2	**Napoli**	F	2-0		Antonio Giua
3	**Verona**	C	3-1		Marco Piccinini
4	**Frosinone**	F	4-2		Alessandro Prontera
5	**Juventus**	C	4-2		Andrea Colombo
6	**Inter**	F	1-2		Luca Massimi
7	**Monza**	C	0-1		Luca Zufferli
8	**Lecce**	F	1-1		Juan Luca Sacchi
9	**Lazio**	C	0-2		Marco Di Bello
10	**Bologna**	C	1-1		Antonio Giua
11	**Torino**	F	2-1		Maria Sole Ferrieri Caputi
12	**Salernitana**	C	2-2		Davide Ghersini
13	**Empoli**	F	3-4		Simone Sozza
14	**Roma**	C	1-2		Matteo Marcenaro
15	**Cagliari**	F	2-1		Maurizio Mariani
16	**Udinese**	F	2-2		Gianluca Manganiello
17	**Genoa**	C	1-2		Marco Guida
18	**Milan**	F	1-0		Livio Marinelli
19	**Fiorentina**	C	1-0		Rosario Abisso
20	**Juventus**	F	3-0		Marco Piccinini
21	**Napoli**	C	1-6		Daniele Chiffi
22	**Monza**	F	1-0		Gianluca Manganiello
23	**Bologna**	F	4-2		Juan Luca Sacchi
24	**Torino**	C	1-1		Daniele Orsato
25	**Atalanta**	F	3-0		Alessandro Prontera
26	**Empoli**	C	2-3		Gianluca Aureliano
27	**Verona**	F	1-0		Fabio Maresca
28	**Frosinone**	C	1-0		Federico La Penna
29	**Roma**	F	1-0		Gianluca Manganiello
30	**Udinese**	C	1-1		Michael Fabbri
31	**Salernitana**	F	2-2		Simone Sozza
32	**Milan**	C	3-3		Davide Massa
33	**Lecce**	C	0-3		Daniele Doveri
34	**Fiorentina**	F	5-1		Matteo Marcenaro
35	**Inter**	C	1-0		Matteo Marchetti
36	**Genoa**	F	2-1		Maurizio Mariani
37	**Cagliari**	C	0-2		Daniele Doveri
38	**Lazio**	F	1-1		Paride Tremolada

TORINO

Torino Football Club s.p.a. (1906)

ANNO DI FONDAZIONE
1906

COLORI SOCIALI
Granata

INDIRIZZO SEDE
Via Giovanni Battista Viotti 9, 10121 Torino
011 19700348

STADIO
Olimpico-Grande Torino, Via Filadelfia 96/b, 10134 Torino

ORGANIGRAMMA
Presidente Urbano Cairo.
Consiglieri Paolo Bellino, Roberto Cairo, Giuseppe Ferrauto, Uberto Fornara, Marco Pompignoli. **Direttore operativo** Alberto Barile. **Chief football operating officer Responsabile area tecnica** Davide Vagnati, Emiliano Moretti (collaboratore). **Team manager** Marco Pellegri.
Segretario generale Andrea Bernardelli. **Segretario sportivo** Chiara Zuppardo. **Responsabile comunicazione** Piero Venera. **Ufficio stampa** Andrea Canta. **Direttore amministrativo** Luca Boccone

STAFF TECNICO
Allenatore Ivan Juric.
Allenatore in seconda Matteo Paro. **Collaboratori tecnici** Ivan Moschella. **Match analyst** Mattia Bastianelli

STAFF MEDICO
Responsabile sanitario Daniele Mozzone (1ª squadra).
Medico sociale Corrado Bertolo, Marco Salvucci

E MAIL

SITO INTERNET
www.torinofc.it

PAGINA FACEBOOK
Torino FootballClub/

PROFILO INSTAGRAM
torinofc1906/

LA ROSA DELLA SQUADRA

Nome	Cognome	Nato il	PR	RE	AM	ES	SF	SA	Ruolo
Raoul	**Bellanova**	17/05/2000	37	1	5	0	1	19	CEN
Alessandro	**Buongiorno**	06/06/1999	29	3	7	0	0	3	DIF
Alessandro	**Dellavalle**	11/05/2004	1	0	0	0	1	0	DIF
Koffi	**Djidji**	30/11/1992	13	0	2	0	5	4	DIF
Luca	**Gemello**	03/07/2000	2	0	0	0	0	0	POR
Gvidas	**Gineitis**	15/04/2004	14	0	2	0	10	2	CEN
Ivan	**Ilic**	17/03/2001	31	3	3	0	6	9	CEN
Yann	**Karamoh**	08/07/1998	10	0	0	0	9	1	ATT
Valentino	**Lazaro**	24/03/1996	35	0	3	0	14	9	CEN
Karol	**Linetty**	02/02/1995	28	0	12	0	9	10	CEN
Matteo	**Lovato**	14/02/2000	13	0	2	0	7	2	DIF
Adam	**Masina**	02/01/1994	16	0	0	0	6	3	DIF
Vanja	**Milinkovic-Savic**	20/02/1997	36	0	2	0	0	0	POR
David	**Okereke**	29/08/1997	9	0	0	0	6	3	ATT
Pietro	**Pellegri**	17/03/2001	24	1	3	0	17	7	ATT
Nemanja	**Radonjic**	15/02/1996	10	3	1	0	6	4	ATT
Samuele	**Ricci**	21/08/2001	32	1	6	1	4	9	CEN
Ricardo	**Rodriguez**	25/08/1992	35	1	4	0	1	12	DIF
Antonio	**Sanabria**	04/03/1996	35	5	2	0	12	13	ATT
Zannetos	**Savva**	26/11/2005	2	1	0	0	2	0	ATT
Saba	**Sazonov**	01/02/2002	12	0	2	0	10	2	DIF
Perr	**Schuurs**	26/11/1999	9	1	2	0	0	1	DIF
Demba	**Seck**	10/02/2001	9	0	1	0	4	5	ATT
Brandon	**Soppy**	21/02/2002	5	0	0	0	3	2	DIF
Adrien	**Tameze**	04/02/1994	29	0	6	1	4	10	CEN
Simone	**Verdi**	12/07/1992	1	0	0	0	1	0	ATT
Nikola	**Vlasic**	04/10/1997	33	3	3	0	3	10	CEN
Mergim	**Vojvoda**	01/02/1995	28	0	3	0	13	7	DIF
Duvan	**Zapata**	01/04/1991	35	12	2	0	1	13	ATT
David	**Zima**	08/11/2000	5	0	0	0	5	0	DIF

LEGENDA PR presenze - **RE** reti - **A** ammonizioni - **E** espulsioni - **SF** sostituzioni fatte - **SA** sostituzioni avute

Samuele Ricci: Perno del centrocampo granata, garantisce fluidità alla manovra

Duvan Zapata: Tredici gol, quattro assist e tanto lavoro al servizio della squadra

IL COMMENTO DELLA STAGIONE

Per la seconda stagione di fila il Torino termina il campionato a ridosso della zona europea. I granata chiudono un torneo con pochi guizzi (bei successi interni su Atalanta, Napoli e Milan) ma solido in nona posizione (+1 rispetto al 2022/23) a quota 53. Bottino di punti uguale a quello della scorsa edizione ottenuto però in modo molto diverso. La squadra di Ivan Juric, facendo leva soprattutto su una fase difensiva pressoché impeccabile (9 gol subiti, record stagionale), fa registrare un sensibile miglioramento nel rendimento interno (11 punti in più) a fronte di un altrettanto evidente calo in quello esterno. Meritevoli di menzione i 18 clean sheet di Milinkovic-Savic, secondo solo a Sommer.

ANDAMENTO IN CAMPIONATO

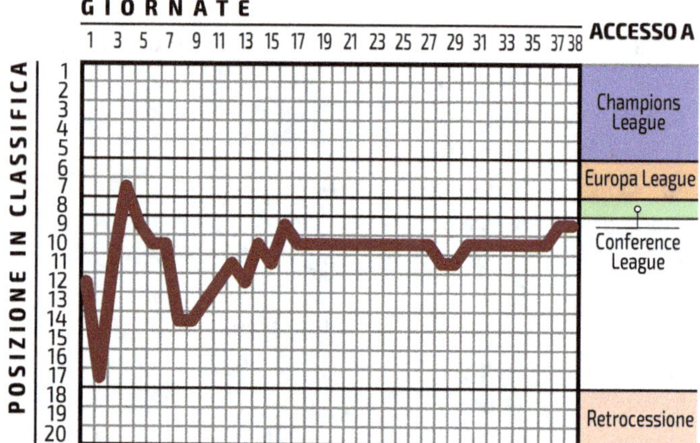

COMPORTAMENTO DELLA SQUADRA

Statistiche		Classifica	Rank
Giocatori schierati	30		10
Giocatori in rete	12		18
Giocatori under 18	2		6
Giocatori over 30	3		17
Cartellini gialli	74		4
Cartellini rossi	2		5
Cambi effettuati	160		19

	Avversario	Casa / Fuori	Risultato	Vinta/Nulla/Persa	Arbitro
1	**Cagliari**	C	0-0	Nulla	Francesco Cosso
2	**Milan**	F	4-1	Persa	Maurizio Mariani
3	**Genoa**	C	1-0	Vinta	Daniele Chiffi
4	**Salernitana**	F	0-3	Vinta	Antonio Giua
5	**Roma**	C	1-1	Nulla	Marco Guida
6	**Lazio**	F	2-0	Persa	Michael Fabbri
7	**Verona**	C	0-0	Nulla	Ermanno Feliciani
8	**Juventus**	F	2-0	Persa	Davide Massa
9	**Inter**	C	0-3	Persa	Matteo Marchetti
10	**Lecce**	F	0-1	Vinta	Gianluca Aureliano
11	**Sassuolo**	C	2-1	Vinta	Maria Sole Ferrieri Caputi
12	**Monza**	F	1-1	Nulla	Daniele Doveri
13	**Bologna**	F	2-0	Persa	Andrea Colombo
14	**Atalanta**	C	3-0	Vinta	Marco Piccinini
15	**Frosinone**	F	0-0	Nulla	Luca Massimi
16	**Empoli**	C	1-0	Vinta	Livio Marinelli
17	**Udinese**	C	1-1	Nulla	Michael Fabbri
18	**Fiorentina**	F	1-0	Persa	Federico La Penna
19	**Napoli**	C	3-0	Vinta	Maurizio Mariani
20	**Genoa**	F	0-0	Nulla	Antonio Giua
21	**Lazio**	C	0-2	Persa	Federico La Penna
22	**Cagliari**	F	1-2	Vinta	Andrea Colombo
23	**Salernitana**	C	0-0	Nulla	Daniele Chiffi
24	**Sassuolo**	F	1-1	Nulla	Daniele Orsato
25	**Lecce**	C	2-0	Vinta	Giovanni Ayroldi
26	**Roma**	F	3-2	Persa	Juan Luca Sacchi
27	**Fiorentina**	C	0-0	Nulla	Matteo Marchetti
28	**Napoli**	F	1-1	Nulla	Daniele Orsato
29	**Udinese**	F	0-2	Vinta	Andrea Colombo
30	**Monza**	C	1-0	Vinta	Gianluca Aureliano
31	**Empoli**	F	3-2	Persa	Davide Massa
32	**Juventus**	C	0-0	Nulla	Fabio Maresca
33	**Frosinone**	C	0-0	Nulla	Antonio Rapuano
34	**Inter**	F	2-0	Persa	Maria Sole Ferrieri Caputi
35	**Bologna**	C	0-0	Nulla	Simone Sozza
36	**Verona**	F	1-2	Vinta	Livio Marinelli
37	**Milan**	C	3-1	Vinta	Ermanno Feliciani
38	**Atalanta**	F	3-0	Persa	Simone Sozza

UDINESE

Udinese Calcio s.p.a. (1896)

ANNO DI FONDAZIONE

1896

COLORI SOCIALI

Bianco Nero

INDIRIZZO SEDE

Viale Agostino e Angelo Candolini 2, 33100 Udine 0432 544911

STADIO

Bluenergy Stadium Piazzale Repubblica Argentina 3, 33100 Udine

ORGANIGRAMMA

Presidente Franco Soldati.
Vice presidente Stefano Campoccia. **Consiglieri** Gino Pozzo, Franco Collavino. **Direttore generale** Franco Collavino **Responsabile area tecnica** Federico Balzaretti. **Team manager** Antonio Criscuolo. **Segretario generale** Daniela Baracetti. **Segretario sportivo** Fabio Vittori. **Direttore marketing** Gianluca Pizzamiglio. **Responsabile comunicazione** Jacopo Romeo. **Ufficio stampa** Jacopo Romeo. **Direttore amministrazione, controllo e finanza** Alberto Rigotto

STAFF TECNICO

Allenatore Andrea Sottil (1-9), Gabriele Cioffi (10-33), Fabio Cannavaro.
Allenatore in seconda Cristiano Bacci. **Collaboratori tecnici** Gilberto Ribeiro Andrade, Matteo De Biaggio. **Match analyst** Andrea Aliboni, Michele Guadagnino (collaboratore)

STAFF MEDICO

Responsabile sanitario Fabio Tenore. **Medico sociale** Aldo Passelli

E MAIL
udinese@ udinesespa.it

SITO INTERNET
www.udinese.it

PAGINA FACEBOOK
Udinese Calcio1896

PROFILO INSTAGRAM
udinesecalcio/

LA ROSA DELLA SQUADRA

Nome	Cognome	Nato il	PR	RE	AM	ES	SF	SA	Ruolo
Marley	**Ake**	05/01/2001	1	0	0	0	1	0	ATT
Norberto B. G.	**Beto**	31/01/1998	1	0	0	0	0	1	ATT
Jaka	**Bijol**	05/02/1999	24	0	4	0	1	0	DIF
Souza Silva	**Brenner**	16/01/2000	8	0	0	0	6	3	ATT
Keinan	**Davis**	13/02/1998	8	1	2	0	8	1	ATT
Festy	**Ebosele**	02/08/2002	31	0	4	1	11	15	CEN
Enzo	**Ebosse**	11/03/1999	1	0	0	0	1	1	DIF
Kingsley	**Ehizibue**	25/05/1995	23	0	4	0	12	12	DIF
Joao	**Ferreira**	22/03/2001	35	0	9	0	17	7	DIF
Lautaro	**Giannetti**	13/11/1993	7	1	4	0	0	0	DIF
Axel	**Guessand**	06/11/2004	1	0	0	0	1	0	DIF
Christian	**Kabasele**	24/02/1991	13	1	5	0	3	1	DIF
Hassane	**Kamara**	05/03/1994	35	1	4	0	8	23	DIF
Thomas	**Kristensen**	17/01/2002	26	0	2	1	3	2	DIF
Sandi	**Lovric**	28/03/1998	29	1	1	1	8	10	CEN
Lorenzo	**Lucca**	10/09/2000	37	8	6	0	7	17	ATT
Adam	**Masina**	02/01/1994	4	0	2	0	3	1	DIF
Maduka	**Okoye**	28/08/1999	21	0	2	0	0	0	POR
Simone	**Pafundi**	14/03/2006	1	0	0	0	1	0	ATT
Martin	**Payero**	11/09/1998	29	2	6	1	8	11	CEN
Roberto	**Pereyra**	07/01/1991	27	4	6	0	5	9	CEN
Nehuen	**Perez**	24/06/2000	36	0	7	1	0	1	DIF
Domingos	**Quina**	18/11/1999	2	0	0	0	2	0	CEN
Lazar	**Samardzic**	24/02/2002	34	6	3	0	6	14	CEN
Vivaldo	**Semedo**	28/01/2005	1	0	0	0	1	0	ATT
Marco	**Silvestri**	02/03/1991	17	0	0	0	0	0	POR
Isaac	**Success**	07/01/1996	27	1	4	0	18	7	ATT
Florian	**Thauvin**	26/01/1993	29	5	4	0	10	15	ATT
Antonio	**Tikvic**	21/04/2004	1	0	0	0	1	0	DIF
Souza Silva	**Walace**	04/04/1995	37	2	7	0	0	7	CEN
Oier	**Zarraga**	04/01/1999	15	2	0	0	11	2	CEN
Jordan	**Zemura**	14/11/1999	27	1	1	0	17	10	DIF

LEGENDA PR presenze - **RE** reti - **A** ammonizioni - **E** espulsioni - **SF** sostituzioni fatte - **SA** sostituzioni avute

Lazar Samardžić: Sei reti e due assist per il tecnico centrocampista bianconero

Florian Thauvin: Assicura qualità alla fase offensiva bianconera: 5 reti e 3 assist

IL COMMENTO DELLA STAGIONE

Una stagione a dir poco sofferta quella vissuta dall'Udinese. La compagine friulana si garantisce la possibilità di disputare per la 30ª volta consecutiva la massima serie soltanto all'ultima giornata andando a imporsi nel finale a Frosinone con l'unico gol messo a segno da Keynan Davis in tutto il torneo. I bianconeri, mai usciti dalle zone basse della graduatoria nonostante i passaggi in panchina da Andrea Sottil a Gabriele Cioffi e da questi a Fabio Cannavaro, raggiungono incredibilmente l'obiettivo salvezza vincendo una sola gara davanti al proprio pubblico: 3-0 al Bologna a fine 2023. Sorprendenti quanto decisive si rivelano le affermazioni esterne riportate contro Milan, Juventus e Lazio.

ANDAMENTO IN CAMPIONATO

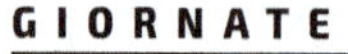

COMPORTAMENTO DELLA SQUADRA

Statistiche		Classifica	Rank
		20 19 18 17 16 15 14 13 12 11 10 09 08 07 06 05 04 03 02 01	
Giocatori schierati	32		7
Giocatori in rete	14		8
Giocatori under 18	4		2
Giocatori over 30	5		9
Cartellini gialli	91		18
Cartellini rossi	5		15
Cambi effettuati	170		18

LA STAGIONE 2023/2024

	Avversario	Casa / Fuori	Risultato		Arbitro
1	**Juventus**	C	0-3	Persa	Antonio Rapuano
2	**Salernitana**	F	1-1	Nulla	Davide Massa
3	**Frosinone**	C	0-0	Nulla	Marco Guida
4	**Cagliari**	F	0-0	Nulla	Daniele Doveri
5	**Fiorentina**	C	0-2	Persa	Daniele Chiffi
6	**Napoli**	F	4-1	Persa	Gianluca Manganiello
7	**Genoa**	C	2-2	Nulla	Maurizio Mariani
8	**Empoli**	F	0-0	Nulla	Michael Fabbri
9	**Lecce**	C	1-1	Nulla	Paride Tremolada
10	**Monza**	F	1-1	Nulla	Alessandro Prontera
11	**Milan**	F	0-1	Vinta	Juan Luca Sacchi
12	**Atalanta**	C	1-1	Nulla	Gianluca Aureliano
13	**Roma**	F	3-1	Persa	Luca Massimi
14	**Verona**	C	3-3	Nulla	Fabio Maresca
15	**Inter**	F	4-0	Persa	Marco Di Bello
16	**Sassuolo**	C	2-2	Nulla	Gianluca Manganiello
17	**Torino**	F	1-1	Nulla	Michael Fabbri
18	**Bologna**	C	3-0	Vinta	Daniele Orsato
19	**Lazio**	C	1-2	Persa	Juan Luca Sacchi
20	**Fiorentina**	F	2-2	Nulla	Luca Pairetto
21	**Milan**	C	2-3	Persa	Fabio Maresca
22	**Atalanta**	F	2-0	Persa	Marco Piccinini
23	**Monza**	C	0-0	Nulla	Alessandro Prontera
24	**Juventus**	F	0-1	Vinta	Rosario Abisso
25	**Cagliari**	C	1-1	Nulla	Maurizio Mariani
26	**Genoa**	F	2-0	Persa	Francesco Fourneau
27	**Salernitana**	C	1-1	Nulla	Gianluca Manganiello
28	**Lazio**	F	1-2	Vinta	Gianluca Aureliano
29	**Torino**	C	0-2	Persa	Andrea Colombo
30	**Sassuolo**	F	1-1	Nulla	Michael Fabbri
31	**Inter**	C	1-2	Persa	Marco Piccinini
32	**Roma**	C	1-2	Persa	Luca Pairetto
33	**Verona**	F	1-0	Persa	Marco Guida
34	**Bologna**	F	1-1	Nulla	Juan Luca Sacchi
35	**Napoli**	C	1-1	Nulla	Gianluca Aureliano
36	**Lecce**	F	0-2	Vinta	Davide Massa
37	**Empoli**	C	1-1	Nulla	Marco Guida
38	**Frosinone**	F	0-1	Vinta	Daniele Doveri

VERONA

Hellas Verona Football Club s.p.a. (1903)

ANNO DI FONDAZIONE	**ORGANIGRAMMA**
1903	**Presidente** Maurizio Setti.

ORGANIGRAMMA

Presidente Maurizio Setti.
Presidente onorario Osvaldo Bagnoli. **Collegio sindacale** Massimo Santini (presidente), Stefano Olanda Fiocchi, Nicola Catenacci, Lorenza Catenacci, Grazia Cocchi.
Direttore generale Simona Gioè. **Direttore sportivo** Sean Sogliano. **Team manager** Alessandro Mazzola. **Segretario generale** Mirco Zardini. **Responsabile comunicazione** Dino Guerrini

ANNO DI FONDAZIONE
1903

COLORI SOCIALI
Giallo Blu

INDIRIZZO SEDE
Via Olanda 11, 37135 Verona, 045 8186111

STADIO
Marcantonio Bentegodi, Piazzale Olimpia, 37138 Verona

STAFF TECNICO

Allenatore Marco Baroni.
Allenatore in seconda Fabrizio Del Rosso. **Collaboratori tecnici** Nicola Lami. **Match analyst** Giuseppe Martino, Silvio Valanzano

STAFF MEDICO

Responsabile sanitario Pietro Gatto

E MAIL
info@hellas verona.it

SITO INTERNET
www. hellasverona.it

PAGINA FACEBOOK
hellas veronafc/

PROFILO INSTAGRAM
hellasveronafc/

LA ROSA DELLA SQUADRA

Nome	Cognome	Nato il	PR	RE	AM	ES	SF	SA	Ruolo
Bruno	**Amione**	03/01/2002	10	0	2	0	3	4	DIF
Reda	**Belahyane**	01/06/2004	2	0	0	0	1	1	CEN
Federico	**Bonazzoli**	21/05/1997	24	3	3	0	14	10	ATT
Juan	**Cabal**	08/01/2001	22	0	6	0	5	6	DIF
Fabien	**Centonze**	16/01/1996	10	0	2	0	3	2	DIF
Matheus L. P.	**Charlys**	19/02/2004	2	0	0	0	2	0	CEN
Alphadjo	**Cisse**	22/10/2006	1	0	0	0	1	0	ATT
Diego	**Coppola**	28/12/2003	24	2	9	0	6	4	DIF
Juan	**Cruz**	19/07/1999	4	0	0	0	3	1	ATT
Filipe	**Dani Silva**	11/04/2000	14	0	2	0	11	2	CEN
Pawel	**Dawidowicz**	20/05/1995	28	0	5	0	3	4	DIF
Milan	**Djuric**	22/05/1990	20	5	2	0	7	9	ATT
Josh	**Doig**	18/05/2002	12	0	2	0	1	9	DIF
Ondrej	**Duda**	05/12/1994	32	1	10	2	3	11	CEN
Davide	**Faraoni**	25/10/1991	11	0	5	0	4	6	DIF
Michael	**Folorunsho**	07/02/1998	34	5	5	0	1	15	CEN
Thomas	**Henry**	20/09/1994	18	3	2	2	16	2	ATT
Isak	**Hien**	13/01/1999	10	0	1	1	1	0	DIF
Martin	**Hongla**	16/03/1998	15	0	0	0	3	3	CEN
Yayah	**Kallon**	30/06/2001	1	0	0	0	1	0	ATT
Darko	**Lazovic**	15/09/1990	32	3	0	1	10	21	CEN
Giangiacomo	**Magnani**	04/10/1995	33	0	6	0	6	3	DIF
Jordi	**Mboula**	16/03/1999	11	0	0	0	6	5	ATT
Stefan	**Mitrovic**	15/08/2002	10	0	0	0	6	4	ATT
Lorenzo	**Montipo**	20/02/1996	37	0	0	0	0	0	POR
Cyril	**Ngonge**	26/05/2000	19	6	4	0	2	10	ATT
Tijani	**Noslin**	07/07/1999	17	5	2	0	0	8	ATT
Simone	**Perilli**	07/01/1995	1	0	0	0	0	0	POR
Riccardo	**Saponara**	21/12/1991	12	0	0	0	9	3	CEN
Suat	**Serdar**	11/04/1997	25	0	7	0	6	8	CEN
Tomas	**Suslov**	07/06/2002	32	3	7	0	9	14	CEN
Karol	**Swiderski**	23/01/1997	15	2	0	0	12	3	ATT
Elayis	**Tavsan**	30/04/2001	3	0	0	0	3	0	ATT
Jackson	**Tchatchoua**	14/09/2001	26	0	2	0	7	6	CEN
Filippo	**Terracciano**	08/02/2003	18	0	1	0	4	4	CEN
Ruben	**Vinagre**	09/04/1999	12	0	0	0	10	1	DIF

LEGENDA PR presenze - **RE** reti - **A** ammonizioni - **E** espulsioni - **SF** sostituzioni fatte - **SA** sostituzioni avute

Lorenzo Montipò: Si conferma una garanzia tra i pali, potrebbe fare il salto di qualità

Tijjani Noslin: Fornisce un contributo importante alla salvezza: 5 gol e 4 assist

IL COMMENTO DELLA STAGIONE

Un'impresa. Non si può definire diversamente la salvezza centrata dal Verona in questa stagione. Grandi i meriti di tutti i giocatori che nell'arco del torneo hanno vestito la maglia gialloblù e del direttore sportivo Sean Sogliano, ma una parola a parte merita il tecnico Marco Baroni riuscito a rimodellare una squadra uscita letteralmente trasformata dal mercato invernale e a creare un gruppo che credesse nella permanenza in A. Il Verona, dopo aver chiuso l'andata al 18° posto a quota 14, risale la classifica in quella di ritorno conquistando ben 24 punti. La certezza del conseguimento dell'obiettivo arriva con una giornata d'anticipo sul termine del campionato con il successo colto a Salerno.

ANDAMENTO IN CAMPIONATO

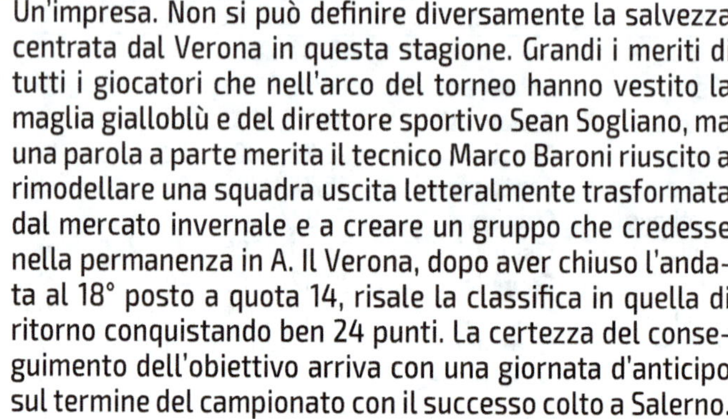

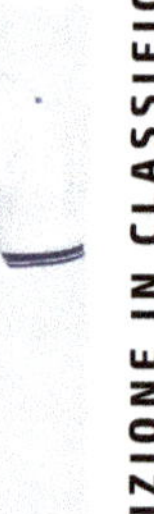

COMPORTAMENTO DELLA SQUADRA

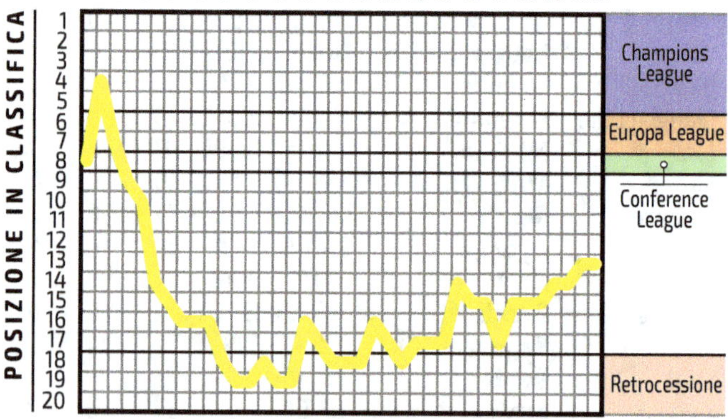

Statistiche		Classifica	Rank
		20 19 18 17 16 15 14 13 12 11 10 09 08 07 06 05 04 03 02 01	
Giocatori schierati	36		2
Giocatori in rete	11		20
Giocatori under 18	1		12
Giocatori over 30	2		19
Cartellini gialli	87		13
Cartellini rossi	4		12
Cambi effettuati	179		10

LA STAGIONE 2023/2024

	Avversario	Casa / Fuori	Risultato		Arbitro
1	**Empoli**	F	0-1	Vinta	Luca Massimi
2	**Roma**	C	2-1	Vinta	Daniele Doveri
3	**Sassuolo**	F	3-1	Persa	Marco Piccinini
4	**Bologna**	C	0-0	Nulla	Federico La Penna
5	**Milan**	F	1-0	Persa	Fabio Maresca
6	**Atalanta**	C	0-1	Persa	Federico Dionisi
7	**Torino**	F	0-0	Nulla	Ermanno Feliciani
8	**Frosinone**	F	2-1	Persa	Maria Sole Ferrieri Caputi
9	**Napoli**	C	1-3	Persa	Rosario Abisso
10	**Juventus**	F	1-0	Persa	Ermanno Feliciani
11	**Monza**	C	1-3	Persa	Giuseppe Collu
12	**Genoa**	F	1-0	Persa	Daniele Orsato
13	**Lecce**	C	2-2	Nulla	Federico La Penna
14	**Udinese**	F	3-3	Nulla	Fabio Maresca
15	**Lazio**	C	1-1	Nulla	Giovanni Ayroldi
16	**Fiorentina**	F	1-0	Persa	Maria Sole Ferrieri Caputi
17	**Cagliari**	C	2-0	Vinta	Daniele Orsato
18	**Salernitana**	C	0-1	Persa	Maurizio Mariani
19	**Inter**	F	2-1	Persa	Michael Fabbri
20	**Empoli**	C	2-1	Vinta	Daniele Doveri
21	**Roma**	F	2-1	Persa	Juan Luca Sacchi
22	**Frosinone**	C	1-1	Nulla	Federico La Penna
23	**Napoli**	F	2-1	Persa	Marco Piccinini
24	**Monza**	F	0-0	Nulla	Davide Massa
25	**Juventus**	C	2-2	Nulla	Marco Di Bello
26	**Bologna**	F	2-0	Persa	Giacomo Camplone
27	**Sassuolo**	C	1-0	Vinta	Fabio Maresca
28	**Lecce**	F	0-1	Vinta	Daniele Chiffi
29	**Milan**	C	1-3	Persa	Maurizio Mariani
30	**Cagliari**	F	1-1	Nulla	Daniele Doveri
31	**Genoa**	C	1-2	Persa	Gianluca Manganiello
32	**Atalanta**	F	2-2	Nulla	Juan Luca Sacchi
33	**Udinese**	C	1-0	Vinta	Marco Guida
34	**Lazio**	F	1-0	Persa	Davide Massa
35	**Fiorentina**	C	2-1	Vinta	Antonio Rapuano
36	**Torino**	C	1-2	Persa	Livio Marinelli
37	**Salernitana**	F	1-2	Vinta	Marco Di Bello
38	**Inter**	C	2-2	Nulla	Luca Zufferli

I Numeri

1

GIORNATA - 20/8/23

Fiorentina show a Marassi
Lazio ko, delude la Roma

CLASSIFICA

Fiorentina, Juventus, Napoli, Milan, Atalanta, Inter, Lecce e Verona 3; Roma, Salernitana, Cagliari e Torino 1; Lazio, Empoli, Frosinone, Monza, Bologna, Sassuolo, Genoa e Udinese 0.

I NUMERI

Reti realizzate: 26. Rigori: 2/2. Espulsioni: 0. Ammonizioni: 36. Assist: 21 (Di Lorenzo 2; Adopo, Arnautovic, Biraghi, Bonaventura, Bradaric, Burnete, Cambiaso, Coulibaly, Dumfries, Frendrup, Gallo, Giroud, Llorente, Luis Alberto, Nzola, Paredes, Reijnders, Ruggeri e Vlahovic 1). **Pali: 10** (Baez, De Ketelaere, El Shaarawy, Gonzalez, Immobile, Lauriente, Leao, Lykogiannis, Marin e Ndoye).

Risultati

Squadra	Gol
Empoli	0
Verona	1
Frosinone	1
Napoli	3
Genoa	1
Fiorentina	4
Inter	2
Monza	0
Roma	2
Salernitana	2
Sassuolo	0
Atalanta	2
Lecce	2
Lazio	1
Udinese	0
Juventus	3
Torino	0
Cagliari	0
Bologna	0
Milan	2

Tabellini

19/08/2023 ore 18:30

EMPOLI-VERONA 0-1

Marcatori: 75' Bonazzoli (V)

EMPOLI (4-2-3-1): Caprile 5; Ebuehi 5,5, Ismajli 5,5, Luperto 5, Cacace 5,5 (79' Pezzella sv); Marin 6, Grassi 5,5 (86' Henderson sv); Cancellieri 5,5 (70' Shpendi 6), Baldanzi 6,5, Gyasi 4,5 (86' Ekong sv); Caputo 6 (70' Piccoli 6)

A disposizione: Perisan, Stubljar, Guarino, Stojanovic, Ranocchia, Marianucci, Haas

Allenatore: Paolo Zanetti 6

VERONA (3-4-2-1): Montipo 6,5; Dawidowicz 6,5, Magnani 6, Coppola 6; Terracciano 6,5, Hongla 6, Duda 6,5 (88' Amione sv), Doig 6 (88' Cabal sv); Folorunsho 5,5 (69' Saponara 6), Mboula 5,5 (69' Djuric 6); Ngonge 5,5 (69' Bonazzoli 7)

A disposizione: Berardi, Perilli, Joselito, Patanè, Cissè, Cazzadori

Allenatore: Marco Baroni 6

ARBITRO: Luca Massimi 6

AMMONITI: 44' Duda (V); 58' Magnani (V); 66' Cacace (E); 68' Grassi (E)

ESPULSI: nessuno

ANGOLI: 2-4

RECUPERO: pt 3, st 6

19/08/2023 ore 18:30

FROSINONE-NAPOLI 1-3

Marcatori: 7' Harroui (Rig.) (F), 24' Politano (N), 42' Osimhen (N), 79' Osimhen (N)

FROSINONE (4-3-3): Turati 5,5; Oyono 5,5, Monterisi 5,5, Romagnoli 5, Marchizza 5,5; Gelli 5, Mazzitelli 5 (75' Brescianini sv), Harroui 6,5 (86' Barrenechea sv); Baez 6,5 (75' Canotto sv), Cuni 5,5 (67' Borrelli 5,5), Caso 6 (67' Kvernadze 5,5)

A disposizione: Cerofolini, Palmisani, Szyminski, Macej, Kamensek-Pahic, Garritano, Haoudi, Bidaoui

Allenatore: Eusebio Di Francesco 5,5

NAPOLI (4-3-3): Meret 6;

Di Lorenzo 7,5, Rrahmani 6, Juan Jesus 6, Olivera 6 (76' Mario Rui sv); Cajuste 5,5 (46' Anguissa 6,5), Lobotka 6 (90+1' Ostigard sv), Zielinski 6,5; Politano 7 (76' Elmas sv), Osimhen 8 (81' Simeone sv), Raspadori 6

A disposizione: Contini, Gollini, Natan, Zanoli, Zedadka, Russo, Lozano, Zerbin
Allenatore: Rudi Garcia 6,5
ARBITRO: Matteo Marcenaro 5,5
AMMONITI: 12' Oyono (F); 13' Lobotka (N); 27' Cajuste (N); 39' Olivera (N); 45+5' Mazzitelli (F); 83' Gelli (F)
ESPULSI: nessuno
ANGOLI: 4-6
RECUPERO: pt 5, st 5

19/08/2023 ore 20:45

GENOA-FIORENTINA 1-4
Marcatori: 5' Biraghi (F), 11' Bonaventura (F), 40' Gonzalez (F), 56' Mandragora (F), 58' Biraschi (G)
GENOA (3-5-2): Martinez 5,5; Biraschi 6, Bani 5, Dragusin 5; Hefti 5 (59' Vasquez 6), Frendrup 5,5, Badelj 5 (59' Jagiello 5), Thorsby 4,5, Martin 5,5 (59' Ekuban 6); Retegui 5,5, Gudmundsson 6

A disposizione: Leali, Sommariva, De Winter, Coda, Aramu, Puscas
Allenatore: Alberto Gilardino 5
FIORENTINA (4-2-3-1): Terracciano 6; Kayode Olabode 7 (81' Dodo sv), Milenkovic 6,5, Ranieri 6, Biraghi 7,5; Arthur 7, Mandragora 7 (81' Duncan sv); Gonzalez 7 (72' Sottil 6), Bonaventura 7,5 (88' Infantino sv), Brekalo 7; Nzola 6 (82' Beltran sv)

A disposizione: Martinelli, Christensen, Martinez Quarta, Comuzzo, Parisi, Sabiri, Amrabat, Jovic, Kokorin
Allenatore: Vincenzo Italiano 7,5
ARBITRO: Giovanni Ayroldi 6,5
AMMONITI: 21' Retegui (G);

22' Biraghi (F); 34' Bonaventura (F); 80' Bani (G); 87' Milenkovic (F)
ESPULSI: nessuno
ANGOLI: 3-4
RECUPERO: pt 3, st 4

19/08/2023 ore 20:45

INTER-MONZA 2-0
Marcatori: 8' Martinez (I), 76' Martinez (I)
INTER (3-5-2): Sommer 6; Darmian 6,5 (83' Bisseck sv), De Vrij 6,5, Bastoni 6,5; Dumfries 7 (67' Cuadrado 6), Barella 6,5, Calhanoglu 6,5, Mkhitaryan 6,5, Dimarco 6,5 (67' Carlos Augusto 6); Thuram 6,5 (67' Arnautovic 7), Martinez 8 (80' Frattesi sv)

A disposizione: Di Gennaro, Audero, Acerbi, Stabile, Sensi, Correa, Asllani, Stankovic
Allenatore: Simone Inzaghi 7
MONZA (3-4-2-1): Di Gregorio 6; D'Ambrosio 6 (70' Pereira 5,5), Caldirola 5,5, Mari 5,5; Ciurria 5,5, Gagliardini 6 (70' Machin 5,5), Pessina 5,5, Kyriakopoulos 5,5 (86' Carboni V. sv); Colpani 6 (60' Birindelli 6), Caprari 6; Maric 5 (60' Mota 5,5)

A disposizione: Sorrentino, Gori, Carboni F., Carboni A., Cittadini, Bondo, Petagna, Vignato
Allenatore: Raffaele Palladino 5,5
ARBITRO: Andrea Colombo 6,5
AMMONITI: 32' Martinez (I); 41' Caldirola (M)
ESPULSI: nessuno
ANGOLI: 8-3
RECUPERO: pt 3, st 6

20/08/2023 ore 18:30

ROMA-SALERNITANA 2-2
Marcatori: 17' Belotti (R), 36' Candreva (S), 49' Candreva (S), 82' Belotti (R)
ROMA (3-5-2): Rui Patricio 6; Mancini 5,5, Smalling 5,5 (65' Paredes 6,5), Llorente 6,5; Kristensen 5,5 (65' Karsdorp 6), Bove 6 (65' Renato Sanches 6), Cristante 6, Aouar 6,5

(90+2' Pagano sv), Spinazzola 6 (65' Zalewski 6); Belotti 7,5, El Shaarawy 6

A disposizione: Boer, Svilar, Ndicka, Celik, Pisilli, Solbakken, Alessio
Allenatore: José Mourinho 6
SALERNITANA (3-4-2-1): Ochoa 6,5; Lovato 6, Fazio 6, Gyomber 5; Mazzocchi 6 (66' Dia 6), Maggiore 6 (78' Legowski sv), Coulibaly sv, Bradaric 6,5; Candreva 8, Kastanos 6 (78' Sambia sv); Botheim 5 (88' Coulibaly sv)

A disposizione: Fiorillo, Costil, Motoc, Elia, Sfait, Iervolino
Allenatore: Paulo Sousa 6
ARBITRO: Ermanno Feliciani 5,5
AMMONITI: 41' Gyomber (S); 67' Maggiore (S); 69' Kastanos (S); 83' Fazio (S)
ESPULSI: nessuno
ANGOLI: 9-1
RECUPERO: pt 6, st 7

20/08/2023 ore 18:30

SASSUOLO-ATALANTA 0-2
Marcatori: 83' De Ketelaere (A), 90+3' Zortea (A)
SASSUOLO (4-2-3-1): Consigli 6; Toljan 5,5, Erlic 6,5, Viti 6,5 (77' Miranda sv), Vina 5,5 (46' Missori 6); Lopez 5,5, Matheus Henrique 6; Defrel 5,5 (77' Volpato sv), Bajrami 5,5 (62' Thorstvedt 5,5), Laurientè 6,5; Pinamonti 5,5 (85' Mulattieri sv)

A disposizione: Pegolo, Cragno, Paz, Boloca, Lipani, Ceide
Allenatore: Alessio Dionisi 5,5
ATALANTA (3-4-1-2): Musso 6,5; Djimsiti 6, Scalvini 6,5, Kolasinac 6,5; Zappacosta 6,5 (72' Zortea 7), De Roon 6,5, Koopmeiners 6,5 (87' Adopo 6,5), Ruggeri 6,5, Pasalic 5,5 (46' Ederson 6); Zapata 6 (46' De Ketelaere 7), Lookman 6 (62' Scamacca 6,5)
A disposizione: Carnesecchi, Rossi, Toloi, Okoli, Bakker,

Muriel
Allenatore: Gian Piero Gasperini 7
ARBITRO: Matteo Marchetti 6
AMMONITI: nessuno
ESPULSI: nessuno
ANGOLI: 7-7
RECUPERO: pt 3, st 7

20/08/2023 ore 20:45

LECCE-LAZIO 2-1
Marcatori: 26' Immobile (La), 85' Almqvist (Le), 87' Di Francesco (Le)
LECCE (4-3-3): Falcone 7; Gendrey 5,5 (65' Blin 6), Pongracic 5,5, Baschirotto 6,5, Dorgu 6 (65' Gallo 7); Rafia 6 (65' Kaba 6), Ramadani 6,5, Gonzalez 5,5 (83' Burnete sv); Almqvist 7,5, Strefezza 6,5, Banda 6,5 (77' Di Francesco 7)
A disposizione: Brancolini, Borbei, Smajlovic, Dermaku, Lemmens, Maleh, Helgason, Berisha, Corfitzen, Voelkerling Persson
Allenatore: Roberto D'Aversa 7
LAZIO (4-3-3): Provedel 6; Lazzari 6 (72' Pellegrini 5,5), Patric 5,5, Romagnoli 5,5, Marusic 5; Kamada 6 (54' Vecino 5,5), Cataldi 5 (88' Castellanos sv), Luis Alberto 7; Felipe Anderson 5,5 (54' Isaksen 5,5), Immobile 6,5, Zaccagni 6 (72' Pedro 6)
A disposizione: Adamonis, Furlanetto, Casale, Hysaj, Gila, Basic, Rovella
Allenatore: Maurizio Sarri 5
ARBITRO: Federico Dionisi 6
AMMONITI: 68' Strefezza (Le); 71' Isaksen (La); 80' Gonzalez (Le); 80' Pongracic (Le); 90+4' Pellegrini (La)
ESPULSI: nessuno
ANGOLI: 5-2
RECUPERO: pt 1, st 6

20/08/2023 ore 20:45

UDINESE-JUVENTUS 0-3
Marcatori: 2' Chiesa (J), 20' Vlahovic (Rig.) (J), 45+3' Rabiot (J)
UDINESE (3-5-2): Silvestri 5; Perez 5,5, Bijol 5, Kabasele 5,5; Ebosele 5 (57' Ferreira 5,5), Zarraga 4,5 (46' Samardzic 6,5), Walace 5,5, Lovric 5,5, Kamara 5,5 (46' Zemura 6); Thauvin 6 (66' Success 6), Beto 5,5 (75' Lucca 6)
A disposizione: Malusà, Piana, Guessand, Abankwah, Nwachukwu, Quina, Camara, Pejicic, Ake, Semedo
Allenatore: Andrea Sottil 5
JUVENTUS (3-5-2): Szczesny 7; Danilo 6,5, Bremer 6, Alex Sandro 6,5; Weah 6 (46' McKennie 6), Miretti 6 (46' Fagioli 6), Locatelli 6, Rabiot 7, Cambiaso 7 (70' Iling-Junior 6); Vlahovic 7,5 (85' Yildiz sv), Chiesa 7,5 (77' Milik 6)
A disposizione: Pinsoglio, Perin, Gatti, Huijsen, Rugani, Pogba, Kostic, Nicolussi Caviglia, Soule
Allenatore: Massimiliano Allegri 7
ARBITRO: Antonio Rapuano 6,5
AMMONITI: 28' Alex Sandro (J); 31' Kabasele (U); 35' Danilo (J); 90+5' Locatelli (J)
ESPULSI: nessuno
ANGOLI: 7-3
RECUPERO: pt 6, st 5

21/08/2023 ore 18:30

TORINO-CAGLIARI 0-0
TORINO (3-4-2-1): Milinkovic-Savic 6,5; Schuurs 6, Buongiorno 6, Rodriguez 6 (75' Zima 6); Bellanova 5,5, Ricci 6 (68' Linetty 6), Ilic 6, Vojvoda 6; Vlasic 5,5 (68' Pellegri 5,5), Karamoh 5,5 (46' Radonjic 6); Sanabria 6 (87' Verdi sv)
A disposizione: Gemello, Popa, Dembele, N'Guessan, Bayeye, Ilkhan, Tameze, Gineitis
Allenatore: Ivan Juric 6
CAGLIARI (4-4-2): Radunovic 6,5; Zappa 6, Goldaniga 5,5 (46' Di Pardo 6), Dossena 6, Obert 6 (87' Deiola sv); Nandez 6,5 (71' Pavoletti 6), Sulemana 6, Makoumbou 6, Azzi 6; Oristanio 6 (61' Jankto 6), Luvumbo 6 (61' Shomurodov 5,5)
A disposizione: Aresti, Scuffet, Capradossi, Augello, Viola, Prati, Kourfalidis
Allenatore: Claudio Ranieri 6,5
ARBITRO: Francesco Cosso 6,5
AMMONITI: 36' Buongiorno (T); 90+5' Pavoletti (C)
ESPULSI: nessuno
ANGOLI: 8-3
RECUPERO: pt 2, st 6

21/08/2023 ore 20:45

BOLOGNA-MILAN 0-2
Marcatori: 11' Giroud (M), 21' Pulisic (M)
BOLOGNA (4-2-3-1): Skorupski 6; Posch 5,5, Beukema 5,5, Lucumi 5,5, Lykogiannis 5,5 (87' Corazza sv); Dominguez 5,5 (72' El Azzouzi 6), Moro 5,5 (46' Orsolini 5,5); Aebischer 6, Ferguson 6 (87' Urbanski sv), Ndoye 6; Zirkzee 6 (87' Van Hooijdonk sv)
A disposizione: Bagnolini, Ravaglia, Sosa, Bonifazi, De Silvestri, Fabbian
Allenatore: Thiago Motta 6
MILAN (4-3-3): Maignan 6; Calabria 6 (73' Kalulu 6), Thiaw 6 (88' Kjaer sv), Tomori 6, Hernandez 6; Loftus-Cheek 6 (73' Pobega 6), Krunic 6,5, Reijnders 7; Pulisic 7,5 (74' Chukwueze 6), Giroud 7 (73' Okafor 6), Leao 6,5
A disposizione: Sportiello, Mirante, Florenzi, Bartesaghi, Adli, Romero, Zeroli, Colombo
Allenatore: Stefano Pioli 6,5
ARBITRO: Luca Pairetto 6
AMMONITI: 30' Aebischer (B); 51' Hernandez (M); 76' Krunic (M); 77' Zirkzee (B)
ESPULSI: nessuno
ANGOLI: 3-6
RECUPERO: pt 4, st 5

2

Verona in vetta con tre big
Steccano ancora le romane

CLASSIFICA

Milan, Napoli, Inter e Verona 6; Fiorentina, Juventus e Lecce 4; Atalanta, Monza, Frosinone e Genoa 3; Salernitana 2; Roma, Bologna, Cagliari, Torino e Udinese 1; Lazio, Empoli e Sassuolo 0.

I NUMERI

Reti realizzate: 26. Rigori: 3/4. Espulsioni: 2. Ammonizioni: 38. Assist: 20 (Banda 2, Arthur, Birindelli, Candreva, Ciurria, Dimarco, Duda, Duncan, Ederson, Iling-Junior, Leao, Loftus-Cheek, Lucca, Kvaratskhelia, Marchizza, Ricci, S. Romagnoli, Thuram e Zirkzee).
Pali: 11 (Raspadori 2; Calhanoglu, Cristante, Duncan, Gagliardini, Immobile, Marin, Martinez, Pellegrini e Vasquez).

Risultati

Frosinone	2
Atalanta	1
Monza	2
Empoli	0
Milan	4
Torino	1
Verona	2
Roma	1
Fiorentina	2
Lecce	2
Juventus	1
Bologna	1
Lazio	0
Genoa	1
Napoli	2
Sassuolo	0
Salernitana	1
Udinese	1
Cagliari	0
Inter	2

Tabellini

26/08/2023 ore 18:30
FROSINONE-ATALANTA 2-1
Marcatori: 5' Harroui (F), 24' Monterisi (F), 56' Zapata (A)
FROSINONE (4-3-3): Cerofolini 6,5; Oyono 6, Monterisi 7, Romagnoli 6,5, Marchizza 6,5; Barrenechea 6,5 (74' Brescianini 6), Mazzitelli 6,5, Gelli 6,5; Baez 6 (60' Garritano 6), Cheddira 6 (82' Cuni sv), Harroui 7 (82' Szyminski sv)
A disposizione: Palmisani, Macej, Lusuardi, Borrelli, Caso, Kvernadze, Canotto
Allenatore: Eusebio Di Francesco 7
ATALANTA (3-4-1-2): Musso 6; Scalvini 5, Djimsiti 5,5 (75' Muriel 5,5), Kolasinac 5,5; Zappacosta 5 (46' Zortea 5,5), De Roon 5, Ederson 6,5, Ruggeri 5 (80' Bakker sv); Koopmeiners 6; Lookman 5 (46' De Ketelaere 5,5), Zapata 6,5 (68' Scamacca 6)
A disposizione: Carnesecchi, Rossi, Toloi, Okoli, Pasalic, Adopo
Allenatore: Gian Piero Gasperini 5
ARBITRO: Juan Luca Sacchi 6,5
AMMONITI: 29' Barrenechea (F); 40' Lookman (A); 45+4' De Roon (A)
ESPULSI: nessuno
ANGOLI: 3-7
RECUPERO: pt 7, st 7

26/08/2023 ore 18:30
MONZA-EMPOLI 2-0
Marcatori: 45' Colpani (M), 53' Colpani (M)
MONZA (3-4-2-1): Di Gregorio 7,5; Izzo 6,5 (70' D'Ambrosio 6), Mari 6, Caldirola 6,5; Ciurria 7, Pessina 6, Gagliardini 6,5, Birindelli 6,5 (82' Pereira sv); Caprari 6,5 (82' Vignato sv), Colpani 8 (88' Carboni V. sv); Mota 6 (70' Maric 6)
A disposizione: Sorrentino,

Gori, Carboni F., Carboni A., Cittadini, Kyriakopoulos, Machin, Bondo, Petagna
Allenatore: Raffaele Palladino 7
EMPOLI (4-2-3-1): Perisan 5; Ebuehi 5, Ismajli 5,5, Luperto 5,5, Cacace 5 (54' Pezzella 5,5); Marin 6 (73' Piccoli 5), Haas 5,5; Cancellieri 5,5 (46' Fazzini 5,5), Baldanzi 5,5, Gyasi 5,5 (54' Cambiaghi 6); Caputo 5,5 (73' Shpendi 5,5)
A disposizione: Seghetti, Stubljar, Walukiewicz, Guarino, Bereszynski, Grassi, Kovalenko, Ranocchia
Allenatore: Paolo Zanetti 5,5
ARBITRO: Gianluca Aureliano 6
AMMONITI: 1' Baldanzi (E); 9' Izzo (M); 90+5' Haas (E)
ESPULSI: nessuno
ANGOLI: 6-5
RECUPERO: pt 3, st 8

26/08/2023 ore 20:45
MILAN-TORINO 4-1
Marcatori: 33' Pulisic (M), 36' Schuurs (T), 43' Giroud (Rig.) (M), 45+2' Hernandez (M), 65' Giroud (Rig.) (M)
MILAN (4-3-3): Maignan 6; Calabria 6, Thiaw 6 (79' Kjaer sv), Tomori 6, Hernandez 7 (87' Florenzi sv); Loftus-Cheek 6,5 (66' Musah 6), Krunic 6,5, Reijnders 6,5; Pulisic 7, Giroud 6,5 (66' Chukwueze 6), Leao 6,5 (66' Okafor 6)
A disposizione: Sportiello, Mirante, Kalulu, Pellegrino, Adli, Romero, Pobega, Colombo
Allenatore: Stefano Pioli 7
TORINO (3-4-2-1): Milinkovic-Savic 5,5; Schuurs 6,5, Buongiorno 6, Rodriguez 5,5; Bellanova 5,5 (59' Lazaro 5,5), Ricci 6, Ilic 5,5 (46' Linetty 5,5), Vojvoda 5,5; Vlasic 5, Radonjic 5,5 (59' Karamoh 5,5); Sanabria 5,5 (21' Pellegri 5)
A disposizione: Gemello, Popa, Zima, N'Guessan, Bayeye, Ilkhan, Tameze, Gineitis
Allenatore: Ivan Juric 5,5
ARBITRO: Maurizio Mariani 6

AMMONITI: 11' Ilic (T); 39' Hernandez (M); 57' Milinkovic-Savic (T); 70' Thiaw (M); 89' Linetty (T)
ESPULSI: nessuno
ANGOLI: 2-1
RECUPERO: pt 6, st 6

26/08/2023 ore 20:45
VERONA-ROMA 2-1
Marcatori: 4' Duda (V), 45+3' Ngonge (V), 56' Aouar (R)
VERONA (3-4-2-1): Montipo 6; Magnani 6,5, Hien 5,5, Dawidowicz 6,5; Terracciano 6 (65' Faraoni 5,5), Hongla 6,5, Duda 7,5 (71' Bonazzoli 6), Doig 6,5; Folorunsho 6,5 (88' Saponara sv), Ngonge 7 (65' Serdar 6); Djuric 6,5 (88' Mboula sv)
A disposizione: Berardi, Perilli, Amione, Cabal, Coppola, Joselito, Patanè, Cissè
Allenatore: Marco Baroni 7
ROMA (3-5-2): Rui Patricio 5; Mancini 5,5, Smalling 5, Llorente 5 (46' El Shaarawy 6); Kristensen 5,5 (46' Spinazzola 6), Pellegrini 6, Paredes 5 (46' Aouar 7), Cristante 6, Zalewski 5,5 (51' Karsdorp 5,5); Dybala 5 (68' Solbakken 5,5), Belotti 6,5
A disposizione: Boer, Svilar, Ndicka, Celik, Bove, Pagano, Pisilli
Allenatore: José Mourinho 5
ARBITRO: Daniele Doveri 6
AMMONITI: 13' Dybala (R); 62' Aouar (R); 64' Dawidowicz (V); 68' Pellegrini (R)
ESPULSI: 84' Hien (V)
ANGOLI: 1-12
RECUPERO: pt 6, st 13

27/08/2023 ore 18:30
FIORENTINA-LECCE 2-2
Marcatori: 3' Gonzalez (F), 25' Duncan (F), 49' Rafia (L), 76' Krstovic (L)
FIORENTINA (4-2-3-1): Christensen 5,5; Dodo 6, Milenkovic 5,5, Martinez Quarta 5, Parisi 5,5; Arthur 6 (72' Mandragora 6), Duncan 5,5 (82' Infantino 6); Gonzalez 6,5, Bonaventura 5,5

(82' Kouame 6), Sottil 5 (65' Brekalo 5,5); Beltran 6 (65' Nzola 5,5)
A disposizione: Terracciano, Martinelli, Biraghi, Ranieri, Mina, Kayode Olabode, Comuzzo, Amatucci, Kokorin
Allenatore: Vincenzo Italiano 5
LECCE (4-3-3): Falcone 6; Gendrey 5,5, Pongracic 6, Baschirotto 6,5, Gallo 5 (46' Dorgu 6); Rafia 6,5 (72' Krstovic 6,5), Ramadani 5, Gonzalez 5,5 (46' Kaba 6); Almqvist 6, Strefezza 6 (86' Blin sv), Banda 6,5 (90' Di Francesco sv)
A disposizione: Brancolini, Borbei, Venuti, Smajlovic, Dermaku, Maleh, Helgason, Berisha, Corfitzen, Burnete
Allenatore: Roberto D'Aversa 6,5
ARBITRO: Maria Sole Ferrieri Caputi 5,5
AMMONITI: 15' Pongracic (L); 54' Gendrey (L); 59' Martinez Quarta (F); 63' Dorgu (L)
ESPULSI: nessuno
ANGOLI: 3-3
RECUPERO: pt 5, st 8

27/08/2023 ore 18:30
JUVENTUS-BOLOGNA 1-1
Marcatori: 24' Ferguson (B), 80' Vlahovic (J)
JUVENTUS (3-5-2): Perin 6; Danilo 6,5, Bremer 5, Alex Sandro 5,5; Weah 6 (81' McKennie sv), Fagioli 5 (66' Pogba 6), Locatelli 5,5 (81' Yildiz sv), Rabiot 5,5, Cambiaso 5,5 (66' Iling-Junior 6,5); Vlahovic 6,5, Chiesa 5,5 (73' Milik 6)
A disposizione: Pinsoglio, Garofani, Gatti, Huijsen, Rugani, Kostic, Miretti, Nicolussi Caviglia, Kean, Soule
Allenatore: Massimiliano Allegri 6
BOLOGNA (4-2-3-1): Skorupski 6,5; Posch 6, Beukema 6,5, Lucumi 6, Lykogiannis 5,5 (61' Corazza 5,5); Moro 6 (60' Dominguez 6), Aebischer 6 (85' El Azzouzi sv); Orsolini

5,5 (60' Karlsson 6), Ferguson 7, Ndoye 6,5 (90+2' Fabbian sv); Zirkzee 7

A disposizione: Ravaglia, Gasperini, Sosa, Bonifazi, De Silvestri, Urbanski, Van Hooijdonk
Allenatore: Thiago Motta 6,5
ARBITRO: Marco Di Bello 4
AMMONITI: 12' Rabiot (J); 17' Posch (B); 87' Yildiz (J)
ESPULSI: nessuno
ANGOLI: 6-2
RECUPERO: pt 2, st 7

27/08/2023 ore 20:45
LAZIO-GENOA 0-1
Marcatori: 16' Retegui (G)
LAZIO (4-3-3): Provedel 6; Lazzari 6, Casale 5,5, Romagnoli 5,5, Marusic 5 (66' Pellegrini 5,5); Kamada 5 (66' Vecino 6), Cataldi 5,5 (79' Castellanos sv), Luis Alberto 6; Felipe Anderson 5 (67' Isaksen 5,5), Immobile 5, Zaccagni 5,5
A disposizione: Adamonis, Sepe, Furlanetto, Patric, Hysaj, Gila, Basic, Rovella, Saná
Allenatore: Maurizio Sarri 5
GENOA (4-3-2-1): Martinez 6; Sabelli 6 (85' Martin sv), Bani 7, Dragusin 7, Vasquez 6,5; Frendrup 6,5, Badelj 6,5, Strootman 6,5 (70' Thorsby 6); Malinovskyi 5,5 (70' Hefti 6), Gudmundsson 7 (90+4' Jagiello sv); Retegui 7 (70' Ekuban 6)
A disposizione: Leali, Sommariva, De Winter, Biraschi, Aramu, Puscas, Fini
Allenatore: Alberto Gilardino 7
ARBITRO: Livio Marinelli 6,5
AMMONITI: 38' Cataldi (L); 39' Frendrup (G); 61' Malinovskyi (G); 90+2' Pellegrini (L); 90+3' Zaccagni (L); 90+4' Immobile (L)
ESPULSI: nessuno
ANGOLI: 15-1
RECUPERO: pt 6, st 9

27/08/2023 ore 20:45
NAPOLI-SASSUOLO 2-0
Marcatori: 16' Osimhen (Rig.) (N), 64' Di Lorenzo (N)
NAPOLI (4-3-3): Meret 6; Di Lorenzo 7, Rrahmani 6,5, Juan Jesus 6,5 (90' Ostigard sv), Olivera 6; Anguissa 7,5, Lobotka 6,5 (85' Simeone sv), Zielinski 7 (83' Cajuste sv); Politano 6,5 (61' Kvaratskhelia 6,5), Osimhen 7,5, Raspadori 5,5 (83' Elmas sv)
A disposizione: Contini, Gollini, Natan, Mario Rui, Zanoli, Russo, Lozano, Zerbin
Allenatore: Rudi Garcia 6,5
SASSUOLO (4-3-3): Consigli 5,5; Toljan 5, Erlic 5, Tressoldi 5, Vina 5 (61' Pedersen 5); Boloca 5 (61' Racic 5), Lopez 4, Matheus Henrique 5,5; Bajrami 6 (76' Thorstvedt sv), Pinamonti 4,5 (69' Mulattieri 5), Laurientè 5,5 (61' Ceide 5)
A disposizione: Pegolo, Cragno, Ferrari, Miranda, Viti, Paz, Volpato
Allenatore: Alessio Dionisi 5,5
ARBITRO: Antonio Giua 5,5
AMMONITI: 30' Tressoldi (S)
ESPULSI: 51' Lopez (S)
ANGOLI: 12-4
RECUPERO: pt 6, st 6

28/08/2023 ore 18:30
SALERNITANA-UDINESE 1-1
Marcatori: 57' Samardzic (U), 72' Dia (S)
SALERNITANA (3-4-2-1): Ochoa 6,5; Lovato 6, Gyomber 6, Pirola 5,5 (84' Legowski sv); Kastanos 5,5 (84' Ikwuemesi sv), Coulibaly 6, Bohinen 6 (53' Martegani 6,5), Mazzocchi 5 (62' Bradaric 6); Botheim 5,5 (62' Cabral 6), Candreva 6,5; Dia 7
A disposizione: Fiorillo, Costil, Sambia, Fazio, Bronn, Coulibaly
Allenatore: Paulo Sousa 6
UDINESE (3-5-2): Silvestri 5,5; Perez 5,5, Bijol 6, Kabasele 6; Ferreira 5,5 (75' Ebosele 6), Samardzic 7, Walace 6,5, Lovric 6,5 (82' Zarraga sv), Kamara 6 (81' Zemura sv); Thauvin 6 (90+5' Quina sv), Lucca 6,5 (75' Success 5,5)
A disposizione: Okoye, Piana, Guessand, Abankwah, Nwachukwu, Camara, Zunec, Pejicic, Ake, Semedo
Allenatore: Andrea Sottil 6
ARBITRO: Davide Massa 6,5
AMMONITI: 49' Lovric (U); 55' Kabasele (U); 60' Botheim (S); 64' Bradaric (S); 64' Pirola (S); 70' Ferreira (U); 90+4' Candreva (S); 90+4' Walace (U)
ESPULSI: nessuno
ANGOLI: 7-5
RECUPERO: pt 3, st 7

28/08/2023 ore 20:45
CAGLIARI-INTER 0-2
Marcatori: 21' Dumfries (I), 30' Martinez (I)
CAGLIARI (4-4-2): Radunovic 6; Zappa 5 (85' Shomurodov sv), Dossena 5,5, Obert 5, Augello 5,5; Nandez 6, Makoumbou 5,5, Sulemana 5 (85' Deiola sv), Jankto 5,5 (60' Azzi 5,5); Pavoletti 5,5 (35' Luvumbo 6), Oristanio 5 (46' Di Pardo 5,5)
A disposizione: Aresti, Scuffet, Goldaniga, Viola, Prati, Kourfalidis
Allenatore: Claudio Ranieri 5,5
INTER (3-5-2): Sommer 6; Darmian 6, De Vrij 6,5, Bastoni 6,5; Dumfries 7 (71' Cuadrado 6), Barella 6 (71' Frattesi 6), Calhanoglu 6,5, Mkhitaryan 6 (82' Sensi sv), Dimarco 6,5 (71' Carlos Augusto 6); Thuram 7 (77' Arnautovic 6), Martinez 7
A disposizione: Di Gennaro, Audero, Bisseck, Guercio, Aslani, Agoume, Stankovic, Sarr
Allenatore: Simone Inzaghi 7
ARBITRO: Michael Fabbri 6
AMMONITI: 81' Mkhitaryan (I)
ESPULSI: nessuno
ANGOLI: 4-7
RECUPERO: pt 3, st 5

Inter e Milan si staccano
Colpo Lazio al "Maradona"

Inquadra il Qr-code per vedere le pagelle commentate su Datasport.it

CLASSIFICA

Inter e Milan 9; Juventus e Lecce 7; Atalanta, Napoli e Verona 6; Fiorentina, Frosinone, Bologna e Torino 4; Lazio, Sassuolo, Genoa e Monza 3; Salernitana e Udinese 2; Roma e Cagliari 1; Empoli 0.

I NUMERI

Reti realizzate: 25. Rigori: 4/6. Espulsioni: 1. Ammonizioni: 41. Assist: 18 (Felipe Anderson 2; Bove, Calabria, Cuadrado, De Ketelaere, Dimarco, Faraoni, Gendrey, Ilic, Koopmeiners, Kristiansen, Lauriente, Milik, Ruggeri, Thuram, Toljan e Wieteska 1). **Pali: 7** (Cabral, Dumfries, Karlsson, Kean, Milik, Orsolini e Soule).

Risultati

Sassuolo	3
Verona	1
Roma	1
Milan	2
Bologna	2
Cagliari	1
Udinese	0
Frosinone	0
Atalanta	3
Monza	0
Napoli	1
Lazio	2
Inter	4
Fiorentina	0
Torino	1
Genoa	0
Empoli	0
Juventus	2
Lecce	2
Salernitana	0

Tabellini

01/09/2023 ore 18:30

SASSUOLO-VERONA 3-1
Marcatori: 11' Pinamonti (S), 56' Ngonge (V), 63' Berardi (S), 73' Berardi (Rig.) (S)
SASSUOLO (4-3-3): Consigli 6; Toljan 6,5, Erlic 6, Tressoldi 5,5, Vina 6 (65' Pedersen 6); Thorstvedt 6 (65' Bajrami 6), Boloca 6,5, Matheus Henrique 7; Berardi 8 (78' Ceide 6), Pinamonti 6,5 (78' Mulattieri sv), Laurientè 6 (86' Racic sv)
A disposizione: Pegolo, Cragno, Ferrari, Viti, Volpato, Lipani
Allenatore: Alessio Dionisi 7
VERONA (3-4-1-2): Montipo 6; Magnani 5,5, Coppola 6, Dawidowicz 5,5; Faraoni 6 (86' Terracciano sv), Hongla 5,5 (36' Serdar 5,5), Duda 5,5 (77' Djuric 6), Doig 5,5 (86' Cabal sv); Folorunsho 5,5; Ngonge 6,5, Mboula 5,5 (46' Bonazzoli 6)
A disposizione: Berardi, Pe-

rilli, Amione, Patanè, Diao, Cissè
Allenatore: Marco Baroni 6
ARBITRO: Marco Piccinini 6,5
AMMONITI: 29' Boloca (S); 42' Coppola (V); 45+5' Magnani (V); 71' Doig (V)
ESPULSI: nessuno
ANGOLI: 10-1
RECUPERO: pt 6, st 6

01/09/2023 ore 20:45

ROMA-MILAN 1-2
Marcatori: 9' Giroud (Rig.) (M), 48' Leao (M), 90+2' Spinazzola (R)
ROMA (3-5-2): Rui Patricio 6,5; Mancini 5,5 (79' Pagano sv), Smalling 6, Llorente 5,5; Celik 5 (70' Spinazzola 6,5), Cristante 5,5, Paredes 5 (71' Bove 6), Aouar 6 (31' Pellegrini 6), Zalewski 6; El Shaarawy 5,5 (70' Lukaku 6), Belotti 6
A disposizione: Boer, Svilar, Karsdorp, Ndicka, Kristensen, Pisilli
Allenatore: José Mourinho 5,5

MILAN (4-3-3): Maignan 6; Calabria 6,5, Thiaw 6,5, Tomori 5, Hernandez 6,5; Loftus-Cheek 7,5 (65' Kalulu 6), Krunic 6,5, Reijnders 6,5; Pulisic 7 (76' Chukwueze 6,5), Giroud 7 (70' Pobega 6), Leao 8 (76' Okafor 6)
A disposizione: Sportiello, Mirante, Kjaer, Pellegrino, Florenzi, Adli, Romero, Musah
Allenatore: Stefano Pioli 8
ARBITRO: Antonio Rapuano 6
AMMONITI: 19' Tomori (M); 34' Loftus-Cheek (M); 61' Tomori (M); 70' Paredes (R); 85' Lukaku (R); 90+7' Okafor (M)
ESPULSI: 61' Tomori (M)
ANGOLI: 3-5
RECUPERO: pt 4, st 7

02/09/2023 ore 18:30
BOLOGNA-CAGLIARI 2-1
Marcatori: 22' Luvumbo (C), 59' Zirkzee (B), 89' Fabbian (B)
BOLOGNA (4-2-3-1): Skorupski 6; Posch 6 (83' De Silvestri sv), Beukema 5, Lucumi 6, Kristiansen 7; Aebischer 6 (84' El Azzouzi sv), Moro 6 (67' Urbanski 6); Ndoye 6 (67' Orsolini 5,5), Ferguson 6, Karlsson 6 (86' Fabbian 7); Zirkzee 7
A disposizione: Ravaglia, Gasperini, Bonifazi, Corazza, Calafiori
Allenatore: Thiago Motta 6,5
CAGLIARI (4-1-3-2): Radunovic 4,5; Zappa 5,5 (66' Oristanio 6), Dossena 6, Wieteska 5,5, Augello 6 (71' Azzi 6); Sulemana 5,5; Nandez 6 (46' Di Pardo 5), Makoumbou 6, Jankto 5,5 (66' Deiola 5,5); Petagna 6 (46' Shomurodov 5,5), Luvumbo 7
A disposizione: Aresti, Scuffet, Goldaniga, Obert, Viola, Prati
Allenatore: Claudio Ranieri 6
ARBITRO: Daniele Orsato 6,5
AMMONITI: 40' Ferguson (B); 70' Sulemana (C); 90+2' Makoumbou (C)
ESPULSI: nessuno

ANGOLI: 5-2
RECUPERO: pt 2, st 9

02/09/2023 ore 18:30
UDINESE-FROSINONE 0-0
UDINESE (3-5-2): Silvestri 6; Perez 6, Bijol 6,5, Kabasele 6; Ferreira 5,5 (62' Ebosele 6), Samardzic 6 (79' Quina sv), Walace 5,5, Lovric 6, Kamara 6 (62' Zemura 6); Thauvin 6 (79' Semedo sv), Lucca 5,5 (67' Success 6)
A disposizione: Okoye, Malusà, Guessand, Kristensen, Nwachukwu, Zarraga, Camara, Pejicic, Ake
Allenatore: Andrea Sottil 6
FROSINONE (4-2-3-1): Turati 6; Oyono 6,5, Monterisi 6,5, Romagnoli 6, Marchizza 6; Mazzitelli 6, Barrenechea 6 (80' Caso sv); Soule 6,5 (64' Baez 6), Harroui 6 (90+1' Garritano sv), Gelli 6,5; Cheddira 5 (80' Cuni sv)
A disposizione: Frattali, Cerofolini, Okoli, Lusuardi, Brescianini, Kaio Jorge, Kvernadze
Allenatore: Eusebio Di Francesco 6
ARBITRO: Marco Guida 6
AMMONITI: 31' Soule (F); 64' Thauvin (U); 75' Baez (F); 83' Kabasele (U)
ESPULSI: nessuno
ANGOLI: 3-5
RECUPERO: pt 2, st 7

02/09/2023 ore 20:45
ATALANTA-MONZA 3-0
Marcatori: 35' Ederson (A), 42' Scamacca (A), 62' Scamacca (A)
ATALANTA (3-4-1-2): Musso 6,5; Djimsiti 6,5, Scalvini 6,5, Kolasinac 6 (89' Palomino sv); Zappacosta 6,5 (75' Holm 6), De Roon 6,5, Ederson 7, Ruggeri 7 (75' Bakker 6); Koopmeiners 7; De Ketelaere 7 (81' Lookman sv), Scamacca 7,5 (81' Muriel sv)
A disposizione: Carnesecchi, Rossi, Toloi, Bonfanti, Palestra, Pasalic, Adopo
Allenatore: Gian Piero Gasperini 7

MONZA (3-4-2-1): Di Gregorio 6; Izzo 5, Mari 5 (66' Carboni A. 6), Caldirola 5,5; Birindelli 5,5, Gagliardini 5,5 (66' Bondo 6), Pessina 5, Ciurria 5,5; Colpani 6 (74' Machin 6), Caprari 5,5 (60' Vignato 5,5); Mota 5 (60' Colombo 5,5)
A disposizione: Lamanna, Sorrentino, Gori, Carboni F., Pereira, Cittadini, Kyriakopoulos, Carboni V., Maric
Allenatore: Raffaele Palladino 5
ARBITRO: Matteo Marcenaro 6,5
AMMONITI: 44' Pessina (M); 59' Mari (M); 83' Izzo (M)
ESPULSI: nessuno
ANGOLI: 7-3
RECUPERO: pt 2, st 4

02/09/2023 ore 20:45
NAPOLI-LAZIO 1-2
Marcatori: 30' Luis Alberto (L), 32' Zielinski (N), 52' Kamada (L)
NAPOLI (4-3-3): Meret 5,5; Di Lorenzo 6, Rrahmani 5, Juan Jesus 5,5, Olivera 5 (66' Mario Rui 6); Anguissa 5, Lobotka 6, Zielinski 6 (84' Simeone sv); Politano 6 (75' Lindstrom 5,5), Osimhen 5,5, Kvaratskhelia 6 (66' Raspadori 5,5)
A disposizione: Contini, Gollini, Natan, Ostigard, Zanoli, Elmas, Cajuste, Russo, Gaetano, Zerbin
Allenatore: Luciano Spalletti 5,5
LAZIO (4-3-3): Provedel 6,5; Marusic 6,5, Casale 6, Romagnoli 6,5, Hysaj 6 (81' Pellegrini sv); Kamada 7 (65' Guendouzi 6,5), Cataldi 6,5, Luis Alberto 7,5; Felipe Anderson 7 (80' Pedro sv), Immobile 6 (90+3' Castellanos sv), Zaccagni 6 (90+3' Isaksen sv)
A disposizione: Sepe, Mandas, Patric, Gila, Vecino, Basic, Lazzari, Rovella
Allenatore: Maurizio Sarri 6
ARBITRO: Andrea Colombo 6
AMMONITI: 26' Zaccagni (L);

60' Luis Alberto (L)
ESPULSI: nessuno
ANGOLI: 7-2
RECUPERO: pt 2, st 9

03/09/2023 ore 18:30
INTER-FIORENTINA 4-0
Marcatori: 23' Thuram (I), 53' Martinez (I), 58' Calhanoglu (Rig.) (I), 73' Martinez (I)
INTER (3-5-2): Sommer 6; Darmian 6, De Vrij 6, Bastoni 6,5; Dumfries 6,5 (70' Cuadrado 6), Barella 6,5 (59' Frattesi 6), Calhanoglu 6,5 (78' Asllani 6), Mkhitaryan 6,5, Dimarco 7 (70' Carlos Augusto 6); Martinez 8, Thuram 8 (70' Arnautovic 6)
A disposizione: Calligaris, Audero, Pavard, Bisseck, Klaassen, Agoume, Kamate, Sarr
Allenatore: Simone Inzaghi 8
FIORENTINA (4-2-3-1): Christensen 5; Dodo Domilson 5, Milenkovic 4,5, Ranieri 5, Biraghi 5; Arthur 5,5 (75' Amatucci 6), Mandragora 4,5; Gonzalez 5,5 (55' Infantino 5,5), Bonaventura 5 (55' Brekalo 5,5), Kouame 5 (46' Sottil 6); Beltran 5 (46' Nzola 5)
A disposizione: Terracciano, Martinelli, Mina, Martinez Quarta, Kayode Olabode, Comuzzo, Parisi, Duncan, Kokorin
Allenatore: Vincenzo Italiano 4
ARBITRO: Matteo Marchetti 6
AMMONITI: 39' Ranieri (F); 45+6' Barella (I)
ESPULSI: nessuno
ANGOLI: 1-1
RECUPERO: pt 6, st 5

03/09/2023 ore 18:30
TORINO-GENOA 1-0
Marcatori: 90+4' Radonjic (T)
TORINO (3-4-2-1): Milinkovic-Savic 6,5; Schuurs 6,5, Buongiorno 6,5, Rodriguez 6,5; Bellanova 5,5 (82' Lazaro 6), Tameze 5 (64' Seck 6), Linetty 6,5 (75' Ilic 6,5), Vojvoda 6; Ricci 6, Vlasic 5 (64' Radonjic 7,5); Zapata 6 (64' Pellegri 6)
A disposizione: Gemello, Popa, Zima, Sazonov, Soppy, N'Guessan, Gineitis, Karamoh
Allenatore: Ivan Juric 6
GENOA (4-3-2-1): Martinez 6; Sabelli 6 (87' Martin 6), Bani 6, Dragusin 6,5, Vasquez 6; Strootman 6 (57' Thorsby 6), Badelj 5,5 (87' Hefti 5), Frendrup 6; Malinovskyi 5 (57' Kutlu 6), Gudmundsson 6,5; Retegui 5 (74' Ekuban 6)
A disposizione: Leali, Sommariva, De Winter, Biraschi, Jagiello, Puscas
Allenatore: Alberto Gilardino 6
ARBITRO: Daniele Chiffi 6
AMMONITI: 19' Badelj (G); 21' Malinovskyi (G); 45+1' Strootman (G); 71' Seck (T); 75' Pellegri (T); 78' Thorsby (G); 90+1' Bani (G)
ESPULSI: nessuno
ANGOLI: 4-0
RECUPERO: pt 4, st 8

03/09/2023 ore 20:45
EMPOLI-JUVENTUS 0-2
Marcatori: 24' Danilo (J), 82' Chiesa (J)
EMPOLI (4-3-2-1): Berisha 6,5; Bereszynski 5,5, Walukiewicz 5, Luperto 5,5, Pezzella 5,5; Fazzini 5,5 (61' Grassi sv), Marin 5,5 (72' Kovalenko 5,5), Maleh 5; Baldanzi 5,5 (61' Cancellieri 5,5), Cambiaghi 5,5 (83' Gyasi sv); Caputo 5 (72' Destro 6)
A disposizione: Perisan, Stubljar, Cacace, Guarino, Ebuehi, Ismajli, Ranocchia, Bastoni, Shpendi
Allenatore: Paolo Zanetti 5
JUVENTUS (3-5-2): Perin 6; Danilo 7, Bremer 6,5, Gatti 6,5; McKennie 6 (83' Weah sv), Miretti 6 (62' Pogba 6), Locatelli 6, Rabiot 5,5, Kostic 6,5 (71' Cambiaso 6); Vlahovic 5 (71' Milik 6,5), Chiesa 7 (83' Kean sv)
A disposizione: Pinsoglio, Daffara, Alex Sandro, Ruga-ni, Fagioli, Nicolussi Caviglia, Yildiz, Iling-Junior
Allenatore: Massimiliano Allegri 7
ARBITRO: Giovanni Ayroldi 6,5
AMMONITI: 15' Locatelli (J); 43' Bereszynski (E); 48' Vlahovic (J); 49' Miretti (J); 86' Gyasi (E); 90+8' Destro (E)
ESPULSI: nessuno
ANGOLI: 3-7
RECUPERO: pt 3, st 7

03/09/2023 ore 20:45
LECCE-SALERNITANA 2-0
Marcatori: 6' Krstovic (L), 90+8' Strefezza (Rig.) (L)
LECCE (4-3-3): Falcone 6,5; Gendrey 6,5, Pongracic 6,5, Baschirotto 6, Gallo 6 (77' Dorgu 6,5); Kaba 6 (62' Gonzalez 6), Ramadani 6,5, Rafia 6 (62' Blin 6); Almqvist 5,5, Krstovic 7 (70' Piccoli 6), Banda 6 (71' Strefezza 7)
A disposizione: Brancolini, Borbei, Venuti, Smajlovic, Dermaku, Touba, Oudin, Berisha, Corfitzen, Burnete
Allenatore: Roberto D'Aversa 7
SALERNITANA (3-4-2-1): Ochoa 6,5; Lovato 5,5, Gyomber 5,5, Pirola 6 (80' Tchaouna sv); Cabral 5,5, Coulibaly 6 (61' Martegani 5,5), Legowski 5,5 (77' Bohinen 6), Bradaric 5,5; Kastanos 5,5 (62' Mazzocchi 5,5), Candreva 5; Botheim 6 (62' Ikwuemesi 5,5)
A disposizione: Fiorillo, Costil, Allocca, Sambia, Fazio, Sfait
Allenatore: Paulo Sousa 5,5
ARBITRO: Luca Massimi 6
AMMONITI: 17' Lovato (S); 30' Kaba (L); 42' Banda (L); 76' Legowski (S); 83' Bohinen (S); 90+4' Gonzalez (L)
ESPULSI: nessuno
ANGOLI: 6-5
RECUPERO: pt 2, st 13

4

Derby e primato per l'Inter
La Roma si sblocca con 7 gol

Inquadra il Qr-code per vedere le pagelle commentate su **Datasport.it**

CLASSIFICA

Inter 12; Juventus 10; Milan 9; Lecce 8; Napoli, Frosinone, Torino, Fiorentina e Verona 7; Atalanta 6; Bologna 5; Roma, Genoa e Monza 4; Lazio, Udinese e Sassuolo 3, Cagliari e Salernitana 2; Empoli 0.

I NUMERI

Reti realizzate: 37 (un'autorete). **Rigori: 4/4. Espulsioni: 3. Ammonizioni: 44. Assist: 28** (Belotti, Cristante e De Roon 2; Bellanova, Cajuste, Cheddira, Colombo, De Winter, Dimarco, Duncan, Dumfries, Giroud, Gonzalez, Kamada, Kristensen, Locatelli, Martinez, McKennie, Mkhitaryan, Rabiot, Soule, Strootman, Toljan, Vina e Zielinski. **Pali: 11** (Baldanzi, Cabral, Colombo, Dybala, Gagliardini, Garritano, Luvumbo, Paredes, Parisi, Soule e Toljan 1).

Risultati

Juventus	3
Lazio	1
Inter	5
Milan	1
Genoa	2
Napoli	2
Cagliari	0
Udinese	0
Frosinone	4
Sassuolo	2
Monza	1
Lecce	1
Fiorentina	3
Atalanta	2
Roma	7
Empoli	0
Salernitana	0
Torino	3
Verona	0
Bologna	0

Tabellini

16/09/2023 ore 15:00

JUVENTUS-LAZIO 3-1
Marcatori: 10' Vlahovic (J), 26' Chiesa (J), 64' Luis Alberto (L), 67' Vlahovic (J)
JUVENTUS (3-5-2): Szczesny 6,5; Gatti 6,5, Bremer 6, Danilo 6,5; McKennie 7 (72' Weah 6), Miretti 6,5 (59' Fagioli 6), Locatelli 6,5, Rabiot 6,5, Kostic 6 (59' Cambiaso 5,5); Vlahovic 8 (84' Kean sv), Chiesa 7 (83' Milik sv)
A disposizione: Pinsoglio, Perin, Alex Sandro, Rugani, Nicolussi Caviglia, Yildiz, Iling-Junior
Allenatore: Massimiliano Allegri 7
LAZIO (4-3-3): Provedel 7; Marusic 5, Casale 5, Romagnoli 6, Hysaj 5,5 (46' Pellegrini 5,5); Kamada 6 (78' Guendouzi sv), Cataldi 5,5 (46' Rovella 6), Luis Alberto 7; Felipe Anderson 5,5 (73' Pedro 6), Immobile 5 (68' Castellanos 5,5), Zaccagni 5,5
A disposizione: Sepe, Mandas, Patric, Gila, Vecino, Lazzari, Isaksen
Allenatore: Maurizio Sarri 5
ARBITRO: Fabio Maresca 6
AMMONITI: 8' Miretti (J); 16' Bremer (J); 61' Gatti (J); 77' Cambiaso (J); 82' Vlahovic (J); 85' Pellegrini (L)
ESPULSI: nessuno
ANGOLI: 7-9
RECUPERO: pt 2, st 8

16/09/2023 ore 18:00

INTER-MILAN 5-1
Marcatori: 5' Mkhitaryan (I), 38' Thuram (I), 57' Leao (M), 69' Mkhitaryan (I), 79' Calhanoglu (Rig.) (I), 90+3' Frattesi (I)
INTER (3-5-2): Sommer 6; Darmian 6, Acerbi 6,5, Bastoni 6,5 (74' De Vrij 6); Dumfries 7, Barella 6,5 (63' Frattesi 6,5), Calhanoglu 7 (80' Asllani sv), Mkhitaryan 8, Dimarco 7 (64' Carlos Augusto 6,5); Thuram 7,5 (64' Arnautovic 6), Marti-

nez 7

A disposizione: Di Gennaro, Audero, Pavard, Bisseck, Sensi, Cuadrado, Klaassen, Agoume, Sanchez

Allenatore: Simone Inzaghi 8

MILAN (4-3-3): Maignan 5,5; Calabria 5 (77' Florenzi sv), Kjaer 5, Thiaw 4,5, Hernandez 5,5; Loftus-Cheek 5,5 (86' Musah sv), Krunic 5, Reijnders 5,5 (77' Jovic sv); Pulisic 4,5 (56' Chukwueze 5), Giroud 6,5 (77' Okafor sv), Leao 6

A disposizione: Sportiello, Mirante, Pellegrino, Bartesaghi, Adli, Romero, Pobega

Allenatore: Stefano Pioli 4,5

ARBITRO: Simone Sozza 6,5

AMMONITI: 24' Thiaw (M); 61' Hernandez (M); 72' Calhanoglu (I); 90+4' Frattesi (I)

ESPULSI: nessuno

ANGOLI: 5-0

RECUPERO: pt 2, st 5

<u>16/09/2023 ore 20:45</u>

GENOA-NAPOLI 2-2

Marcatori: 40' Bani (G), 56' Retegui (G), 76' Raspadori (N), 84' Politano (N)

GENOA (4-4-2): Martinez 6; De Winter 6, Bani 7, Dragusin 6,5, Martin 6 (90' Vasquez sv); Sabelli 6,5 (74' Malinovskyi 6), Badelj 6, Strootman 6,5 (77' Thorsby sv), Frendrup 6; Gudmundsson 6,5, Retegui 6,5

A disposizione: Leali, Sommariva, Matturro, Hefti, Haps, Jagiello, Kutlu, Ekuban, Puscas

Allenatore: Alberto Gilardino 6,5

NAPOLI (4-3-3): Meret 6; Di Lorenzo 6, Ostigard 6, Juan Jesus 5,5, Mario Rui 5,5 (58' Olivera sv); Anguissa 5 (58' Raspadori 6,5), Lobotka 6 (74' Cajuste 6), Zielinski 6; Elmas 5 (46' Politano 6,5), Osimhen 5,5, Kvaratskhelia 5,5 (89' Zerbin sv)

A disposizione: Contini, Idasiak, Natan, Rrahmani, Zanoli, Lindstrom, Gaetano, Simeone

Allenatore: Rudi Garcia 4,5

ARBITRO: Michael Fabbri 5,5

AMMONITI: 1' Elmas (N); 32'

De Winter (G); 33' Retegui (G); 75' Badelj (G); 78' Cajuste (N)

ESPULSI: nessuno

ANGOLI: 3-1

RECUPERO: pt 2, st 6

<u>17/09/2023 ore 12:30</u>

CAGLIARI-UDINESE 0-0

CAGLIARI (3-5-2): Radunovic 6,5; Wieteska 6, Dossena 6,5, Hatzidiakos 6,5 (80' Obert sv); Zappa 6 (80' Nandez sv), Deiola 5,5, Prati 6 (80' Di Pardo sv), Makoumbou 6, Augello 6 (66' Azzi 6); Pavoletti 5,5 (60' Shomurodov 6), Luvumbo 6

A disposizione: Aresti, Scuffet, Goldaniga, Mancosu, Viola, Oristanio, Jankto, Sulemana

Allenatore: Claudio Ranieri 6

UDINESE (3-5-2): Silvestri 6; Perez 6, Bijol 6,5, Kabasele 6 (38' Ebosse sv; 46' Guessand 5,5); Ebosele 6 (72' Ferreira 6), Samardzic 5,5, Walace 5,5, Lovric 5,5 (72' Payero sv), Kamara 6; Thauvin 6 (82' Pereyra sv), Lucca 5,5

A disposizione: Okoye, Malusà, Kristensen, Zemura, Zarraga, Quina, Camara, Success, Ake, Pafundi

Allenatore: Andrea Sottil 5,5

ARBITRO: Daniele Doveri 6,5

AMMONITI: 60' Wieteska (C); 63' Thauvin (U); 90+5' Wieteska (C)

ESPULSI: 90'+5' Wieteska (C)

ANGOLI: 4-6

RECUPERO: pt 7, st 6

<u>17/09/2023 ore 15:00</u>

FROSINONE-SASSUOLO 4-2

Marcatori: 7' Pinamonti (S), 24' Pinamonti (S), 45+4' Cheddira (Rig.) (F), 70' Mazzitelli (F), 76' Mazzitelli (F), 90+6' Lirola (F)

FROSINONE (4-3-3): Turati 7,5; Oyono 6,5, Monterisi 5 (46' Okoli 6,5), Romagnoli 6, Marchizza 6,5; Mazzitelli 8 (86' Lirola 6,5), Barrenechea 6 (69' Garritano 6,5), Gelli 6 (82' Brescianini sv); Soule 7, Cheddira 7,5, Baez 6 (46' Caso 6)

A disposizione: Frattali, Cero-

folini, Lusuardi, Reinier, Bourabia, Kaio Jorge, Cuni, Kvernadze, Ibrahimovic

Allenatore: Eusebio di Francesco 7

SASSUOLO (4-2-3-1): Cragno 6,5; Toljan 6, Erlic 5, Tressoldi 4,5, Vina 6,5 (52' Pedersen 5,5); Boloca 6 (66' Castillejo 5,5), Matheus Henrique 5,5; Berardi 5,5, Bajrami 5,5 (53' Thorstvedt 5,5), Laurientè 5 (52' Ceide 5,5); Pinamonti 7,5 (80' Mulattieri sv)

A disposizione: Pegolo, Scacchetti, Missori, Ferrari, Viti, Racic, Obiang, Volpato, Defrel

Allenatore: Alessio Dionisi 4,5

ARBITRO: Alessandro Prontera 5,5

AMMONITI: 34' Romagnoli (F); 45+4' Tressoldi (S); 55' Barrenechea (F); 80' Caso (F); 80' Erlic (S); 82' Gelli (F)

ESPULSI: nessuno

ANGOLI: 5-6

RECUPERO: pt 4, st 8

<u>17/09/2023 ore 15:00</u>

MONZA-LECCE 1-1

Marcatori: 3' Krstovic (Rig.) (L), 24' Colpani (M)

MONZA (3-4-2-1): Sorrentino 5; Izzo 6, Mari 6,5 (46' Carboni A. 6), Caldirola 4,5, Birindelli 5,5 (67' Maric 5,5), Gagliardini 6,5, Pessina 6,5, Ciurria 6 (89' Kyriakopoulos sv); Colpani 7, Caprari 6 (26' Mota 5,5); Colombo 6,5 (67' Pereira 6)

A disposizione: Lamanna, Gori, Carboni F., Bettella, Cittadini, Machin, Akpa-Akpro, Bondo, Vignato

Allenatore: Raffaele Palladino 6

LECCE (4-3-3): Falcone 7; Gendrey 6, Pongracic 6,5, Baschirotto 4,5, Gallo 5,5 (74' Dorgu sv); Kaba 6, Ramadani 6, Rafia 6 (54' Blin 6); Almqvist 6,5 (78' Touba sv), Krstovic 6,5 (78' Piccoli sv), Banda 6 (74' Strefezza sv)

A disposizione: Brancolini, Venuti, Oudin, Gonzalez, Berisha, Faticanti, Sansone, Listkowski, Corfitzen, Burnete

Allenatore: Roberto D'Aversa 6,5
ARBITRO: Livio Marinelli 5
AMMONITI: 2' Caldirola (M); 20' Mari (M); 45+2' Rafia (L); 61' Birindelli (M); 76' Ciurria (M); 85' Caldirola (M); 87' Pereira (M)
ESPULSI: 55' Baschirotto (L); 85' Caldirola (M)
ANGOLI: 10-1
RECUPERO: pt 4, st 9

17/09/2023 ore 18:00
FIORENTINA-ATALANTA 3-2
Marcatori: 20' Koopmeiners (A), 35' Bonaventura (F), 45' Martinez Quarta (F), 53' Lookman (A), 76' Kouame (F)
FIORENTINA (4-2-3-1): Terracciano 5,5; Dodo Domilson 6 (74' Biraghi 6,5), Milenkovic 5,5, Martinez Quarta 6, Parisi 6,5; Duncan 6 (88' Barak sv), Mandragora 6 (63' Arthur 6,5); Gonzalez 6 (63' Kouame 7), Bonaventura 6,5, Brekalo 6,5; Nzola 5,5 (74' Beltran 6)
A disposizione: Martinelli, Christensen, Ranieri, Kayode Olabode, Comuzzo, Infantino, Amatucci, Sottil
Allenatore: Vincenzo Italiano 7
ATALANTA (3-4-1-2): Carnesecchi 5,5; Toloi 5,5, Scalvini 5,5, Kolasinac 5; Zappacosta 6,5 (59' Zortea 5,5), De Roon 6, Ederson 5,5, Ruggeri 6 (80' Miranchuk sv); Koopmeiners 6,5 (74' Adopo 5); De Ketelaere 6 (59' Scamacca 5), Lookman 6,5 (59' Pasalic 5,5)
A disposizione: Musso, Rossi, Djimsiti, Hateboer, Bakker, Muriel
Allenatore: Gian Piero Gasperini 5,5
ARBITRO: Luca Pairetto 6,5
AMMONITI: 34' De Roon (A); 65' Zortea (A); 87' Parisi (F)
ESPULSI: nessuno
ANGOLI: 3-4
RECUPERO: pt 4, st 8

17/09/2023 ore 20:45
ROMA-EMPOLI 7-0
Marcatori: 2' Dybala (Rig.) (R), 8' Renato Sanches (R), 35' Grassi (Aut.) (E), 55' Dybala (R), 80' Cristante (R), 82' Lukaku (R), 86' Mancini (R)
ROMA (3-5-2): Rui Patricio 6,5; Mancini 7, Llorente 6,5, Ndicka 6,5, Kristensen 7, Renato Sanches 7 (46' Bove 6,5), Paredes 6,5 (75' Pagano sv), Cristante 8, Spinazzola 6,5 (84' El Shaarawy sv); Dybala 7,5 (64' Belotti 7), Lukaku 7 (83' Azmoun sv)
A disposizione: Boer, Svilar, Karsdorp, Celik, Zalewski, Pisilli
Allenatore: José Mourinho 7,5
EMPOLI (4-3-3): Berisha 5; Bereszynski 4,5, Walukiewicz 4 (46' Ismajli 4,5), Luperto 4, Pezzella 4,5; Maleh 4,5, Grassi 4,5, Fazzini 5 (46' Bastoni 4,5); Cancellieri 5 (60' Baldanzi 5,5), Destro 5 (60' Caputo 5), Cambiaghi 5 (84' Shpendi sv)
A disposizione: Perisan, Stubljar, Cacace, Guarino, Ebuehi, Kovalenko, Marin, Ranocchia, Gyasi
Allenatore: Paolo Zanetti 4
ARBITRO: Juan Luca Sacchi 6
AMMONITI: 38' Dybala (R); 39' Cancellieri (E); 39' Renato Sanches (R); 58' Maleh (E)
ESPULSI: nessuno
ANGOLI: 2-6
RECUPERO: pt 3, st 3

18/09/2023 ore 18:30
SALERNITANA-TORINO 0-3
Marcatori: 15' Buongiorno (T), 41' Radonjic (T), 50' Radonjic (T)
SALERNITANA (3-4-2-1): Ochoa 5; Lovato 5, Gyomber 5,5 (46' Ikwuemesi 6), Pirola 5; Mazzocchi 5, Legowski 5 (66' Kastanos 6), Bohinen 5,5 (46' Martegani 5,5), Bradaric 5 (66' Fazio 5,5); Candreva 5,5, Cabral 5,5, Botheim 5 (46' Tchaouna 5,5)
A disposizione: Fiorillo, Costil, Sambia, Bronn, Maggiore, Sfait
Allenatore: Paulo Sousa 5
TORINO (3-4-2-1): Milinkovic-Savic 6,5; Schuurs 6,5, Buongiorno 7, Rodriguez 6,5; Bellanova 6,5 (68' Soppy 6), Tameze 6, Ricci 6,5 (88' Gineitis sv), Lazaro 6,5; Seck 6,5 (78' Linetty sv), Radonjic 7,5 (78' Karamoh sv); Zapata 7 (87' Pellegri sv)
A disposizione: Gemello, Brezzo, Sazonov, Antolini, N'Guessan, Sanabria
Allenatore: Ivan Juric 7
ARBITRO: Antonio Giua 6
AMMONITI: 43' Gyomber (S); 46' Bellanova (T); 74' Schuurs (T); 81' Fazio (S)
ESPULSI: nessuno
ANGOLI: 1-2
RECUPERO: pt 3, st 6

18/09/2023 ore 20:45
VERONA-BOLOGNA 0-0
VERONA (3-4-2-1): Montipo 7; Magnani 6, Hien 6,5, Dawidowicz 6; Faraoni 6 (62' Terracciano 6), Hongla 6, Duda 6 (70' Suslov 6), Doig 6 (36' Lazovic 5,5); Ngonge 5,5, Folorunsho 6 (70' Serdar 6); Bonazzoli 6 (62' Djuric 5,5)
A disposizione: Berardi, Perilli, Amione, Cabal, Coppola, Saponara, Charlys, Cruz, Mboula
Allenatore: Marco Baroni 6
BOLOGNA (4-2-3-1): Skorupski 6; De Silvestri 6 (60' Posch 6), Beukema 6,5, Lucumi 6,5, Kristiansen 6 (80' Calafiori sv); Aebischer 6,5, Freuler 6 (80' Moro sv); Ndoye 5,5 (77' Fabbian sv), Ferguson 6, Karlsson 6,5 (60' Orsolini 6); Zirkzee 6
A disposizione: Bagnolini, Ravaglia, Bonifazi, Corazza, Lykogiannis, El Azzouzi, Urbanski, Van Hooijdonk
Allenatore: Thiago Motta 6
ARBITRO: Federico La Penna 6,5
AMMONITI: 18' Dawidowicz (V); 37' Kristiansen (B); 50' Faraoni (V); 73' Posch (B); 90+3' Serdar (V); 90+3' Suslov (V)
ESPULSI: nessuno
ANGOLI: 3-4
RECUPERO: pt 4, st 6

5

GIORNATA - 24/9/23

La Juventus cade a Reggio Emilia Il Lecce è terzo da solo

Inquadra il Qr-code per vedere le pagelle commentate su **Datasport.it**

CLASSIFICA

Inter 15; Milan 12; Lecce 11; Juventus e Fiorentina 10; Atalanta 9; Napoli, Frosinone e Torino 8; Verona 7; Bologna e Sassuolo 6; Roma e Monza 5; Lazio e Genoa 4; Salernitana e Udinese 3; Cagliari 2; Empoli 0.

I NUMERI

Reti realizzate: 19 (2 autoreti). **Rigori: 1/2. Espulsioni: 1. Ammonizioni: 41. Assist: 9** (Bonaventura, De Ketelaere, Fagioli, Gendrey, Giroud, Ilic, Marchizza, Muriel e Thomas Henrique). **Pali: 8** (Cabral, Cristante, Defrel, Immobile, Lookman, Oristanio, Osimhen e Zappacosta).

Risultati

Atalanta	2
Cagliari	0
Bologna	0
Napoli	0
Empoli	0
Inter	1
Lazio	1
Monza	1
Lecce	1
Genoa	0
Milan	1
Verona	0
Salernitana	1
Frosinone	1
Sassuolo	4
Juventus	2
Torino	1
Roma	1
Udinese	0
Fiorentina	2

Tabellini

24/09/2023 ore 15:00

ATALANTA-CAGLIARI 2-0

Marcatori: 33' Lookman (A), 76' Pasalic (A)

ATALANTA (3-4-1-2): Musso 6; Scalvini 6,5, Djimsiti 6,5, Kolasinac 6; Zappacosta 6,5 (80' Adopo sv), De Roon 6, Ederson 6 (60' Muriel 6,5), Ruggeri 6 (80' Toloi sv); Koopmeiners 6,5; De Ketelaere 7 (67' Holm 6), Lookman 7 (67' Pasalic 7)

A disposizione: Carnesecchi, Rossi, Palomino, Zortea, Hateboer, Cortinovis, Miranchuk

Allenatore: Gian Piero Gasperini 7

CAGLIARI (3-5-2): Radunovic 6,5; Hatzidiakos 5,5 (64' Augello 5,5), Dossena 5, Obert 5,5; Nandez 5,5, Deiola 5,5 (46' Zappa 6), Makoumbou 5,5, Sulemana 5,5 (64' Viola 6), Azzi 5,5 (78' Oristanio 6); Luvumbo 6, Shomurodov 5,5 (78' Petagna sv)

A disposizione: Aresti, Scuffet, Goldaniga, Prati

Allenatore: Claudio Ranieri 5,5

ARBITRO: Ermanno Feliciani 5,5

AMMONITI: 32' Deiola (C); 42' Luvumbo (C); 54' Djimsiti (A)

ESPULSI: nessuno

ANGOLI: 7-7

RECUPERO: pt 2, st 4

24/09/2023 ore 18:00

BOLOGNA-NAPOLI 0-0

BOLOGNA (4-2-3-1): Skorupski 6,5; Posch sv (10' De Silvestri 6), Beukema 6, Lucumi 6,5 (65' Calafiori 6), Kristiansen 6; Freuler 5,5 (82' El Azzouzi sv), Aebischer 5,5; Ndoye 5 (65' Saelemaekers 6), Ferguson 5, Karlsson 6,5 (82' Orsolini sv); Zirkzee 6,5

A disposizione: Ravaglia, Gasperini, Bonifazi, Corazza, Lykogiannis, Moro, Fabbian, Urbanski, Van Hooijdonk

Allenatore: Thiago Motta 6
NAPOLI (4-3-3): Meret 6; Di Lorenzo 6, Ostigard 5,5, Natan 6, Olivera 5,5 (46' Mario Rui 5,5); Anguissa 6, Lobotka 5,5 (86' Cajuste sv), Zielinski 5,5; Raspadori 6 (67' Politano 5,5), Osimhen 5 (86' Simeone sv), Kvaratskhelia 6 (76' Elmas 6)
A disposizione: Contini, Idasiak, Zanoli, Demme, Lindstrom, Gaetano, Zerbin
Allenatore: Luciano Spalletti 5,5
ARBITRO: Giovanni Ayroldi 6,5
AMMONITI: 6' Olivera (N); 30' Aebischer (B); 49' Lobotka (N); 53' Kvaratskhelia (N); 55' Ndoye (B); 72' Skorupski (B); 81' Freuler (B); 82' Politano (N); 90+4' Mario Rui (N)
ESPULSI: nessuno
ANGOLI: 5-5
RECUPERO: pt 2, st 7

24/09/2023 ore 12:30
EMPOLI-INTER 0-1
Marcatori: 51' Dimarco (I)
EMPOLI (4-3-1-2): Berisha 6,5; Ebuehi 5,5, Ismajli 6,5 (51' Walukiewicz 6), Luperto 6, Pezzella 5,5; Marin 5,5 (69' Fazzini 6), Ranocchia 6 (69' Grassi 6), Maleh 5; Baldanzi 6; Shpendi 6 (79' Cancellieri sv), Cambiaghi 5,5 (79' Destro sv)
A disposizione: Perisan, Stubljar, Cacace, Guarino, Bereszynski, Kovalenko, Bastoni, Gyasi
Allenatore: Aurelio Andreazzoli 5,5
INTER (3-5-2): Sommer 6; Pavard 6,5, Acerbi 6, Bastoni 6,5 (71' De Vrij 6); Darmian 6,5, Frattesi 6 (71' Barella 6), Calhanoglu 7, Mkhitaryan 6, Dimarco 7 (81' Carlos Augusto sv); Martinez 6 (71' Arnautovic 6), Thuram 6 (81' Sanchez sv)
A disposizione: Di Gennaro, Audero, Bisseck, Dumfries, Klaassen, Asllani, Agoume, Stankovic

Allenatore: Simone Inzaghi 6,5
ARBITRO: Matteo Marcenaro 6
AMMONITI: 26' Acerbi (I); 33' Pezzella (E); 62' Maleh (E); 65' Bastoni (I)
ESPULSI: nessuno
ANGOLI: 3-6
RECUPERO: pt 0, st 5

23/09/2023 ore 20:45
LAZIO-MONZA 1-1
Marcatori: 12' Immobile (Rig.) (L), 36' Gagliardini (M)
LAZIO (4-3-3): Provedel 7; Marusic 5,5, Patric 5,5, Romagnoli 6, Hysaj 5 (55' Pellegrini 6); Guendouzi 5 (55' Vecino 6), Cataldi 6 (76' Rovella sv), Luis Alberto 5,5; Isaksen 5 (55' Felipe Anderson 5,5), Immobile 6,5, Zaccagni 6,5 (76' Pedro sv)
A disposizione: Sepe, Mandas, Casale, Gila, Kamada, Basic, Lazzari, Castellanos
Allenatore: Maurizio Sarri 5
MONZA (3-4-2-1): Di Gregorio 6,5; Izzo 5,5 (69' D'Ambrosio 5,5), Mari 6,5, Carboni A. 6; Ciurria 6 (78' Birindelli sv), Pessina 6, Gagliardini 7, Kyriakopoulos 6,5; Colpani 6 (84' Akpa-Akpro sv), Mota 6 (69' Vignato 6); Colombo 6 (84' Maric sv)
A disposizione: Lamanna, Sorrentino, Gori, Donati, Carboni F., Pereira, Cittadini, Machin, Carboni V., Bondo
Allenatore: Raffaele Palladino 7
ARBITRO: Rosario Abisso 7
AMMONITI: 38' Izzo (M); 40' Mota (M); 88' Rovella (L); 90+6' Luis Alberto (L)
ESPULSI: nessuno
ANGOLI: 1-3
RECUPERO: pt 1, st 5

22/09/2023 ore 20:45
LECCE-GENOA 1-0
Marcatori: 83' Oudin (L)
LECCE (4-3-3): Falcone 6; Gendrey 6,5, Pongracic 6,5, Touba 6,5, Gallo 6 (60' Dorgu 6); Kaba 6 (79' Sansone sv),

Ramadani 6, Rafia 5,5 (60' Oudin 7); Almqvist 6,5, Krstovic 6,5 (87' Blin sv), Strefezza 6 (79' Piccoli sv)
A disposizione: Brancolini, Borbei, Venuti, Gonzalez, Berisha, Faticanti, Samek, Corfitzen, Burnete
Allenatore: Roberto D'Aversa 7
GENOA (4-4-2): Martinez 6; De Winter 5,5 (46' Vasquez 6,5), Bani 6, Dragusin 6, Martin 4,5; Sabelli 6 (89' Malinovskyi sv), Badelj 5,5 (76' Hefti sv), Strootman 5,5, Frendrup 6; Retegui 5,5 (76' Ekuban 6), Gudmundsson 6 (89' Puscas sv)
A disposizione: Leali, Sommariva, Matturro, Haps, Thorsby, Jagiello, Kutlu
Allenatore: Alberto Gilardino 5,5
ARBITRO: Antonio Rapuano 6
AMMONITI: 7' De Winter (G); 9' Martin (G); 36' Martin (G); 59' Almqvist (L)
ESPULSI: 36' Martin (G)
ANGOLI: 4-3
RECUPERO: pt 1, st 6

23/09/2023 ore 15:00
MILAN-VERONA 1-0
Marcatori: 8' Leao (M)
MILAN (3-4-3): Sportiello 6,5; Thiaw 6,5, Kjaer 6, Tomori 6; Musah 6, Krunic 6 (65' Loftus-Cheek 6), Reijnders 6, Florenzi 6,5 (74' Bartesaghi sv); Pulisic 5,5 (80' Pobega sv), Giroud 6 (65' Jovic 6), Leao 7 (80' Okafor 6)
A disposizione: Nava, Mirante, Pellegrino, Adli, Romero, Chukwueze
Allenatore: Stefano Pioli 6
VERONA (3-4-2-1): Montipo 6,5; Magnani 6,5, Hien 5,5, Dawidowicz 6; Faraoni 5,5 (46' Bonazzoli 6), Hongla 5,5, Folorunsho 6, Terracciano 6,5 (89' Djuric sv); Duda 6 (70' Saponara 6), Lazovic 5,5 (70' Cabal 6); Ngonge 5,5 (80' Suslov sv)
A disposizione: Berardi, Perilli, Amione, Coppola, Serdar,

Charlys, Cruz, Mboula
Allenatore: Marco Baroni 6
ARBITRO: Fabio Maresca 6
AMMONITI: 24' Thiaw (M); 42' Faraoni (V); 55' Bonazzoli (V); 58' Musah (M); 76' Pulisic (M); 89' Florenzi (M)
ESPULSI: nessuno
ANGOLI: 2-3
RECUPERO: pt 2, st 6

22/09/2023 ore 18:00
SALERNITANA-FROSINONE 1-1
Marcatori: 12' Romagnoli (F), 52' Cabral (S)
SALERNITANA (3-4-2-1): Ochoa 6,5; Lovato 5,5 (84' Daniliuc sv), Gyomber 6, Pirola 5,5; Mazzocchi 5,5 (67' Ikwuemesi 5,5), Maggiore 5,5 (78' Bohinen sv), Martegani 6,5 (85' Legowski sv), Bradaric 6; Kastanos 6, Candreva 6,5; Cabral 7 (84' Botheim sv)
A disposizione: Fiorillo, Costil, Sambia, Fazio, Bronn, Sfait, Tchaouna
Allenatore: Paulo Sousa 6
FROSINONE (4-3-3): Turati 7; Oyono 6, Okoli 6, Romagnoli 7, Marchizza 6,5; Mazzitelli 6, Barrenechea 6 (90+2' Bourabia sv), Brescianini 5,5 (62' Garritano 5,5); Soule 6,5 (77' Kvernadze 6), Cheddira 6 (77' Cuni 6), Caso 5,5 (62' Baez 5,5)
A disposizione: Frattali, Cerofolini, Monterisi, Lusuardi, Lulic, Reinier, Kaio Jorge, Ibrahimovic
Allenatore: Eusebio Di Francesco 6
ARBITRO: Marco Piccinini 6
AMMONITI: 30' Caso (F); 34' Okoli (F); 48' Mazzocchi (S); 81' Lovato (S)
ESPULSI: nessuno
ANGOLI: 8-6
RECUPERO: pt 5, st 6

23/09/2023 ore 18:00
SASSUOLO-JUVENTUS 4-2
Marcatori: 12' Laurientè (S), 21' Vina (Aut.) (S), 41' Berardi (S), 78' Chiesa (J), 82' Pina-

monti (S), 90+5' Gatti (Aut.) (J)
SASSUOLO (4-2-3-1): Cragno 6; Vina 5 (90+1' Ferrari sv), Tressoldi 5 (46' Viti 6), Erlic 6, Toljan 6; Matheus Henrique 7, Boloca 6,5; Berardi 7, Bajrami 6,5 (85' Defrel sv), Laurientè 6 (85' Pedersen sv); Pinamonti 6,5 (85' Castillejo sv)
A disposizione: Pegolo, Theiner, Missori, Racic, Obiang, Volpato, Thorstvedt, Mulattieri, Ceide
Allenatore: Alessio Dionisi 7
JUVENTUS (3-5-2): Szczesny 4; Gatti 4, Bremer 5,5, Danilo 5,5; McKennie 6 (59' Weah 5,5), Miretti 5,5 (46' Fagioli 6), Locatelli 6 (83' Milik sv), Rabiot 6, Kostic 5,5 (46' Iling-Junior 6); Chiesa 6,5, Vlahovic 5,5 (75' Kean 5,5)
A disposizione: Pinsoglio, Perin, Huijsen, Rugani, Cambiaso, Nicolussi Caviglia
Allenatore: Massimiliano Allegri 5,5
ARBITRO: Andrea Colombo 5,5
AMMONITI: 36' Rabiot (J); 52' Boloca (S); 55' Danilo (J); 58' Berardi (S); 64' Vina (S); 83' Pinamonti (S)
ESPULSI: nessuno
ANGOLI: 6-3
RECUPERO: pt 3, st 8

24/09/2023 ore 20:45
TORINO-ROMA 1-1
Marcatori: 68' Lukaku (R), 85' Zapata (T)
TORINO (3-4-2-1): Milinkovic-Savic 6; Schuurs 6, Buongiorno 6, Rodriguez 6,5; Bellanova 6 (85' Pellegri sv), Tameze 6 (76' Karamoh 6,5), Ilic 6, Lazaro 6; Seck 6 (76' Sanabria sv), Radonjic 5,5 (55' Vlasic 6); Zapata 7
A disposizione: Gemello, Brezzo, Sazonov, Antolini, Soppy, N'Guessan, Ricci, Gineitis, Linetty
Allenatore: Ivan Juric 6,5
ROMA (3-4-2-1): Rui Patricio 6,5; Mancini 6, Llorente

5, Ndicka 5; Kristensen 5,5, Paredes 5, Cristante 6, Spinazzola 6 (87' Belotti sv); Dybala 5, El Shaarawy 6 (70' Zalewski 5,5); Lukaku 6,5
A disposizione: Boer, Svilar, Karsdorp, Celik, Pellegrini, Aouar, Bove, Pagano, Azmoun
Allenatore: José Mourinho 6
ARBITRO: Marco Guida 6,5
AMMONITI: 60' Paredes (R); 84' Kristensen (R)
ESPULSI: nessuno
ANGOLI: 7-1
RECUPERO: pt 1, st 6

24/09/2023 ore 15:00
UDINESE-FIORENTINA 0-2
Marcatori: 32' Martinez Quarta (F), 90+3' Bonaventura (F)
UDINESE (3-5-2): Silvestri 6; Perez 5,5, Bijol 6, Kristensen 5; Ebosele 6,5, Samardzic 6 (83' Pafundi sv), Walace 5,5 (75' Pereyra 6), Payero 5,5 (63' Lovric 6), Kamara 6 (75' Zemura 6); Thauvin 5,5 (63' Success 6,5), Lucca 5
A disposizione: Okoye, Malusà, Guessand, Ferreira, Tikvic, Zarraga, Quina, Camara, Ake
Allenatore: Andrea Sottil 6
FIORENTINA (4-2-3-1): Terracciano 8; Dodo Domilson sv (6' Kayode Olabode 6,5), Martinez Quarta 7, Ranieri 6, Biraghi 5,5; Lopez 5,5 (75' Arthur 6), Mandragora 5,5 (75' Duncan 6); Kouame 5,5 (65' Beltran 6), Bonaventura 7, Brekalo 5,5 (65' Milenkovic 6); Nzola 5,5
A disposizione: Martinelli, Christensen, Comuzzo, Parisi, Infantino, Barak, Amatucci, Sottil, Ikone
Allenatore: Vincenzo Italiano 6
ARBITRO: Daniele Chiffi 5,5
AMMONITI: 39' Ranieri (F)
ESPULSI: nessuno
ANGOLI: 10-3
RECUPERO: pt 4, st 5

Il Milan riaggancia l'Inter
Crollo Roma in casa del Genoa

CLASSIFICA

Inter e Milan 15; Juventus 13; Atalanta 12; Napoli, Lecce e Fiorentina 11; Frosinone e Sassuolo 9; Torino 8; Genoa, Lazio, Bologna e Verona 7; Monza 6; Roma 5; Salernitana, Udinese ed Empoli 3; Cagliari 2.

I NUMERI

Reti realizzate: 24. Rigori: 1/1. Espulsioni: 2. Ammonizioni: 45. Assist: 19 (Berardi, Cancellieri, De Roon, Dragusin, Duncan, Felipe Anderson, Frendrup, Kvaratskhelia, Lazzari, Nandez, Politano, Pulisic, Rabiot, Spinazzola, Strootman, Success, Thorsby, Thuram e Toljan 1). **Pali: 3** (Kvaratskhelia 2; Cabral 1).

Risultati

Cagliari	1
Milan	3
Empoli	1
Salernitana	0
Frosinone	1
Fiorentina	1
Genoa	4
Roma	1
Inter	1
Sassuolo	2
Juventus	1
Lecce	0
Lazio	2
Torino	0
Monza	0
Bologna	0
Napoli	4
Udinese	1
Verona	0
Atalanta	1

Tabellini

27/09/2023 ore 18:30
CAGLIARI-MILAN 1-3
Marcatori: 29' Luvumbo (C), 40' Okafor (M), 45' Tomori (M), 60' Loftus-Cheek (M)
CAGLIARI (3-5-2): Radunovic 5,5; Wieteska 5 (46' Oristanio 5,5), Dossena 6, Hatzidiakos 5,5; Zappa 5,5 (81' Di Pardo sv), Nandez 6, Makoumbou 5,5 (84' Deiola sv), Sulemana 6 (67' Viola 6), Augello 5,5; Petagna 5,5 (67' Shomurodov 5,5), Luvumbo 6,5
A disposizione: Aresti, Scuffet, Goldaniga, Obert, Prati, Azzi, Pavoletti
Allenatore: Claudio Ranieri 5,5
MILAN (4-3-3): Sportiello 6; Florenzi 6, Thiaw 6, Tomori 6, Hernandez 6 (84' Bartesaghi sv); Loftus-Cheek 6,5, Adli 6 (58' Pobega 6), Reijnders 7 (58' Musah 6); Chukwueze 6 (69' Leao 6), Okafor 6, Pulisic 6,5 (69' Romero 6)
A disposizione: Nava, Mirante, Calabria, Kjaer, Pellegrino, Giroud
Allenatore: Stefano Pioli 6
ARBITRO: Federico La Penna 6
AMMONITI: 42' Wieteska (C); 48' Loftus-Cheek (M); 53' Zappa (C); 79' Oristanio (C)
ESPULSI: nessuno
ANGOLI: 3-5
RECUPERO: pt 3, st 5

27/09/2023 ore 18:30
EMPOLI-SALERNITANA 1-0
Marcatori: 34' Baldanzi (E)
EMPOLI (4-3-1-2): Berisha 6; Bereszynski sv (17' Ebuehi 6), Walukiewicz 6,5, Luperto 6,5, Pezzella sv (11' Cacace 6); Fazzini 6 (74' Marin 6), Grassi 6, Maleh 7; Cancellieri 7; Baldanzi 7 (74' Cambiaghi 6), Shpendi 6 (73' Gyasi 6)
A disposizione: Perisan, Stubljar, Guarino, Indragoli, Kovalenko, Ranocchia, Bastoni, Destro
Allenatore: Aurelio Andreaz-

zoli 6,5

SALERNITANA (3-4-2-1): Ochoa 6,5; Lovato 5, Gyomber 5,5, Pirola 5 (46' Daniliuc 6); Mazzocchi 5 (65' Dia 5,5), Maggiore 5,5, Martegani 5,5 (46' Bohinen 5,5), Bradaric 5,5 (83' Tchaouna sv); Candreva 5,5 (46' Botheim 5,5), Kastanos 6; Cabral 6,5
A disposizione: Fiorillo, Costil, Sambia, Fazio, Bronn, Sfait, Legowski, Stewart
Allenatore: Paulo Sousa 5,5
ARBITRO: Antonio Rapuano 6
AMMONITI: 24' Maggiore (S); 28' Grassi (E); 86' Maleh (E)
ESPULSI: nessuno
ANGOLI: 10-2
RECUPERO: pt 5, st 6

28/09/2023 ore 18:30

FROSINONE-FIORENTINA 1-1
Marcatori: 19' Gonzalez (Fi), 70' Soule (Fr)
FROSINONE (4-3-3): Turati 6,5; Oyono 6, Okoli 6,5, Romagnoli 6, Marchizza 6; Mazzitelli 6,5, Barrenechea 6,5 (90+1' Bourabia sv), Brescianini 6,5 (66' Garritano 6); Soule 7 (90' Monterisi sv), Cheddira 5,5 (82' Cuni sv), Baez 5,5 (66' Caso 6,5)
A disposizione: Frattali, Cerofolini, Lusuardi, Lulic, Reinier, Kvernadze, Bidaoui, Ibrahimovic
Allenatore: Eusebio Di Francesco 6
FIORENTINA (4-2-3-1): Terracciano 6; Biraghi 6 (46' Kayode Olabode 5), Milenkovic 6, Martinez Quarta 6, Parisi 5,5; Arthur 6 (71' Mandragora 5,5), Duncan 6,5; Gonzalez 6, Bonaventura 5,5 (71' Barak 6), Sottil 5,5 (61' Ikone 5); Nzola 5,5 (81' Beltran sv)
A disposizione: Martinelli, Vannucchi, Christensen, Ranieri, Comuzzo, Lopez, Infantino, Amatucci, Brekalo, Kouame
Allenatore: Vincenzo Italiano 6
ARBITRO: Francesco Fourne-

au 5,5
AMMONITI: 22' Milenkovic (Fi); 51' Mazzitelli (Fr); 64' Okoli (Fr); 69' Parisi (Fi); 87' Oyono (Fr); 90+2' Mandragora (Fi)
ESPULSI: nessuno
ANGOLI: 8-10
RECUPERO: pt 2, st 6

28/09/2023 ore 20:45

GENOA-ROMA 4-1
Marcatori: 5' Gudmundsson (G), 22' Cristante (R), 45' Retegui (G), 74' Thorsby (G), 81' Messias (G)
GENOA (3-5-2): Martinez 6; Bani 6,5, Dragusin 7, Vasquez 6,5; Sabelli 6 (46' De Winter 6,5), Strootman 6 (30' Kutlu 6,5), Badelj sv (12' Thorsby 7,5), Frendrup 6,5, Matturro 6 (76' Messias 7); Gudmundsson 8, Retegui 7
A disposizione: Leali, Sommariva, Hefti, Haps, Malinovskyi, Jagiello, Galdames, Puscas
Allenatore: Alberto Gilardino 7,5
ROMA (3-4-2-1): Rui Patricio 5,5; Mancini 5 (46' Belotti 5,5), Llorente 5,5 (24' Bove 5), Ndicka 4,5; Kristensen 4,5, Cristante 6, Paredes 5,5 (78' Azmoun sv), Spinazzola 5,5 (78' Aouar sv); Dybala 5, Pellegrini 5 (78' El Shaarawy sv); Lukaku 5
A disposizione: Boer, Svilar, Karsdorp, Celik, Zalewski, Pagano, Pisilli
Allenatore: Jose Mourinho 4,5
ARBITRO: Daniele Orsato 5,5
AMMONITI: 26' Strootman (G); 37' Sabelli (G); 42' Mancini (R); 65' Retegui (G); 75' Paredes (R); 75' Bani (G); 89' Aouar (R)
ESPULSI: nessuno
ANGOLI: 1-7
RECUPERO: pt 7, st 5

27/09/2023 ore 20:45

INTER-SASSUOLO 1-2
Marcatori: 45+1' Dumfries (I), 54' Bajrami (S), 63' Berardi (S)
INTER (3-5-2): Sommer 5;

Darmian 6, Acerbi 6, Bastoni 5,5 (68' De Vrij 6); Dumfries 7, Barella 5,5, Calhanoglu 5,5 (85' Klaassen sv), Mkhitaryan 5,5 (68' Frattesi 5,5), Dimarco 6 (68' Carlos Augusto 6); Thuram 6 (68' Sanchez 5,5), Martinez 5,5
A disposizione: Di Gennaro, Audero, Pavard, Bisseck, Asllani, Agoume, Kamate, Stankovic, Sarr
Allenatore: Simone Inzaghi 5,5

SASSUOLO (4-2-3-1): Consigli 6,5; Toljan 6,5, Erlic 6,5 (81' Ferrari sv), Viti 5 (61' Tressoldi 6), Vina 5,5 (46' Pedersen 6); Matheus Henrique 6,5, Boloca 7; Berardi 7,5, Bajrami 7 (61' Castillejo 6), Lauriente 6,5; Pinamonti 6 (79' Defrel sv)
A disposizione: Pegolo, Cragno, Missori, Racic, Obiang, Volpato, Thorstvedt, Mulattieri, Ceide
Allenatore: Alessio Dionisi 7
ARBITRO: Luca Massimi 6,5
AMMONITI: 74' Matheus Henrique (S)
ESPULSI: nessuno
ANGOLI: 8-6
RECUPERO: pt 4, st 6

26/09/2023 ore 20:45

JUVENTUS-LECCE 1-0
Marcatori: 57' Milik (J)
JUVENTUS (3-5-2): Szczesny 6; Rugani 6,5 (72' Gatti 6), Bremer 6, Danilo 6; McKennie 7 (86' Weah sv), Fagioli 6,5 (86' Miretti sv), Locatelli 5,5, Rabiot 6,5, Cambiaso 5,5 (72' Kostic 6); Chiesa 6,5, Milik 6,5 (78' Vlahovic sv)
A disposizione: Pinsoglio, Perin, Huijsen, Nicolussi Caviglia, Yildiz, Iling-Junior
Allenatore: Massimiliano Allegri 6
LECCE (4-3-3): Falcone 6; Venuti 6 (63' Gendrey 5,5), Pongracic 5,5, Baschirotto 5, Dorgu 5,5; Blin 6 (82' Piccoli sv), Ramadani 5,5 (69' Kaba 5), Oudin 6 (63' Rafia 5,5); Almqvist 5,5, Krstovic 6, Strefezza 6,5 (63' Sansone 5,5)

A disposizione: Brancolini, Gallo, Touba, Gonzalez, Berisha, Faticanti, Samek, Listkowski, Corfitzen, Burnete
Allenatore: Roberto D'Aversa 5,5
ARBITRO: Antonio Giua 6
AMMONITI: 30' Ramadani (L); 69' Rafia (L); 76' Chiesa (J); 85' Kaba (L); 90' Krstovic (L); 90+1' Rabiot (J); 90+3' Kaba (L)
ESPULSI: 90+3' Kaba (L)
ANGOLI: 5-1
RECUPERO: pt 1, st 7

27/09/2023 ore 20:45
LAZIO-TORINO 2-0
Marcatori: 56' Vecino (L), 75' Zaccagni (L)
LAZIO (4-3-3): Provedel 6; Lazzari 6,5 (80' Hysaj sv), Casale 6, Romagnoli 6,5, Marusic 6,5; Vecino 7 (74' Guendouzi 6), Rovella 6,5, Luis Alberto 6; Felipe Anderson 6,5, Immobile 5,5 (74' Castellanos 6), Zaccagni 7 (80' Isaksen sv)
A disposizione: Sepe, Mandas, Pellegrini, Patric, Gila, Kamada, Cataldi, Pedro
Allenatore: Maurizio Sarri 6,5
TORINO (3-4-2-1): Milinkovic-Savic 6; Schuurs 5,5, Buongiorno 6,5 (27' Sazonov 6), Rodriguez 5,5; Bellanova 4,5 (79' Soppy sv), Tameze 6 (60' Ilic 5,5), Ricci 5, Lazaro 6 (79' Pellegri sv); Sanabria 5, Vlasic 5,5; Zapata 5,5 (60' Radonjic 5,5)
A disposizione: Gemello, Brezzo, Vojvoda, N'Guessan, Seck, Gineitis, Linetty, Karamoh
Allenatore: Ivan Juric 5
ARBITRO: Michael Fabbri 5,5
AMMONITI: 33' Bellanova (T); 45+1' Tameze (T); 65' Immobile (L); 74' Schuurs (T); 82' Ricci (T)
ESPULSI: nessuno
ANGOLI: 4-2
RECUPERO: pt 3, st 7

28/09/2023 ore 18:30
MONZA-BOLOGNA 0-0
MONZA (3-4-2-1): Di Gregorio 6,5; Izzo 6, Caldirola 6, Carboni A. 6 (67' Mari 6); Ciurria 5,5, Pessina 6, Gagliardini 6, Kyriakopoulos 6 (63' Birindelli 6); Colpani 6,5 (78' Machin sv), Mota 6 (63' Vignato 5,5); Colombo 5,5 (78' Maric sv)
A disposizione: Sorrentino, Gori, Donati, Carboni F., Pereira, D'Ambrosio, Cittadini, Akpa-Akpro, Carboni V., Bondo
Allenatore: Raffaele Palladino 6
BOLOGNA (4-2-3-1): Skorupski 6,5; De Silvestri 6 (60' Corazza 6), Beukema 6,5, Calafiori 6,5, Lykogiannis 6 (59' Kristiansen 6); Aebischer 6, El Azzouzi 6; Orsolini 5,5 (59' Ndoye 5,5), Ferguson 6, Karlsson 5,5 (59' Saelemaekers 5); Zirkzee 6 (75' Van Hooijdonk 6)
A disposizione: Bagnolini, Ravaglia, Bonifazi, Moro, Freuler, Fabbian, Urbanski
Allenatore: Thiago Motta 6
ARBITRO: Ivano Pezzuto 4
AMMONITI: 12' Orsolini (B); 70' Vignato (M); 80' Birindelli (M); 85' Ciurria (M); 87' Saelemaekers (B); 87' Saelemaekers (B); 88' Gagliardini (M); 90+3' Mari (M)
ESPULSI: 87' Saelemaekers (B)
ANGOLI: 7-5
RECUPERO: pt 3, st 6

27/09/2023 ore 20:45
NAPOLI-UDINESE 4-1
Marcatori: 19' Zielinski (Rig.) (N), 39' Osimhen (N), 74' Kvaratskhelia (N), 81' Samardzic (U), 81' Simeone (N)
NAPOLI (4-3-3): Meret 6; Di Lorenzo 7, Ostigard 6,5, Natan 6,5, Mario Rui 6,5; Anguissa 7 (83' Raspadori sv), Lobotka 6,5, Zielinski 7 (71' Cajuste 6); Politano 6,5 (63' Lindstrom 6), Osimhen 6,5 (63' Simeone 6,5), Kvaratskhelia 7 (83' Elmas sv)
A disposizione: Contini, Idasiak, Olivera, D'Avino, Zanoli, Demme, Gaetano, Zerbin
Allenatore: Rudi Garcia 6,5
UDINESE (3-5-2): Silvestri 5; Perez 5, Bijol 5, Kristensen 5; Ebosele 5,5 (58' Ferreira 5), Payero 5,5, Walace 4,5 (58' Samardzic 6), Lovric 5,5 (72' Pereyra 5), Kamara 5 (72' Zemura 5); Thauvin 4,5 (58' Success 5), Lucca 4,5
A disposizione: Okoye, Malusa, Guessand, Tikvic, Zarraga, Camara, Ake, Pafundi
Allenatore: Andrea Sottil 5
ARBITRO: Gianluca Manganiello 6
AMMONITI: 62' Perez (U); 74' Simeone (N)
ESPULSI: nessuno
ANGOLI: 8-4
RECUPERO: pt 3, st 3

27/09/2023 ore 18:30
VERONA-ATALANTA 0-1
Marcatori: 13' Koopmeiners (A)
VERONA (3-4-2-1): Montipo 6; Magnani 5,5, Hien 6, Dawidowicz 5,5; Faraoni 5,5 (57' Lazovic 5,5), Hongla 5,5 (83' Serdar sv), Duda 5,5 (73' Saponara 6), Terracciano 6; Ngonge 5,5 (73' Henry 5,5), Folorunsho 5,5; Bonazzoli 5,5 (57' Suslov 6)
A disposizione: Berardi, Perilli, Amione, Coppola, Joselito, Charlys, Tchatchoua, Cruz
Allenatore: Marco Baroni 6
ATALANTA (3-4-2-1): Carnesecchi 6,5; Toloi 6,5 (78' Scalvini sv), Djimsiti 7, Kolasinac 6,5; Holm 6,5 (46' Hateboer 6), De Roon 7, Ederson 6, Ruggeri 6 (89' Palomino sv); Koopmeiners 7,5, Lookman 6 (46' De Ketelaere 7); Pasalic 6 (72' Miranchuk 6)
A disposizione: Musso, Rossi, Zortea, Zappacosta, Bakker, Adopo, Muriel
Allenatore: Gian Piero Gasperini 7
ARBITRO: Federico Dionisi 6,5
AMMONITI: 50' Ederson (A); 54' Ngonge (V); 62' De Roon (A); 68' Folorunsho (V); 77' Toloi (A)
ESPULSI: nessuno
ANGOLI: 4-1
RECUPERO: pt 1, st 5

7

Allungano le milanesi: +4
Poker Lautaro, tris Orsolini

Inquadra il Qr-code per vedere le pagelle commentate su Datasport.it

CLASSIFICA

Inter e Milan 18; Napoli, Juventus e Fiorentina 14; Atalanta 13; Lecce 11; Bologna 10; Frosinone, Torino, Sassuolo e Monza 9; Roma, Genoa e Verona 8; Lazio 7; Udinese 4; Salernitana ed Empoli 3; Cagliari 2.

I NUMERI

Reti realizzate: 23 (2 autoreti). **Rigori: 2/2. Espulsioni: 1. Ammonizioni: 33. Assist: 17** (Dybala e Leao 2; Barella, Beltran, Caldirola, Carlos Augusto, El Azzouzi, Ferguson, Frendrup, Kvaratskhelia, Mandragora, Raspadori, Retegui, Thuram e Zielinski 1). **Pali: 3** (Maleh, Muriel e Reijnders 1).

Risultati

Atalanta	0
Juventus	0
Bologna	3
Empoli	0
Fiorentina	3
Cagliari	0
Lecce	0
Napoli	4
Milan	2
Lazio	0
Roma	2
Frosinone	0
Salernitana	0
Inter	4
Sassuolo	0
Monza	1
Torino	0
Verona	0
Udinese	2
Genoa	2

Tabellini

01/10/2023 ore 18:00

ATALANTA-JUVENTUS 0-0

ATALANTA (3-4-2-1): Musso 6,5; Toloi 6,5, Djimsiti 6, Scalvini 6,5 (65' Kolasinac 6); Zappacosta 5 (82' Holm sv), De Roon 6, Ederson 6, Ruggeri 6 (86' Bakker sv); Koopmeiners 5,5, Lookman 5,5 (65' Muriel 6,5); De Ketelaere 6,5 (82' Pasalic sv)

A disposizione: Carnesecchi, Rossi, Palomino, Zortea, Hateboer, Adopo, Miranchuk

Allenatore: Gian Piero Gasperini 6,5

JUVENTUS (3-5-2): Szczesny 6,5; Gatti 6, Bremer 6,5 (84' Rugani sv), Danilo 6; McKennie 5,5 (84' Weah sv), Fagioli 6 (68' Miretti 6), Locatelli 6, Rabiot 5,5, Cambiaso 5,5 (68' Kostic 6); Kean 6 (75' Yildiz 6), Chiesa 6

A disposizione: Pinsoglio, Perin, Huijsen, Nicolussi Ca-viglia, Iling-Junior, Mancini

Allenatore: Massimiliano Allegri 6

ARBITRO: Daniele Chiffi 6,5

AMMONITI: 45' Rabiot (J); 53' Danilo (J); 90+4' Holm (A)

ESPULSI: nessuno

ANGOLI: 5-2

RECUPERO: pt 1, st 4

01/10/2023 ore 12:30

BOLOGNA-EMPOLI 3-0

Marcatori: 21' Orsolini (B), 66' Orsolini (B), 90+2' Orsolini (B)

BOLOGNA (4-2-3-1): Skorupski 7; Corazza 6 (68' De Silvestri 6), Beukema 6,5, Calafiori 6, Kristiansen 6,5; Moro 6 (54' El Azzouzi 6,5), Freuler 6 (68' Aebischer 6); Orsolini 8,5, Ferguson 7, Ndoye 6 (86' Lykogiannis sv); Zirkzee 6,5 (86' Van Hooijdonk sv)

A disposizione: Ravaglia, Gasperini, Bonifazi, Fabbian, Urbanski, Karlsson

Allenatore: Thiago Motta 6,5

EMPOLI (4-3-1-2): Berisha 6,5; Ebuehi 6, Walukiewicz 5, Luperto 5, Cacace 5 (69' Bastoni 5,5); Marin 6, Ranocchia 6 (59' Fazzini 6), Maleh 6; Baldanzi 6,5 (69' Destro 5,5); Caputo 5,5 (79' Shpendi sv), Cambiaghi 5,5 (59' Cancellieri 5,5)

A disposizione: Perisan, Stubljar, Guarino, Ismajli, Grassi, Kovalenko, Gyasi

Allenatore: Aurelio Andreazzoli 5

ARBITRO: Fabio Maresca 6,5

AMMONITI: 10' Cacace (E); 39' Walukiewicz (E); 44' Corazza (B); 45+3' Ranocchia (E); 58' El Azzouzi (B); 81' Cancellieri (E)

ESPULSI: nessuno

ANGOLI: 2-6

RECUPERO: pt 5, st 7

02/10/2023 ore 20:45

FIORENTINA-CAGLIARI 3-0

Marcatori: 3' Gonzalez (F), 21' Dossena (Aut.) (C), 90+4' Nzola (F)

FIORENTINA (4-2-3-1): Terracciano 6; Kayode Olabode 7, Milenkovic 6, Martinez Quarta 6,5, Parisi 6,5; Arthur 6,5, Duncan 7 (90+2' Mandragora sv); Gonzalez 7 (65' Ikone 6), Bonaventura 6 (64' Infantino 6), Brekalo 6 (64' Kouame 6); Beltran 6 (75' Nzola 6,5)

A disposizione: Martinelli, Christensen, Biraghi, Ranieri, Comuzzo, Lopez, Barak, Amatucci, Sottil

Allenatore: Vincenzo Italiano 6,5

CAGLIARI (3-5-2): Radunovic 5; Wieteska 5,5, Dossena 5, Hatzidiakos 5 (75' Obert 5); Zappa 5,5 (75' Di Pardo 5), Nandez 5, Makoumbou 5, Deiola 5 (46' Prati 5,5), Augello 5,5; Petagna 6 (74' Pavoletti 5), Shomurodov 5 (46' Oristanio 5,5)

A disposizione: Aresti, Scuffet, Goldaniga, Viola, Sulemana, Azzi, Luvumbo

Allenatore: Claudio Ranieri 4,5

ARBITRO: Marco Di Bello 6

AMMONITI: 86' Infantino (F); 90+2' Pavoletti (C)

ESPULSI: nessuno

ANGOLI: 4-2

RECUPERO: pt 3, st 5

30/09/2023 ore 15:00

LECCE-NAPOLI 0-4

Marcatori: 16' Ostigard (N), 51' Osimhen (N), 88' Gaetano (N), 90+4' Politano (Rig.) (N)

LECCE (4-3-3): Falcone 5; Gendrey 5, Pongracic 5, Baschirotto 5,5, Gallo 6 (61' Dorgu 5,5); Rafia 5,5 (61' Oudin 5), Ramadani 5,5, Blin 5 (61' Gonzalez 5); Almqvist 6,5 (82' Corfitzen sv), Krstovic 5, Strefezza 6 (71' Piccoli 5,5)

A disposizione: Brancolini, Samooja, Venuti, Touba, Berisha, Sansone, Listkowski, Burnete

Allenatore: Roberto D'Aversa 5

NAPOLI (4-3-3): Meret 6; Di Lorenzo 6,5, Ostigard 7, Natan 6,5, Olivera 6; Anguissa 7, Lobotka 7 (75' Cajuste 6), Zielinski 6 (83' Gaetano 7); Lindstrom 6 (58' Politano 6,5), Simeone 6 (46' Osimhen 6), Kvaratskhelia 7 (58' Raspadori 6)

A disposizione: Contini, Idasiak, Mario Rui, D'Avino, Zanoli, Demme, Elmas, Zerbin

Allenatore: Luciano Spalletti 6,5

ARBITRO: Luca Pairetto 6

AMMONITI: 17' Simeone (N); 33' Kvaratskhelia (N); 36' Gallo (L); 57' Ramadani (L); 81' Gonzalez (L)

ESPULSI: nessuno

ANGOLI: 3-7

RECUPERO: pt 1, st 5

30/09/2023 ore 18:00

MILAN-LAZIO 2-0

Marcatori: 60' Pulisic (M), 88' Okafor (M)

MILAN (4-3-3): Maignan 6; Calabria 6 (70' Florenzi 6,5), Kjaer 6, Tomori 6, Hernandez 6; Loftus-Cheek 6 (29' Musah 6,5), Adli 6,5 (69' Pobega 6), Reijnders 6,5; Pulisic 7 (82' Chukwueze sv), Giroud 6 (69' Okafor 7), Leao 7,5

A disposizione: Sportiello, Mirante, Thiaw, Pellegrino, Bartesaghi, Romero, Jovic

Allenatore: Stefano Pioli 7

LAZIO (4-3-3): Provedel 6,5; Marusic 5,5, Casale 5, Romagnoli 5, Hysaj 5,5; Guendouzi 5 (67' Kamada 5,5), Rovella 5,5 (67' Vecino 5), Luis Alberto 5; Felipe Anderson 5,5 (75' Pedro 6), Castellanos 5,5 (75' Immobile 5,5), Zaccagni 6 (82' Isaksen sv)

A disposizione: Sepe, Mandas, Pellegrini, Patric, Gila, Lazzari, Cataldi

Allenatore: Maurizio Sarri 5

ARBITRO: Davide Massa 6

AMMONITI: 51' Marusic (L); 64' Romagnoli (L); 65' Leao (M); 84' Hernandez (M); 86' Maignan (M)

ESPULSI: nessuno

ANGOLI: 7-1

RECUPERO: pt 2, st 6

01/10/2023 ore 18:00

ROMA-FROSINONE 2-0

Marcatori: 21' Lukaku (R), 83' Pellegrini (R)

ROMA (3-5-2): Rui Patricio 6; Mancini 7, Cristante 7, Ndicka 6; Karsdorp 6 (70' Kristensen 6), Bove 6, Paredes 6, Pellegrini 7 (85' Aouar sv), Spinazzola 6; Dybala 7 (90+1' Azmoun sv), Lukaku 7

A disposizione: Boer, Svilar, Celik, Zalewski, Pagano, Pisilli, Belotti, Costa Cesco, El Shaarawy

Allenatore: Jose Mourinho 6,5

FROSINONE (3-4-2-1): Turati 6; Monterisi 6, Romagnoli sv (19' Brescianini 5,5), Okoli 6; Oyono 6, Mazzitelli 5,5 (85' Bourabia sv), Barrenechea 6 (85' Ibrahimovic sv), Marchizza 5,5; Soule 6,5, Baez 6 (61' Caso 5,5); Cuni 5 (61' Cheddira 5,5)

A disposizione: Frattali, Cerofolini, Lusuardi, Lulic, Rei-

nier, Garritano, Kvernadze, Bidaoui
Allenatore: Eusebio Di Francesco 6
ARBITRO: Matteo Marchetti 7
AMMONITI: 64' Barrenechea (F); 64' Karsdorp (R); 82' Soule (F)
ESPULSI: nessuno
ANGOLI: 7-3
RECUPERO: pt 2, st 9

30/09/2023 ore 20:45
SALERNITANA-INTER 0-4
Marcatori: 62' Martinez (I), 77' Martinez (I), 85' Martinez (Rig.) (I), 89' Martinez (I)
SALERNITANA (3-5-2): Ochoa 6; Daniliuc 5 (86' Tchaouna sv), Gyomber 4,5, Lovato 4,5; Kastanos 5,5, Legowski 5,5, Bohinen 5,5 (79' Maggiore sv), Martegani 5,5 (71' Mazzocchi 5,5), Bradaric 5; Dia 5,5 (86' Pirola sv), Cabral 5,5 (79' Stewart sv)
A disposizione: Fiorillo, Costil, Sambia, Fazio, Bronn, Sfait, Botheim
Allenatore: Paulo Sousa 5,5
INTER (3-5-2): Sommer 6; Pavard 6,5, De Vrij 6, Acerbi 6; Dumfries 6,5 (79' Darmian sv), Barella 7 (86' Agoume sv), Calhanoglu 5,5 (54' Asllani 6), Klaassen 6 (54' Mkhitaryan 7), Carlos Augusto 6,5; Thuram 7, Sanchez 5,5 (55' Martinez 9)
A disposizione: Di Gennaro, Audero, Bisseck, Dimarco, Bastoni, Stankovic, Sarr
Allenatore: Simone Inzaghi 6,5
ARBITRO: Rosario Abisso 6,5
AMMONITI: 25' Calhanoglu (I); 60' Cabral (S); 69' Gyomber (S)
ESPULSI: nessuno
ANGOLI: 3-3
RECUPERO: pt 2, st 2

02/10/2023 ore 18:30
SASSUOLO-MONZA 0-1
Marcatori: 66' Colombo (M)
SASSUOLO (4-3-3): Consigli 6; Toljan 5,5, Erlic 5,5, Tressoldi 6 (68' Ferrari 5,5), Vina 5,5 (60' Pedersen 6); Boloca 6, Matheus Henrique 5,5 (82' Castillejo sv), Thorstvedt 6 (46' Bajrami 5,5); Berardi 6, Pinamonti 6 (60' Mulattieri 6), Lauriente 6
A disposizione: Pegolo, Cragno, Missori, Racic, Obiang, Volpato, Ceide, Defrel
Allenatore: Alessio Dionisi 5,5
MONZA (3-4-2-1): Di Gregorio 6,5; Carboni A. 6 (53' D'Ambrosio sv), Mari 6, Caldirola 6; Ciurria 6, Pessina 5,5 (53' Machin 5,5), Gagliardini 6, Kyriakopoulos 5,5 (75' Papu Gomez 6); Colpani 6 (71' Birindelli 6), Mota 6 (71' Vignato 5,5); Colombo 7
A disposizione: Sorrentino, Gori, Donati, Carboni F., Pereira, Cittadini, Akpa-Akpro, Carboni V., Maric
Allenatore: Raffaele Palladino 6,5
ARBITRO: Luca Zufferli 6
AMMONITI: nessuno
ESPULSI: nessuno
ANGOLI: 7-4
RECUPERO: pt 1, st 6

02/10/2023 ore 18:30
TORINO-VERONA 0-0
TORINO (3-4-2-1): Milinkovic-Savic 6,5; Schuurs 6,5, Sazonov 6 (27' Tameze 6,5), Rodriguez 6; Soppy 6 (80' Bellanova sv), Ricci 5,5, Ilic 5 (54' Linetty 5,5), Lazaro 6,5; Seck 6 (80' Karamoh sv), Radonjic 5 (54' Vlasic 5,5); Zapata 6
A disposizione: Gemello, Brezzo, Zima, Antolini, N'Guessan, Gineitis, Sanabria
Allenatore: Ivan Juric 5
VERONA (3-4-2-1): Montipo 6,5; Dawidowicz 6,5 (46' Coppola 6), Magnani 6,5, Amione 6,5 (58' Faraoni 6); Terracciano 5,5, Duda 6, Folorunsho 6,5, Lazovic 6; Ngonge 5,5 (76' Saponara sv), Suslov 6,5 (85' Hongla sv); Cruz 5 (58' Djuric 6)
A disposizione: Berardi, Perilli, Joselito, Serdar, Charlys, Tchatchoua, Henry, Bonazzoli
Allenatore: Marco Baroni 6
ARBITRO: Ermanno Feliciani 6
AMMONITI: 9' Magnani (V); 71' Tameze (T)
ESPULSI: nessuno
ANGOLI: 10-1
RECUPERO: pt 3, st 5

01/10/2023 ore 15:00
UDINESE-GENOA 2-2
Marcatori: 14' Gudmundsson (G), 23' Lucca (U), 41' Gudmundsson (G), 90+1' Matturro (Aut.) (G)
UDINESE (3-5-2): Silvestri 5; Perez 5,5, Bijol 5,5, Kristensen 5 (80' Ferreira sv); Ebosele 6, Pereyra 5 (58' Samardzic 6,5), Walace 5 (63' Payero 5,5), Lovric 5, Kamara 6 (46' Zemura 6); Success 5 (58' Thauvin 5,5), Lucca 6,5
A disposizione: Okoye, Malusa, Guessand, Tikvic, Kabasele, Zarraga, Quina, Camara, Ake, Pafundi
Allenatore: Andrea Sottil 5,5
GENOA (3-5-2): Martinez 5,5; Dragusin 6, Bani 6, Vasquez 6,5; De Winter 5,5, Thorsby 6, Frendrup 7, Malinovskyi 6 (67' Kutlu 6), Haps 5,5 (78' Messias 6); Gudmundsson 8 (87' Matturro 4,5), Retegui 6 (78' Puscas sv)
A disposizione: Leali, Sommariva, Martin, Vogliacco, Hefti, Jagiello, Galdames
Allenatore: Alberto Gilardino 6
ARBITRO: Maurizio Mariani 6
AMMONITI: 25' Martinez (G); 35' Pereyra (U); 43' Success (U); 90+6' Frendrup (G)
ESPULSI: 90+4' Lovric (U)
ANGOLI: 5-0
RECUPERO: pt 2, st 6

Il Milan resta in testa da solo
Juve ok nel derby, bene la Viola

CLASSIFICA

Milan 21; Inter 19; Juventus e Fiorentina 17; Napoli 14; Atalanta 13; Monza, Frosinone e Lecce 12; Roma e Bologna 11; Sassuolo e Lazio 10; Torino 9; Genoa e Verona 8; Udinese 5; Empoli 4; Salernitana 3; Cagliari 2.

I NUMERI

Reti realizzate: 29 (un'autorete). **Rigori: 5/5. Espulsioni: 2. Ammonizioni: 42. Assist: 19** (Paredes 2; Baschirotto, Calhanoglu, Castellanos, Felipe Anderson, Ferguson, Gagliardini, Karsdorp, Koopmeiners, Kostic, Marchizza, Musah, Parisi, Pessina, Ruggeri, Spinazzola, Tchatchoua e Thuram 1). **Pali: 10** (Soule 2; Cheddira, Dia, Di Lorenzo, Gagliardini, Gudmundsson, Guendouzi, Ikone e Martinez Quarta 1).

Risultati

Cagliari	1
Roma	4
Empoli	0
Udinese	0
Frosinone	2
Verona	1
Genoa	0
Milan	1
Inter	2
Bologna	2
Juventus	2
Torino	0
Lazio	3
Atalanta	2
Lecce	1
Sassuolo	1
Monza	3
Salernitana	0
Napoli	1
Fiorentina	3

Tabellini

08/10/2023 ore 18:00
CAGLIARI-ROMA 1-4
Marcatori: 19' Aouar (R), 20' Lukaku (R), 51' Belotti (R), 59' Lukaku (R), 87' Nandez (Rig.) (C)
CAGLIARI (3-5-2): Scuffet 6; Wieteska 4,5, Obert 4 (68' Dossena 6), Hatzidiakos 4,5 (46' Zappa 5); Nandez 6,5, Sulemana 5 (39' Luvumbo 6), Prati 5, Makoumbou 5, Azzi 5,5; Oristanio 6 (74' Shomurodov sv), Petagna 5,5 (68' Pavoletti 6)
A disposizione: Radunovic, Aresti, Goldaniga, Augello, Di Pardo, Viola, Deiola, Pereiro, Jankto, Desogus
Allenatore: Claudio Ranieri 5
ROMA (3-5-2): Rui Patricio 6; Mancini 6, Cristante 5,5, Ndicka 6,5; Karsdorp 6,5 (69' Kristensen 6), Bove 6,5, Paredes 7,5 (79' Celik sv), Aouar 6,5 (69' Pagano 6), Spinazzola 7; Dybala 6 (40' Belotti 7), Lukaku 7,5
A disposizione: Boer, Svilar, Zalewski, Pisilli, Azmoun, Costa Cesco, El Shaarawy
Allenatore: Jose Mourinho 7,5
ARBITRO: Simone Sozza 5,5
AMMONITI: 11' Paredes (R); 14' Sulemana (C); 32' Aouar (R); 45+2' Bove (R); 61' Obert (C)
ESPULSI: nessuno
ANGOLI: 4-3
RECUPERO: pt 3, st 4

06/10/2023 ore 18:30
EMPOLI-UDINESE 0-0
EMPOLI (4-3-2-1): Berisha 6; Ebuehi 6, Ismajli 6 (75' Walukiewicz 6), Luperto 6, Cacace 6; Marin 6 (81' Kovalenko sv), Grassi 6, Maleh 5,5; Baldanzi 6,5 (81' Gyasi 6,5), Cancellieri 6; Caputo 6 (76' Cambiaghi 5,5)
A disposizione: Perisan, Caprile, Guarino, Ranocchia, Bastoni, Shpendi, Destro
Allenatore: Aurelio Andre-

azzoli 6

UDINESE (3-5-2): Silvestri 6,5; Perez 5,5, Bijol 6,5, Kristensen 6; Ebosele 5,5 (71' Ferreira 6), Samardzic 6,5, Walace 5,5, Pereyra 6 (71' Payero 6), Kamara 6 (81' Ake sv); Thauvin 6 (81' Zemura sv), Lucca 5 (63' Success 6)

A disposizione: Okoye, Mosca, Guessand, Tikvic, Kabasele, Zarraga, Quina, Camara, Diawara, Pafundi

Allenatore: Andrea Sottil 6
ARBITRO: Michael Fabbri 5,5
AMMONITI: 56' Maleh (E); 66' Pereyra (U); 84' Perez (U)
ESPULSI: nessuno
ANGOLI: 5-7
RECUPERO: pt 2, st 6

08/10/2023 ore 15:00

FROSINONE-VERONA 2-1

Marcatori: 45+1' Reinier (F), 66' Soule (F), 90+4' Djuric (V)
FROSINONE (4-3-3): Turati 6; Oyono 6, Monterisi 7, Okoli 6, Marchizza 6,5; Mazzitelli 6 (90+1' Lirola sv), Barrenechea 6,5 (83' Bourabia sv), Garritano 6 (77' Brescianini 6); Soule 7,5 (90' Ibrahimovic sv), Cheddira 6,5, Reinier 7,5 (76' Romagnoli 5,5)

A disposizione: Frattali, Cerofolini, Lusuardi, Lulic, Baez, Caso, Cuni, Kvernadze, Bidaoui

Allenatore: Eusebio Di Francesco 7
VERONA (3-4-2-1): Montipo 6; Magnani 5,5, Coppola 5 (60' Faraoni 5,5), Amione 5; Terracciano 5, Duda 5,5 (61' Serdar 5), Folorunsho 6, Lazovic 5 (83' Tchatchoua 6,5); Suslov 5, Saponara 6 (60' Djuric 7); Ngonge 5,5 (77' Bonazzoli 5,5)

A disposizione: Berardi, Perilli, Calabrese, Joselito, Hongla, Charlys, Cruz, Mboula
Allenatore: Marco Baroni 5,5
ARBITRO: Maria Sole Ferrieri Caputi 6
AMMONITI: 28' Coppola (V); 30' Okoli (F); 39' Duda (V); 40' Amione (V); 79' Suslov (V)

ESPULSI: nessuno
ANGOLI: 2-4
RECUPERO: pt 4, st 10

07/10/2023 ore 20:45

GENOA-MILAN 0-1

Marcatori: 87' Pulisic (M)
GENOA (4-4-2): Martinez 6,5; De Winter 6,5 (90+14' Leali sv), Bani 6, Dragusin 6, Vasquez 6; Sabelli 6 (68' Ekuban 6), Frendrup 6,5, Thorsby 6, Haps 6 (90+1' Puscas sv); Malinovskyi 5,5 (68' Kutlu 5,5), Gudmundsson 6,5

A disposizione: Sommariva, Martin, Vogliacco, Matturro, Hefti, Jagiello, Galdames, Fini
Allenatore: Alberto Gilardino 6,5
MILAN (4-3-3): Maignan 6; Florenzi 6 (66' Calabria 6), Thiaw 6, Tomori 6,5, Hernandez 6; Musah 6,5, Adli 6,5 (66' Giroud 7), Reijnders 6,5; Chukwueze 6 (46' Leao 6), Jovic 6 (90+3' Bartesaghi sv), Okafor 5,5 (46' Pulisic 7)

A disposizione: Sportiello, Mirante, Pellegrino, Romero, Pobega
Allenatore: Stefano Pioli 6,5
ARBITRO: Marco Piccinini 6
AMMONITI: 21' Hernandez (M); 22' Florenzi (M); 47' Musah (M); 62' Adli (M); 69' De Winter (G); 86' Martinez (G); 90+11' Tomori (M); 90+13' Martinez (G)
ESPULSI: 90+9' Maignan (M); 90+13' Martinez (G)
ANGOLI: 3-2
RECUPERO: pt 1, st 14

07/10/2023 ore 15:00

INTER-BOLOGNA 2-2

Marcatori: 11' Acerbi (I), 13' Martinez (I), 19' Orsolini (Rig.) (B), 52' Zirkzee (B)
INTER (3-5-2): Sommer 6; Pavard 6, Acerbi 6,5, Bastoni 5; Dumfries 6 (55' Cuadrado 5,5), Barella 6, Calhanoglu 6 (83' Asllani sv), Mkhitaryan 6 (76' Frattesi sv), Dimarco 6,5 (55' Carlos Augusto 6,5); Thuram 6 (55' Sanchez 5,5), Martinez 7

A disposizione: Di Gennaro, Audero, De Vrij, Bisseck, Darmian, Sensi, Klaassen, Agoume
Allenatore: Simone Inzaghi 6
BOLOGNA (4-2-3-1): Skorupski 6; De Silvestri 6 (83' Corazza sv), Beukema 6,5, Calafiori 7, Lykogiannis 6; Aebischer 6, Freuler 5,5; Orsolini 6 (83' El Azzouzi sv), Ferguson 7, Ndoye 5 (61' Saelemaekers 6); Zirkzee 7 (78' Van Hooijdonk 6)

A disposizione: Ravaglia, Gasperini, Bonifazi, Moro, Fabbian, Urbanski, Karlsson
Allenatore: Thiago Motta 7
ARBITRO: Marco Guida 5
AMMONITI: 33' Ndoye (B); 58' Martinez (I); 90+1' Bastoni (I); 90+4' Ferguson (B); 90+5' Beukema (B)
ESPULSI: nessuno
ANGOLI: 7-7
RECUPERO: pt 2, st 6

07/10/2023 ore 18:00

JUVENTUS-TORINO 2-0

Marcatori: 47' Gatti (J), 62' Milik (J)
JUVENTUS (3-5-1-1): Szczesny 6; Gatti 7, Bremer 7, Danilo 6; Weah 6,5, McKennie 6,5, Locatelli 6, Rabiot 5,5, Kostic 6,5 (76' Cambiaso sv); Miretti 5,5 (46' Milik 7); Kean 6,5 (86' Yildiz sv)

A disposizione: Pinsoglio, Perin, Huijsen, Rugani, Fagioli, Nicolussi Caviglia, Iling-Junior
Allenatore: Massimiliano Allegri 7
TORINO (3-4-2-1): Milinkovic-Savic; Schuurs 5, Tameze 6, Rodriguez 6 (84' Vojvoda sv); Bellanova 6, Ricci 5, Ilic 5 (84' Pellegri sv), Lazaro 5,5 (84' Gineitis sv); Seck 5 (71' Sanabria 6), Vlasic 5; Zapata 4,5

A disposizione: Gemello, Popa, Zima, Sazonov, Antolini, N'Guessan, Linetty, Karamoh
Allenatore: Ivan Juric 5
ARBITRO: Davide Massa 6
AMMONITI: 21' Bellanova

(T); 71' Gatti (J)
ESPULSI: nessuno
ANGOLI: 7-3
RECUPERO: pt 1, st 6

08/10/2023 ore 15:00
LAZIO-ATALANTA 3-2
Marcatori: 5' De Ketelaere (Aut.) (A), 11' Castellanos (L), 33' Ederson (A), 63' Kolasinac (A), 83' Vecino (L)
LAZIO (4-3-3): Provedel 6,5; Marusic 5,5, Casale 6, Romagnoli 5,5, Hysaj 5,5; Guendouzi 6 (64' Kamada 6), Rovella 6,5 (77' Cataldi 6), Luis Alberto 6,5 (56' Vecino 7); Felipe Anderson 6,5 (77' Isaksen 6), Castellanos 7,5, Zaccagni 6,5 (56' Pedro 6)
A disposizione: Sepe, Mandas, Pellegrini, Patric, Gila, Basic, Lazzari
Allenatore: Maurizio Sarri 6,5
ATALANTA (3-4-1-2): Musso 6; Scalvini 5,5, Djimsiti 5, Kolasinac 6,5; Zappacosta 5,5 (81' Bakker sv), De Roon 6, Ederson 6,5, Ruggeri 6,5 (81' Holm sv); Pasalic 5,5 (46' Koopmeiners 6,5); De Ketelaere 6 (70' Muriel 6), Scamacca 5,5 (60' Lookman 6)
A disposizione: Carnesecchi, Rossi, Palomino, Zortea, Hateboer, Adopo, Miranchuk
Allenatore: Gian Piero Gasperini 5,5
ARBITRO: Daniele Orsato 6
AMMONITI: 79' Ruggeri (A); 84' Vecino (L)
ESPULSI: espulso l'allenatore Maurizio Sarri (Lazio)
ANGOLI: 4-6
RECUPERO: pt 3, st 5

06/10/2023 ore 20:45
LECCE-SASSUOLO 1-1
Marcatori: 22' Berardi (Rig.) (S), 48' Krstovic (L)
LECCE (4-3-3): Falcone 6; Gendrey 5,5, Pongracic 6,5, Baschirotto 5,5, Gallo 6 (65' Dorgu 6,5); Kaba 6, Ramadani 5,5, Rafia 6 (63' Oudin 6); Almqvist 6 (86' Sansone sv), Krstovic 7 (85' Piccoli sv),

Strefezza 6,5
A disposizione: Brancolini, Samooja, Venuti, Touba, Gonzalez, Berisha, Samek, Corfitzen
Allenatore: Roberto D'Aversa 6
SASSUOLO (4-2-3-1): Consigli 7; Pedersen 5,5, Erlic 6 (81' Tressoldi sv), Ferrari 5,5, Vina 6; Boloca 5,5, Racic 6 (81' Obiang sv); Berardi 7, Castillejo 5,5 (64' Bajrami 6,5), Lauriente 5; Pinamonti 5,5 (64' Defrel 5,5)
A disposizione: Pegolo, Cragno, Missori, Volpato, Thorstvedt, Mulattieri, Ceide
Allenatore: Alessio Dionisi 6
ARBITRO: Juan Luca Sacchi 6
AMMONITI: 1' Boloca (S); 43' Pedersen (S); 44' Rafia (L); 72' Krstovic (L); 80' Ferrari (S)
ESPULSI: nessuno
ANGOLI: 5-3
RECUPERO: pt 5, st 4

08/10/2023 ore 12:30
MONZA-SALERNITANA 3-0
Marcatori: 9' Colpani (M), 18' Vignato (M), 82' Pessina (Rig.) (M)
MONZA (3-4-2-1): Di Gregorio 7; D'Ambrosio 6,5, Mari 6,5, Caldirola 6; Ciurria 6,5 (64' Pereira 6), Pessina 7 (86' Akpa-Akpro sv), Gagliardini 6,5, Kyriakopoulos 6,5 (72' Birindelli 6); Colpani 7 (65' Papu Gomez 6,5), Vignato 7 (72' Bondo 6,5); Colombo 6
A disposizione: Lamanna, Sorrentino, Gori, Donati, Carboni F., Carboni A., Machin, Carboni V., Maric, Mota
Allenatore: Raffaele Palladino 7
SALERNITANA (3-4-2-1): Ochoa 5,5; Daniliuc 4,5, Gyomber 5, Pirola 4,5; Kastanos 5,5 (83' Coulibaly sv), Legowski 5 (46' Martegani 5,5), Bohinen 5,5 (46' Maggiore 5,5), Mazzocchi 5 (46' Bradaric 5,5); Candreva 6,5, Cabral 5 (60' Stewart 6); Dia 5,5
A disposizione: Costil, Al-

locca, Sambia, Fazio, Bronn, Lovato, Botheim, Tchaouna
Allenatore: Paulo Sousa 5
ARBITRO: Luca Massimi 6,5
AMMONITI: 29' Vignato (M); 63' Bradaric (S); 90+1' Coulibaly (S)
ESPULSI: nessuno
ANGOLI: 7-7
RECUPERO: pt 1, st 5

08/10/2023 ore 20:45
NAPOLI-FIORENTINA 1-3
Marcatori: 7' Brekalo (F), 45+5' Osimhen (Rig.) (N), 63' Bonaventura (F), 90+3' Gonzalez (F)
NAPOLI (4-3-3): Meret 5; Di Lorenzo 6, Ostigard 5,5, Natan 5,5, Olivera 5; Anguissa 5,5 (31' Raspadori 5,5), Lobotka 5,5 (77' Gaetano sv), Zielinski 5,5 (76' Lindstrom sv); Politano 6 (57' Cajuste 5), Osimhen 7 (77' Simeone sv), Kvaratskhelia 5,5
A disposizione: Contini, Idasiak, Mario Rui, D'Avino, Zanoli, Demme, Elmas, Zerbin
Allenatore: Rudi Garcia 5
FIORENTINA (4-2-3-1): Terracciano 6,5; Kayode Olabode 6,5 (83' Ranieri sv), Milenkovic 6, Martinez Quarta 6,5, Parisi 6; Arthur 6,5 (83' Infantino sv), Duncan 6,5 (83' Mandragora sv); Ikone 6,5 (89' Comuzzo sv), Bonaventura 7, Brekalo 7 (73' Gonzalez 7); Nzola 5,5
A disposizione: Martinelli, Vannucchi, Biraghi, Lopez, Barak, Amatucci, Sottil, Beltran, Kouame
Allenatore: Vincenzo Italiano 7,5
ARBITRO: Federico La Penna 6,5
AMMONITI: 45+4' Terracciano (F); 69' Martinez Quarta (F); 70' Bonaventura (F); 89' Ranieri (F); 90+1' Simeone (N); 90+5' Cajuste (N)
ESPULSI: nessuno
ANGOLI: 6-4
RECUPERO: pt 6, st 5

La Juve doma il Milan a S. Siro, l'Inter si riprende il primato

CLASSIFICA

Inter 22; Milan 21; Juventus 20; Napoli e Fiorentina 17; Atalanta 16; Roma e Bologna 14; Lazio e Lecce 13; Monza e Frosinone 12; Sassuolo 10; Torino 9; Genoa e Verona 8; Empoli 7; Udinese 6; Salernitana 4; Cagliari 3.

I NUMERI

Reti realizzate: 24. Rigori: 4/4. Espulsioni: 3. Ammonizioni: 50. Assist: 14 (Politano 2; Acerbi, Castellanos, Dumfries, Fazzini, Grassi, Ikwuemesi, Jankto, Pasalic, Raspadori, Sansone, Shomurodov e Weah 1). **Pali: 8** (Azmoun, Cajuste, Cataldi, Gudmundsson, Lukaku, Romagnoli A., Scalvini e Zaccagni 1).

Risultati

Atalanta	2
Genoa	0
Bologna	2
Frosinone	1
Fiorentina	0
Empoli	2
Milan	0
Juventus	1
Roma	1
Monza	0
Salernitana	2
Cagliari	2
Sassuolo	0
Lazio	2
Torino	0
Inter	3
Udinese	1
Lecce	1
Verona	1
Napoli	3

Tabellini

22/10/2023 ore 18:00

ATALANTA-GENOA 2-0

Marcatori: 68' Lookman (A), 90+5' Ederson (A)

ATALANTA (3-4-3): Carnesecchi 6,5; Toloi 6,5, Djimsiti 6,5, Scalvini 6,5; Zappacosta 6 (90' Hateboer sv), De Roon 6,5, Ederson 7, Ruggeri 6 (89' Kolasinac sv); De Ketelaere 5,5 (46' Miranchuk 6), Scamacca 6,5 (79' Muriel sv), Lookman 7 (79' Pasalic 6,5)

A disposizione: Musso, Rossi, Holm, Zortea, Bonfanti, Bakker, Adopo

Allenatore: Gian Piero Gasperini 6,5

GENOA (3-5-2): Leali 7; Dragusin 6, Bani 6, Vasquez 6; Sabelli 5,5 (87' Fini sv), Thorsby 5,5 (83' Galdames sv), Frendrup 6, Malinovskyi 6 (83' Puscas sv), Haps 5,5; Gudmundsson 6,5, Ekuban 5,5 (90+3' Vogliacco sv)

A disposizione: Calvani, Sommariva, Martin, De Winter, Matturro, Hefti, Kutlu, Badelj

Allenatore: Alberto Gilardino 6

ARBITRO: Livio Marinelli 5,5

AMMONITI: 42' Lookman (A); 53' Toloi (A); 56' Gudmundsson (G); 86' Hateboer (A); 90' Zappacosta (A); 90+7' Bani (G)

ESPULSI: nessuno

ANGOLI: 8-4

RECUPERO: pt 0, st 8

22/10/2023 ore 15:00

BOLOGNA-FROSINONE 2-1

Marcatori: 19' Ferguson (B), 22' De Silvestri (B), 63' Soule (Rig.) (F)

BOLOGNA (4-2-3-1): Skorupski 6; De Silvestri 7 (84' Corazza sv), Beukema 5,5, Calafiori 5,5, Lykogiannis 6 (74' Kristiansen 6); Freuler 6 (84' El Azzouzi sv), Aebischer 6,5; Orsolini 6 (74' Ndoye sv), Ferguson 7, Saelemaekers 6,5 (83' Moro sv); Zirkzee 6

A disposizione: Ravaglia,

Gasperini, Bonifazi, Fabbian, Urbanski, Karlsson, Van Hooijdonk

Allenatore: Thiago Motta 6,5

FROSINONE (4-2-3-1): Turati 5,5; Oyono 6 (85' Kaio Jorge sv), Okoli 6, Romagnoli 5,5, Marchizza 5,5; Mazzitelli 5,5, Barrenechea 5,5 (75' Brescianini sv); Soule 7, Reinier 5,5 (75' Ibrahimovic sv), Garritano 5,5 (56' Baez 5,5); Cheddira 5 (56' Cuni 6)

A disposizione: Frattali, Cerofolini, Lirola, Monterisi, Lusuardi, Lulic, Bourabia, Kvernadze, Bidaoui

Allenatore: Eusebio Di Francesco 5,5

ARBITRO: Daniele Doveri 5,5

AMMONITI: 59' Aebischer (B); 88' Mazzitelli (F); 88' Zirkzee (B); 90+2' Mazzitelli (F)

ESPULSI: 90+2' Mazzitelli (F)

ANGOLI: 4-5

RECUPERO: pt 2, st 5

23/10/2023 ore 20:45

FIORENTINA-EMPOLI 0-2

Marcatori: 21' Caputo (E), 81' Gyasi (E)

FIORENTINA (4-2-3-1): Terracciano 6; Kayode Olabode 5,5, Martinez Quarta 5,5, Milenkovic 5, Parisi 6; Arthur 5,5 (82' Kouame sv), Duncan 6 (73' Mandragora sv); Gonzalez 6, Bonaventura 5, Brekalo 5,5 (46' Sottil 6); Nzola 4,5 (73' Beltran 6)

A disposizione: Martinelli, Christensen, Dalle Mura, Ranieri, Comuzzo, Lopez, Infantino, Barak, Ikone

Allenatore: Vincenzo Italiano 5

EMPOLI (4-3-3): Berisha 7; Ebuehi 6,5, Walukiewicz 6, Luperto 7, Cacace 6,5 (83' Bastoni sv); Marin 6,5 (66' Fazzini 6,5), Grassi 6,5, Maleh 6; Cancellieri 6,5 (78' Gyasi 6,5), Caputo 7,5 (67' Destro 6), Cambiaghi 6,5 (84' Baldanzi sv)

A disposizione: Perisan, Caprile, Guarino, Bereszynski, Ranocchia, Maldini

Allenatore: Aurelio Andreazzoli 7

ARBITRO: Federico Dionisi 6

AMMONITI: 52' Walukiewicz (E); 71' Cancellieri (E); 77' Beltran (F); 79' Fazzini (E)

ESPULSI: nessuno

ANGOLI: 13-3

RECUPERO: pt 4, st 6

22/10/2023 ore 20:45

MILAN-JUVENTUS 0-1

Marcatori: 63' Locatelli (J)

MILAN (4-3-3): Mirante 6,5; Calabria 6 (79' Kjaer sv), Thiaw 4,5, Tomori 6, Florenzi 6; Musah 5,5, Adli 5,5 (60' Krunic 6), Reijnders 6 (79' Romero sv); Pulisic 6 (43' Kalulu 6), Giroud 6 (60' Jovic 5), Leao 6

A disposizione: Nava, Bartoccioni, Pellegrino, Jimenez, Pobega, Okafor, Traore

Allenatore: Stefano Pioli 5,5

JUVENTUS (3-5-2): Szczesny 7; Gatti 6 (78' Huijsen sv), Bremer 6,5, Rugani 6; Weah 6,5 (84' Miretti sv), McKennie 6,5, Locatelli 7, Rabiot 6,5, Kostic 6 (56' Cambiaso 6); Milik 5,5 (78' Chiesa sv), Kean 6,5 (56' Vlahovic 5,5)

A disposizione: Pinsoglio, Perin, Nicolussi Caviglia, Nonge, Yildiz, Iling-Junior

Allenatore: Massimiliano Allegri 6

ARBITRO: Maurizio Mariani 7

AMMONITI: 52' Weah (J); 61' Reijnders (M); 67' McKennie (J); 71' Gatti (J); 72' Locatelli (J)

ESPULSI: 40' Thiaw (M)

ANGOLI: 6-3

RECUPERO: pt 3, st 6

22/10/2023 ore 12:30

ROMA-MONZA 1-0

Marcatori: 90' El Shaarawy (R)

ROMA (3-5-2): Rui Patricio 6,5; Mancini 6, Cristante 6, Ndicka 6 (73' Llorente 6); Karsdorp 5,5 (73' Zalewski 6), Bove 6 (63' El Shaarawy 7), Paredes 6, Aouar 6, Spinazzola 6,5 (79' Kristensen 6); Belotti 6 (63' Azmoun 6), Lukaku 6

A disposizione: Boer, Svilar, Celik, Pagano, Pisilli

Allenatore: Jose Mourinho 6,5

MONZA (3-4-2-1): Di Gregorio 7; D'Ambrosio 4,5, Mari 6,5, Caldirola 6; Pereira 5,5 (46' Birindelli 6,5), Gagliardini 6, Pessina 6, Kyriakopoulos 6 (85' Donati sv); Colpani 6 (64' Vignato 6,5), Machin 5,5 (45+2' Carboni A. 6); Colombo 5,5 (65' Mota 6)

A disposizione: Lamanna, Sorrentino, Gori, Carboni F., Bettella, Akpa-Akpro, Bondo, Carboni V., Maric, Ciurria

Allenatore: Raffaele Palladino 6

ARBITRO: Giovanni Ayroldi 5

AMMONITI: 23' D'Ambrosio (M); 41' D'Ambrosio (M); 45+2' Machin (M); 70' Cristante (R); 78' Mancini (R); 90+7' Gagliardini (M)

ESPULSI: 41' D'Ambrosio (M)

ANGOLI: 8-5

RECUPERO: pt 4, st 11

22/10/2023 ore 15:00

SALERNITANA-CAGLIARI 2-2

Marcatori: 79' Luvumbo (C), 86' Dia (S), 88' Viola (C), 90+5' Dia (Rig.) (S)

SALERNITANA (4-3-2-1): Costil 6,5; Mazzocchi 5,5, Fazio 6,5 (83' Ikwuemesi 6,5), Gyomber 5,5, Bradaric 5,5; Coulibaly 5,5 (76' Legowski sv), Maggiore 5,5, Kastanos 5,5 (55' Martegani 5); Candreva 5,5 (76' Tchaouna sv), Cabral 5,5 (56' Stewart 6); Dia 7,5

A disposizione: Fiorillo, Ochoa, Daniliuc, Lovato, Pirola, Sambia, Bohinen

Allenatore: Filippo Inzaghi 6

CAGLIARI (4-3-1-2): Scuffet 6; Nandez 6,5 (46' Zappa 5,5), Goldaniga 6, Dossena 6,5 (74' Obert 5,5), Augello 6; Deiola 6, Prati 6, Makoumbou 6; Mancosu 6 (46' Viola 6,5); Oristanio 5,5 (64' Jankto 7), Luvumbo 7 (84' Shomurodov 6,5)

A disposizione: Radunovic, Iliev, Wieteska, Di Pardo, Pe-

reiro, Sulemana, Azzi, Lapadula, Pavoletti, Petagna
Allenatore: Claudio Ranieri 6
ARBITRO: Daniele Chiffi 5,5
AMMONITI: 52' Kastanos (S); 71' Prati (C); 79' Martegani (S); 80' Zappa (C); 89' Deiola (C); 90+6' Makoumbou (C); 90+11' Gyomber (S)
ESPULSI: nessuno
ANGOLI: 8-5
RECUPERO: pt 1, st 11

21/10/2023 ore 20:45
SASSUOLO-LAZIO 0-2
Marcatori: 28' Felipe Anderson (L), 35' Luis Alberto (L)
SASSUOLO (4-2-3-1): Consigli 6,5; Toljan 5,5, Tressoldi 5 (46' Erlic 5,5), Ferrari 5,5, Pedersen 5,5 (46' Vina 5,5); Boloca 5,5, Racic 5 (46' Thorstvedt 6); Berardi 5,5, Castillejo 6 (61' Defrel 5,5), Lauriente 6; Pinamonti 5,5 (88' Mulattieri sv)
A disposizione: Pegolo, Theiner, Missori, Volpato, Lipani, Ceide
Allenatore: Alessio Dionisi 5
LAZIO (4-3-3): Provedel 6; Lazzari 6, Patric 6, Romagnoli 6,5, Marusic 6; Guendouzi 6,5 (67' Vecino 5,5), Rovella 6 (53' Cataldi 6,5), Luis Alberto 7,5 (79' Kamada sv); Felipe Anderson 7,5, Castellanos 6,5 (80' Immobile sv), Pedro 6 (53' Zaccagni 6,5)
A disposizione: Sepe, Mandas, Pellegrini, Casale, Hysaj, Gila, Basic, Isaksen
Allenatore: Maurizio Sarri 6,5
ARBITRO: Marco Di Bello 6
AMMONITI: 31' Pedersen (S); 32' Rovella (L); 44' Pedro (L); 63' Immobile (L); 75' Luis Alberto (L); 77' Cataldi (L)
ESPULSI: nessuno
ANGOLI: 5-7
RECUPERO: pt 4, st 5

21/10/2023 ore 18:00
TORINO-INTER 0-3
Marcatori: 59' Thuram (I), 67' Martinez (I), 90+5' Calhanoglu (Rig.) (I)
TORINO (3-4-2-1): Milinkovic-Savic 5,5; Tameze 5,5, Schuurs 6 (51' Sazonov 5,5), Rodriguez 5,5; Bellanova 5,5, Ricci 5,5, Linetty 5 (86' Vojvoda sv), Lazaro 5 (86' Ilic sv); Seck 5,5 (74' Gineitis 6), Vlasic 5; Pellegri 6 (74' Sanabria sv)
A disposizione: Gemello, Popa, Zima, Antolini, N'Guessan, Radonjic, Savva
Allenatore: Ivan Juric 5
INTER (3-5-2): Sommer 6,5; Pavard 6 (57' Dumfries 7), De Vrij 6,5, Acerbi 6,5; Darmian 6 (90+2' Bisseck sv), Barella 5,5 (57' Frattesi 6,5), Calhanoglu 7, Mkhitaryan 6,5, Dimarco 5,5 (57' Carlos Augusto 6); Thuram 7, Martinez 7 (82' Klaassen sv)
A disposizione: Di Gennaro, Audero, Bastoni, Sensi, Asllani, Agoume, Sanchez
Allenatore: Simone Inzaghi 7
ARBITRO: Matteo Marchetti 6,5
AMMONITI: 49' Barella (I); 80' Linetty (T); 90+6' Carlos Augusto (I)
ESPULSI: nessuno
ANGOLI: 2-4
RECUPERO: pt 1, st 7

23/10/2023 ore 18:30
UDINESE-LECCE 1-1
Marcatori: 49' Thauvin (Rig.) (U), 83' Piccoli (L)
UDINESE (3-5-2): Silvestri 6; Perez 5,5, Bijol 6, Kabasele 5,5; Ferreira 5 (46' Ebosele 6,5), Samardzic 5,5, Walace 6, Pereyra 6,5 (76' Payero 6), Kamara 5,5 (90+1' Zemura sv); Thauvin 7, Success 5,5 (76' Lucca 5,5)
A disposizione: Okoye, Padelli, Guessand, Tikvic, Zarraga, Quina, Camara, Ake, Pafundi
Allenatore: Andrea Sottil 6
LECCE (4-3-3): Falcone 6; Gendrey 5,5, Baschirotto 6, Pongracic 6, Gallo 5,5 (67' Dorgu 6); Kaba 5,5 (79' Gonzalez sv), Ramadani 6, Oudin 6 (67' Banda 5,5); Almqvist 5,5, Krstovic 6 (77' Piccoli 7), Strefezza 6,5 (77' Sansone 6,5)

A disposizione: Brancolini, Samooja, Venuti, Smajlovic, Touba, Rafia, Berisha, Faticanti, Listkowski, Corfitzen
Allenatore: Roberto D'Aversa 6
ARBITRO: Paride Tremolada 5,5
AMMONITI: 5' Kabasele (U); 34' Ramadani (L); 72' Pongracic (L); 73' Baschirotto (L); 75') (L); 77' Thauvin (U); 84' Gendrey (L); 90+1' Ebosele (U)
ESPULSI: nessuno
ANGOLI: 2-7
RECUPERO: pt 2, st 6

21/10/2023 ore 15:00
VERONA-NAPOLI 1-3
Marcatori: 27' Politano (N), 43' Kvaratskhelia (N), 55' Kvaratskhelia (N), 60' Lazovic (V)
VERONA (3-4-2-1): Montipo 6; Magnani 5,5, Dawidowicz 5,5, Amione 5 (46' Terracciano 5,5); Faraoni 5, Hongla 5,5, Serdar 6 (46' Lazovic 6,5), Doig 5,5 (62' Tchatchoua 6); Ngonge 5 (46' Bonazzoli 6), Folorunsho 5; Djuric 6 (78' Henry sv)
A disposizione: Berardi, Perilli, Coppola, Joselito, Saponara, Suslov, Duda, Charlys, Cruz, Mboula
Allenatore: Marco Baroni 5,5
NAPOLI (4-3-3): Meret 6,5; Di Lorenzo 6, Rrahmani 6, Natan 6,5, Mario Rui 6 (67' Zanoli 6); Cajuste 7, Lobotka 6,5, Zielinski 6,5 (84' Gaetano sv); Politano 8 (84' Zerbin sv), Raspadori 7 (66' Simeone 6), Kvaratskhelia 7,5 (77' Lindstrom 6)
A disposizione: Contini, Gollini, Olivera, D'Avino, Ostigard, Demme
Allenatore: Rudi Garcia 7
ARBITRO: Rosario Abisso 6
AMMONITI: 37' Magnani (V); 45' Faraoni (V); 45' Mario Rui (N); 65' Bonazzoli (V); 80' Lindstrom (N)
ESPULSI: nessuno
ANGOLI: 5-8
RECUPERO: pt 3, st 4

La Juve si insedia al 2° posto
Storica rimonta del Cagliari

Inquadra il Qr-code per vedere le pagelle commentate su **Datasport.it**

CLASSIFICA

Inter 25; Juventus 23; Milan 22; Atalanta 19; Napoli 18; Fiorentina 17; Lazio 16; Bologna 15; Roma 14; Monza e Lecce 13; Frosinone e Torino 12; Genoa e Sassuolo 11; Verona 8; Udinese ed Empoli 7; Cagliari 6; Salernitana 4.

I NUMERI

Reti realizzate: 23. Rigori: 1/2. Espulsioni: 1. Ammonizioni: 55. Assist: 19 (Reinier 2; Aebischer, Calabria, De Roon, Di Lorenzo, Dimarco, Dossena, Kabasale, Kyriakopoulos, Lirola, Lookman, Malinovsky, Pavoletti, Pulisic, Ricci, Scamacca, Toljan e Viola 1). **Pali: 11** (Mancosu e Scamacca 2; Badelj, Beltran, Calhanoglu, Carlos Augusto, Mazzocchi, Milik e Retegui 1).

Risultati

Cagliari	4
Frosinone	3
Empoli	0
Atalanta	3
Genoa	1
Salernitana	0
Inter	1
Roma	0
Juventus	1
Verona	0
Lazio	1
Fiorentina	0
Lecce	0
Torino	1
Monza	1
Udinese	1
Napoli	2
Milan	2
Sassuolo	1
Bologna	1

Tabellini

29/10/2023 ore 12:30

CAGLIARI-FROSINONE 4-3
Marcatori: 23' Soule (F), 37' Soule (F), 49' Brescianini (F), 72' Oristanio (C), 76' Makoumbou (C), 90+4' Pavoletti (C), 90+6' Pavoletti (C)
CAGLIARI (4-3-2-1): Scuffet 6; Nandez 6 (43' Zappa 6), Goldaniga 5,5, Dossena 5,5, Augello 5,5; Deiola 5 (46' Pavoletti 8,5), Prati 5,5, Makoumbou 6,5; Mancosu 5 (63' Viola 6,5), Jankto 5 (63' Azzi 6,5); Luvumbo 5,5 (63' Oristanio 7)
A disposizione: Radunovic, Hatzidiakos, Wieteska, Obert, Di Pardo, Pereiro, Sulemana, Lapadula, Petagna, Shomurodov
Allenatore: Claudio Ranieri 6
FROSINONE (4-2-3-1): Turati 6; Lirola 6,5 (74' Oyono 5,5), Monterisi 6, Romagnoli 5, Marchizza 5,5; Brescianini 6 (80' Okoli 6), Barrenechea 5; Soule 7,5, Reinier 6,5 (74' Bourabia 5,5), Baez 6 (56' Garritano 6); Cuni 6 (56' Cheddira 6)
A disposizione: Frattali, Cerofolini, Lulic, Kaio Jorge, Caso, Kvernadze, Bidaoui, Ibrahimovic
Allenatore: Eusebio Di Francesco 6
ARBITRO: Luca Pairetto 5,5
AMMONITI: 26' Romagnoli (F); 57' Prati (C); 85' Bourabia (F); 87' Okoli (F); 90+5' Marchizza (F)
ESPULSI: nessuno
ANGOLI: 5-7
RECUPERO: pt 4, st 9

30/10/2023 ore 18:30

EMPOLI-ATALANTA 0-3
Marcatori: 5' Scamacca (A), 29' Koopmeiners (A), 51' Scamacca (A)
EMPOLI (4-3-3): Berisha 5,5; Ebuehi 5, Walukiewicz 4,5 (63' Ismajli 5,5), Luperto 5, Cacace 5; Marin 5,5 (82' Bastoni sv), Grassi 5,5, Maleh 5 (74' Fazzini 6); Cancellieri 5 (75' Maldini

sv), Caputo 5, Cambiaghi 5 (63' Gyasi 5,5)

A disposizione: Perisan, Caprile, Guarino, Bereszynski, Kovalenko, Ranocchia, Shpendi
Allenatore: Aurelio Andreazzoli 5

ATALANTA (3-4-1-2): Musso 6; Djimsiti 6,5, Scalvini 6 (46' Toloi 6), Kolasinac 6,5; Hateboer 7, De Roon 6,5, Ederson 6, Ruggeri 6,5 (86' Bakker sv); Koopmeiners 7 (66' Pasalic 6); Lookman 6,5 (76' Muriel sv), Scamacca 8 (65' De Ketelaere 6)

A disposizione: Carnesecchi, Rossi, Holm, Zortea, Bonfanti, Adopo, Miranchuk
Allenatore: Gian Piero Gasperini 7
ARBITRO: Luca Massimi 6,5
AMMONITI: 33' Maleh (E); 35' Cacace (E); 69' Gyasi (E); 85' Fazzini (E)
ESPULSI: nessuno
ANGOLI: 3-6
RECUPERO: pt 1, st 4

27/10/2023 ore 20:45

GENOA-SALERNITANA 1-0
Marcatori: 35' Gudmundsson (G)

GENOA (3-5-2): Martinez 6; Dragusin 6,5, Bani 6 (54' De Winter 6), Vasquez 6,5; Sabelli 7 (90+3' Vogliacco sv), Frendrup 6,5, Badelj 6,5 (59' Strootman 6), Malinovskyi 7 (59' Kutlu 5,5), Martin 6; Retegui 6,5 (46' Ekuban 5), Gudmundsson 7

A disposizione: Leali, Sommariva, Matturro, Haps, Thorsby, Galdames, Puscas, Fini
Allenatore: Alberto Gilardino 7

SALERNITANA (3-4-2-1): Ochoa 7; Lovato 5,5 (64' Ikwuemesi 5), Gyomber 5,5, Pirola 6; Mazzocchi 5,5, Maggiore 5,5 (64' Legowski sv), Coulibaly 6, Bradaric 5,5 (46' Sambia 5,5); Candreva 5 (46' Bohinen 5), Cabral 5 (77' Tchaouna sv); Dia 5

A disposizione: Fiorillo, Co-
stil, Daniliuc, Bronn, Martegani, Kastanos, Botheim, Stewart
Allenatore: Filippo Inzaghi 5,5
ARBITRO: Davide Massa 6,5
AMMONITI: 37' Maggiore (S); 37' Malinovskyi (G); 39' Bradaric (S); 42' Bani (G); 70' Gyomber (S); 71' De Winter (G); 86' Ikwuemesi (S)
ESPULSI: nessuno
ANGOLI: 7-0
RECUPERO: pt 3, st 6

29/10/2023 ore 18:00

INTER-ROMA 1-0
Marcatori: 81' Thuram (I)

INTER (3-5-2): Sommer 6,5; Pavard 6 (46' Darmian 6), Acerbi 6,5, Bastoni 5,5; Dumfries 6,5 (85' De Vrij sv), Mkhitaryan 6 (75' Frattesi 6), Calhanoglu 6 (75' Asllani 6), Barella 6,5, Dimarco 6,5 (83' Carlos Augusto sv); Thuram 7, Martinez 5,5

A disposizione: Di Gennaro, Audero, Bisseck, Sensi, Klaassen, Agoume, Sanchez
Allenatore: Simone Inzaghi 7
ROMA (3-5-2): Rui Patricio 6,5; Mancini 6, Llorente 6, Ndicka 6; Kristensen 5, Cristante 6, Paredes 5,5 (89' Azmoun sv), Bove 6 (84' Belotti sv), Zalewski 5 (75' Celik 6); El Shaarawy 5,5 (84' Aouar sv), Lukaku 5

A disposizione: Boer, Svilar, Karsdorp, D'Alessio, Pagano, Pisilli, Cherubini, Costa Cesco
Allenatore: Jose Mourinho 5,5
ARBITRO: Fabio Maresca 5,5
AMMONITI: 14' Mancini (R); 33' Pavard (I); 47' Ndicka (R); 50' Paredes (R); 56' Calhanoglu (I); 64' Bastoni (I); 68' Cristante (R)
ESPULSI: nessuno
ANGOLI: 8-0
RECUPERO: pt 3, st 5

28/10/2023 ore 20:45

JUVENTUS-VERONA 1-0
Marcatori: 90+6' Cambiaso (J)
JUVENTUS (3-5-2): Szczesny 6,5; Gatti 6,5, Bremer 6, Rugani
6,5 (87' Yildiz sv); Weah 6 (46' Miretti 5,5), McKennie 6, Locatelli 6,5, Rabiot 6, Kostic 6 (62' Cambiaso 7); Vlahovic 5,5 (82' Milik 6,5), Kean 6,5 (62' Chiesa 6)

A disposizione: Pinsoglio, Perin, Huijsen, Nicolussi Caviglia, Nonge, Iling-Junior
Allenatore: Massimiliano Allegri 6,5

VERONA (3-4-1-2): Montipo 7; Magnani 5,5, Dawidowicz 6, Terracciano 6 (90+5' Coppola sv); Faraoni 6,5 (73' Tchatchoua 6), Hongla 6 (73' Suslov 6), Folorunsho 5,5, Doig 6 (73' Lazovic 6); Duda 6; Bonazzoli 6 (84' Serdar sv), Djuric 6

A disposizione: Berardi, Perilli, Amione, Joselito, Saponara, Charlys, Cruz, Ngonge, Mboula
Allenatore: Marco Baroni 6
ARBITRO: Ermanno Feliciani 6
AMMONITI: 38' Djuric (V); 40' Rugani (J); 50' Folorunsho (V); 56' Kean (J); 90+8' Cambiaso (J)
ESPULSI: nessuno
ANGOLI: 5-1
RECUPERO: pt 3, st 9

30/10/2023 ore 20:45

LAZIO-FIORENTINA 1-0
Marcatori: 90+5' Immobile (Rig.) (L)

LAZIO (4-3-3): Provedel 6,5; Lazzari 6, Patric 6, Romagnoli 6, Marusic 6; Guendouzi 6 (67' Kamada 5,5), Rovella 6 (63' Cataldi 6), Luis Alberto 6 (67' Vecino 6,5); Felipe Anderson 6, Castellanos 5,5 (78' Immobile 6), Zaccagni 5,5 (77' Pedro 5,5)

A disposizione: Sepe, Mandas, Pellegrini, Hysaj, Gila, Basic, Isaksen
Allenatore: Maurizio Sarri 6
FIORENTINA (4-2-3-1): Terracciano 7; Parisi 7, Milenkovic 4,5, Martinez Quarta 6, Biraghi 6 (79' Ranieri 6); Arthur 6 (71' Lopez 6), Duncan 5,5 (46' Mandragora 6); Gonzalez 6, Bonaventura 5,5 (62' Barak 5), Ikone 5,5; Beltran 6,5 (62'

Nzola 5)
A disposizione: Martinelli, Christensen, Mina, Comuzzo, Pierozzi, Infantino, Amatucci, Sottil, Brekalo, Kouame
Allenatore: Vincenzo Italiano 6
ARBITRO: Matteo Marcenaro 7
AMMONITI: 31' Lazzari (L); 40' Duncan (F); 45+2' Ikone (F); 45+2' Rovella (L); 55' Bonaventura (F); 67' Zaccagni (L)
ESPULSI: nessuno
ANGOLI: 0-4
RECUPERO: pt 2, st 5

28/10/2023 ore 18:00
LECCE-TORINO 0-1
Marcatori: 41' Buongiorno (T)
LECCE (4-3-3): Falcone 6; Gendrey 5,5, Pongracic 6, Baschirotto 5,5, Gallo 5,5 (81' Dorgu sv); Rafia 6 (56' Oudin), Ramadani 6, Gonzalez 5,5; Almqvist 5,5 (56' Strefezza), Krstovic 5,5 (62' Piccoli), Banda 6 (62' Sansone 6)
A disposizione: Brancolini, Samooja, Venuti, Smajlovic, Touba, Berisha, Kaba, Samek, Listkowski
Allenatore: Roberto D'Aversa 5,5
TORINO (3-5-2): Milinkovic-Savic 6,5; Vojvoda 6,5, Buongiorno 7, Rodriguez 6; Bellanova 6 (90+5' Zima sv), Linetty 6,5, Ricci 6,5 (81' Tameze sv), Gineitis 6 (82' Ilic sv), Lazaro 6,5; Sanabria 6, Pellegri 5,5 (64' Zapata 6)
A disposizione: Gemello, Popa, Sazonov, Antolini, N'Guessan, Karamoh, Radonjic, Seck
Allenatore: Ivan Juric 6,5
ARBITRO: Gianluca Aureliano 6
AMMONITI: 11' Gineitis (T); 26' Linetty (T); 35' Gendrey (L); 35' Lazaro (T); 41' Rafia (L); 72' Rodriguez (T); 78' Gallo (L); 90+4' Tameze (T)
ESPULSI: espulso l'allenatore Ivan Juric (Torino)
ANGOLI: 3-0
RECUPERO: pt 3, st 7

29/10/2023 ore 15:00
MONZA-UDINESE 1-1
Marcatori: 27' Colpani (M), 66' Lucca (U)
MONZA (3-4-2-1): Di Gregorio 6,5; Caldirola 5,5, Mari 6 (60' Bondo 6), Carboni A. 6,5; Ciurria 6 (86' Carboni V. sv), Pessina 6, Gagliardini 6, Kyriakopoulos 6,5; Colpani 7 (80' Birindelli sv), Vignato 6 (60' Mota 6); Colombo 6 (79' Maric sv)
A disposizione: Lamanna, Sorrentino, Gori, Donati, Carboni F., Pereira, Bettella, Cittadini, Machin, Akpa-Akpro
Allenatore: Raffaele Palladino 6
UDINESE (3-5-2): Silvestri 6,5; Kabasele 6, Bijol 6, Perez 6; Ebosele 5,5 (55' Ferreira 6), Samardzic 6 (55' Lucca 7), Walace 6, Payero 5,5 (62' Lovric 6), Zemura 5 (62' Kamara 6); Pereyra 5,5, Success 5,5
A disposizione: Okoye, Padelli, Masina, Guessand, Tikvic, Zarraga, Quina, Camara, Ake, Thauvin, Pafundi
Allenatore: Gabriele Cioffi 6
ARBITRO: Alessandro Prontera 6
AMMONITI: 34' Mari (M); 45+2' Padelli (U); 87' Ferreira (U); 90+4' Pessina (M)
ESPULSI: nessuno
ANGOLI: 10-3
RECUPERO: pt 1, st 6

29/10/2023 ore 20:45
NAPOLI-MILAN 2-2
Marcatori: 22' Giroud (M), 31' Giroud (M), 50' Politano (N), 63' Raspadori (N)
NAPOLI (4-3-3): Meret 6; Di Lorenzo 6,5, Rrahmani 5,5 (46' Ostigard 6,5), Natan 6,5, Mario Rui 5,5 (46' Olivera 6); Elmas 5 (46' Simeone 6), Lobotka 5,5, Zielinski 5,5 (77' Anguissa sv); Politano 6,5 (83' Zanoli sv), Raspadori 6,5, Kvaratskhelia 6,5
A disposizione: Contini, Gollini, D'Avino, Demme, Cajuste, Lindstrom, Gaetano, Zerbin
Allenatore: Rudi Garcia 5,5
MILAN (4-3-3): Maignan 6; Calabria 5,5, Kalulu sv (19' Pellegrino 5,5; 87' Florenzi sv), Tomori 6, Hernandez 5,5; Musah 5, Krunic 6, Reijnders 5; Pulisic 5,5 (46' Romero 6), Giroud 6,5 (81' Okafor sv), Leao 5,5 (81' Jovic sv)
A disposizione: Nava, Mirante, Bartesaghi, Adli, Pobega
Allenatore: Stefano Pioli 5,5
ARBITRO: Daniele Orsato 6
AMMONITI: 53' Natan (N); 55' Reijnders (M); 62' Romero (M); 65' Di Lorenzo (N); 78' Musah (M); 86' Zanoli (N); 89' Natan (N)
ESPULSI: 89' Natan (N)
ANGOLI: 6-4
RECUPERO: pt 5, st 4

28/10/2023 ore 15:00
SASSUOLO-BOLOGNA 1-1
Marcatori: 3' Zirkzee (B), 44' Boloca (S)
SASSUOLO (4-2-3-1): Consigli 6,5; Toljan 7, Erlic 6, Ferrari 5,5, Vina 6 (89' Pedersen sv); Boloca 6,5, Thorstvedt 6 (59' Racic 6); Berardi 6, Bajrami 6 (72' Volpato 6,5), Lauriente 5,5 (72' Ceide 5,5); Pinamonti 5,5 (88' Defrel 6)
A disposizione: Pegolo, Cragno, Missori, Viti, Castillejo, Lipani, Mulattieri
Allenatore: Alessio Dionisi 6
BOLOGNA (4-2-3-1): Skorupski 6,5; De Silvestri 5,5 (45' Posch 5,5), Bonifazi 6, Calafiori 6, Lykogiannis 5,5 (63' Kristiansen 6); Aebischer 6 (69' El Azzouzi sv; 84' Moro sv), Freuler 6; Orsolini 6, Ferguson 5,5, Saelemaekers 6 (63' Ndoye 6,5); Zirkzee 7
A disposizione: Ravaglia, Gasperini, Corazza, Beukema, Fabbian, Urbanski, Karlsson, Van Hooijdonk
Allenatore: Thiago Motta 6,5
ARBITRO: Antonio Giua 6
AMMONITI: 58' Lykogiannis (B); 71' El Azzouzi (B); 90' Berardi (S); 90+5' Saelemaekers (B)
ESPULSI: nessuno
ANGOLI: 6-2
RECUPERO: pt 1, st 6

GIORNATA - 5/11/23

Colpi esterni per Inter e Juve
Altro ko interno per il Milan

Inquadra il Qr-code per vedere le pagelle commentate su Datasport.it

CLASSIFICA

Inter 28; Juventus 26; Milan 22; Napoli 21; Atalanta 19; Bologna 18; Roma e Fiorentina 17; Monza e Lazio 16; Frosinone e Torino 15; Lecce 13; Genoa e Sassuolo 11; Udinese 10; Cagliari 9; Verona 8; Empoli 7; Salernitana 4.

I NUMERI

Reti realizzate: 24. Rigori: 2/3. Espulsioni: 1. Ammonizioni: 43. Assist: 21 (Tameze 2; Banda, Berardi, Cambiaghi, V. Carboni, Colpani, Dybala, Ibrahimovic, Kostic, Kyriakopoulos, Lobotka, Lookman, Marchizza, Mkhitaryan, Ngonge, Olivera, Oristanio, Petagna, Zalewski, Zirkzee 1). **Pali: 9** (Mazzitelli 2; Cancellieri, Duda, Lauriente, Luis Alberto, Pablo Mari, Politano e Vasquez 1).

Risultati

Atalanta	1
Inter	2
Bologna	1
Lazio	0
Cagliari	2
Genoa	1
Fiorentina	0
Juventus	1
Frosinone	2
Empoli	1
Milan	0
Udinese	1
Roma	2
Lecce	1
Salernitana	0
Napoli	2
Torino	2
Sassuolo	1
Verona	1
Monza	3

Tabellini

<u>04/11/2023 ore 18:00</u>

ATALANTA-INTER 1-2

Marcatori: 40' Calhanoglu (Rig.) (I), 57' Martinez (I), 61' Scamacca (A)

ATALANTA (3-4-2-1): Musso 5,5; Scalvini 5 (62' Toloi 4,5), Djimsiti 6, Kolasinac 6 (55' Pasalic 5,5); Zappacosta 6 (55' Hateboer 5,5), De Roon 5,5, Ederson 5,5, Ruggeri 6; Koopmeiners 6 (80' Muriel sv), Lookman 7 (80' De Ketelaere sv); Scamacca 6,5

A disposizione: Carnesecchi, Rossi, Holm, Zortea, Bonfanti, Bakker, Adopo, Miranchuk

Allenatore: Gian Piero Gasperini 5,5

INTER (3-5-2): Sommer 6,5; Pavard 6,5 (33' Darmian 6,5), De Vrij 6,5, Acerbi 6,5; Dumfries 5,5, Barella 6, Calhanoglu 7,5 (86' Asllani sv), Mkhitaryan 7 (70' Frattesi 6), Dimarco 5,5 (70' Carlos Augusto 6); Thuram 6, Martinez 7 (86' Sanchez sv)

A disposizione: Di Gennaro, Audero, Bisseck, Bastoni, Sensi, Klaassen, Agoume

Allenatore: Simone Inzaghi 7
ARBITRO: Simone Sozza 6,5
AMMONITI: 26' De Roon (A); 35' Kolasinac (A); 85' Toloi (A); 89' Dumfries (I); 90+2' Toloi (A)
ESPULSI: 90+2' Toloi (A)
ANGOLI: 6-1
RECUPERO: pt 6, st 7

<u>03/11/2023 ore 20:45</u>

BOLOGNA-LAZIO 1-0

Marcatori: 46' Ferguson (B)
BOLOGNA (4-2-3-1): Skorupski 6; Posch 6,5, Beukema 6,5, Calafiori 7, Lykogiannis 6 (80' Kristiansen sv); Freuler 6,5, Aebischer 6 (73' Moro 6); Orsolini 6,5, Ferguson 7, Saelemaekers 6 (81' Ndoye sv); Zirkzee 7 (90+3' Fabbian sv)

A disposizione: Bagnolini, Ravaglia, Bonifazi, Corazza, Lucumi, Urbanski, Karlsson, Van Hooijdonk

Allenatore: Thiago Motta 7

LAZIO (4-3-3): Provedel 6; Lazzari 6, Patric 5,5, Romagnoli 5,5, Marusic 6 (48' Pellegrini 5,5); Guendouzi 6 (81' Kamada sv), Rovella 6, Luis Alberto 5,5; Felipe Anderson 5 (81' Isaksen sv), Castellanos 5,5 (57' Immobile 5,5), Pedro 5,5 (57' Zaccagni 5,5)

A disposizione: Sepe, Mandas, Hysaj, Gila, Vecino, Basic, Cataldi

Allenatore: Maurizio Sarri 5,5

ARBITRO: Federico La Penna 5,5

AMMONITI: 35' Pedro (L); 50' Romagnoli (L); 50' Ferguson (B); 56' Beukema (B); 65' Luis Alberto (L); 80' Zaccagni (L); 90+6' Isaksen (L)

ESPULSI: nessuno

ANGOLI: 2-6

RECUPERO: pt 0, st 7

05/11/2023 ore 15:00

CAGLIARI-GENOA 2-1

Marcatori: 48' Viola (C), 51' Gudmundsson (G), 69' Zappa (C)

CAGLIARI (4-3-1-2): Scuffet 6,5; Goldaniga 5, Hatzidiakos 6 (46' Zappa 7), Dossena 6,5, Augello 6 (90+6' Obert sv); Jankto 6,5 (78' Azzi 6), Prati 6,5, Makoumbou 6; Mancosu 5,5 (46' Viola 7); Oristanio 7 (64' Petagna 6,5), Luvumbo 6

A disposizione: Radunovic, Aresti, Wieteska, Deiola, Pereiro, Sulemana, Lapadula, Pavoletti, Desogus, Shomurodov

Allenatore: Claudio Ranieri 7,5

GENOA (3-5-2): Martinez 6; De Winter 5,5, Dragusin 5, Vasquez 5,5; Sabelli 5,5, Frendrup 5,5, Badelj 5,5 (59' Puscas 5), Strootman 5,5 (59' Thorsby 6), Martin 5,5 (66' Haps 5,5); Malinovskyi 5,5 (84' Ekuban sv), Gudmundsson 6,5

A disposizione: Leali, Sommariva, Vogliacco, Matturro, Hefti, Kutlu, Galdames, Fini

Allenatore: Alberto Gilardino 5,5

ARBITRO: Marco Guida 5

AMMONITI: 28' Malinovskyi (G); 71' Gudmundsson (G); 72' Goldaniga (C); 90+1' Petagna (C); 90+3' Viola (C); 90+7' Scuffet (C)

ESPULSI: nessuno

ANGOLI: 1-1

RECUPERO: pt 1, st 8

05/11/2023 ore 20:45

FIORENTINA-JUVENTUS 0-1

Marcatori: 10' Miretti (J)

FIORENTINA (4-2-3-1): Terracciano 6; Parisi 5,5, Martinez Quarta 5,5, Ranieri 6 (89' Mina sv), Biraghi 6; Arthur 6 (78' Ikone 5,5), Mandragora 6; Gonzalez 5,5, Barak 6 (59' Bonaventura 6), Kouame 6 (78' Sottil 6); Beltran 5 (46' Nzola 5)

A disposizione: Martinelli, Christensen, Milenkovic, Comuzzo, Lopez, Infantino, Duncan, Amatucci, Brekalo

Allenatore: Vincenzo Italiano 5,5

JUVENTUS (3-5-2): Szczesny 7; Gatti 6,5, Bremer 7, Rugani 6,5; McKennie 6,5, Miretti 6,5 (61' Cambiaso 6), Locatelli 6, Rabiot 5,5, Kostic 6; Chiesa 5 (68' Milik 5,5), Kean 5,5 (68' Vlahovic 5,5)

A disposizione: Pinsoglio, Perin, Huijsen, Nicolussi Caviglia, Nonge, Yildiz, Iling-Junior

Allenatore: Massimiliano Allegri 6

ARBITRO: Daniele Chiffi 6

AMMONITI: 43' Rabiot (J); 48' Kean (J); 58' Gatti (J); 83' Ranieri (F)

ESPULSI: nessuno

ANGOLI: 9-2

RECUPERO: pt 3, st 6

06/11/2023 ore 18:30

FROSINONE-EMPOLI 2-1

Marcatori: 58' Cuni (F), 74' Ibrahimovic (F), 86' Caputo (E)

FROSINONE (4-2-3-1): Turati 6; Lirola 5,5, Okoli 5,5, Monterisi 6, Marchizza 7; Mazzitelli 7, Barrenechea 6; Soule 6 (88' Oyono sv), Reinier 6,5 (83' Brescianini sv), Ibrahimovic 7,5 (80' Caso sv); Cuni 7 (80' Kaio Jorge sv)

A disposizione: Frattali, Cerofolini, Romagnoli, Lusuardi, Lulic, Garritano, Bourabia, Baez, Kvernadze, Cheddira

Allenatore: Eusebio Di Francesco 7

EMPOLI (4-3-3): Berisha 5,5; Bereszynski 5,5, Ismajli 5, Luperto 5,5, Bastoni 6 (77' Cacace sv); Marin 5,5 (62' Ranocchia 6), Grassi 5,5 (77' Kovalenko sv), Fazzini 5,5; Cancellieri 6 (70' Baldanzi 6), Caputo 6,5, Gyasi 5 (62' Cambiaghi 6,5)

A disposizione: Perisan, Caprile, Guarino, Ebuehi, Shpendi, Maldini

Allenatore: Aurelio Andreazzoli 5,5

ARBITRO: Gianluca Manganiello 6

AMMONITI: 34' Barrenechea (F); 42' Reinier (F); 44' Gyasi (E); 45+1' Lirola (F); 76' Ranocchia (E)

ESPULSI: nessuno

ANGOLI: 9-2

RECUPERO: pt 1, st 7

04/11/2023 ore 20:45

MILAN-UDINESE 0-1

Marcatori: 62' Pereyra (Rig.) (U)

MILAN (4-4-2): Maignan 6; Calabria 5,5, Tomori 6, Thiaw 6, Florenzi 5,5; Musah 5,5 (81' Romero sv), Krunic 5,5 (46' Adli 5), Reijnders 5 (67' Loftus-Cheek 5,5), Leao 6; Giroud 5, Jovic 4,5 (46' Okafor 5)

A disposizione: Nava, Mirante, Jimenez, Simic, Bartesaghi, Pobega

Allenatore: Stefano Pioli 5

UDINESE (3-5-1-1): Silvestri 6,5; Perez 6,5, Bijol 7, Kabasele 6,5; Ebosele 6,5 (84' Ferreira sv), Samardzic 6,5 (78' Thauvin 6), Walace 6,5, Payero 6 (72' Lovric 6), Zemura 6,5

(84' Kamara sv); Pereyra 6,5; Success 6,5 (84' Lucca sv)
A disposizione: Okoye, Padelli, Masina, Guessand, Tikvic, Zarraga, Quina, Camara, Ake, Pafundi
Allenatore: Gabriele Cioffi 6,5
ARBITRO: Juan Luca Sacchi 5,5
AMMONITI: 19' Krunic (M); 54' Perez (U); 55' Kabasele (U)
ESPULSI: nessuno
ANGOLI: 11-5
RECUPERO: pt 1, st 8

05/11/2023 ore 18:00
ROMA-LECCE 2-1
Marcatori: 72' Almqvist (L), 90+1' Azmoun (R), 90+4' Lukaku (R)
ROMA (3-5-2): Rui Patricio 6,5; Mancini 5,5 (78' Kristensen 6), Llorente 6, Ndicka 6,5; Karsdorp 6 (78' Zalewski 6,5), Bove 6 (70' Renato Sanches 5,5), Cristante 6, Aouar 6 (73' Azmoun 7), El Shaarawy 5,5 (78' Belotti 6); Dybala 7, Lukaku 6,5
A disposizione: Boer, Svilar, Celik, Pagano, Costa Cesco
Allenatore: Jose Mourinho 6,5
LECCE (4-3-3): Falcone 7,5; Gendrey 5,5, Pongracic 6,5, Baschirotto 6, Dorgu 6 (62' Gallo 5,5); Kaba 6, Ramadani 6,5, Rafia 6 (62' Gonzalez 6); Almqvist 7 (80' Touba 4,5), Krstovic 6 (80' Piccoli sv), Banda 6,5 (74' Strefezza 6)
A disposizione: Brancolini, Samooja, Venuti, Smajlovic, Oudin, Berisha, Faticanti, Blin, Sansone, Burnete
Allenatore: Roberto D'Aversa 6
ARBITRO: Andrea Colombo 6
AMMONITI: 17' Banda (L); 27' Dorgu (L); 76' Renato Sanches (R); 77' Ramadani (L); 81' Touba (L); 87' Strefezza (L); 89' Llorente (R); 90+6' Lukaku (R)
ESPULSI: nessuno
ANGOLI: 5-2
RECUPERO: pt 2, st 8

04/11/2023 ore 15:00
SALERNITANA-NAPOLI 0-2
Marcatori: 13' Raspadori (N), 82' Elmas (N)
SALERNITANA (4-2-3-1): Ochoa 6; Mazzocchi 6 (81' Botheim sv), Fazio 5,5 (69' Daniliuc 6), Pirola 6, Bradaric 5,5; Legowski 5 (69' Bohinen 6), Coulibaly 5; Tchaouna 5, Candreva 5,5 (77' Kastanos sv), Dia 5; Ikwuemesi 5 (69' Stewart 5,5)
A disposizione: Fiorillo, Costil, Sambia, Bronn, Lovato, Martegani, Maggiore
Allenatore: Filippo Inzaghi 5,5
NAPOLI (4-3-3): Meret 6; Di Lorenzo 6,5, Ostigard 6,5, Rrahmani 6,5, Olivera 6,5; Anguissa 6, Lobotka 7, Zielinski 6 (86' Cajuste sv); Politano 6,5 (77' Lindstrom sv), Raspadori 7 (68' Simeone 5,5), Kvaratskhelia 6,5 (69' Elmas 6,5)
A disposizione: Contini, Gollini, Juan Jesus, Mario Rui, D'Avino, Zanoli, Demme, Gaetano, Zerbin
Allenatore: Rudi Garcia 6,5
ARBITRO: Antonio Rapuano 6
AMMONITI: 68' Mazzocchi (S); 88' Di Lorenzo (N)
ESPULSI: nessuno
ANGOLI: 8-9
RECUPERO: pt 0, st 5

06/11/2023 ore 20:45
TORINO-SASSUOLO 2-1
Marcatori: 5' Sanabria (T), 18' Thorstvedt (S), 68' Vlasic (T)
TORINO (3-5-2): Milinkovic-Savic 6; Tameze 6,5, Buongiorno 6,5, Rodriguez 5 (44' Zima 6,5); Bellanova 7 (83' Lazaro sv), Linetty 6, Ilic 6,5, Ricci sv (9' Vlasic 6,5), Vojvoda 6; Sanabria 6,5 (83' Radonjic sv), Zapata 6
A disposizione: Gemello, Popa, Sazonov, N'Guessan, Gineitis, Karamoh, Pellegri, Seck
Allenatore: Ivan Juric 6,5
SASSUOLO (4-2-3-1): Consigli 7; Toljan 5,5, Ferrari 6, Erlic 5,5, Vina 6; Boloca 6 (90+3' Mulattieri sv), Thorstvedt 6,5 (79' Volpato 6); Berardi 6,5 (46' Racic 5), Bajrami 5 (46' Racic 5), Lauriente 6 (87' Castillejo sv); Pinamonti 5,5 (80' Defrel sv)
A disposizione: Pegolo, Cragno, Missori, Pedersen, Viti, Tressoldi, Lipani, Ceide
Allenatore: Alessio Dionisi 5,5
ARBITRO: Maria Sole Ferrieri Caputi 6,5
AMMONITI: 54' Sanabria (T); 86' Berardi (S)
ESPULSI: nessuno
ANGOLI: 9-2
RECUPERO: pt 4, st 5

05/11/2023 ore 12:30
VERONA-MONZA 1-3
Marcatori: 41' Colombo (M), 73' Colombo (M), 84' Caldirola (M), 86' Folorunsho (V)
VERONA (3-5-2): Montipo 6; Magnani 5, Dawidowicz 5,5 (30' Hien 6), Terracciano 5,5; Faraoni 5,5 (75' Tchatchoua sv), Lazovic 6 (65' Ngonge 6), Folorunsho 6,5, Duda 6, Doig 5 (46' Hongla 6); Bonazzoli 5,5 (75' Saponara sv), Djuric 5,5
A disposizione: Berardi, Perilli, Amione, Coppola, Serdar, Suslov, Charlys, Cruz, Mboula
Allenatore: Marco Baroni 5,5
MONZA (3-4-2-1): Di Gregorio 6; D'Ambrosio 6, Mari 6,5, Caldirola 7; Ciurria 6 (60' Birindelli 6), Pessina 6,5, Gagliardini 7 (86' Akpa-Akpro sv), Kyriakopoulos 6,5; Colpani 6,5 (66' Bondo 6), Vignato 5,5 (66' Carboni V. 6); Colombo 7,5 (85' Mota sv)
A disposizione: Lamanna, Sorrentino, Gori, Donati, Carboni F., Pereira, Bettella, Carboni A., Machin, Maric
Allenatore: Raffaele Palladino 7
ARBITRO: Giuseppe Collu 6,5
AMMONITI: 26' D'Ambrosio (M); 45' Colombo (M); 70' Faraoni (V)
ESPULSI: nessuno
ANGOLI: 2-6
RECUPERO: pt 3, st 4

Crisi Napoli, paga Garcia Delude il derby romano

Inquadra il Qr-code per vedere le pagelle commentate su **Datasport.it**

CLASSIFICA

Inter 31; Juventus 29; Milan 23; Napoli 21; Atalanta e Fiorentina 20; Roma e Bologna 18; Monza e Lazio 17; Torino 16; Frosinone 15; Genoa e Lecce 14; Sassuolo 12; Udinese 11; Empoli 10; Cagliari 9; Verona 8; Salernitana 5.

I NUMERI

Reti realizzate: 22. Rigori: 3/4. Espulsioni: 1. Ammonizioni: 45. Assist: 17 (Blin, Chukwueze, Defrel, Ebuehi, Haps, Hernandez, Jankto, Kostic, Mazzocchi, Mkhitaryan, Nzola, Samardzic, Sansone, Tchaouna, Vina, Zapata e Zappacosta 1). **Pali: 12** (Cheddira, Dossena, Ekuban, Luis Alberto, Mulattieri, Pinamonti, Reijnders, Rugani, Samardzic, Sansone, Success e Terracciano 1).

Risultati

Fiorentina	2
Bologna	1
Genoa	1
Verona	0
Inter	2
Frosinone	0
Juventus	2
Cagliari	1
Lazio	0
Roma	0
Lecce	2
Milan	2
Monza	1
Torino	1
Napoli	0
Empoli	1
Sassuolo	2
Salernitana	2
Udinese	1
Atalanta	1

Tabellini

12/11/2023 ore 15:00

FIORENTINA-BOLOGNA 2-1

Marcatori: 17' Bonaventura (F), 33' Zirkzee (Rig.) (B), 48' Gonzalez (Rig.) (F)

FIORENTINA (4-2-3-1): Terracciano 7; Parisi 5 (46' Ranieri 6), Milenkovic 6, Martinez Quarta 6, Biraghi 6 (88' Comuzzo sv); Arthur 6 (78' Lopez 6), Duncan 6; Gonzalez 7, Bonaventura 7 (90+2' Mina sv), Kouame 6; Nzola 5 (46' Ikone 6,5)

A disposizione: Martinelli, Christensen, Pierozzi, Infantino, Mandragora, Barak, Sottil, Brekalo

Allenatore: Vincenzo Italiano 6

BOLOGNA (4-2-3-1): Skorupski 5,5; Posch 6 (76' Lucumi 6), Beukema 6, Calafiori 6, Kristiansen 5 (76' Lykogiannis 5); Freuler 6 (70' Moro 5,5), Aebischer 5,5; Orsolini 6 (70' Ndoye 5), Ferguson 6,5, Saelemaekers 6; Zirkzee 6,5 (83' Van Hooijdonk 5)

A disposizione: Bagnolini, Ravaglia, Bonifazi, Corazza, De Silvestri, Fabbian, Urbanski

Allenatore: Thiago Motta 6

ARBITRO: Fabio Maresca 5,5

AMMONITI: 36' Saelemaekers (B); 45+2' Aebischer (B); 45+2' Bonaventura (F); 90+5' Ranieri (F)

ESPULSI: nessuno

ANGOLI: 0-3

RECUPERO: pt 5, st 7

10/11/2023 ore 20:45

GENOA-VERONA 1-0

Marcatori: 44' Dragusin (G)

GENOA (3-5-2): Martinez 6,5; Dragusin 6,5, Bani 6 (41' De Winter 6), Vasquez 6; Sabelli 6,5, Frendrup 6, Badelj 6,5 (86' Thorsby sv), Strootman 6 (86' Malinovskyi sv), Haps 6 (86' Matturro sv); Gudmundsson 6,5, Ekuban 6 (54' Puscas 6)

A disposizione: Leali, Sommariva, Martin, Vogliacco, Hefti, Jagiello, Kutlu, Galdames

Allenatore: Alberto Gilardino 7

VERONA (3-5-2): Montipo 6,5; Magnani 6, Hien 5,5, Amione 6,5 (70' Duda 5,5); Terracciano 6, Folorunsho 6 (85' Saponara sv), Hongla 5,5, Suslov 6 (63' Cruz 6), Doig 5,5 (63' Faraoni 5,5); Bonazzoli 6 (46' Ngonge 6), Djuric 5,5

A disposizione: Berardi, Perilli, Coppola, Serdar, Charlys, Tchatchoua, Mboula

Allenatore: Marco Baroni 5,5

ARBITRO: Daniele Orsato 5,5

AMMONITI: 26' Hien (V); 49' Vasquez (G); 60' Terracciano (V); 66' Faraoni (V); 86' Duda (V)

ESPULSI: nessuno

ANGOLI: 6-7

RECUPERO: pt 3, st 5

<u>12/11/2023 ore 20:45</u>

INTER-FROSINONE 2-0

Marcatori: 43' Dimarco (I), 48' Calhanoglu (Rig.) (I)

INTER (3-5-2): Sommer 6,5; Darmian 6,5, Acerbi 6,5, Bastoni 6; Dumfries 6 (61' De Vrij 6), Barella 6,5, Calhanoglu 7 (81' Sensi sv), Mkhitaryan 6,5 (69' Frattesi 6), Dimarco 7,5 (81' Carlos Augusto sv); Thuram 6,5 (70' Arnautovic 6), Martinez 5,5

A disposizione: Di Gennaro, Audero, Bisseck, Stabile, Klaassen, Agoume, Sanchez

Allenatore: Simone Inzaghi 6,5

FROSINONE (3-4-3): Turati 5,5; Monterisi 5, Okoli 5, Marchizza 5,5; Oyono 6, Mazzitelli 6 (35' Brescianini 6), Barrenechea 6 (82' Caso sv), Lirola 5,5 (55' Ibrahimovic 6); Soule 6,5, Cuni 6 (55' Cheddira 6), Reinier 5,5 (82' Kaio Jorge sv)

A disposizione: Frattali, Cerofolini, Romagnoli, Lusuardi, Lulic, Gelli, Garritano, Bourabia, Baez, Kvernadze

Allenatore: Eusebio Di Francesco 6

ARBITRO: Federico Dionisi 6

AMMONITI: 71' Brescianini (F)

ESPULSI: nessuno

ANGOLI: 9-4

RECUPERO: pt 2, st 4

<u>11/11/2023 ore 18:00</u>

JUVENTUS-CAGLIARI 2-1

Marcatori: 60' Bremer (J), 70' Rugani (J), 75' Dossena (C)

JUVENTUS (3-5-2): Szczesny 6,5; Gatti 6,5, Bremer 7, Rugani 7; Cambiaso 6 (88' Nicolussi Caviglia sv), McKennie 6,5, Locatelli 6, Miretti 6,5 (66' Iling-Junior 6), Kostic 6,5; Chiesa 6,5 (81' Milik sv), Kean 6 (66' Vlahovic 6)

A disposizione: Pinsoglio, Perin, Huijsen, Nonge, Yildiz

Allenatore: Massimiliano Allegri 7

CAGLIARI (4-3-1-2): Scuffet 6; Zappa 5, Goldaniga 6, Dossena 6,5, Augello 5,5; Makoumbou 5,5, Prati 6, Jankto 6,5 (88' Pavoletti sv); Viola 5,5 (67' Oristanio 6); Petagna 5,5 (46' Lapadula 6), Luvumbo 5,5 (71' Shomurodov 6)

A disposizione: Radunovic, Aresti, Hatzidiakos, Wieteska, Obert, Mancosu, Deiola, Pereiro, Sulemana, Azzi, Desogus

Allenatore: Claudio Ranieri 6

ARBITRO: Marco Piccinini 6,5

AMMONITI: 57' McKennie (J); 70' Luvumbo (C); 82' Kostic (J); 87' Cambiaso (J)

ESPULSI: nessuno

ANGOLI: 12-4

RECUPERO: pt 0, st 5

<u>12/11/2023 ore 18:00</u>

LAZIO-ROMA 0-0

LAZIO (4-3-3): Provedel 6; Lazzari 6, Patric 6, Romagnoli 6,5, Marusic 6 (82' Hysaj sv); Guendouzi 6,5, Cataldi 6 (65' Vecino sv; 75' Rovella 6), Luis Alberto 6,5; Felipe Anderson 5,5 (82' Kamada sv), Immobile 5,5, Pedro 5,5 (65' Isaksen 6)

A disposizione: Sepe, Mandas, Pellegrini, Casale, Gila, Basic, Castellanos, Saná

Allenatore: Maurizio Sarri 6

ROMA (3-5-2): Rui Patricio 6,5; Mancini 6,5, Llorente 6, Ndicka 6; Karsdorp 6,5 (86' Celik sv), Cristante 6,5, Paredes 5,5, Bove 6 (82' Renato Sanches sv), Spinazzola 6 (90+1' Kristensen sv); Dybala 5,5 (82' Azmoun sv), Lukaku 5

A disposizione: Boer, Svilar, Pellegrini, Aouar, Zalewski, Pagano, Belotti, El Shaarawy

Allenatore: Jose Mourinho 6

ARBITRO: Davide Massa 6,5

AMMONITI: 18' Mancini (R); 31' Ndicka (R); 37' Lukaku (R); 39' Immobile (L); 67' Luis Alberto (L); 74' Patric (L); 87' Azmoun (R)

ESPULSI: nessuno

ANGOLI: 4-1

RECUPERO: pt 1, st 3

<u>11/11/2023 ore 15:00</u>

LECCE-MILAN 2-2

Marcatori: 28' Giroud (M), 35' Reijnders (M), 66' Sansone (L), 70' Banda (L)

LECCE (4-3-3): Falcone 6; Gendrey 6, Pongracic 5,5, Baschirotto 6, Dorgu 6,5; Kaba 5 (63' Blin 6,5), Ramadani 5,5, Rafia 5,5 (57' Gonzalez 6,5); Strefezza 5,5 (63' Sansone 8), Krstovic 5 (63' Piccoli 7), Banda 7 (87' Venuti sv)

A disposizione: Brancolini, Samooja, Gallo, Smajlovic, Dermaku, Touba, Oudin, Berisha, Listkowski, Burnete

Allenatore: Roberto D'Aversa 7

MILAN (4-2-3-1): Maignan 6,5; Calabria 6 (46' Musah 4,5), Tomori 5,5, Thiaw 5,5, Hernandez 6; Krunic 5,5, Reijnders 6,5; Chukwueze 5,5 (79' Jovic sv), Pobega 5,5 (71' Florenzi 5,5), Leao sv (10' Okafor 5,5); Giroud 6

A disposizione: Nava, Mirante, Bartesaghi, Adli, Loftus-Cheek, Romero

Allenatore: Stefano Pioli 5

ARBITRO: Rosario Abisso 4,5

AMMONITI: 44' Hernandez

(M); 45' Ramadani (L); 62' Strefezza (L); 80' Musah (M); 81' Calabria (M); 85' Piccoli (L); 90' Florenzi (M); 90+2' Gonzalez (L); 90+3' Giroud (M); 90+4' Krunic (M)
ESPULSI: 90+3' Giroud (M)
ANGOLI: 3-1
RECUPERO: pt 2, st 7

11/11/2023 ore 20:45
MONZA-TORINO 1-1
Marcatori: 55' Ilic (T), 65' Colpani (M)
MONZA (3-4-2-1): Di Gregorio 6,5; D'Ambrosio 6 (90' Pereira sv), Caldirola 5,5, Carboni A. 6; Ciurria 5,5 (58' Birindelli 6), Bondo 5,5 (58' Mota 6), Gagliardini 6, Kyriakopoulos 6; Colpani 7 (81' Carboni V. sv), Pessina 6; Colombo 6
A disposizione: Lamanna, Sorrentino, Gori, Donati, Carboni F., Bettella, Cittadini, Machin, Akpa-Akpro, Ferraris, Maric
Allenatore: Raffaele Palladino 6
TORINO (3-5-2): Milinkovic-Savic 6,5; Tameze 6,5 (86' Vojvoda sv), Buongiorno 6,5, Rodriguez 6 (72' Zima 5,5); Bellanova 6, Linetty 6 (34' Gineitis 5), Ilic 7, Vlasic 5,5, Lazaro 6; Sanabria 5,5 (86' Radonjic sv), Zapata 6,5
A disposizione: Gemello, Popa, Sazonov, Soppy, N'Guessan, Karamoh, Pellegri, Seck
Allenatore: Ivan Juric 6
ARBITRO: Daniele Doveri 5,5
AMMONITI: 67' Gineitis (T); 69' Kyriakopoulos (M); 89' Carboni V. (M); 90+4' Radonjic (T)
ESPULSI: nessuno
ANGOLI: 3-1
RECUPERO: pt 1, st 4

12/11/2023 ore 12:30
NAPOLI-EMPOLI 0-1
Marcatori: 90+1' Kovalenko (E)
NAPOLI (4-2-3-1): Gollini 6; Di Lorenzo 5,5, Rrahmani 6, Ostigard 5,5, Olivera 6 (84' Mario Rui sv); Anguissa 4,5 (72' Cajuste sv), Lobotka 6; Politano 6 (72' Lindstrom 5), Raspadori 5, Elmas 5 (54' Kvaratskhelia 5); Simeone 5 (54' Zielinski 5,5)
A disposizione: Contini, Natan, Juan Jesus, Zanoli, Gaetano, Zerbin
Allenatore: Rudi Garcia 4
EMPOLI (4-3-3): Berisha 8; Bereszynski 5,5 (63' Ebuehi sv), Ismajli 5,5, Luperto 6, Cacace 5; Fazzini 5,5 (71' Kovalenko 7), Ranocchia 6 (80' Grassi sv), Maleh 6; Cambiaghi 6 (63' Gyasi 6), Caputo 5,5, Cancellieri 6 (80' Maldini sv)
A disposizione: Perisan, Caprile, Guarino, Marin, Bastoni, Shpendi, Destro
Allenatore: Aurelio Andreazzoli 6,5
ARBITRO: Alessandro Prontera 5
AMMONITI: 78' Cancellieri (E); 90+3' Cajuste (N)
ESPULSI: nessuno
ANGOLI: 8-3
RECUPERO: pt 2, st 6

10/11/2023 ore 18:30
SASSUOLO-SALERNITANA 2-2
Marcatori: 5' Ikwuemesi (Sal), 17' Dia (Sal), 36' Thorstvedt (Sas), 52' Thorstvedt (Sas)
SASSUOLO (4-2-3-1): Consigli 6,5; Toljan 6, Erlic 6, Ferrari 5,5, Vina 5,5; Boloca 6, Thorstvedt 7; Berardi 6, Castillejo 5,5 (72' Volpato 6), Defrel 5,5 (72' Lauriente 5,5); Pinamonti 5,5 (81' Mulattieri 6)
A disposizione: Pegolo, Cragno, Missori, Pedersen, Viti, Tressoldi, Racic, Bajrami, Lipani, Ceide
Allenatore: Alessio Dionisi 5,5
SALERNITANA (4-3-2-1): Ochoa 6,5; Daniliuc 5,5 (46' Bradaric 5,5), Fazio 6, Pirola 5,5, Mazzocchi 6; Maggiore 5 (84' Martegani sv), Bohinen 6 (60' Legowski sv), Coulibaly 6; Tchaouna 6 (56' Candreva 5,5), Dia 6,5; Ikwuemesi 6,5 (56' Simy 6)
A disposizione: Fiorillo, Costil, Sambia, Gyomber, Lovato, Kastanos, Botheim, Stewart
Allenatore: Filippo Inzaghi 6
ARBITRO: Davide Ghersini 5,5
AMMONITI: 45' Ikwuemesi (Sal); 71' Toljan (Sas); 80' Thorstvedt (Sas)
ESPULSI: nessuno
ANGOLI: 11-0
RECUPERO: pt 2, st 4

12/11/2023 ore 15:00
UDINESE-ATALANTA 1-1
Marcatori: 44' Walace (U), 90+2' Ederson (A)
UDINESE (3-5-1-1): Silvestri 6; Ferreira 6,5 (77' Kristensen 5), Bijol 6,5, Perez 6,5; Ebosele 7, Samardzic 7 (83' Thauvin sv), Walace 7, Payero 7 (71' Lovric 6), Zemura 6 (82' Kamara sv); Pereyra 6,5; Success 5,5 (83' Lucca sv)
A disposizione: Okoye, Padelli, Masina, Tikvic, Zarraga, Quina, Camara, Ake, Semedo, Pafundi
Allenatore: Gabriele Cioffi 6,5
ATALANTA (3-4-2-1): Carnesecchi 6; De Roon 5,5, Djimsiti 5, Kolasinac 5,5; Hateboer 5 (51' Holm 5,5; 83' Zappacosta 6,5), Ederson 7, Koopmeiners 5,5, Bakker 5,5 (65' Zortea 6); Pasalic 5 (46' Lookman 6), Miranchuk 5; Muriel 5 (46' Scamacca 5,5)
A disposizione: Musso, Rossi, Bonfanti, Adopo
Allenatore: Gian Piero Gasperini 5,5
ARBITRO: Gianluca Aureliano 6,5
AMMONITI: 38' Hateboer (A); 42' Ferreira (U); 59' Koopmeiners (A); 77' Bijol (U); 89' De Roon (A)
ESPULSI: nessuno
ANGOLI: 7-7
RECUPERO: pt 2, st 5

Juve e Inter non si fanno male Partita pazza al "Castellani"

CLASSIFICA

Inter 32; Juventus 30; Milan 26; Napoli 24; Roma e Bologna 21; Atalanta e Fiorentina 20; Monza e Frosinone 18; Lazio 17; Torino 16; Lecce e Sassuolo 15; Genoa 14; Udinese 11; Cagliari ed Empoli 10; Verona 9; Salernitana 8.

I NUMERI

Reti realizzate: 31. Rigori: 4/4. Espulsioni: 0. Ammonizioni: 46. Assist: 20 (Beukema, Blin, Bove, Brescianini, Chiesa, Di Lorenzo, Djuric, Dybala, Frendrup, Hateboer, Kastanos, Kyriakopoulos, Lukaku, Mulattieri, Osimhen, Oyono, Payero, Pinamonti, Terracciano, Thuram, Toljan e Vina 1). **Pali: 7** (Berardi, Bohinen, Ciurria, Gonzalez, Gyasi, Malinovskyi e Mota 1).

Risultati

Atalanta	1
Napoli	2
Bologna	2
Torino	0
Cagliari	1
Monza	1
Empoli	3
Sassuolo	4
Frosinone	2
Genoa	1
Juventus	1
Inter	1
Milan	1
Fiorentina	0
Roma	3
Udinese	1
Salernitana	2
Lazio	1
Verona	2
Lecce	2

Tabellini

25/11/2023 ore 18:00
ATALANTA-NAPOLI 1-2
Marcatori: 44' Kvaratskhelia (N), 53' Lookman (A), 79' Elmas (N)

ATALANTA (3-4-1-2): Carnesecchi 5; Scalvini 5, Djimsiti 6, Kolasinac 5,5 (76' Bonfanti 6); Zappacosta 6 (33' Hateboer 6,5), Ederson 5,5, Koopmeiners 6, Bakker 5,5 (46' Ruggeri 6); Pasalic 6; De Ketelaere 6 (83' Muriel sv), Lookman 7 (83' Scamacca sv)

A disposizione: Musso, Rossi, Holm, Zortea, Adopo, Miranchuk

Allenatore: Gian Piero Gasperini 5,5

NAPOLI (4-3-3): Gollini 6,5; Di Lorenzo 6,5, Rrahmani 6, Natan 6 (78' Ostigard sv), Olivera 6 (39' Juan Jesus 5,5); Anguissa 6, Lobotka 6,5, Zielinski 5,5 (78' Cajuste 6,5); Politano 5,5 (63' Elmas 7), Raspadori 6 (64' Osimhen 7), Kvaratskhelia 7

A disposizione: Meret, Contini, Zanoli, Demme, Gaetano, Simeone, Zerbin

Allenatore: Walter Mazzarri 7

ARBITRO: Maurizio Mariani 6,5

AMMONITI: 21' Natan (N); 27' Djimsiti (A); 60' Di Lorenzo (N); 64' Kolasinac (A)

ESPULSI: nessuno

ANGOLI: 5-4

RECUPERO: pt 4, st 5

27/11/2023 ore 20:45
BOLOGNA-TORINO 2-0
Marcatori: 56' Fabbian (B), 90+1' Zirkzee (B)

BOLOGNA (4-2-3-1): Skorupski 6; Posch 6, Beukema 6,5, Calafiori 6,5 (81' Lykogiannis 6), Kristiansen 5,5 (56' Lucumi 6); Aebischer 5,5 (55' Freuler 6), Fabbian 7 (81' Moro sv); Ndoye 6, Ferguson 6, Saelemaekers 5,5 (71' Urbanski 6); Zirkzee 7

A disposizione: Bagnolini,

Ravaglia, De Silvestri, Van Hooijdonk

Allenatore: Thiago Motta 6

TORINO (3-5-2): Gemello 5; Tameze 5,5 (70' Vojvoda 5,5), Buongiorno 6, Rodriguez 5,5; Bellanova 5,5, Linetty 6 (71' Gineitis 6), Ilic 6, Vlasic 6,5, Lazaro 5,5 (76' Karamoh 6); Sanabria 5,5, Zapata 6 (70' Pellegri 5,5)

A disposizione: Milinkovic-Savic, Popa, Zima, Djidji, Antolini, Radonjic, Seck, Savva

Allenatore: Ivan Juric 6

ARBITRO: Andrea Colombo 5,5

AMMONITI: 23' Kristiansen (B); 31' Fabbian (B); 39' Linetty (T); 62' Lazaro (T); 69' Bellanova (T); 74' Pellegri (T); 90+6' Ndoye (B)

ESPULSI: nessuno

ANGOLI: 3-2

RECUPERO: pt 1, st 6

26/11/2023 ore 12:30

CAGLIARI-MONZA 1-1

Marcatori: 10' Dossena (C), 61' Maric (M)

CAGLIARI (3-5-2): Scuffet 6,5; Goldaniga 6 (73' Oristanio 6), Dossena 7, Hatzidiakos 5,5; Zappa 6, Makoumbou 6, Prati 6, Viola 6,5 (73' Jankto 6), Augello 6,5 (88' Azzi sv); Petagna 6 (77' Pavoletti 6), Luvumbo 5,5 (77' Lapadula 5,5)

A disposizione: Radunovic, Aresti, Wieteska, Obert, Deiola, Pereiro, Sulemana, Desogus, Shomurodov

Allenatore: Claudio Ranieri 6

MONZA (3-4-2-1): Di Gregorio 6,5; D'Ambrosio 6, Caldirola 6, Carboni A. 6 (83' Mari sv); Birindelli 6 (57' Ciurria 6), Pessina 6, Gagliardini 6, Kyriakopoulos 6,5; Colpani 5,5 (67' Carboni V. 6,5), Mota 5,5 (67' Machin 6); Colombo 5,5 (57' Maric 7)

A disposizione: Lamanna, Sorrentino, Gori, Donati, Pereira, Bettella, Cittadini, Akpa-Akpro, Bondo

Allenatore: Raffaele Palladino 6

ARBITRO: Matteo Marchetti 6

AMMONITI: 42' Prati (C); 48' Birindelli (M); 69' Machin (M)

ESPULSI: nessuno

ANGOLI: 10-11

RECUPERO: pt 1, st 4

26/11/2023 ore 15:00

EMPOLI-SASSUOLO 3-4

Marcatori: 4' Caputo (Rig.) (E), 12' Pinamonti (S), 22' Matheus Henrique (S), 30' Fazzini (E), 66' Berardi (Rig.) (S), 86' Vina (Aut.) (S), 90+2' Berardi (S)

EMPOLI (4-3-3): Berisha 6; Bereszynski 5,5, Ismajli 5,5, Luperto 5,5, Cacace 5,5; Fazzini 6,5 (70' Kovalenko 6,5), Ranocchia 6 (70' Grassi sv), Maleh 6 (79' Gyasi 6); Cambiaghi 6,5 (79' Destro 5), Caputo 7, Cancellieri 5,5 (71' Maldini sv)

A disposizione: Perisan, Caprile, Walukiewicz, Guarino, Ebuehi, Marin, Bastoni, Shpendi

Allenatore: Aurelio Andreazzoli 5,5

SASSUOLO (4-2-3-1): Consigli 6; Toljan 6,5, Erlic 6, Tressoldi 5,5, Viti 5 (55' Vina 6); Boloca 6, Matheus Henrique 7; Berardi 8 (90+3' Pedersen sv), Thorstvedt 6 (79' Bajrami sv), Lauriente 5,5 (78' Castillejo 6); Pinamonti 6,5 (78' Mulattieri sv)

A disposizione: Pegolo, Cragno, Missori, Ferrari, Racic, Volpato, Lipani, Ceide, Defrel

Allenatore: Alessio Dionisi 6,5

ARBITRO: Simone Sozza 5,5

AMMONITI: 25' Fazzini (E); 31' Maleh (E); 37' Matheus Henrique (S); 50' Berardi (S); 90+1' Gyasi (E); 90+2' Grassi (E)

ESPULSI: nessuno

ANGOLI: 6-5

RECUPERO: pt 1, st 6

26/11/2023 ore 15:00

FROSINONE-GENOA 2-1

Marcatori: 34' Soule (F), 38' Malinovskyi (G), 90+4' Monterisi (F)

FROSINONE (4-2-3-1): Turati 6; Oyono 6, Okoli 6,5, Romagnoli 6,5, Marchizza 6 (69' Monterisi 7); Bourabia 5,5 (61' Brescianini 6,5), Barrenechea 6; Soule 7,5, Reinier 5,5 (80' Gelli sv), Ibrahimovic 6 (61' Caso 6); Cheddira 6,5 (80' Kaio Jorge sv)

A disposizione: Frattali, Cerofolini, Lusuardi, Lulic, Garritano, Baez, Cuni, Kvernadze

Allenatore: Eusebio Di Francesco 7,5

GENOA (3-5-2): Martinez 5; De Winter 6, Dragusin 5,5, Vogliacco 6 (88' Vasquez sv); Sabelli 6,5, Frendrup 6, Badelj 5,5 (88' Hefti sv), Strootman 6 (45' Thorsby 5), Haps 5,5 (88' Galdames sv); Malinovskyi 7 (80' Messias sv), Puscas 5

A disposizione: Leali, Sommariva, Martin, Matturro, Kutlu, Papadopoulos, Fini

Allenatore: Alberto Gilardino 5,5

ARBITRO: Luca Zufferli 5,5

AMMONITI: 6' Vogliacco (G); 29' Sabelli (G); 58' Oyono (F); 66' Reinier (F); 90+1' Frendrup (G)

ESPULSI: nessuno

ANGOLI: 4-2

RECUPERO: pt 3, st 7

26/11/2023 ore 20:45

JUVENTUS-INTER 1-1

Marcatori: 27' Vlahovic (J), 33' Martinez (I)

JUVENTUS (3-5-2): Szczesny 6; Gatti 6, Bremer 6, Rugani 6; Cambiaso 6, McKennie 6, Nicolussi Caviglia 6 (61' Locatelli 6), Rabiot 6,5, Kostic 6 (89' Alex Sandro sv); Vlahovic 6,5 (80' Kean sv), Chiesa 6,5 (80' Milik sv)

A disposizione: Pinsoglio, Perin, Huijsen, Miretti, Nonge, Yildiz, Iling-Junior

Allenatore: Massimiliano Allegri 6

INTER (3-5-2): Sommer 6; Darmian 6, De Vrij 6, Acerbi 6,5; Dumfries 6 (70' Cuadrado 6,5), Barella 6,5 (88' Frattesi sv), Calhanoglu 6 (83' Asllani sv), Mkhitaryan 6, Dimarco 6 (70' Carlos Augusto 6); Thuram 6,5 (89' Arnautovic sv), Martinez 6,5

A disposizione: Di Gennaro, Audero, Bisseck, Stabile, Sensi, Klaassen, Agoume

Allenatore: Simone Inzaghi 6

ARBITRO: Marco Guida 6,5

AMMONITI: 11' Cambiaso (J); 75' Cuadrado (I); 79' Kostic (J)

ESPULSI: nessuno

ANGOLI: 1-0

RECUPERO: pt 1, st 4

25/11/2023 ore 20:45

MILAN-FIORENTINA 1-0

Marcatori: 45+2' Hernandez (Rig.) (M)

MILAN (4-3-3): Maignan 7; Calabria 6 (90+2' Florenzi sv), Thiaw 6, Tomori 6, Hernandez 6,5; Musah 6 (84' Krunic sv), Reijnders 5,5, Pobega 6; Chukwueze 5,5, Jovic 5,5 (83' Camarda sv), Pulisic 6,5 (61' Loftus-Cheek 6)

A disposizione: Nava, Mirante, Simic, Bartesaghi, Adli, Romero, Traore

Allenatore: Stefano Pioli 6,5

FIORENTINA (4-2-3-1): Terracciano 6,5; Parisi 6, Milenkovic 6,5, Martinez Quarta 6, Biraghi 6; Arthur 5,5 (46' Lopez 5,5), Duncan 5,5 (81' Mandragora 6); Gonzalez 5, Bonaventura 6 (88' Kouame sv), Sottil 5,5 (81' Ikone sv); Beltran 5 (70' Nzola sv)

A disposizione: Martinelli, Christensen, Mina, Comuzzo, Pierozzi, Infantino, Barak, Amatucci, Brekalo

Allenatore: Vincenzo Italiano 5,5

ARBITRO: Marco Di Bello 6

AMMONITI: 12' Arthur (F); 45+1' Parisi (F); 56' Tomori (M)

ESPULSI: nessuno

ANGOLI: 3-11

RECUPERO: pt 4, st 8

26/11/2023 ore 18:00

ROMA-UDINESE 3-1

Marcatori: 20' Mancini (R),

57' Thauvin (U), 81' Dybala (R), 90' El Shaarawy (R)

ROMA (3-5-2): Rui Patricio 6; Mancini 7, Llorente 6,5, Ndicka 6; Karsdorp 6 (77' Zalewski 6), Cristante 6,5, Paredes 6 (77' Bove 7), Pellegrini 5,5 (63' Azmoun 6,5), Spinazzola 5,5 (63' El Shaarawy 7); Dybala 7,5 (83' Kristensen sv), Lukaku 6,5

A disposizione: Boer, Svilar, Celik, Aouar, Pagano, Pisilli, Belotti

Allenatore: Jose Mourinho 6,5

UDINESE (3-5-1-1): Silvestri 6; Ferreira 5,5 (79' Kabasele 5,5), Bijol 5,5, Perez 5,5; Ebosele 5,5, Samardzic 5,5 (69' Lovric 6), Walace 6, Payero 6,5, Zemura 5,5 (83' Kamara sv); Thauvin 6,5 (79' Lucca sv); Success 5

A disposizione: Okoye, Padelli, Masina, Tikvic, Kristensen, Zarraga, Camara, Ake, Pafundi

Allenatore: Gabriele Cioffi 6

ARBITRO: Luca Massimi 6

AMMONITI: 19' Ferreira (U); 26' Samardzic (U); 28' Success (U); 33' Pellegrini (R)

ESPULSI: nessuno

ANGOLI: 7-1

RECUPERO: pt 2, st 6

25/11/2023 ore 15:00

SALERNITANA-LAZIO 2-1

Marcatori: 43' Immobile (Rig.) (L), 55' Kastanos (S), 66' Candreva (S)

SALERNITANA (3-4-2-1): Costil 6; Daniliuc 6 (62' Fazio 6), Gyomber 5 (46' Lovato 6), Pirola 6 (87' Bronn sv); Mazzocchi 6, Coulibaly 6,5, Bohinen 6 (61' Legowski 5,5), Bradaric 6; Candreva 7,5, Kastanos 7 (73' Maggiore 6); Ikwuemesi 6

A disposizione: Fiorillo, Salvati, Sambia, Martegani, Simy, Botheim, Cabral

Allenatore: Filippo Inzaghi 7

LAZIO (4-3-3): Provedel 5,5; Lazzari 5,5 (62' Hysaj 6), Patric 5,5, Gila 5,5, Marusic 5,5;

Guendouzi 5,5, Cataldi 5,5 (81' Vecino sv), Kamada 5; Felipe Anderson 5,5 (69' Isaksen 5,5), Immobile 6,5 (69' Castellanos 5,5), Zaccagni 6 (62' Pedro 5,5)

A disposizione: Sepe, Mandas, Pellegrini, Ruggeri, Basic, Rovella

Allenatore: Maurizio Sarri 5

ARBITRO: Alessandro Prontera 5

AMMONITI: 32' Lazzari (L); 42' Gyomber (S); 53' Daniliuc (S); 79' Cataldi (L); 84' Maggiore (S); 89' Fazio (S); 90+4' Vecino (L); 90+4' Coulibaly (S)

ESPULSI: nessuno

ANGOLI: 4-9

RECUPERO: pt 3, st 6

27/11/2023 ore 18:30

VERONA-LECCE 2-2

Marcatori: 30' Oudin (L), 41' Ngonge (V), 69' Gonzalez (L), 77' Djuric (V)

VERONA (4-3-3): Montipo 6,5; Terracciano 6,5, Amione 6,5 (90+1' Coppola sv), Hien 5, Tchatchoua 6; Folorunsho 6, Suslov 6 (75' Bonazzoli 6), Duda 6; Mboula 5 (61' Lazovic 6), Djuric 7,5, Ngonge 7

A disposizione: Berardi, Perilli, Doig, Cabal, Hongla, Saponara, Serdar, Charlys, Henry, Cruz, Kallon

Allenatore: Marco Baroni 6

LECCE (4-3-3): Falcone 7; Gendrey 5,5, Pongracic 6, Baschirotto 6, Dorgu 5 (46' Gallo 6); Oudin 7 (87' Rafia sv), Blin 5,5, Gonzalez 6,5; Banda 6 (90+2' Venuti sv), Krstovic 5,5 (65' Piccoli 5,5), Sansone 5,5 (65' Strefezza 5,5)

A disposizione: Brancolini, Samooja, Dermaku, Touba, Berisha, Faticanti, Listkowski

Allenatore: Roberto D'Aversa 6

ARBITRO: Federico La Penna 6

AMMONITI: 3' Duda (V); 5' Dorgu (L); 24' Banda (L)

ESPULSI: nessuno

ANGOLI: 4-2

RECUPERO: pt 0, st 5

14

Inter padrona al "Maradona"
Emozionante derby triveneto

Inquadra il Qr-code per vedere le pagelle commentate su Datasport.it

CLASSIFICA

Inter 35; Juventus 33; Milan 29; Roma e Napoli 24; Fiorentina 23; Bologna 22; Atalanta e Lazio 20; Torino 19; Monza e Frosinone 18; Lecce 16; Genoa e Sassuolo 15; Udinese 12; Empoli 11; Verona e Cagliari 10; Salernitana 8.

I NUMERI

Reti realizzate: 30. Rigori: 5/6. Espulsioni: 2. Ammonizioni: 37. Assist: 21 (Badelj, Barella, Berardi, Biraghi, Cuadrado, Dybala, Kovalenko, Jovic, Lazzari, Maignan, Martinez, Nicolussi Caviglia, Ngonge, Pedro Pereira, Pereyra, Rabiot, Samardzic, Sottil, Suslov, Thauvin e Vlasic). **Pali: 4** (Ikwuemesi, Messias, Politano e Thauvin).

Risultati

Fiorentina	3
Salernitana	0
Genoa	1
Empoli	1
Lazio	1
Cagliari	0
Lecce	1
Bologna	1
Milan	3
Frosinone	1
Monza	1
Juventus	2
Napoli	0
Inter	3
Sassuolo	1
Roma	2
Torino	3
Atalanta	0
Udinese	3
Verona	3

Tabellini

03/12/2023 ore 15:00
FIORENTINA-SALERNITANA 3-0
Marcatori: 6' Beltran (Rig.) (F), 18' Sottil (F), 56' Bonaventura (F)
FIORENTINA (4-2-3-1): Terracciano 6; Kayode Olabode 6,5, Milenkovic 6, Ranieri 5,5 (64' Martinez Quarta 6), Biraghi 6; Duncan 7 (64' Lopez 6), Arthur 7; Ikone 6 (73' Kouame 5,5), Bonaventura 7, Sottil 7 (73' Brekalo 6); Beltran 6,5 (63' Nzola 6)
A disposizione: Vannucchi, Christensen, Mina, Parisi, Pierozzi, Infantino, Mandragora, Barak, Amatucci, Gonzalez
Allenatore: Vincenzo Italiano 6,5
SALERNITANA (3-4-2-1): Costil 6; Daniliuc 5, Fazio 5, Pirola 4,5; Mazzocchi 6, Coulibaly 5 (58' Legowski 5,5), Bohinen 5 (58' Maggiore 5,5), Bradaric 6; Candreva 5,5 (73' Tchaouna 6), Kastanos 4,5 (46' Dia 6); Ikwuemesi 6 (81' Cabral sv)
A disposizione: Fiorillo, Salvati, Sambia, Gyomber, Bronn, Lovato, Martegani, Simy, Botheim
Allenatore: Filippo Inzaghi 4,5
ARBITRO: Paride Tremolada 6,5
AMMONITI: 44' Ranieri (F)
ESPULSI: nessuno
ANGOLI: 3-2
RECUPERO: pt 1, st 3

02/12/2023 ore 15:00
GENOA-EMPOLI 1-1
Marcatori: 37' Malinovskyi (G), 67' Cancellieri (E)
GENOA (3-5-2): Martinez 6; Vogliacco 5,5, De Winter 6,5, Dragusin 6; Sabelli 5,5 (83' Puscas sv), Frendrup 6,5, Badelj 6,5, Malinovskyi 7 (72' Fini 6), Vasquez 6 (72' Haps 6); Messias 7 (66' Kutlu 6), Retegui 6

A disposizione: Leali, Sommariva, Martin, Matturro, Hefti, Thorsby, Jagiello, Galdames
Allenatore: Alberto Gilardino 6

EMPOLI (4-3-3): Berisha 6; Bereszynski 6, Ismajli 6, Luperto 6,5, Cacace 6; Fazzini 6 (46' Kovalenko 6,5), Ranocchia 5,5 (65' Grassi 6,5), Maleh 6 (76' Marin 6); Cambiaghi 6,5, Caputo 6 (90+3' Shpendi sv), Maldini 6 (66' Cancellieri 7)
A disposizione: Perisan, Caprile, Walukiewicz, Ebuehi, Bastoni, Gyasi, Destro
Allenatore: Aurelio Andreazzoli 6,5
ARBITRO: Gianluca Aureliano 5,5
AMMONITI: 13' Ranocchia (E); 56' Malinovskyi (G); 87' Vogliacco (G); 90+2' Badelj (G)
ESPULSI: nessuno
ANGOLI: 5-3
RECUPERO: pt 1, st 4

<u>02/12/2023 ore 18:00</u>
LAZIO-CAGLIARI 1-0
Marcatori: 8' Pedro (L)
LAZIO (4-3-3): Provedel 6,5; Lazzari 6, Gila 6, Patric 6,5, Marusic 6; Guendouzi 6,5, Rovella 6 (46' Cataldi 6), Luis Alberto 6 (56' Kamada 6); Isaksen 6 (83' Vecino sv), Immobile 6 (70' Castellanos 5,5), Pedro 7 (70' Felipe Anderson 6)
A disposizione: Sepe, Mandas, Pellegrini, Ruggeri, Basic
Allenatore: Maurizio Sarri 6
CAGLIARI (3-4-1-2): Scuffet 6; Goldaniga 5,5 (83' Nandez sv), Dossena 6, Hatzidiakos 4,5 (32' Sulemana 6,5); Zappa 6, Prati 6,5 (88' Pavoletti sv), Makoumbou 4, Azzi 5,5; Viola 5,5 (46' Oristanio 6); Lapadula 5,5 (32' Luvumbo 6), Petagna 5,5
A disposizione: Radunovic, Aresti, Wieteska, Augello, Obert, Mancosu, Deiola, Pereiro, Jankto, Shomurodov
Allenatore: Claudio Ranieri 6

ARBITRO: Federico Dionisi 5,5
AMMONITI: 12' Hatzidiakos (C); 75' Nandez (C)
ESPULSI: 27' Makoumbou (C)
ANGOLI: 4-3
RECUPERO: pt 2, st 5

<u>03/12/2023 ore 12:30</u>
LECCE-BOLOGNA 1-1
Marcatori: 68' Lykogiannis (B), 90+10' Piccoli (Rig.) (L)
LECCE (4-3-3): Falcone 7; Gendrey 6, Pongracic 6, Baschirotto 6,5, Dorgu 5,5; Gonzalez 5,5, Ramadani 5,5 (77' Rafia 6), Oudin 6 (63' Blin 5,5); Strefezza 5,5 (77' Almqvist 6), Krstovic 5,5 (57' Piccoli 7), Banda 6 (63' Sansone 5,5)
A disposizione: Brancolini, Samooja, Venuti, Gallo, Smajlovic, Dermaku, Berisha, Faticanti, Listkowski
Allenatore: Roberto D'Aversa 6
BOLOGNA (4-3-3): Skorupski 6; Posch 6,5, Lucumi 6, Calafiori 5,5, Kristiansen 5,5; Ferguson 6,5, Aebischer 5,5 (58' Freuler 6), Fabbian 6 (58' Moro 6); Ndoye 7 (85' Urbanski sv), Van Hooijdonk 5,5 (58' Zirkzee 6), Saelemaekers 5 (58' Lykogiannis 7)
A disposizione: Bagnolini, Ravaglia, Beukema
Allenatore: Thiago Motta 6
ARBITRO: Daniele Doveri 6
AMMONITI: 45' Ramadani (L); 52' Saelemaekers (B); 84' Pongracic (L); 90' Sansone (L); 90+6' Calafiori (B)
ESPULSI: nessuno
ANGOLI: 6-3
RECUPERO: pt 1, st 10

<u>02/12/2023 ore 20:45</u>
MILAN-FROSINONE 3-1
Marcatori: 43' Jovic (M), 50' Pulisic (M), 74' Tomori (M), 82' Brescianini (F)
MILAN (4-3-3): Maignan 6,5; Calabria 6, Tomori 5,5, Hernandez 6, Florenzi 6,5; Musah 6, Reijnders 6 (79' Bennacer sv), Loftus-Cheek 6 (79' Pobega sv); Chukwueze 6 (64'

Adli 6), Jovic 6,5 (85' Camarda sv), Pulisic 7 (78' Traore sv)
A disposizione: Nava, Mirante, Jimenez, Simic, Bartesaghi, Romero, Krunic
Allenatore: Stefano Pioli 6,5
FROSINONE (4-2-3-1): Turati 6; Monterisi 5,5 (86' Cheddira sv), Okoli 6, Romagnoli 6, Oyono 5,5; Bourabia 5,5 (46' Brescianini 6), Barrenechea 6; Soule 6,5, Reinier 6 (57' Gelli 5,5), Ibrahimovic 5,5 (66' Caso 5,5); Cuni 5 (66' Kaio Jorge 5,5)
A disposizione: Frattali, Cerofolini, Lusuardi, Lulic, Garritano, Baez, Kvernadze
Allenatore: Eusebio Di Francesco 6
ARBITRO: Matteo Marchetti 6
AMMONITI: 63' Barrenechea (F); 80' Jovic (M)
ESPULSI: nessuno
ANGOLI: 6-7
RECUPERO: pt 1, st 6

<u>01/12/2023 ore 20:45</u>
MONZA-JUVENTUS 1-2
Marcatori: 12' Rabiot (J), 90+2' Carboni V. (M), 90+4' Gatti (J)
MONZA (3-5-2): Di Gregorio 7; D'Ambrosio 5,5, Mari 6 (66' Carboni A. 6), Caldirola 6; Birindelli 5,5 (46' Colombo 5,5), Machin 5 (46' Mota 5,5), Gagliardini 5,5, Pessina 6, Kyriakopoulos 5 (66' Pereira 6); Ciurria 5,5, Colpani 5,5 (76' Carboni V. 7)
A disposizione: Lamanna, Sorrentino, Gori, Donati, Carboni F., Bettella, Cittadini, Akpa-Akpro, Bondo, Maric
Allenatore: Raffaele Palladino 6
JUVENTUS (3-5-2): Szczesny 6; Gatti 7, Bremer 6,5, Alex Sandro 6,5; Cambiaso 6,5 (87' Locatelli sv), McKennie 6, Nicolussi Caviglia 6,5 (70' Danilo 6), Rabiot 7,5, Kostic 6; Chiesa 6 (76' Kean 5,5), Vlahovic 5 (70' Milik 5,5)
A disposizione: Pinsoglio, Perin, Huijsen, Rugani, Miret-

ti, Nonge, Yildiz, Iling-Junior
Allenatore: Massimiliano Allegri 6,5
ARBITRO: Michael Fabbri 6
AMMONITI: 9' Kyriakopoulos (M); 30' Bremer (J); 81' Milik (J)
ESPULSI: nessuno
ANGOLI: 7-3
RECUPERO: pt 2, st 8

03/12/2023 ore 20:45
NAPOLI-INTER 0-3
Marcatori: 44' Calhanoglu (I), 61' Barella (I), 85' Thuram (I)
NAPOLI (4-3-3): Meret 5; Di Lorenzo 5,5, Rrahmani 5,5, Ostigard 5,5, Natan 4,5 (87' Zerbin sv); Anguissa 5,5, Lobotka 6 (75' Zielinski sv), Elmas 6 (74' Lindstrom sv); Politano 6 (68' Raspadori 6), Osimhen 5, Kvaratskhelia 4
A disposizione: Idasiak, Gollini, Juan Jesus, Demme, Cajuste, Gaetano, Simeone
Allenatore: Walter Mazzarri 5
INTER (3-5-2): Sommer 6,5; Darmian 6,5 (86' Bisseck sv), De Vrij sv (18' Carlos Augusto 6,5), Acerbi 6,5; Dumfries 6 (77' Cuadrado sv), Barella 6, Calhanoglu 6,5, Mkhitaryan 6 (77' Frattesi sv), Dimarco 6; Thuram 7 (86' Arnautovic sv), Martinez 6
A disposizione: Di Gennaro, Audero, Stabile, Sensi, Klaassen, Asllani, Agoume, Sanchez
Allenatore: Simone Inzaghi 6,5
ARBITRO: Davide Massa 5
AMMONITI: 59' Elmas (N); 76' Rrahmani (N); 78' Darmian (I); 86' Thuram (I)
ESPULSI: nessuno
ANGOLI: 6-4
RECUPERO: pt 3, st 3

03/12/2023 ore 18:00
SASSUOLO-ROMA 1-2
Marcatori: 25' Matheus Henrique (S), 76' Dybala (Rig.) (R), 82' Kristensen (R)
SASSUOLO (4-2-3-1): Consigli 6,5; Toljan 6, Tressoldi 5,5, Erlic 5, Vina 5,5 (89' Pedersen sv); Boloca 5, Matheus Henrique 6,5; Berardi 6 (89' Castillejo sv), Thorstvedt 5,5 (81' Bajrami 6), Lauriente 5,5 (65' Racic sv); Pinamonti 5,5 (81' Defrel 5,5)
A disposizione: Pegolo, Cragno, Ferrari, Volpato, Mulattieri, Ceide
Allenatore: Alessio Dionisi 5,5
ROMA (3-5-2): Rui Patricio 6; Mancini 6 (67' Pellegrini 6), Llorente 6, Ndicka 5,5; Karsdorp 5,5 (46' Kristensen 7), Bove 5,5 (46' Azmoun 6), Paredes 6,5, Cristante 6, Spinazzola 5,5 (67' El Shaarawy 6); Dybala 7,5 (87' Celik sv), Lukaku 5,5
A disposizione: Boer, Svilar, Renato Sanches, Aouar, Zalewski, Belotti
Allenatore: Jose Mourinho 6
ARBITRO: Matteo Marcenaro 5,5
AMMONITI: 56' Thorstvedt (S); 69' Berardi (S); 78' Kristensen (R); 83' Matheus Henrique (S); 90+3' Erlic (S)
ESPULSI: 63' Boloca (R)
ANGOLI: 1-11
RECUPERO: pt 1, st 8

04/12/2023 ore 20:45
TORINO-ATALANTA 3-0
Marcatori: 22' Zapata (T), 56' Sanabria (Rig.) (T), 90+5' Zapata (T)
TORINO (3-4-1-2): Milinkovic-Savic 7; Tameze 6,5, Buongiorno 6,5, Rodriguez 6,5; Bellanova 6,5 (90+2' Djidji sv), Linetty 6,5 (84' Ricci sv), Ilic 6,5, Vojvoda 6,5; Vlasic 7,5; Sanabria 7 (85' Karamoh sv), Zapata 7,5
A disposizione: Gemello, Popa, Zima, Sazonov, Soppy, Lazaro, Gineitis, Seck, Savva
Allenatore: Ivan Juric 7
ATALANTA (3-4-2-1): Musso 6; Scalvini 4,5, Djimsiti 6 (19' Bakker 5), De Roon 5,5; Hateboer 5 (46' Holm 5,5), Ederson 5,5, Koopmeiners 5,5, Ruggeri 5,5; Miranchuk 5 (90+1' Adopo sv), De Ketelaere 5 (57' Pasalic 6); Lookman 5 (46' Muriel 5,5)
A disposizione: Carnesecchi, Rossi, Zortea, Kolasinac, Bonfanti, Zappacosta, Mendicino, Cisse
Allenatore: Gian Piero Gasperini 5
ARBITRO: Marco Piccinini 6
AMMONITI: 5' Linetty (T); 9' Scalvini (A); 45+1' Buongiorno (T); 75' De Roon (A)
ESPULSI: nessuno
ANGOLI: 4-3
RECUPERO: pt 1, st 5

03/12/2023 ore 15:00
UDINESE-VERONA 3-3
Marcatori: 16' Kabasele (U), 30' Lucca (U), 37' Djuric (Rig.) (V), 61' Ngonge (V), 72' Lucca (U), 90+7' Henry (V)
UDINESE (3-5-1-1): Silvestri 5; Ferreira 5,5, Kabasele 6, Perez 6; Ebosele 6 (66' Lovric 5,5), Samardzic 6,5, Walace 5,5, Payero 6 (88' Ehizibue sv), Zemura 5,5 (88' Kamara sv); Pereyra 6 (66' Thauvin 7); Success sv (7' Lucca 7,5)
A disposizione: Okoye, Padelli, Masina, Guessand, Tikvic, Kristensen, Zarraga, Quina, Camara, Ake
Allenatore: Gabriele Cioffi 6
VERONA (4-2-3-1): Montipo 6,5; Tchatchoua 6, Amione 4,5, Coppola 5, Terracciano 6; Folorunsho 5, Duda 6; Ngonge 8, Suslov 6,5, Lazovic 6 (84' Henry 6,5); Djuric 6,5 (79' Bonazzoli sv)
A disposizione: Berardi, Perilli, Doig, Faraoni, Cabal, Calabrese, Hongla, Serdar, Charlys, Cruz, Kallon, Mboula
Allenatore: Marco Baroni 6
ARBITRO: Fabio Maresca 6
AMMONITI: 6' Djuric (V); 44' Zemura (U); 45+1' Payero (U); 45+4' Amione (V); 50' Coppola (V); 82' Ngonge (V); 87' Bonazzoli (V); 89' Henry (V)
ESPULSI: nessuno
ANGOLI: 5-3
RECUPERO: pt 5, st 9

15

GIORNATA - 10/12/23

Il Napoli abdica allo "Stadium"
Muriel stende il Milan al 95'

Inquadra il Qr-code per vedere le pagelle commentate su Datasport.it

CLASSIFICA

Inter 38; Juventus 36; Milan 29; Roma e Bologna 25; Napoli e Fiorentina 24; Atalanta 23; Monza e Lazio 21; Torino 20; Frosinone 19; Lecce 17; Genoa e Sassuolo 15; Cagliari 13; Udinese ed Empoli 12; Verona 11; Salernitana 8.

I NUMERI

Reti realizzate: 23 (un'autorete). **Rigori: 1/1. Espulsioni: 6. Ammonizioni: 50. Assist: 18** (Calhanoglu, Cambiaso, Candreva, De Ketelaere, Dybala, Felipe Anderson, Florenzi, Gonzalez, Koopmeiners, Kouame, Lauriente, Luvumbo, Miranchuk, Mkhitaryan, Pedro Pereira, Pulisic. Shomurodov e Suslov). **Pali: 4** (Bonaventura, Ferguson, Ilic e Martinez).

Risultati

Atalanta	3
Milan	2
Cagliari	2
Sassuolo	1
Empoli	1
Lecce	1
Frosinone	0
Torino	0
Inter	4
Udinese	0
Juventus	1
Napoli	0
Monza	1
Genoa	0
Roma	1
Fiorentina	1
Salernitana	1
Bologna	2
Verona	1
Lazio	1

Tabellini

09/12/2023 ore 18:00

ATALANTA-MILAN 3-2

Marcatori: 38' Lookman (A), 45+3' Giroud (M), 55' Lookman (A), 80' Jovic (M), 90+5' Muriel (A)

ATALANTA (3-4-1-2): Musso 6; De Roon 6, Djimsiti 6, Scalvini 5,5; Zappacosta 6, Ederson 6,5, Pasalic 6 (87' Adopo sv), Ruggeri 6 (90+8' Holm sv); Koopmeiners 6,5; De Ketelaere 6 (82' Muriel 7), Lookman 7,5 (82' Miranchuk 6,5)

A disposizione: Carnesecchi, Rossi, Zortea, Bonfanti, Del Lungo, Mendicino, Colombo, Manzoni, Cisse

Allenatore: Gian Piero Gasperini 7

MILAN (4-3-3): Maignan 6,5; Calabria 4,5, Tomori 4,5, Hernandez 5, Florenzi 5,5; Loftus-Cheek 5,5 (72' Jovic 6,5), Reijnders 6 (88' Adli sv), Musah 5; Chukwueze 5 (59' Bennacer 6), Giroud 6,5, Pulisic 6,5

A disposizione: Nava, Mirante, Simic, Bartesaghi, Romero, Pobega, Krunic, Traore

Allenatore: Stefano Pioli 5,5

ARBITRO: Federico La Penna 5,5

AMMONITI: 71' Reijnders (M); 72' Ederson (A); 81' Calabria (M); 88' Jovic (M); 90+3' Bennacer (M); 90+3' Calabria (M)

ESPULSI: 90+3' Calabria (M)

ANGOLI: 6-4

RECUPERO: pt 3, st 9

11/12/2023 ore 20:45

CAGLIARI-SASSUOLO 2-1

Marcatori: 7' Erlic (S), 90+4' Lapadula (C), 90+9' Pavoletti (C)

CAGLIARI (4-3-1-2): Scuffet 6,5; Zappa 6, Goldaniga 5,5, Dossena 5,5, Augello 5,5 (90+2' Mancosu sv); Sulemana 5,5 (59' Luvumbo 6), Prati 6 (90+2' Petagna sv), Nandez 6 (59' Pavoletti 6,5); Viola 6; Lapadula 6,5, Oristanio 5,5 (74' Shomurodov 6)

A disposizione: Radunovic, Aresti, Hatzidiakos, Wieteska, Obert, Di Pardo, Deiola, Pereiro, Jankto, Azzi
Allenatore: Claudio Ranieri 7
SASSUOLO (4-2-3-1): Consigli 6; Toljan 6, Erlic 6,5, Tressoldi 5, Vina 5,5 (73' Bajrami 6); Matheus Henrique 6,5, Racic 5,5 (81' Volpato sv); Castillejo 6 (65' Ferrari 5,5), Thorstvedt 6, Lauriente 5,5 (65' Pedersen 6); Pinamonti 5,5 (81' Mulattieri sv)
A disposizione: Pegolo, Cragno, Lipani, Ceide, Defrel
Allenatore: Alessio Dionisi 5,5
ARBITRO: Maurizio Mariani 6,5
AMMONITI: 9' Lauriente (S); 35' Tressoldi (S); 43' Erlic (S); 55' Goldaniga (C); 62' Tressoldi (S); 69' Consigli (S); 90+3' Thorstvedt (S); 90+5' Mulattieri (S)
ESPULSI: 62' Tressoldi (S)
ANGOLI: 10-4
RECUPERO: pt 2, st 10

11/12/2023 ore 18:30
EMPOLI-LECCE 1-1
Marcatori: 64' Banda (L), 71' Rafia (Aut.) (L)
EMPOLI (4-3-3): Berisha 5; Bereszynski 6 (46' Ebuehi 6), Ismajli 6, Luperto 6,5, Bastoni 6,5; Kovalenko 6 (80' Fazzini sv), Grassi 6,5, Maleh 5,5 (63' Marin 6); Cambiaghi 7, Caputo 6 (41' Shpendi 5,5), Cancellieri 6 (80' Gyasi sv)
A disposizione: Perisan, Caprile, Walukiewicz, Cacace, Ranocchia, Destro, Maldini
Allenatore: Aurelio Andreazzoli 6
LECCE (4-3-3): Falcone 7; Gendrey 6, Pongracic 6,5, Baschirotto 6, Dorgu 5 (46' Gallo 6); Gonzalez 6,5 (70' Blin 6), Ramadani 5,5 (86' Kaba sv), Oudin 6 (60' Rafia 5,5); Sansone 5,5, Piccoli 5,5 (60' Krstovic 5,5), Banda 7
A disposizione: Brancolini, Samooja, Venuti, Smajlovic, Dermaku, Touba, Berisha, Fa-

ticanti, Listkowski, Strefezza
Allenatore: Roberto D'Aversa 6
ARBITRO: Andrea Colombo 6
AMMONITI: 4' Gonzalez (L); 37' Maleh (E); 52' Grassi (E); 75' Ramadani (L)
ESPULSI: nessuno
ANGOLI: 8-3
RECUPERO: pt 2, st 5

10/12/2023 ore 12:30
FROSINONE-TORINO 0-0
FROSINONE (3-4-3): Turati 6; Monterisi 6,5, Okoli 6,5, Romagnoli 6,5; Garritano 5,5 (61' Lirola 6), Brescianini 6, Gelli 6,5 (72' Lulic 6), Oyono 5,5; Soule 6, Kaio Jorge 6 (83' Cheddira sv), Ibrahimovic 5,5 (71' Caso 6)
A disposizione: Frattali, Cerofolini, Lusuardi, Harroui, Bourabia, Baez, Cuni, Kvernadze
Allenatore: Eusebio Di Francesco 6
TORINO (3-4-1-2): Milinkovic-Savic 6; Tameze 5,5, Buongiorno 6,5, Rodriguez 6,5 (83' Zima sv); Bellanova 6, Ricci 6 (64' Djidji 6), Ilic 6,5, Vojvoda 5,5 (72' Lazaro 6); Vlasic 5,5 (72' Seck 6); Sanabria 5,5 (72' Karamoh 6), Zapata 6
A disposizione: Gemello, Popa, Sazonov, Soppy, Gineitis, Pellegri
Allenatore: Ivan Juric 6
ARBITRO: Luca Massimi 4,5
AMMONITI: 9' Oyono (F); 16' Kaio Jorge (F); 45+3' Rodriguez (T); 56' Ilic (T); 57' Garritano (F); 57' Tameze (T)
ESPULSI: nessuno
ANGOLI: 3-8
RECUPERO: pt 4, st 6

09/12/2023 ore 20:45
INTER-UDINESE 4-0
Marcatori: 37' Calhanoglu (Rig.) (I), 42' Dimarco (I), 44' Thuram (I), 84' Martinez (I)
INTER (3-5-2): Sommer 6; Bisseck 6,5, Acerbi 6,5, Bastoni 6,5 (56' Carlos Augusto 6); Darmian 6, Barella 6,5,

Calhanoglu 7,5 (71' Asllani 6), Mkhitaryan 7 (79' Sensi sv), Dimarco 7 (71' Cuadrado 6); Thuram 7 (56' Arnautovic 6), Martinez 7,5
A disposizione: Di Gennaro, Audero, Stabile, Klaassen, Frattesi, Agoume, Sanchez
Allenatore: Simone Inzaghi 7
UDINESE (3-5-1-1): Silvestri 6; Ferreira 5, Kabasele 5, Perez 4,5, Ebosele 5,5 (62' Kristensen 5,5), Samardzic 5,5 (62' Lovric 6), Walace 5, Payero 5,5 (86' Zarraga sv), Zemura 5 (86' Ehizibue sv); Pereyra 5; Lucca 5,5 (75' Thauvin 6)
A disposizione: Okoye, Padelli, Masina, Guessand, Kamara, Tikvic, Quina, Camara, Ake, Pafundi
Allenatore: Gabriele Cioffi 5
ARBITRO: Marco Di Bello 5,5
AMMONITI: 13' Ferreira (U)
ESPULSI: nessuno
ANGOLI: 6-1
RECUPERO: pt 2, st 4

08/12/2023 ore 20:45
JUVENTUS-NAPOLI 1-0
Marcatori: 51' Gatti (J)
JUVENTUS (3-5-2): Szczesny 5,5; Gatti 7, Bremer 6, Danilo 6; Cambiaso 6,5 (90+2' Rugani sv), McKennie 6,5 (90+2' Iling-Junior sv), Locatelli 6, Rabiot 6, Kostic 6 (83' Alex Sandro sv); Chiesa 6,5 (83' Kean sv), Vlahovic 5 (70' Milik 6)
A disposizione: Pinsoglio, Perin, Huijsen, Miretti, Nicolussi Caviglia, Nonge, Yildiz
Allenatore: Massimiliano Allegri 6,5
NAPOLI (4-3-3): Meret 6; Di Lorenzo 6, Rrahmani 5, Juan Jesus 6, Natan 5,5 (72' Zanoli 6); Anguissa 5,5, Lobotka 5,5 (86' Cajuste sv), Zielinski 5,5 (64' Elmas 5,5); Politano 6 (72' Raspadori 5,5), Osimhen 6, Kvaratskhelia 5 (86' Simeone sv)
A disposizione: Contini, Gollini, Ostigard, Demme, Lindstrom, Gaetano, Zerbin

Allenatore: Walter Mazzarri 5,5
ARBITRO: Daniele Orsato 6
AMMONITI: 45+1' Kvaratskhelia (N); 58' Bremer (J); 63' Juan Jesus (N); 86' Ostigard (N); 90+5' Osimhen (N); 90+5' Locatelli (J)
ESPULSI: nessuno
ANGOLI: 3-6
RECUPERO: pt 2, st 5

10/12/2023 ore 15:00
MONZA-GENOA 1-0
Marcatori: 83' Mota (M)
MONZA (3-4-2-1): Di Gregorio 6; D'Ambrosio 6,5, Pereira 6,5, Carboni A. 6; Ciurria 6 (72' Machin 6), Gagliardini 6 (72' Akpa-Akpro 6), Pessina 6, Kyriakopoulos 6,5; Colpani 6 (87' Donati sv), Carboni V. 6 (57' Mota 7); Colombo 5,5 (56' Maric 6)
A disposizione: Sorrentino, Gori, Izzo, Caldirola, Carboni F., Bettella, Birindelli, Cittadini, Bondo, Ferraris
Allenatore: Raffaele Palladino 6,5
GENOA (3-4-2-1): Martinez 6; Dragusin 6, De Winter 5,5, Vasquez 6; Sabelli 6 (88' Ekuban sv), Badelj 6, Frendrup 6, Haps 6 (78' Fini sv); Messias 6 (78' Hefti sv), Gudmundsson 6; Retegui 5
A disposizione: Leali, Sommariva, Martin, Bani, Vogliacco, Matturro, Thorsby, Jagiello, Kutlu, Galdames, Puscas
Allenatore: Alberto Gilardino 6
ARBITRO: Giuseppe Collu 6
AMMONITI: 34' Vasquez (G); 65' Kyriakopoulos (M); 88' Frendrup (G)
ESPULSI: nessuno
ANGOLI: 2-3
RECUPERO: pt 0, st 5

10/12/2023 ore 20:45
ROMA-FIORENTINA 1-1
Marcatori: 5' Lukaku (R), 66' Martinez Quarta (F)
ROMA (3-5-2): Rui Patricio 6,5; Mancini 6, Llorente 6, Ndicka 5,5; Kristensen 6, Cristante 5,5, Paredes 5,5, Pellegrini 6 (85' Bove 6), Zalewski 5; Dybala 6,5 (25' Azmoun 6; 62' El Shaarawy 6), Lukaku 5
A disposizione: Boer, Svilar, Karsdorp, Celik, Spinazzola, Renato Sanches, Aouar, Pagano, Pisilli, Belotti
Allenatore: Jose Mourinho 5
FIORENTINA (4-2-3-1): Terracciano 6; Kayode Olabode 5,5 (81' Lopez 6), Martinez Quarta 7, Ranieri 6, Biraghi 6,5; Arthur 6, Duncan 6,5; Ikone 5,5 (72' Gonzalez 6), Bonaventura 6,5 (77' Sottil 5,5), Kouame 6,5; Nzola 5,5
A disposizione: Vannucchi, Christensen, Milenkovic, Mina, Parisi, Pierozzi, Infantino, Mandragora, Barak, Beltran, Brekalo
Allenatore: Vincenzo Italiano 6
ARBITRO: Antonio Rapuano 5
AMMONITI: 37' Cristante (R); 41' Zalewski (R); 64' Ikone (F); 64' Zalewski (R); 75' Biraghi (F); 80' Paredes (R); 86' Duncan (F); 90+6' Llorente (R)
ESPULSI: 64' Zalewski (R); 87' Lukaku (R)
ANGOLI: 1-6
RECUPERO: pt 4, st 7

10/12/2023 ore 18:00
SALERNITANA-BOLOGNA 1-2
Marcatori: 9' Zirkzee (B), 20' Zirkzee (B), 75' Simy (S)
SALERNITANA (3-4-2-1): Costil 5,5; Lovato 4,5 (35' Tchaouna 5), Gyomber 5, Pirola 5; Mazzocchi 5 (46' Daniliuc 5), Coulibaly 5, Legowski 5 (64' Maggiore 5,5), Bradaric 5; Candreva 6 (81' Kastanos sv), Dia 5; Ikwuemesi 5 (64' Simy 6,5)
A disposizione: Fiorillo, Salvati, Sambia, Fazio, Bronn, Martegani, Bohinen, Botheim, Cabral
Allenatore: Filippo Inzaghi 5
BOLOGNA (4-2-3-1): Skorupski 6; Posch 6,5, Beukema 6,5, Calafiori 6,5, Kristiansen 5,5; Moro 6,5 (81' Aebischer sv), Freuler 6,5; Ndoye 6 (77' Urbanski sv), Ferguson 6, Saelemaekers 7; Zirkzee 7,5 (76' Van Hooijdonk sv)
A disposizione: Bagnolini, Ravaglia, Lykogiannis, Lucumi, Fabbian
Allenatore: Thiago Motta 7
ARBITRO: Simone Sozza 5,5
AMMONITI: 26' Coulibaly (S); 37' Tchaouna (S); 39' Mazzocchi (S); 43' Dia (S); 44' Zirkzee (B); 48' Daniliuc (S); 54' Gyomber (S); 85' Urbanski (B); 89' Kastanos (S); 90+6' Skorupski (B)
ESPULSI: 90' Fazio (S)
ANGOLI: 5-1
RECUPERO: pt 2, st 8

09/12/2023 ore 15:00
VERONA-LAZIO 1-1
Marcatori: 23' Zaccagni (L), 70' Henry (V)
VERONA (4-2-3-1): Montipo 6; Tchatchoua 5,5, Coppola 6 (87' Magnani sv), Amione 6,5, Terracciano 5,5; Folorunsho 5,5 (57' Hongla 6), Duda 5; Ngonge 6, Suslov 6 (76' Mboula sv), Serdar 5,5 (46' Lazovic 6); Djuric 5,5 (57' Henry 7)
A disposizione: Berardi, Perilli, Doig, Cabal, Saponara, Charlys, Kallon, Bonazzoli
Allenatore: Marco Baroni 6,5
LAZIO (4-3-3): Provedel 5,5; Lazzari 6,5, Casale 5,5, Gila 5,5, Marusic 6 (29' Hysaj 5,5 (84' Pellegrini sv); Guendouzi 6 (84' Vecino sv), Rovella 6,5, Luis Alberto 6; Felipe Anderson 6,5, Immobile 5 (71' Castellanos 6), Zaccagni 7 (71' Pedro 5,5)
A disposizione: Sepe, Mandas, Ruggeri, Kamada, Basic, Cataldi, Gonzalez, Saná
Allenatore: Maurizio Sarri 5
ARBITRO: Giovanni Ayroldi 5,5
AMMONITI: 15' Duda (V); 24' Marusic (L); 63' Hysaj (L); 77' Duda (V); 82' Felipe Anderson (L); 90+5' Pedro (L)
ESPULSI: 77' Duda (V)
ANGOLI: 1-7
RECUPERO: pt 2, st 5

L'Inter vola a +4 sulla Juve
Il Bologna sogna la Champions

Inquadra il Qr-code per vedere le pagelle commentate su Datasport.it

CLASSIFICA

Inter 41; Juventus 37; Milan 32; Bologna 28; Napoli e Fiorentina 27; Atalanta 26; Roma 25; Torino 23; Monza e Lazio 21; Lecce 20; Frosinone 19; Genoa e Sassuolo 16; Cagliari e Udinese 13; Empoli 12; Verona 11; Salernitana 8.

I NUMERI

Reti realizzate: 26 (un'autorete). **Rigori: 4/5. Espulsioni: 2. Ammonizioni: 49. Assist: 17** (Banda, Barella, Bellanova, Candreva, De Ketelaere, Ekuban, Gallo, Giroud, Leao, Lookman, Luvumbo, Mario Rui, Ndoye, Osimhen, Pereyra, Pulisic e Scalvini 1). **Pali: 6** (Dia, Ferrari, Miranchuk, Mulattieri, Pulisic e Rrahmani 1).

Risultati

Atalanta	4
Salernitana	1
Bologna	2
Roma	0
Fiorentina	1
Verona	0
Genoa	1
Juventus	1
Lazio	0
Inter	2
Lecce	2
Frosinone	1
Milan	3
Monza	0
Napoli	2
Cagliari	1
Torino	1
Empoli	0
Udinese	2
Sassuolo	2

Tabellini

18/12/2023 ore 20:45

ATALANTA-SALERNITANA 4-1

Marcatori: 10' Pirola (S), 47' Muriel (A), 52' Pasalic (A), 83' De Ketelaere (A), 89' Miranchuk (A)

ATALANTA (3-4-1-2): Carnesecchi 6,5; Scalvini 7, Djimsiti 6, De Roon 6; Zappacosta 6,5 (76' Hateboer sv), Ederson 5,5 (66' Kolasinac 6), Pasalic 7, Ruggeri 6; Koopmeiners 6 (85' Adopo sv); Muriel 7,5 (66' De Ketelaere 7,5), Lookman 7 (85' Miranchuk 7)

A disposizione: Musso, Rossi, Holm, Zortea, Bonfanti, Bakker, Cisse

Allenatore: Gian Piero Gasperini 7

SALERNITANA (4-3-2-1): Costil 6,5; Daniliuc 5 (60' Bradaric 5), Gyomber 5, Pirola 6, Mazzocchi 5; Maggiore 6 (67' Legowski 5,5), Coulibaly 5,5, Martegani 5 (67' Ikwuemesi 5); Candreva 6, Tchaouna 5 (60' Kastanos 6); Dia 6 (86' Cabral sv)

A disposizione: Fiorillo, Salvati, Sambia, Lovato, Bohinen, Simy, Botheim

Allenatore: Filippo Inzaghi 6

ARBITRO: Ermanno Feliciani 5,5

AMMONITI: 40' Pirola (S); 65' Maggiore (S); 77' Ruggeri (A)

ESPULSI: nessuno

ANGOLI: 10-7

RECUPERO: pt 3, st 4

17/12/2023 ore 18:00

BOLOGNA-ROMA 2-0

Marcatori: 37' Moro (B), 49' Kristensen (Aut.) (R)

BOLOGNA (4-2-3-1): Ravaglia 6,5; Posch 6,5, Beukema 6,5 (58' Lucumi 6), Calafiori 7, Kristiansen 6 (75' Lykogiannis 6); Freuler 7, Moro 7 (75' Aebischer 6); Ndoye 7, Ferguson 7 (88' Fabbian sv), Saelemaekers 6 (87' Urbanski sv); Zirkzee 6,5

A disposizione: Bagnolini,

Skorupski, Bonifazi, Corazza, De Silvestri, El Azzouzi, Van Hooijdonk

Allenatore: Thiago Motta 7,5

ROMA (3-5-2): Rui Patricio 6; Mancini 5,5 (81' Celik sv), Llorente 5,5 (63' Azmoun 5,5), Ndicka 5; Kristensen 5,5, Cristante 5, Paredes 5,5, Pellegrini 5 (82' Pisilli sv), Spinazzola 5,5 (46' Renato Sanches 5,5; 64' Bove 5,5); Belotti 5, El Shaarawy 5,5

A disposizione: Boer, Svilar, Karsdorp, Pagano, Cherubini, Costa Cesco

Allenatore: Jose Mourinho 5

ARBITRO: Marco Guida 4,5

AMMONITI: 9' Saelemaekers (B); 10' Llorente (R); 33' Beukema (B); 36' Pellegrini (R); 45+1' Ferguson (B); 66' Freuler (B); 66' Paredes (R); 72' Bove (R)

ESPULSI: nessuno

ANGOLI: 0-4

RECUPERO: pt 1, st 4

17/12/2023 ore 15:00

FIORENTINA-VERONA 1-0

Marcatori: 78' Beltran (F)

FIORENTINA (4-2-3-1): Terracciano 8; Kayode Olabode 6, Martinez Quarta 5,5 (72' Milenkovic 6), Ranieri 5,5, Biraghi 6; Lopez 5,5 (46' Arthur 6,5), Mandragora 6 (85' Mina sv); Ikone 6, Beltran 7, Sottil 5,5 (46' Kouame 6); Nzola 6 (46' Barak 6)

A disposizione: Vannucchi, Christensen, Parisi, Pierozzi, Bonaventura, Infantino, Amatucci, Brekalo

Allenatore: Vincenzo Italiano 6

VERONA (4-2-3-1): Montipo 6; Tchatchoua 5,5, Hien 6, Magnani 6 (46' Amione 5,5), Terracciano 6; Folorunsho 6 (84' Mboula sv), Hongla 6; Ngonge 5,5, Suslov 6 (63' Dawidowicz 6), Lazovic 6 (76' Saponara 5,5); Djuric 5 (63' Henry 5,5)

A disposizione: Berardi, Perilli, Doig, Cabal, Coppola, Serdar, Cruz, Kallon, Bonaz-

zoli

Allenatore: Marco Baroni 6

ARBITRO: Maria Sole Ferrieri Caputi 5,5

AMMONITI: 2' Terracciano (F); 36' Biraghi (F); 65' Barak (F); 67' Dawidowicz (V)

ESPULSI: nessuno

ANGOLI: 1-6

RECUPERO: pt 1, st 5

15/12/2023 ore 20:45

GENOA-JUVENTUS 1-1

Marcatori: 28' Chiesa (Rig.) (J), 48' Gudmundsson (G)

GENOA (3-5-2): Martinez 6,5; De Winter 6,5, Bani 6, Dragusin 6; Sabelli 6 (84' Vogliacco sv), Frendrup 6,5, Badelj 5, Malinovskyi 6, Vasquez 5,5 (46' Ekuban 6,5); Messias 6 (90+3' Haps sv), Gudmundsson 7

A disposizione: Leali, Sommariva, Martin, Matturro, Hefti, Thorsby, Jagiello, Kutlu, Galdames, Puscas, Fini

Allenatore: Alberto Gilardino 6,5

JUVENTUS (3-5-2): Szczesny 6; Gatti 5,5, Bremer 6, Danilo 5,5; Cambiaso 6,5 (88' Yildiz sv), McKennie 6, Locatelli 5,5, Miretti 5 (73' Iling-Junior 6), Kostic 5,5 (68' Weah 6); Chiesa 7, Vlahovic 5,5 (68' Milik 5,5)

A disposizione: Pinsoglio, Perin, Alex Sandro, Huijsen, Rugani, Nicolussi Caviglia, Nonge

Allenatore: Massimiliano Allegri 6

ARBITRO: Davide Massa 4,5

AMMONITI: 61' Danilo (J); 70' McKennie (J); 71' Milik (J); 74' Badelj (G); 90' Malinovskyi (G)

ESPULSI: nessuno

ANGOLI: 6-8

RECUPERO: pt 1, st 4

17/12/2023 ore 20:45

LAZIO-INTER 0-2

Marcatori: 40' Martinez (I), 66' Thuram (I)

LAZIO (4-3-3): Provedel 6,5; Lazzari 5, Casale 5,5, Gi-

la 5, Marusic 4; Guendouzi 6, Rovella 6 (75' Cataldi sv), Kamada 5,5 (65' Luis Alberto 6); Felipe Anderson 5,5 (80' Castellanos sv), Immobile 5,5, Zaccagni 6 (75' Pedro sv)

A disposizione: Sepe, Mandas, Pellegrini, Patric, Hysaj, Ruggeri, Vecino, Basic

Allenatore: Maurizio Sarri 6

INTER (3-5-2): Sommer 6; Bisseck 6,5, Acerbi 6,5, Bastoni 6,5; Darmian 6, Barella 6,5 (70' Frattesi 6), Calhanoglu 5,5 (89' Asllani sv), Mkhitaryan 6, Dimarco 6,5 (70' Carlos Augusto 6); Thuram 7 (78' Arnautovic 6), Martinez 7 (89' Klaassen sv)

A disposizione: Di Gennaro, Audero, Pavard, Stabile, Sensi, Agoume

Allenatore: Simone Inzaghi 7

ARBITRO: Fabio Maresca 6

AMMONITI: 26' Thuram (I); 61' Barella (I); 81' Casale (L)

ESPULSI: 87' Lazzari (L)

ANGOLI: 8-7

RECUPERO: pt 4, st 6

16/12/2023 ore 15:00

LECCE-FROSINONE 2-1

Marcatori: 11' Piccoli (L), 33' Kaio Jorge (Rig.) (F), 89' Ramadani (L)

LECCE (4-3-3): Falcone 6; Gendrey 6, Pongracic 6, Baschirotto 6,5, Gallo 6,5; Blin 5 (75' Kaba 6), Ramadani 7, Oudin 6 (83' Krstovic sv); Strefezza 6 (76' Sansone 6,5), Piccoli 7 (90+1' Rafia sv), Banda 7

A disposizione: Brancolini, Samooja, Venuti, Smajlovic, Touba, Berisha, Faticanti, Listkowski

Allenatore: Roberto D'Aversa 7

FROSINONE (4-3-3): Turati 4,5; Lirola 6, Okoli 6, Romagnoli 5,5, Oyono sv (14' Monterisi 6); Gelli 6 (90' Kvernadze sv), Barrenechea 5,5 (90' Cheddira sv), Brescianini 6,5; Soule 6, Kaio Jorge 6,5, Ibrahimovic 6 (77' Harroui 6)

A disposizione: Frattali, Cerofolini, Lusuardi, Lulic, Gar-

ritano, Bourabia, Baez, Caso
Allenatore: Eusebio Di Francesco 5,5
ARBITRO: Luca Zufferli 5,5
AMMONITI: 24' Okoli (F); 38' Ibrahimovic (F); 43' Barrenechea (F); 73' Blin (L); 90+6' Romagnoli (F)
ESPULSI: nessuno
ANGOLI: 5-4
RECUPERO: pt 6, st 6

17/12/2023 ore 12:30
MILAN-MONZA 3-0
Marcatori: 3' Reijnders (Mi), 41' Simic (Mi), 76' Okafor (Mi)
MILAN (4-3-3): Maignan 6,5; Florenzi 6,5, Kjaer 7 (67' Bartesaghi 6), Tomori 6, Hernandez 6,5; Loftus-Cheek 6 (67' Bennacer 6), Reijnders 7, Pobega sv (24' Simic 6,5); Pulisic 6,5, Giroud 6, Leao 7 (67' Okafor 6,5; 80' Chukwueze sv)
A disposizione: Nava, Mirante, Jimenez, Nsiala-Makengo, Adli, Romero, Krunic, Jovic
Allenatore: Stefano Pioli 7
MONZA (3-4-2-1): Di Gregorio 7; D'Ambrosio 6, Caldirola 6, Carboni A. 5,5 (80' Izzo sv); Pereira 6, Gagliardini 5,5, Pessina 6 (64' Akpa-Akpro 6), Kyriakopoulos 5,5 (54' Ciurria 6,5); Colpani 5 (63' Carboni V. 6), Mota 5; Colombo 5 (54' Maric 5,5)
A disposizione: Sorrentino, Gori, Donati, Carboni F., Bettella, Birindelli, Cittadini, Machin, Bondo, Vignato
Allenatore: Raffaele Palladino 5,5
ARBITRO: Gianluca Aureliano 6,5
AMMONITI: 34' Reijnders (Mi); 55' Carboni A. (Mo); 90+3' Gagliardini (Mo)
ESPULSI: nessuno
ANGOLI: 4-5
RECUPERO: pt 2, st 4

16/12/2023 ore 18:30
NAPOLI-CAGLIARI 2-1
Marcatori: 69' Osimhen (N), 72' Pavoletti (C), 75' Kvaratskhelia (N)
NAPOLI (4-3-3): Meret 6; Di Lorenzo 6,5, Rrahmani 6, Juan Jesus 6,5, Natan 6,5 (59' Mario Rui 6,5); Anguissa 6, Lobotka 6, Cajuste 6 (59' Raspadori 6,5); Politano 7 (90' Zanoli sv), Osimhen 6,5 (82' Gaetano sv), Kvaratskhelia 6,5 (90' Lindstrom sv)
A disposizione: Contini, Gollini, Ostigard, Demme, Simeone, Zerbin
Allenatore: Walter Mazzarri 6,5
CAGLIARI (4-3-1-2): Scuffet 6; Nandez 5,5, Goldaniga 5 (79' Lapadula sv), Dossena 6, Augello 5,5; Makoumbou 5,5, Prati 5,5, Jankto 5 (46' Deiola 5,5); Oristanio 5 (68' Luvumbo 6); Pavoletti 6, Petagna 5 (46' Obert 5,5)
A disposizione: Radunovic, Aresti, Hatzidiakos, Wieteska, Zappa, Di Pardo, Mancosu, Viola, Pereiro, Sulemana, Azzi
Allenatore: Claudio Ranieri 5,5
ARBITRO: Matteo Marcenaro 4,5
AMMONITI: 45' Osimhen (N); 45+2' Goldaniga (C); 45+3' Pavoletti (C); 45+4' Rrahmani (N); 63' Augello (C); 85' Mario Rui (N); 88' Politano (N); 90+1' Anguissa (N)
ESPULSI: nessuno
ANGOLI: 5-3
RECUPERO: pt 4, st 7

16/12/2023 ore 20:45
TORINO-EMPOLI 1-0
Marcatori: 25' Zapata (T)
TORINO (3-5-2): Milinkovic-Savic 6,5; Tameze 6 (65' Djidji 6), Buongiorno 6,5, Rodriguez 6; Bellanova 7 (85' Soppy sv), Ilic 6,5, Linetty 6,5, Vlasic 5,5, Vojvoda 6 (65' Lazaro 6); Sanabria 7, Zapata 7 (90+5' Pellegri sv)
A disposizione: Gemello, Popa, Zima, Sazonov, Ricci, Gineitis, Karamoh, Radonjic, Seck
Allenatore: Ivan Juric 7
EMPOLI (4-3-1-2): Berisha 6; Ebuehi 6, Ismajli 5, Luperto 5,5, Cacace 6,5; Marin 5,5 (61' Destro 6), Grassi 6 (76' Ranocchia 6), Maleh 5,5 (76' Baldanzi 6); Fazzini 5,5; Cambiaghi 5,5 (85' Gyasi sv), Shpendi 5 (61' Cancellieri 5,5)
A disposizione: Perisan, Caprile, Walukiewicz, Bastoni, Maldini
Allenatore: Aurelio Andreazzoli 5
ARBITRO: Livio Marinelli 6
AMMONITI: 45+4' Linetty (T); 71' Bellanova (T); 80' Buongiorno (T); 81' Cacace (E); 85' Vlasic (T); 88' Luperto (E)
ESPULSI: nessuno
ANGOLI: 6-4
RECUPERO: pt 4, st 7

17/12/2023 ore 15:00
UDINESE-SASSUOLO 2-2
Marcatori: 36' Lucca (U), 55' Pereyra (U), 75' Berardi (Rig.) (S), 88' Berardi (Rig.) (S)
UDINESE (3-5-1-1): Silvestri 6; Kristensen 6,5, Perez 6, Kabasele 5; Ebosele 5,5 (77' Masina 6), Lovric 6, Walace 5,5 (90+1' Zarraga sv), Payero 4,5, Kamara 6 (71' Ehizibue 6); Pereyra 7,5; Lucca 7 (90+1' Success sv)
A disposizione: Okoye, Padelli, Tikvic, Quina, Camara, Samardzic, Thauvin, Pafundi
Allenatore: Gabriele Cioffi 5,5
SASSUOLO (4-2-3-1): Consigli 6; Toljan 6, Erlic 5,5, Ferrari 5,5, Pedersen 5,5 (71' Mulattieri 6,5); Matheus Henrique 5, Boloca 6 (56' Volpato 6); Berardi 7,5, Thorstvedt 6, Laurientè 5,5 (89' Ceide sv); Pinamonti 6
A disposizione: Pegolo, Cragno, Missori, Falasca, Loeffen, Bajrami, Castillejo, Lipani
Allenatore: Alessio Dionisi 6
ARBITRO: Gianluca Manganiello 6,5
AMMONITI: 20' Pedersen (S); 77' Ebosele (U); 90' Masina (U); 90+3' Pereyra (U)
ESPULSI: 59' Payero (U)
ANGOLI: 1-13
RECUPERO: pt 2, st 6

Jovic salva il Milan a Salerno
Il Napoli scivola al 7° posto

CLASSIFICA

Inter 44; Juventus 40; Milan 33; Bologna 31; Fiorentina 30; Roma 28; Napoli 27; Atalanta 26; Lazio e Torino 24; Monza 21; Lecce 20; Genoa e Frosinone 19; Sassuolo 16; Verona e Udinese 14; Cagliari 13; Empoli 12; Salernitana 9.

I NUMERI

Reti realizzate: 22. Rigori: 1/1. Espulsioni: 4. Ammonizioni: 49. Assist: 17 (Arnautovic, Calhanoglu, Candreva, El Shaarawy, Ferreira, Giroud, Gudmundsson, Kastanos, Kostic, Lauriente, Mboula, McKennie, Monterisi, Ndicka, Orsolini, Rodriguez e Tchatchoua 1).
Pali: 4 (Bisseck, Bove, McKennie e Prati 1).

Risultati

Bologna	1
Atalanta	0
Empoli	0
Lazio	2
Frosinone	1
Juventus	2
Inter	2
Lecce	0
Monza	0
Fiorentina	1
Roma	2
Napoli	0
Salernitana	2
Milan	2
Sassuolo	1
Genoa	2
Torino	1
Udinese	1
Verona	2
Cagliari	0

Tabellini

23/12/2023 ore 15:00

BOLOGNA-ATALANTA 1-0
Marcatori: 86' Ferguson (B)
BOLOGNA (4-3-3): Skorupski 7; Posch 6, Beukema 6, Lucumi 6, Calafiori 6,5; Ferguson 7, Freuler 6,5, Moro 5,5 (46' Fabbian 6); Ndoye 6 (45' Urbanski 6), Zirkzee 6,5 (89' Aebischer sv), Saelemaekers 6,5 (75' Orsolini 6,5)
A disposizione: Bagnolini, Ravaglia, Bonifazi, Kristiansen, Corazza, Lykogiannis, De Silvestri, El Azzouzi, Van Hooijdonk
Allenatore: Thiago Motta 6
ATALANTA (3-4-1-2): Carnesecchi 5,5; Scalvini 5,5, Djimsiti 6, Kolasinac 6 (72' Pasalic sv); Hateboer 5,5, De Roon 6, Ederson 6, Ruggeri 6 (67' Zappacosta 5,5); Koopmeiners 6,5 (85' Miranchuk sv); Lookman 6 (72' Scamacca 5,5), De Ketelaere 6 (67' Muriel 5,5)
A disposizione: Musso, Rossi, Holm, Zortea, Bonfanti, Bakker, Adopo
Allenatore: Gian Piero Gasperini 6
ARBITRO: Antonio Rapuano 5,5
AMMONITI: 30' Posch (B); 69' De Roon (A); 70' Freuler (B); 79' Zappacosta (A); 88' Hateboer (A); 90+5' Scamacca (A)
ESPULSI: nessuno
ANGOLI: 3-5
RECUPERO: pt 2, st 6

22/12/2023 ore 18:30

EMPOLI-LAZIO 0-2
Marcatori: 9' Guendouzi (L), 67' Zaccagni (L)
EMPOLI (4-3-2-1): Caprile 6,5; Ebuehi 6, Walukiewicz 6, Luperto 5,5, Bastoni 6; Fazzini 6 (62' Kovalenko 5,5), Grassi 6 (75' Marin sv), Maleh 5,5 (85' Gyasi sv); Maldini 6 (76' Destro 5,5), Cambiaghi 6; Cancellieri 5 (62' Baldanzi 5,5)
A disposizione: Perisan, Be-

risha, Cacace, Ismajli, Ranocchia, Shpendi
Allenatore: Aurelio Andreazzoli 5,5

LAZIO (4-3-3): Provedel 7; Marusic 6, Patric 6,5, Gila 6, Pellegrini 6,5; Guendouzi 7,5, Rovella 6 (78' Cataldi sv), Luis Alberto 6 (25' Kamada 5,5); Felipe Anderson 6 (78' Isaksen sv), Immobile 6 (22' Castellanos 5,5), Zaccagni 7 (78' Pedro sv)
A disposizione: Sepe, Mandas, Casale, Hysaj, Vecino
Allenatore: Maurizio Sarri 6,5
ARBITRO: Matteo Marchetti 6,5
AMMONITI: 15' Maldini (E); 26' Patric (L); 45+1' Fazzini (E); 46' Rovella (L); 57' Bastoni (E)
ESPULSI: nessuno
ANGOLI: 8-9
RECUPERO: pt 2, st 4

23/12/2023 ore 12:30
FROSINONE-JUVENTUS 1-2
Marcatori: 12' Yildiz (J), 51' Baez (F), 81' Vlahovic (J)
FROSINONE (3-4-2-1): Turati 6; Monterisi 6, Romagnoli 5,5, Lusuardi 6; Lirola 5,5 (30' Baez 7; 79' Kvernadze sv), Barrenechea 6, Gelli 6, Garritano 5,5 (69' Harroui 6); Soule 6, Brescianini 6; Kaio Jorge 5,5 (69' Cheddira 5,5)
A disposizione: Frattali, Cerofolini, Lulic, Bourabia, Caso, Cuni, Bidaoui
Allenatore: Eusebio Di Francesco 6
JUVENTUS (3-5-2): Szczesny 6,5; Danilo 5,5, Bremer 6, Alex Sandro 6 (27' Gatti 6); Cambiaso 6 (69' Weah 6), McKennie 7, Locatelli 6 (54' Nicolussi Caviglia 6), Rabiot 6, Kostic 5,5 (54' Iling-Junior 6); Yildiz 7,5 (55' Vlahovic 7), Milik 6
A disposizione: Pinsoglio, Perin, Crespi, Rugani, Miretti, Nonge
Allenatore: Massimiliano Allegri 6,5
ARBITRO: Maurizio Mariani 6
AMMONITI: 20' Cambiaso (J); 43' McKennie (J)
ESPULSI: nessuno
ANGOLI: 8-8
RECUPERO: pt 3, st 5

23/12/2023 ore 18:00
INTER-LECCE 2-0
Marcatori: 43' Bisseck (I), 78' Barella (I)
INTER (3-5-2): Sommer 6; Bisseck 7, Acerbi 6,5, Bastoni 6,5; Darmian 6,5, Barella 7 (89' Frattesi sv), Calhanoglu 6,5 (75' Asllani 6), Mkhitaryan 7 (89' Klaassen sv), Carlos Augusto 6 (84' Pavard sv); Thuram sv (84' Sanchez sv), Arnautovic 6,5
A disposizione: Di Gennaro, Audero, De Vrij, Motta, Stabile, Sensi, Agoume, Sarr
Allenatore: Simone Inzaghi 6,5
LECCE (4-3-3): Falcone 7; Gendrey 5 (86' Venuti sv), Baschirotto 5,5, Pongracic 5,5, Gallo 6; Gonzalez 5,5 (46' Kaba 6), Ramadani 5,5, Oudin 5,5 (86' Sansone sv); Strefezza 5,5 (64' Rafia 6), Piccoli 5,5 (73' Krstovic 5,5), Banda 5
A disposizione: Brancolini, Samooja, Dorgu, Smajlovic, Touba, Berisha, Faticanti, Blin, Listkowski
Allenatore: Roberto D'Aversa 6
ARBITRO: Matteo Marcenaro 5,5
AMMONITI: 16' Gonzalez (L); 30' Calhanoglu (I); 64' Piccoli (L); 74' Pongracic (L)
ESPULSI: 84' Banda (L)
ANGOLI: 16-2
RECUPERO: pt 2, st 4

22/12/2023 ore 20:45
MONZA-FIORENTINA 0-1
Marcatori: 7' Beltran (F)
MONZA (3-4-2-1): Di Gregorio 4,5; D'Ambrosio 6,5, Mari 6, Caldirola 6; Pereira 6 (46' Colombo 5), Gagliardini 5 (46' Ciurria 5,5), Akpa-Akpro 5,5, Kyriakopoulos 6 (83' Birindelli sv); Colpani 5,5 (61' Carboni V. 6), Pessina 5,5; Mota 5 (79' Vignato sv)
A disposizione: Lamanna, Sorrentino, Gori, Izzo, Carboni F., Bettella, Cittadini, Machin, Bondo, Maric
Allenatore: Raffaele Palladino 5
FIORENTINA (4-2-3-1): Terracciano 6; Kayode Olabode 6, Milenkovic 6,5, Ranieri 6,5, Biraghi 6; Arthur 7 (77' Mandragora 6), Duncan 6,5 (84' Amatucci sv); Ikone 5 (84' Sottil sv), Barak 5,5 (56' Mina 6), Kouame 6; Beltran 6,5 (46' Nzola 6)
A disposizione: Vannucchi, Christensen, Parisi, Pierozzi, Lopez, Infantino, Brekalo
Allenatore: Vincenzo Italiano 6,5
ARBITRO: Juan Luca Sacchi 6
AMMONITI: 33' Beltran (F); 33' Mari (M); 68' Mina (F); 72' Akpa-Akpro (M); 86' Kayode Olabode (F); 88' D'Ambrosio (M); 90+4' Ranieri (F)
ESPULSI: nessuno
ANGOLI: 1-4
RECUPERO: pt 1, st 5

23/12/2023 ore 20:45
ROMA-NAPOLI 2-0
Marcatori: 76' Pellegrini (R), 90+6' Lukaku (R)
ROMA (3-5-2): Rui Patricio 6; Mancini 6,5, Llorente 6, Ndicka 6,5; Kristensen 6 (75' Celik 6), Cristante 6,5, Paredes 6 (71' Azmoun 6), Bove 6,5, Zalewski 5,5 (71' El Shaarawy 6,5); Belotti 6,5 (71' Pellegrini 7), Lukaku 7
A disposizione: Boer, Svilar, Karsdorp, Spinazzola, Golic, Pagano
Allenatore: Jose Mourinho 7
NAPOLI (4-3-3): Meret 7; Di Lorenzo 5,5, Rrahmani 5,5, Juan Jesus 6,5 (88' Natan sv), Mario Rui 5,5 (81' Zerbin sv); Anguissa 5,5, Lobotka 5,5 (56' Cajuste 6), Zielinski 5,5 (88' Gaetano sv); Politano 4,5, Osimhen 5, Kvaratskhelia 5,5 (87' Raspadori sv)

A disposizione: Idasiak, Gollini, Ostigard, Zanoli, Demme, Simeone
Allenatore: Walter Mazzarri 5,5
ARBITRO: Andrea Colombo 5
AMMONITI: 28' Mario Rui (N); 29' Paredes (R); 32' Kristensen (R); 38' Cristante (R); 60' Belotti (R); 62' Juan Jesus (N); 66' Zalewski (R); 73' Osimhen (N); 82' El Shaarawy (R); 86' Osimhen (N); 90+5' Azmoun (R)
ESPULSI: 66' Politano (N); 86' Osimhen (N)
ANGOLI: 4-0
RECUPERO: pt 4, st 7

22/12/2023 ore 20:45
SALERNITANA-MILAN 2-2
Marcatori: 17' Tomori (M), 42' Fazio (S), 63' Candreva (S), 90' Jovic (M)
SALERNITANA (4-3-2-1): Costil 7; Mazzocchi 6 (78' Bronn sv), Fazio 7, Pirola 6 (62' Gyomber 5,5), Bradaric 6; Coulibaly 6, Legowski 6, Kastanos 6,5 (78' Martegani sv); Tchaouna 6 (78' Cabral sv), Candreva 7,5; Dia 5,5 (48' Ikwuemesi 6)
A disposizione: Fiorillo, Salvati, Daniliuc, Sambia, Lovato, Bohinen, Simy, Botheim
Allenatore: Filippo Inzaghi 6
MILAN (4-2-3-1): Maignan 5,5; Calabria 6, Kjaer 5,5 (46' Simic 6), Tomori 6,5 (65' Florenzi 6), Hernandez 5,5; Reijnders 5,5, Bennacer 5,5 (70' Jovic 7); Pulisic 5 (70' Chukwueze 5,5), Loftus-Cheek 5, Leao 5,5; Giroud 6
A disposizione: Nava, Mirante, Jimenez, Nsiala-Makengo, Bartesaghi, Adli, Romero, Krunic, Zeroli
Allenatore: Stefano Pioli 5,5
ARBITRO: Daniele Doveri 6
AMMONITI: 35' Leao (M); 44' Kastanos (S); 71' Mazzocchi (S); 74' Gyomber (S)
ESPULSI: 90+5' Fiorillo (S)
ANGOLI: 6-6
RECUPERO: pt 3, st 6

22/12/2023 ore 18:30
SASSUOLO-GENOA 1-2
Marcatori: 28' Pinamonti (S), 64' Gudmundsson (Rig.) (G), 87' Ekuban (G)
SASSUOLO (4-2-3-1): Consigli 6; Toljan 5,5, Erlic 5, Ferrari 5,5 (46' Tressoldi 6), Pedersen 5,5; Boloca 6, Matheus Henrique 6; Castillejo 5,5 (60' Bajrami 5,5), Thorstvedt 6 (60' Volpato 6), Laurientè 6,5; Pinamonti 6,5 (84' Mulattieri sv)
A disposizione: Pegolo, Cragno, Missori, Lipani, Ceide
Allenatore: Alessio Dionisi 5,5
GENOA (3-5-2): Martinez 6; Dragusin 6, Bani 5,5 (60' Thorsby 6), De Winter 5,5; Sabelli 6, Malinovskyi 6 (90' Vogliacco sv), Badelj 6 (74' Strootman 6), Frendrup 6, Vasquez 5,5 (60' Martin 6); Gudmundsson 6,5, Ekuban 6,5
A disposizione: Leali, Sommariva, Matturro, Hefti, Haps, Jagiello, Galdames, Puscas, Fini
Allenatore: Alberto Gilardino 6,5
ARBITRO: Marco Guida 6,5
AMMONITI: 13' Bani (G); 22' Laurientè (S); 39' Ferrari (S)
ESPULSI: nessuno
ANGOLI: 3-6
RECUPERO: pt 1, st 5

23/12/2023 ore 15:00
TORINO-UDINESE 1-1
Marcatori: 81' Zarraga (U), 88' Ilic (T)
TORINO (3-4-1-2): Milinkovic-Savic 5; Tameze 5,5, Buongiorno 6,5, Rodriguez 6,5; Soppy 5 (59' Vojvoda 5,5), Ricci 5,5, Ilic 7, Lazaro 5,5 (86' Karamoh sv); Vlasic 5,5 (75' Radonjic sv); Sanabria 5,5, Zapata 6
A disposizione: Gemello, Popa, Zima, Sazonov, Djidji, Gineitis, Pellegri, Seck
Allenatore: Ivan Juric 6
UDINESE (3-5-1-1): Silvestri 5; Ferreira 7, Perez 6,5, Kristensen 6,5; Ebosele 5,5 (78' Success sv), Samardzic 5 (71' Zarraga 7), Walace 6, Lovric 6 (90+1' Masina sv), Kamara 5,5 (71' Ehizibue 6); Pereyra 5,5; Lucca 6 (78' Thauvin sv)
A disposizione: Okoye, Padelli, Tikvic, Kabasele, Quina, Camara, Pafundi
Allenatore: Gabriele Cioffi 6
ARBITRO: Michael Fabbri 6
AMMONITI: 48' Kamara (U); 53' Sanabria (T); 76' Lucca (U); 90+2' Vojvoda (T)
ESPULSI: nessuno
ANGOLI: 8-2
RECUPERO: pt 2, st 4

23/12/2023 ore 18:00
VERONA-CAGLIARI 2-0
Marcatori: 53' Ngonge (V), 90' Djuric (V)
VERONA (4-2-3-1): Montipo 6; Tchatchoua 6, Hien 6, Dawidowicz 6,5, Terracciano 5,5 (46' Doig 6,5); Duda 6, Hongla 6,5; Ngonge 7 (77' Mboula 6,5), Suslov 6,5, Saponara 6,5 (68' Lazovic 6); Henry 5 (46' Djuric 7)
A disposizione: Berardi, Perilli, Amione, Magnani, Cabal, Coppola, Charlys, Cruz, Kallon, Bonazzoli
Allenatore: Marco Baroni 7
CAGLIARI (3-4-1-2): Scuffet 7; Hatzidiakos 5,5 (77' Azzi 6), Dossena 5,5, Goldaniga 5,5 (85' Lapadula sv); Nandez 5,5, Makoumbou 4,5, Prati 6,5, Augello 6 (59' Luvumbo 5,5); Viola 6 (59' Sulemana 6); Oristanio 6 (77' Zappa 5,5), Pavoletti 6
A disposizione: Radunovic, Aresti, Wieteska, Obert, Di Pardo, Mancosu, Deiola, Pereiro, Jankto, Petagna
Allenatore: Claudio Ranieri 5,5
ARBITRO: Daniele Orsato 5,5
AMMONITI: 12' Makoumbou (C); 45' Duda (V); 52' Makoumbou (C); 57' Suslov (V); 57' Viola (C); 69' Ngonge (V); 90+3' Sulemana (C)
ESPULSI: 52' Makoumbou (C)
ANGOLI: 11-7
RECUPERO: pt 1, st 6

La Juve riavvicina l'Inter
Bologna ko: la Fiorentina è 4ª

CLASSIFICA

Inter 45; Juventus 43; Milan 36; Fiorentina 33; Bologna 31; Atalanta 29; Roma e Napoli 28; Lazio 27; Torino 24; Monza 22; Genoa e Lecce 20; Frosinone 19; Udinese 17; Sassuolo 16; Verona e Cagliari 14; Empoli 13; Salernitana 12.

I NUMERI

Reti realizzate: 14. Rigori: 1/3. Espulsioni: 1. Ammonizioni: 45. Assist: 9 (Bennacer, Castellanos, Gudmundsson, Isaksen, Kastanos, Kayode, Lovric, Scamacca e Vlahovic 1).
Pali: 5 (Barella, Cristante, Isaksen, Pasalic e Scamacca 1).

Risultati

Atalanta	1
Lecce	0
Cagliari	0
Empoli	0
Fiorentina	1
Torino	0
Genoa	1
Inter	1
Juventus	1
Roma	0
Lazio	3
Frosinone	1
Milan	1
Sassuolo	0
Napoli	0
Monza	0
Udinese	3
Bologna	0
Verona	0
Salernitana	1

Tabellini

30/12/2023 ore 12:30

ATALANTA-LECCE 1-0
Marcatori: 58' Lookman (A)
ATALANTA (3-4-1-2): Carnesecchi 6,5; Djimsiti 6, De Roon 6, Kolasinac 6,5; Zappacosta 5,5 (64' Zortea 6), Pasalic 7, Ederson 6, Ruggeri 6 (90+2' Holm sv); Koopmeiners 6,5 (82' Adopo sv); Scamacca 6 (64' Muriel 6), Lookman 7 (90+2' Miranchuk sv)
A disposizione: Musso, Rossi, Comi, Bakker, De Ketelaere
Allenatore: Gian Piero Gasperini 6,5
LECCE (4-3-3): Falcone 6; Gendrey 6 (83' Venuti sv), Baschirotto 6,5, Touba 5,5, Gallo 6,5; Kaba 6,5, Ramadani 6, Rafia 5,5 (72' Gonzalez 6); Strefezza 5,5 (83' Listkowski sv), Krstovic 5 (77' Piccoli 6), Oudin 5,5
A disposizione: Brancolini, Borbei, Dorgu, Smajlovic, Berisha, Faticanti, Blin
Allenatore: Roberto D'Aversa 6
ARBITRO: Gianluca Manganiello 6
AMMONITI: 35' Zappacosta (A); 82' Ramadani (L); 90+5' Holm (A); 90+5' Oudin (L)
ESPULSI: nessuno
ANGOLI: 5-6
RECUPERO: pt 1, st 5

30/12/2023 ore 15:00

CAGLIARI-EMPOLI 0-0
CAGLIARI (4-3-1-2): Scuffet 6; Zappa 5,5, Goldaniga 6, Dossena 6,5, Azzi 6,5 (90+3' Jankto sv); Deiola 6, Prati 6, Sulemana 6 (89' Oristanio sv); Viola 5 (89' Mancosu sv); Lapadula 5,5 (46' Luvumbo 6,5), Pavoletti 6 (89' Petagna sv)
A disposizione: Radunovic, Aresti, Hatzidiakos, Wieteska, Obert, Di Pardo, Pereiro
Allenatore: Claudio Ranieri 6
EMPOLI (4-3-1-2): Caprile 8; Ebuehi 6, Walukiewicz

5,5, Luperto 6, Cacace 5; Kovalenko 5,5 (84' Ismajli sv), Grassi 6, Maleh 5,5 (46' Bastoni sv; 60' Ranocchia 5,5); Maldini 5,5 (60' Gyasi 6); Cambiaghi 6, Caputo 5 (73' Cancellieri 5,5)
A disposizione: Perisan, Berisha, Indragoli, Marin, Shpendi, Baldanzi
Allenatore: Aurelio Andreazzoli 6
ARBITRO: Fabio Maresca 5
AMMONITI: 29' Maleh (E); 29' Lapadula (C); 64' Cacace (E); 80' Walukiewicz (E)
ESPULSI: nessuno
ANGOLI: 8-6
RECUPERO: pt 8, st 9

29/12/2023 ore 18:30
FIORENTINA-TORINO 1-0
Marcatori: 83' Ranieri (F)
FIORENTINA (4-2-3-1): Terracciano 7; Kayode Olabode 6,5, Milenkovic 6,5, Ranieri 7, Biraghi 6 (77' Parisi 6,5); Arthur 5,5 (65' Mandragora 6,5), Duncan 6; Ikone 5,5 (88' Sottil sv), Bonaventura 6 (88' Martinez Quarta sv), Kouame 6; Beltran 5,5 (64' Nzola 5,5)
A disposizione: Martinelli, Christensen, Mina, Comuzzo, Pierozzi, Lopez, Infantino, Barak, Amatucci, Brekalo
Allenatore: Vincenzo Italiano 7
TORINO (3-4-1-2): Milinkovic-Savic 6; Tameze 6 (87' Seck sv), Buongiorno 5,5, Rodriguez 5,5; Bellanova 6 (79' Vojvoda 5,5), Ricci 6 (62' Linetty 5), Ilic 6, Lazaro 5; Vlasic 6 (78' Djidji 5,5); Pellegri 6 (62' Sanabria 5), Zapata 5
A disposizione: Gemello, Popa, Sazonov, Soppy, Gineitis, Karamoh, Radonjic
Allenatore: Ivan Juric 5,5
ARBITRO: Federico La Penna 6
AMMONITI: 24' Biraghi (F); 55' Ricci (T); 68' Kayode Olabode (F); 75' Ranieri (F); 87' Ikone (F); 89' Djidji (T)
ESPULSI: nessuno
ANGOLI: 4-2

RECUPERO: pt 1, st 6

29/12/2023 ore 20:45
GENOA-INTER 1-1
Marcatori: 42' Arnautovic (I), 45+7' Dragusin (G)
GENOA (3-5-2): Martinez 7; Dragusin 7, Bani 6, De Winter 6 (46' Vasquez 6,5); Sabelli 6, Frendrup 6, Badelj 6,5, Strootman 5,5 (61' Malinovskyi 6), Martin 6 (78' Messias sv); Ekuban 6 (61' Retegui 5,5), Gudmundsson 6,5
A disposizione: Leali, Vogliacco, Matturro, Hefti, Haps, Thorsby, Jagiello, Kutlu, Galdames, Puscas, Fini
Allenatore: Alberto Gilardino 6,5
INTER (3-5-2): Sommer 5; Bisseck 6 (90' Pavard sv), Acerbi 6, Bastoni 6,5; Darmian 6 (78' Dumfries sv), Barella 6 (78' Frattesi sv), Calhanoglu 5,5, Mkhitaryan 5,5 (90' Klaassen sv), Carlos Augusto 5; Thuram 5,5, Arnautovic 7 (70' Sanchez 5,5)
A disposizione: Di Gennaro, Audero, De Vrij, Motta, Stabile, Sensi, Asllani, Agoume, Sarr
Allenatore: Simone Inzaghi 6
ARBITRO: Daniele Doveri 5
AMMONITI: 67' Gudmundsson (G); 69' Dragusin (G); 77' Barella (I); 85' Mkhitaryan (I)
ESPULSI: nessuno
ANGOLI: 8-2
RECUPERO: pt 10, st 8

30/12/2023 ore 20:45
JUVENTUS-ROMA 1-0
Marcatori: 47' Rabiot (J)
JUVENTUS (3-5-2): Szczesny 6; Gatti 6,5, Bremer 7, Danilo 6; Weah 6, McKennie 6,5 (90+6' Rugani sv), Locatelli 6, Rabiot 7, Kostic 6,5 (75' Iling-Junior 6); Vlahovic 7 (76' Milik 6), Yildiz 6,5 (66' Chiesa 6,5)
A disposizione: Pinsoglio, Perin, Huijsen, Miretti, Nicolussi Caviglia, Nonge
Allenatore: Massimiliano Allegri 6,5
ROMA (3-5-2): Rui Patricio 5,5; Mancini 6, Llorente 5,5, Ndicka 6,5; Kristensen 5,5, Cristante 6, Paredes 6 (74' El Shaarawy 5,5), Bove 6 (64' Pellegrini 5,5), Zalewski 5,5 (80' Azmoun sv); Dybala 6, Lukaku 5
A disposizione: Boer, Svilar, Karsdorp, Celik, Spinazzola, Renato Sanches, Pagano, Pisilli, Belotti
Allenatore: Jose Mourinho 5,5
ARBITRO: Simone Sozza 6
AMMONITI: 69' Paredes (R); 78' Locatelli (J)
ESPULSI: nessuno
ANGOLI: 2-2
RECUPERO: pt 0, st 6

29/12/2023 ore 20:45
LAZIO-FROSINONE 3-1
Marcatori: 58' Soule (Rig.) (F), 70' Castellanos (L), 72' Isaksen (L), 84' Patric (L)
LAZIO (4-3-3): Provedel 6; Marusic 6, Patric 7, Gila 6,5, Pellegrini 6,5 (54' Hysaj 6); Guendouzi 5,5, Rovella 6,5 (86' Cataldi sv), Kamada 5 (66' Vecino 6,5); Felipe Anderson 5 (46' Isaksen 7,5), Castellanos 7,5, Zaccagni 6,5 (86' Pedro sv)
A disposizione: Sepe, Mandas, Casale, Ruggeri, Basic, Fernandes
Allenatore: Maurizio Sarri 7
FROSINONE (3-4-3): Turati 6; Monterisi 5, Okoli 5, Romagnoli 5,5, Gelli 6, Barrenechea 5,5, Brescianini 5,5 (89' Bourabia sv), Garritano 5 (79' Kvernadze sv); Soule 6,5 (89' Cuni sv), Kaio Jorge 5,5 (75' Cheddira 5,5), Harroui 5,5 (75' Caso 5,5)
A disposizione: Frattali, Cerofolini, Lusuardi, Lulic, Reinier, Mazzitelli
Allenatore: Eusebio Di Francesco 6
ARBITRO: Ermanno Feliciani 6
AMMONITI: 56' Patric (L); 74' Okoli (F); 78' Barrenechea (F); 78' Isaksen (L); 90+6' Cataldi (L)

ESPULSI: nessuno
ANGOLI: 6-2
RECUPERO: pt 2, st 6

30/12/2023 ore 18:00
MILAN-SASSUOLO 1-0
Marcatori: 59' Pulisic (M)
MILAN (4-3-3): Maignan 6,5;
Calabria 6, Kjaer 6 (82' Simic
sv), Hernandez 6, Florenzi
6,5; Reijnders 6,5, Bennacer
6,5 (63' Adli 6), Loftus-Cheek
5,5 (74' Zeroli sv); Pulisic 6,5,
Giroud 5,5 (63' Jovic sv), Leao
6,5 (81' Chukwueze sv)
A disposizione: Nava, Miran-
te, Jimenez, Nsiala-Makengo,
Bartesaghi, Romero, Krunic,
Traorè
Allenatore: Stefano Pioli 6
SASSUOLO (4-2-3-1): Con-
sigli 6,5; Pedersen 5,5, Erlic
6 (46' Tressoldi 6), Ferrari 6,
Toljan 6; Matheus Henrique
6, Thorstvedt 6 (89' Ceide
sv); Berardi 6 (70' Castillejo
6), Bajrami 6 (65' Volpato 6),
Laurientè 5,5 (89' Mulattieri
sv); Pinamonti 5,5
A disposizione: Pegolo, Cra-
gno, Missori, Viti, Lipani, Al-
varez
Allenatore: Alessio Dionisi
5,5
ARBITRO: Livio Marinelli 7
AMMONITI: 88' Castillejo (S)
ESPULSI: nessuno
ANGOLI: 6-5
RECUPERO: pt 1, st 5

29/12/2023 ore 18:30
NAPOLI-MONZA 0-0
NAPOLI (4-3-3): Meret 7
(74' Contini 6); Di Lorenzo
6, Rrahmani 6,5, Juan Jesus
6, Mario Rui 6; Anguissa 6,
Lobotka 6 (85' Simeone sv),
Zielinski 5,5 (71' Gaetano 5,5);
Zerbin 5,5 (71' Lindstrom 6),
Raspadori 5,5, Kvaratskhelia
5,5
A disposizione: Idasiak, D'A-
vino, Ostigard, Zanoli, Cajuste
Allenatore: Walter Mazzarri
5,5
MONZA (3-4-2-1): Di Gre-
gorio 7; D'Ambrosio 6 (76'
Cittadini 6), Gagliardini 6,5,

Caldirola 6,5; Pereira 5,5 (46'
Birindelli 6), Pessina 5, Akpa-
Akpro 6 (63' Bondo 6), Ciurria
6; Carboni V. 5,5 (57' Colpani
6), Mota 5,5; Colombo 5,5 (76'
Machin sv)
A disposizione: Lamanna,
Sorrentino, Gori, Donati, Car-
boni F., Kyriakopoulos, Maric,
Vignato
Allenatore: Raffaele Palla-
dino 6,5
ARBITRO: Marco Di Bello 5,5
AMMONITI: 32' Pereira (M);
50' Birindelli (M); 66' Juan
Jesus (N); 67' Di Lorenzo (N);
79' Cittadini (M); 80' Gaetano
(N); 82' Kvaratskhelia (N); 83'
Bondo (M)
ESPULSI: 90+5' Maric (M)
ANGOLI: 10-1
RECUPERO: pt 0, st 7

30/12/2023 ore 15:00
UDINESE-BOLOGNA 3-0
Marcatori: 23' Pereyra (U),
48' Lucca (U), 52' Payero (U)
UDINESE (3-5-1-1): Okoye
6; Ferreira 6,5, Perez 6,5, Kristensen 6,5, Ebosele 6,5 (70'
Zarraga 6), Lovric 6,5, Walace
6,5 (80' Samardzic sv), Payero 7, Kamara 6,5 (87' Masina
sv); Pereyra 7,5 (81' Thauvin
sv); Lucca 7 (87' Success sv)
A disposizione: Silvestri, Pa-
delli, Tikvic, Kabasele, Quina,
Camara
Allenatore: Gabriele Cioffi
7,5
BOLOGNA (4-2-3-1): Skorupski 6; Posch 5 (55' Lucumi
6), Beukema 5, Calafiori 5,5,
Kristiansen 5 (56' Fabbian
6); Freuler 5,5, Moro 5 (55'
Aebischer 5,5); Saelemaekers
5 (56' Orsolini 5,5), Ferguson 5,5, Urbanski 5 (74' Van
Hooijdonk sv); Zirkzee 5,5
A disposizione: Bagnolini,
Ravaglia, Corazza, Lykogian-
nis, De Silvestri, El Azzouzi
Allenatore: Thiago Motta 4,5
ARBITRO: Daniele Orsato 5
AMMONITI: 6' Urbanski (B);
45+2' Pereyra (U); 45+3' Fer-
guson (B); 63' Freuler (B); 72'
Zirkzee (B); 75' Fabbian (B);

90+2' Success (U)
ESPULSI: nessuno
ANGOLI: 7-7
RECUPERO: pt 4, st 6

30/12/2023 ore 18:00
**VERONA-SALERNITANA
0-1**
Marcatori: 48' Tchaouna (S)
VERONA (4-2-3-1): Montipo
6,5; Tchatchoua 5,5 (60' Ter-
racciano 6), Dawidowicz 5,5,
Hien 6, Doig 6 (87' Cabal sv);
Folorunsho 5,5 (87' Mboula
sv), Hongla 5; Ngonge 5,5,
Suslov 5, Lazovic 5 (60' Bo-
nazzoli 5,5); Djuric 6 (82'
Henry sv)
A disposizione: Berardi, Pe-
rilli, Amione, Faraoni, Magna-
ni, Coppola, Serdar, Charlys,
Cruz, Kallon
Allenatore: Marco Baroni 5
SALERNITANA (4-2-3-1):
Costil 6,5; Mazzocchi 6,5, Fa-
zio 6, Pirola sv (5' Gyomber
6), Bradaric 6,5; Coulibaly 6,
Maggiore 6,5; Candreva 6,5,
Kastanos 6,5 (59' Legowski
6), Tchaouna 7; Simy 6 (88'
Ikwuemesi sv)
A disposizione: Allocca, Sal-
vati, Sambia, Bronn, Lovato,
Martegani, Bohinen, Bo-
theim, Cabral
Allenatore: Filippo Inzaghi
6,5
ARBITRO: Maurizio Mariani 6
AMMONITI: 38' Ngonge (V);
72' Legowski (S); 79' Doig (V);
90' Candreva (S)
ESPULSI: nessuno
ANGOLI: 7-6
RECUPERO: pt 4, st 6

L'Inter è campione d'inverno
La Lazio sorpassa la Roma

CLASSIFICA

Inter 48; Juventus 46; Milan 39; Fiorentina 33; Bologna 32; Atalanta e Lazio 30; Roma 29; Napoli 28; Torino 27; Monza 25; Genoa e Lecce 21; Sassuolo e Frosinone 19; Udinese 17; Cagliari 15; Verona 14; Empoli 13; Salernitana 12.

I NUMERI

Reti realizzate: 27 (un'autorete). **Rigori: 3/5. Espulsioni: 4. Ammonizioni: 49. Assist: 20** (Zapata 2; Carboni V., Danilo, Duda, Felipe Anderson, Gudmundsson, Lazaro, Leao, Lovric, Miranchuk, Mkhitaryan, Monterisi, Mota, Oudin, Pedersen, Pulisic, Tchaouna, Viola e Vlahovic 1). **Pali: 7** (Bastoni, Duncan, Gudmundsson, Henry, Oudin, Sanabria e Viola 1).

Risultati

Bologna	1
Genoa	1
Empoli	0
Milan	3
Frosinone	2
Monza	3
Inter	2
Verona	1
Lecce	1
Cagliari	1
Roma	1
Atalanta	1
Salernitana	1
Juventus	2
Sassuolo	1
Fiorentina	0
Torino	3
Napoli	0
Udinese	1
Lazio	2

Tabellini

05/01/2024 ore 20:45

BOLOGNA-GENOA 1-1

Marcatori: 20' Gudmundsson (G), 90+5' De Silvestri (B)

BOLOGNA (4-2-3-1): Ravaglia 5,5; Posch 5,5 (87' De Silvestri 6,5), Lucumi 6, Calafiori 6,5, Lykogiannis 5,5 (53' Kristiansen 6); Moro 5,5 (54' Aebischer 6), Freuler 6; Orsolini 5,5, Fabbian 5,5, Urbanski 5,5 (54' Saelemaekers 6,5); Zirkzee 5

A disposizione: Bagnolini, Skorupski, Corazza, Beukema, Van Hooijdonk

Allenatore: Thiago Motta 6

GENOA (3-5-2): Martinez 7,5; Dragusin 6,5, Vogliacco 6, Vasquez 6 (84' Matturro sv); Sabelli 6, Frendrup 6,5, Badelj 6,5, Malinovskyi 5,5, Messias 6,5 (77' Haps sv); Ekuban 5,5 (69' Retegui 5,5), Gudmundsson 7

A disposizione: Calvani, Sommariva, Martin, Kutlu, Papadopoulos, Galdames, Fini

Allenatore: Alberto Gilardino 6,5

ARBITRO: Andrea Colombo 6

AMMONITI: 19' Posch (B); 40' Vasquez (G); 71' Retegui (G); 79' Sabelli (G); 88' Zirkzee (B); 90+7' Kristiansen (B)

ESPULSI: nessuno

ANGOLI: 11-2

RECUPERO: pt 1, st 8

07/01/2024 ore 12:30

EMPOLI-MILAN 0-3

Marcatori: 11' Loftus-Cheek (M), 31' Giroud (Rig.) (M), 88' Traorè (M)

EMPOLI (4-3-1-2): Caprile 6; Ebuehi 5,5 (27' Ranocchia 6), Walukiewicz 5,5, Ismajli 5,5, Luperto 5,5; Gyasi 5,5, Grassi 5,5 (74' Marin 6), Maleh 4,5; Baldanzi 5,5 (57' Cancellieri 6,5); Caputo 5 (74' Maldini 5,5), Cambiaghi 5,5

A disposizione: Perisan, Berisha, Indragoli, Sodero, Shpendi, Destro

Allenatore: Aurelio Andreazzoli 6

MILAN (4-3-3): Maignan 6; Calabria 6 (70' Bartesaghi 6), Kjaer 6,5 (84' Gabbia sv), Hernandez 7, Florenzi 6 (35' Jimenez 5); Loftus-Cheek 7 (70' Musah 6), Adli 6,5, Reijnders 6; Pulisic 6,5, Giroud 6,5, Leao 6,5 (84' Traorè 6,5)

A disposizione: Nava, Mirante, Simic, Romero, Zeroli, Jovic

Allenatore: Stefano Pioli 6,5

ARBITRO: Federico La Penna 6

AMMONITI: 41' Calabria (M); 54' Jimenez (M); 81' Marin (E)

ESPULSI: nessuno

ANGOLI: 6-6

RECUPERO: pt 3, st 3

06/01/2024 ore 15:00

FROSINONE-MONZA 2-3

Marcatori: 18' Mota (M), 45' Carboni V. (M), 55' Soule (Aut.) (F), 56' Harroui (F), 76' Soule (Rig.) (F)

FROSINONE (3-4-3): Turati 6; Monterisi 5,5, Okoli 5,5, Lusuardi 5,5 (84' Ibrahimovic sv); Lirola 5,5 (46' Caso 6,5), Barrenechea 5,5, Harroui 7 (85' Cuni sv), Gelli 6; Soule 5,5, Cheddira 5 (60' Kaio Jorge 6), Reinier 5,5 (46' Mazzitelli 6,5)

A disposizione: Frattali, Cerofolini, Romagnoli, Garritano, Bourabia, Kvernadze, Ghedjemis

Allenatore: Eusebio Di Francesco 5,5

MONZA (3-4-2-1): Di Gregorio 6 (41' Sorrentino 5,5); D'Ambrosio 5,5, Gagliardini 6,5 (60' Mari 6), Caldirola 6; Pereira 6 (77' Birindelli 6), Pessina 6, Bondo 6,5, Ciurria 5,5; Colpani 6 (60' Akpa-Akpro 6), Carboni V. 7,5, Mota 7,5 (77' Colombo 6)

A disposizione: Gori, Donati, Izzo, Carboni F., Bettella, Cittadini, Kyriakopoulos, Machin, Ferraris, Vignato

Allenatore: Raffaele Palladino 6,5

ARBITRO: Maria Sole Ferrieri Caputi 6,5

AMMONITI: 29' Gagliardini (M); 51' Caldirola (M); 54' Monterisi (F); 73' Lusuardi (F); 74' D'Ambrosio (M); 81' Colombo (M); 89' Barrenechea (F); 90+3' Akpa-Akpro (M)

ESPULSI: 76' Frattali (F)

ANGOLI: 5-1

RECUPERO: pt 8, st 5

06/01/2024 ore 12:30

INTER-VERONA 2-1

Marcatori: 13' Martinez (I), 74' Henry (V), 90+3' Frattesi (I)

INTER (3-5-2): Sommer 6; Pavard 6,5 (83' Sanchez sv), Acerbi 5,5, Bastoni 6; Dumfries 6 (61' Darmian 5,5), Barella 6,5, Calhanoglu 6, Mkhitaryan 6,5 (83' Frattesi 7), Carlos Augusto 6 (72' Dimarco 6); Thuram 6,5 (73' Arnautovic 5,5), Martinez 7

A disposizione: Di Gennaro, Audero, De Vrij, Bisseck, Sensi, Klaassen, Asllani

Allenatore: Simone Inzaghi 6,5

VERONA (4-2-3-1): Montipo 5,5; Tchatchoua 6,5, Coppola 5,5, Magnani 6, Doig 5,5 (73' Cabal 6); Suslov 6,5 (90+1' Charlys sv), Duda 6,5; Ngonge 6,5 (87' Kallon sv), Folorunsho 6, Mboula 5,5 (46' Lazovic 5); Djuric 5,5 (73' Henry 6)

A disposizione: Berardi, Perilli, Amione, Faraoni, Hongla, Serdar, Cruz, Bonazzoli

Allenatore: Marco Baroni 6

ARBITRO: Michael Fabbri 4

AMMONITI: 77' Coppola (V); 78' Suslov (V)

ESPULSI: 90+5' Lazovic (V)

ANGOLI: 7-0

RECUPERO: pt 1, st 12

06/01/2024 ore 18:00

LECCE-CAGLIARI 1-1

Marcatori: 31' Gendrey (L), 68' Oristanio (C)

LECCE (4-3-3): Falcone 6; Gendrey 6,5, Pongracic 6, Baschirotto 6, Gallo 6; Kaba 6,5, Ramadani 5,5, Gonzalez 6 (79' Blin 6); Oudin 7 (86' Dorgu sv), Krstovic 5 (79' Piccoli 6), Strefezza 5,5 (70' Almqvist 6)

A disposizione: Brancolini, Samooja, Venuti, Smajlovic, Berisha, Faticanti, Listkowski

Allenatore: Roberto D'Aversa 6

CAGLIARI (4-3-1-2): Scuffet 6; Zappa 6, Goldaniga 6, Dossena 6, Augello 5; Nandez 6, Prati 6, Makoumbou 6 (89' Deiola sv); Viola 6,5; Oristanio 7 (86' Di Pardo sv), Petagna 6,5

A disposizione: Radunovic, Aresti, Hatzidiakos, Wieteska, Obert, Mancosu, Pereiro, Sulemana, Azzi, Pavoletti

Allenatore: Claudio Ranieri 6

ARBITRO: Davide Massa 6

AMMONITI: 36' Dossena (C); 67' Strefezza (L)

ESPULSI: nessuno

ANGOLI: 7-6

RECUPERO: pt 1, st 4

07/01/2024 ore 20:45

ROMA-ATALANTA 1-1

Marcatori: 8' Koopmeiners (A), 39' Dybala (Rig.) (R)

ROMA (3-5-2): Rui Patricio 6; Mancini 6,5, Llorente 5,5 (46' Huijsen 6), Kristensen 6; Karsdorp 6 (65' Celik 6), Bove 6,5, Cristante 6, Pellegrini 6 (73' Paredes 6), Zalewski 6 (65' Spinazzola 6); Dybala 7 (84' El Shaarawy sv), Lukaku 5,5

A disposizione: Bellucci Marin, Svilar, Pagano, Pisilli, Belotti, Azmoun

Allenatore: Jose Mourinho 6,5

ATALANTA (3-4-1-2): Carnesecchi 6,5; Scalvini 6,5 (86' Hien sv), Djimsiti 6, Kolasinac 6 (79' Palomino sv); Holm 5,5, De Roon 6, Ederson 6 (65' Pasalic 6), Ruggeri 5 (64' Zappacosta 6); Koopmeiners 6,5; Miranchuk 6,5, De Ketelaere 6 (46' Scamacca 5,5)

A disposizione: Musso, Rossi, Zortea, Comi, Bakker, Mendicino, Muriel

Allenatore: Gian Piero Gasperini 6
ARBITRO: Gianluca Aureliano 5
AMMONITI: 29' Scalvini (A); 38' Ruggeri (A); 43' Ederson (A); 55' Koopmeiners (A); 63' Kristensen (R); 74' Zappacosta (A); 90' Holm (A)
ESPULSI: espulso l'allenatore Jose Mourinho (Roma)
ANGOLI: 6-5
RECUPERO: pt 7, st 6

07/01/2024 ore 18:00

SALERNITANA-JUVENTUS 1-2

Marcatori: 39' Maggiore (S), 65' Iling-Junior (J), 90+1' Vlahovic (J)
SALERNITANA (3-5-2): Costil 6; Daniliuc 6, Fazio 6, Gyomber 5,5; Sambia 6,5 (89' Martegani sv), Maggiore 6, Legowski 6, Candreva 6,5, Bradaric 6; Tchaouna 6 (56' Bronn 5,5), Simy 5,5 (77' Ikwuemesi sv)
A disposizione: Fiorillo, Ochoa, Lovato, Sfait, Botheim, Stewart
Allenatore: Filippo Inzaghi 6
JUVENTUS (3-5-2): Szczesny 6; Gatti 5,5 (46' Rugani 6), Bremer 6, Danilo 7; Weah 6 (81' Nonge sv), McKennie 6,5, Nicolussi Caviglia 5,5 (59' Milik 5,5), Rabiot 6, Kostic 5 (46' Iling-Junior 7); Vlahovic 7, Yildiz 6 (68' Miretti 6)
A disposizione: Pinsoglio, Perin
Allenatore: Massimiliano Allegri 6,5
ARBITRO: Marco Guida 6
AMMONITI: 19' Gyomber (S); 32' Maggiore (S); 43' Gatti (J); 53' Maggiore (S); 69' McKennie (J); 73' Rugani (J); 90+2' Vlahovic (J); 90+3' Rabiot (J)
ESPULSI: 53' Maggiore (J)
ANGOLI: 2-8
RECUPERO: pt 0, st 6

06/01/2024 ore 20:45

SASSUOLO-FIORENTINA 1-0

Marcatori: 9' Pinamonti (S)

SASSUOLO (4-2-3-1): Consigli 7; Toljan 6 (85' Missori sv), Erlic 6, Ferrari 5,5, Pedersen 6; Boloca 6, Matheus Henrique 6; Berardi 6 (80' Bajrami sv), Thorstvedt 6, Laurientè 5,5 (76' Tressoldi 6); Pinamonti 6,5 (85' Mulattieri sv)
A disposizione: Pegolo, Cragno, Viti, Castillejo, Volpato, Lipani, Ceide, Alvarez
Allenatore: Alessio Dionisi 6,5
FIORENTINA (4-2-3-1): Terracciano 6; Kayode Olabode 5,5, Milenkovic 5,5, Martinez Quarta 5,5, Biraghi 5,5; Arthur 5,5 (52' Beltran 5,5), Mandragora 5,5 (52' Duncan 6); Ikone 6, Bonaventura 5 (80' Barak sv), Brekalo 5 (74' Parisi sv); Nzola 5,5
A disposizione: Martinelli, Vannucchi, Christensen, Ranieri, Mina, Pierozzi, Lopez, Infantino, Amatucci
Allenatore: Vincenzo Italiano 5,5
ARBITRO: Rosario Abisso 5,5
AMMONITI: 35' Matheus Henrique (S); 35' Martinez Quarta (F); 53' Pinamonti (S); 69' Berardi (S); 90+6' Ikone (F)
ESPULSI: nessuno
ANGOLI: 1-8
RECUPERO: pt 2, st 8

07/01/2024 ore 15:00

TORINO-NAPOLI 3-0

Marcatori: 43' Sanabria (T), 52' Vlasic (T), 66' Buongiorno (T)
TORINO (3-4-1-2): Milinkovic-Savic 6,5; Djidji 7 (76' Sazonov sv), Buongiorno 7, Rodriguez 6,5; Bellanova 7, Ricci 6,5, Ilic 7 (90' Gineitis sv), Lazaro 7; Vlasic 7,5 (90' Karamoh sv); Sanabria 7 (90+2' Seck sv), Zapata 7 (76' Pellegri sv)
A disposizione: Gemello, Popa, Zima, Vojvoda, Tameze, Linetty
Allenatore: Ivan Juric 7,5
NAPOLI (4-3-3): Gollini 6; Di Lorenzo 5,5, Rrahmani 5, Juan Jesus 4,5, Mario Rui 5,5 (59' Zerbin 6); Cajuste 5 (76' Gaetano sv), Lobotka 5, Zielinski 5 (46' Mazzocchi 4); Politano 5 (68' Lindstrom 6), Raspadori 5,5 (59' Simeone 5,5), Kvaratskhelia 4,5
A disposizione: Contini, Idasiak, D'Avino, Zanoli, Demme
Allenatore: Walter Mazzarri 4
ARBITRO: Maurizio Mariani 6
AMMONITI: 37' Zielinski (N); 61' Juan Jesus (N)
ESPULSI: 50' Mazzocchi (N)
ANGOLI: 2-5
RECUPERO: pt 1, st 3

07/01/2024 ore 15:00

UDINESE-LAZIO 1-2

Marcatori: 12' Pellegrini (L), 59' Walace (U), 76' Vecino (L)
UDINESE (3-5-1-1): Okoye 5,5; Ferreira 5,5, Perez 6, Kristensen 5 (83' Thauvin sv); Ebosele 6 (75' Ehizibue 5,5), Lovric 6,5 (83' Davis sv), Walace 6,5, Payero 5,5, Masina 5,5 (46' Kamara 6); Pereyra 6; Lucca 5,5 (67' Success 6)
A disposizione: Silvestri, Padelli, Tikvic, Kabasele, Zarraga, Quina, Camara, Samardzic
Allenatore: Gabriele Cioffi 6
LAZIO (4-3-3): Provedel 6; Marusic 6, Patric 6, Gila 6 (87' Romagnoli sv), Pellegrini 6,5 (68' Lazzari 6); Guendouzi 6, Rovella 6,5, Kamada 5 (46' Vecino 7); Isaksen 6,5 (46' Felipe Anderson 6,5), Castellanos 5,5, Zaccagni 5,5 (68' Pedro 6)
A disposizione: Sepe, Mandas, Casale, Hysaj, Basic, Cataldi, Fernandes
Allenatore: Maurizio Sarri 6
ARBITRO: Juan Luca Sacchi 5,5
AMMONITI: 10' Kristensen (U); 35' Payero (U); 38' Masina (U); 40' Kamada (L); 44' Ferreira (U); 46' Gila (L); 58' Pellegrini (L); 90+1' Perez (U)
ESPULSI: nessuno
ANGOLI: 4-4
RECUPERO: pt 4, st 5

Cinquine per Inter e Atalanta
Crisi Roma: esonerato Mourinho

Inquadra il Qr-code per vedere le pagelle commentate su Datasport.it

CLASSIFICA

Inter 51; Juventus 49; Milan 42; Fiorentina 34; Lazio e Atalanta 33; Bologna 32; Napoli 31; Roma 29; Torino 28; Monza 25; Genoa 22; Lecce 21; Frosinone e Sassuolo 19; Udinese e Cagliari 18; Verona 17; Empoli 13; Salernitana 12.

I NUMERI

Reti realizzate: 32 (un'autorete). **Rigori: 7/7. Espulsioni: 1. Ammonizioni: 42. Assist: 21** (Bereszynski, Bradaric, De Roon, Dimarco, Dossena, Duda, Faraoni, Giroud, Kjaer, Locatelli, Lovric, Lucca, Luis Alberto, Miretti, Mkhitaryan, Pasalic, Posch, Reijnders, Ruggeri, Serdar e Thuram 1). **Pali: 4** (Bonaventura, Hernandez, Musah e Thauvin 1).

Risultati

Atalanta	5
Frosinone	0
Cagliari	2
Bologna	1
Fiorentina	2
Udinese	2
Genoa	0
Torino	0
Juventus	3
Sassuolo	0
Lazio	1
Lecce	0
Milan	3
Roma	1
Monza	1
Inter	5
Napoli	2
Salernitana	1
Verona	2
Empoli	1

Tabellini

15/01/2024 ore 20:45

ATALANTA-FROSINONE 5-0

Marcatori: 8' Koopmeiners (Rig.) (A), 13' Ederson (A), 14' De Ketelaere (A), 83' Zappacosta (A), 90' Holm (A)

ATALANTA (3-4-2-1): Carnesecchi 6,5; Scalvini 6,5, Djimsiti 6,5, Kolasinac 6 (54' Hien 6); Holm 7,5, De Roon 6,5, Ederson 7 (81' Pasalic 6,5), Ruggeri 6,5 (54' Zappacosta 7); Koopmeiners 7, De Ketelaere 7 (63' Miranchuk 6,5); Scamacca 6 (62' Muriel 6)

A disposizione: Musso, Rossi, Palomino, Zortea, Bakker, Adopo, Toure

Allenatore: Gian Piero Gasperini 7,5

FROSINONE (4-3-3): Turati 6; Lirola 4,5 (46' Ghedjemis 6), Okoli 5,5, Bonifazi 5, Lusuardi 4,5 (46' Romagnoli 5); Mazzitelli 6 (75' Bourabia sv), Barrenechea 5, Brescianini 5,5; Soule 5,5 (84' Ibrahimovic sv), Cheddira 5,5, Harroui 5 (46' Gelli 5,5)

A disposizione: Cerofolini, Palmisani, Reinier, Garritano, Kaio Jorge, Caso, Kvernadze

Allenatore: Eusebio Di Francesco 4,5

ARBITRO: Alessandro Prontera 6,5

AMMONITI: 70' Romagnoli (F)

ESPULSI: nessuno

ANGOLI: 8-2

RECUPERO: pt 3, st 3

14/01/2024 ore 15:00

CAGLIARI-BOLOGNA 2-1

Marcatori: 24' Orsolini (B), 31' Petagna (C), 69' Calafiori (Aut.) (B)

CAGLIARI (4-3-2-1): Scuffet 6; Zappa 6,5, Wieteska 6,5, Dossena 6,5, Augello 5 (46' Azzi 6); Sulemana 6,5, Prati 6, Makoumbou 6 (90+4' Deiola sv); Nandez 6,5 (81' Di Pardo sv), Viola 6 (86' Jankto sv); Petagna 7 (90+4' Pavoletti sv)

A disposizione: Radunovic, Aresti, Goldaniga, Hatzidiakos, Capradossi, Obert, Pereiro, Mutandwa, Vinciguerra, Desogus
Allenatore: Claudio Ranieri 6,5

BOLOGNA (4-2-3-1): Skorupski 6; Posch 6,5, Lucumi 6, Calafiori 4,5, Kristiansen 5,5 (66' Lykogiannis 5,5); Aebischer 6 (66' Fabbian 6), Freuler 6; Orsolini 7, Ferguson 6, Urbanski 5,5; Van Hooijdonk 5,5 (78' Moro sv)
A disposizione: Bagnolini, Ravaglia, Corazza, De Silvestri, Beukema
Allenatore: Thiago Motta 5,5
ARBITRO: Gianluca Manganiello 5,5
AMMONITI: 3' Posch (B); 45+2' Nandez (C); 45+2' Dossena (C); 88' Calafiori (B); 89' Lucumi (B)
ESPULSI: nessuno
ANGOLI: 2-5
RECUPERO: pt 2, st 6

14/01/2024 ore 18:00
FIORENTINA-UDINESE 2-2
Marcatori: 10' Lovric (U), 55' Beltran (F), 73' Thauvin (U), 87' Nzola (Rig.) (F)
FIORENTINA (4-2-3-1): Terracciano 5,5; Kayode Olabode 5 (46' Faraoni 6,5), Martinez Quarta 6, Ranieri 5,5 (88' Milenkovic sv), Biraghi 5,5; Mandragora 6, Duncan 5,5 (46' Arthur 6); Ikone 5,5 (88' Barak sv), Bonaventura 6,5, Brekalo 5,5 (76' Nzola 7); Beltran 7
A disposizione: Martinelli, Vannucchi, Christensen, Mina, Comuzzo, Parisi, Lopez, Infantino, Amatucci, Sottil
Allenatore: Vincenzo Italiano 6
UDINESE (3-5-1-1): Okoye 6; Ferreira 5, Perez 6, Kristensen 6; Ebosele 6 (58' Ehizibue 5,5), Samardzic 5,5 (58' Thauvin 6,5), Walace 6, Lovric 7, Kamara 6 (90+4' Tikvic sv); Pereyra 5,5; Lucca 5,5 (58' Success 6)

A disposizione: Silvestri, Padelli, Masina, Kabasele, Giannetti, Zemura, Zarraga, Camara, Payero, Davis, Brenner
Allenatore: Gabriele Cioffi 6
ARBITRO: Luca Pairetto 5,5
AMMONITI: 35' Kamara (U); 62' Ranieri (F)
ESPULSI: nessuno
ANGOLI: 4-4
RECUPERO: pt 1, st 5

13/01/2024 ore 15:00
GENOA-TORINO 0-0
GENOA (3-5-2): Martinez 6; De Winter 6, Bani 6,5, Vasquez 6,5; Sabelli 6 (87' Vogliacco sv), Malinovskyi 6,5, Badelj 6 (87' Strootman sv), Messias 6 (71' Frendrup 6), Martin 5,5 (82' Haps sv); Retegui 5,5, Gudmundsson 6
A disposizione: Leali, Sommariva, Matturro, Jagiello, Galdames, Fini
Allenatore: Alberto Gilardino 6
TORINO (3-4-1-2): Milinkovic-Savic 7; Djidji 6,5 (84' Sazonov sv), Buongiorno 7, Rodriguez 6,5; Bellanova 6, Ricci 5,5, Ilic 6, Lazaro 6 (84' Vojvoda sv); Vlasic 5,5 (61' Tameze 6); Zapata 6 (66' Pellegri 5,5), Sanabria 5,5
A disposizione: Gemello, Popa, Zima, Muntu Wa Mungu, Gineitis, Radonjic, Seck
Allenatore: Ivan Juric 6
ARBITRO: Antonio Giua 6
AMMONITI: 16' Vlasic (T); 44' De Winter (G); 77' Malinovskyi (G); 80' Martin (G); 81' Buongiorno (T)
ESPULSI: nessuno
ANGOLI: 8-4
RECUPERO: pt 3, st 5

16/01/2024 ore 20:45
JUVENTUS-SASSUOLO 3-0
Marcatori: 15' Vlahovic (J), 37' Vlahovic (J), 89' Chiesa (J)
JUVENTUS (3-5-2): Szczesny 6,5; Danilo 6,5, Bremer 7, Rugani 6,5; Cambiaso 6,5 (88' Alex Sandro sv), Miretti 6,5 (57' Weah 6), Locatelli 6,5, Rabiot 6,5, Kostic 6 (82' Iling-

Junior sv); Vlahovic 8 (82' Milik 6), Yildiz 6,5 (57' Chiesa 7)
A disposizione: Pinsoglio, Perin, Nicolussi Caviglia, Nonge, Hasa
Allenatore: Massimiliano Allegri 7

SASSUOLO (4-2-3-1): Consigli 5; Pedersen 5,5, Erlic 5 (46' Tressoldi 6), Ferrari 5, Viti 5,5 (74' Missori sv); Boloca 5, Matheus Henrique 5; Berardi 5 (70' Castillejo 5,5), Thorstvedt 5,5 (70' Volpato 6), Laurientè 6 (84' Mulattieri sv); Pinamonti 5
A disposizione: Pegolo, Cragno, Bajrami, Lipani, Ceide, Alvarez
Allenatore: Alessio Dionisi 5
ARBITRO: Marco Piccinini 6,5
AMMONITI: 42' Erlic (S); 64' Ferrari (S)
ESPULSI: nessuno
ANGOLI: 5-2
RECUPERO: pt 1, st 3

14/01/2024 ore 12:30
LAZIO-LECCE 1-0
Marcatori: 58' Felipe Anderson (La)
LAZIO (4-3-3): Provedel 6; Marusic 5,5, Patric 6 (24' Romagnoli 6,5), Gila 6,5, Pellegrini 5,5 (65' Lazzari 6); Guendouzi 6, Rovella 6,5, Luis Alberto 7 (65' Vecino 6); Isaksen 5,5 (46' Pedro 5,5), Felipe Anderson 6,5, Zaccagni 5,5 (79' Immobile sv)
A disposizione: Sepe, Mandas, Casale, Hysaj, Kamada, Basic, Cataldi, Fernandes
Allenatore: Maurizio Sarri 6,5
LECCE (4-3-3): Falcone 6; Gendrey 6,5 (57' Venuti 6), Pongracic 6, Baschirotto 5,5, Gallo 6,5 (85' Dorgu sv); Kaba 5,5 (72' Blin 6), Ramadani 6, Gonzalez 6,5 (72' Strefezza 5,5); Oudin 6,5 (85' Piccoli sv), Krstovic 5,5, Almqvist 6
A disposizione: Brancolini, Samooja, Smajlovic, Berisha, Listkowski
Allenatore: Roberto D'Aversa 6

ARBITRO: Maria Sole Ferrieri Caputi 6,5
AMMONITI: 45' Zaccagni (La); 45+1' Gendrey (Le); 75' Venuti (Le); 77' Guendouzi (La); 81' Ramadani (Le); 89' Vecino (La); 90+3' Immobile (La); 90+4' Pongracic (Le)
ESPULSI: nessuno
ANGOLI: 2-5
RECUPERO: pt 2, st 4

14/01/2024 ore 20:45
MILAN-ROMA 3-1
Marcatori: 11' Adli (M), 56' Giroud (M), 69' Paredes (Rig.) (R), 84' Hernandez (M)
MILAN (4-2-3-1): Maignan 6,5; Calabria 6, Kjaer 6,5, Gabbia 6, Hernandez 7 (89' Jimenez sv); Adli 7 (89' Zeroli sv), Reijnders 6; Pulisic 6,5 (79' Okafor sv), Loftus-Cheek 6,5, Leao 6,5 (79' Musah 6); Giroud 7
A disposizione: Nava, Mirante, Simic, Bartesaghi, Romero, Terracciano, Jovic, Traorè
Allenatore: Stefano Pioli 7
ROMA (3-5-2): Svilar 6; Kristensen 5,5, Mancini 5 (46' Pellegrini 6,5), Llorente 5,5 (78' Huijsen 5,5); Celik 5,5 (78' Zalewski sv), Cristante 6, Paredes 6, Bove 6, Spinazzola 6; Lukaku 5,5, El Shaarawy 5 (61' Belotti 5,5)
A disposizione: Rui Patricio, Boer, Karsdorp, Pisilli, Costa Cesco
Allenatore: Jose Mourinho 5
ARBITRO: Marco Guida 6,5
AMMONITI: 43' Mancini (R); 56' Cristante (R); 71' Kjaer (M); 81' Huijsen (R); 90+1' Gabbia (M)
ESPULSI: nessuno
ANGOLI: 2-5
RECUPERO: pt 1, st 5

13/01/2024 ore 20:45
MONZA-INTER 1-5
Marcatori: 12' Calhanoglu (Rig.) (I), 14' Martinez (I), 60' Calhanoglu (I), 69' Pessina (Rig.) (M), 84' Martinez (Rig.) (I), 88' Thuram (I)
MONZA (3-4-2-1): Sorrentino 6,5; D'Ambrosio 5 (71' Mari 5,5), Gagliardini 4,5, Caldirola 5; Pereira 5,5 (57' Birindelli 5,5), Pessina 7 (80' Akpa-Akpro 5), Bondo 5,5 (46' Colombo 5,5), Ciurria 5 (46' Kyriakopoulos 6); Colpani 5,5, Carboni V. 5,5; Mota 6
A disposizione: Lamanna, Gori, Donati, Izzo, Bettella, Maric, Maldini, Vignato
Allenatore: Raffaele Palladino 4,5
INTER (3-5-2): Sommer 6; Pavard 6,5 (81' Bisseck sv), De Vrij 6,5, Bastoni 6,5 (72' Acerbi 6); Darmian 5,5, Barella 6,5 (62' Frattesi 6,5), Calhanoglu 7,5 (62' Asllani 6), Mkhitaryan 7, Dimarco 7 (72' Carlos Augusto 6); Thuram 7, Martinez 8
A disposizione: Di Gennaro, Audero, Dumfries, Sensi, Klaassen, Buchanan, Arnautovic, Sanchez
Allenatore: Simone Inzaghi 7,5
ARBITRO: Antonio Rapuano 6
AMMONITI: 5' Colpani (M); 58' Calhanoglu (I); 70' Birindelli (M); 77' Pavard (I)
ESPULSI: espulso l'allenatore Raffaele Palladino (Monza)
ANGOLI: 4-5
RECUPERO: pt 5, st 3

13/01/2024 ore 15:00
NAPOLI-SALERNITANA 2-1
Marcatori: 29' Candreva (S), 45+4' Politano (Rig.) (N), 90+6' Rrahmani (N)
NAPOLI (4-3-3): Gollini 6; Di Lorenzo 6, Rrahmani 7, Juan Jesus 6, Mario Rui 6; Cajuste 5,5 (77' Demme 6), Lobotka 6,5, Gaetano 5 (56' Raspadori 5); Politano 6,5 (66' Zerbin 5,5), Simeone 6, Kvaratskhelia 5,5
A disposizione: Contini, Idasiak, D'Avino, Ostigard, Zanoli, Lindstrom, Gioielli
Allenatore: Walter Mazzarri 6
SALERNITANA (3-4-2-1): Ochoa 6,5; Gyomber 5 (83' Daniliuc 5), Fazio 5,5, Lovato 5; Sambia 5 (90+1' Bronn sv), Legowski 5 (66' Pierozzi 5), Martegani 5, Bradaric 5,5; Candreva 6, Tchaouna 5,5; Simy 5,5 (90+2' Ikwuemesi sv)
A disposizione: Fiorillo, Costil, Sfait, Botheim, Stewart
Allenatore: Filippo Inzaghi 5
ARBITRO: Livio Marinelli 5
AMMONITI: 34' Cajuste (N); 43' Legowski (S); 90+5' Bradaric (S); 90+6' Rrahmani (N); 90+10' Kvaratskhelia (N)
ESPULSI: nessuno
ANGOLI: 8-3
RECUPERO: pt 5, st 10

13/01/2024 ore 18:00
VERONA-EMPOLI 2-1
Marcatori: 3' Djuric (V), 56' Ngonge (V), 64' Zurkowski (E)
VERONA (4-2-3-1): Montipo 6; Tchatchoua 6, Magnani 6,5, Coppola 6 (80' Dawidowicz sv), Doig 6,5; Folorunsho 5,5 (67' Saponara 6), Duda 6; Ngonge 7 (90+2' Mboula sv), Suslov 6 (90+2' Amione sv), Serdar 6,5; Djuric 7 (80' Henry sv)
A disposizione: Berardi, Perilli, Cabal, Charlys, Cruz, Bonazzoli
Allenatore: Marco Baroni 6,5
EMPOLI (4-3-3): Caprile 6; Bereszynski 6, Walukiewicz 5, Luperto 6, Cacace 5,5; Fazzini 6 (56' Zurkowski 7), Grassi 6 (77' Marin 6), Maleh 5,5 (86' Sodero sv); Gyasi 5,5 (86' Corona sv), Shpendi 5 (56' Cancellieri 6), Cambiaghi 6
A disposizione: Perisan, Berisha, Indragoli, Ranocchia
Allenatore: Aurelio Andreazzoli 5,5
ARBITRO: Daniele Doveri 5
AMMONITI: 58' Zurkowski (E); 69' Duda (V); 77' Coppola (V); 78' Cambiaghi (E); 82' Tchatchoua (V); 87' Duda (V); 90' Cancellieri (E)
ESPULSI: 87' Duda (V)
ANGOLI: 5-9
RECUPERO: pt 2, st 5

21

Bene le prime tre della classe Tris per Osimhen e Zurkowski

CLASSIFICA

Inter 54; Juventus 52; Milan 45; Lazio 36; Bologna 35; Fiorentina e Napoli 34; Atalanta 33; Roma 32; Torino 28; Monza e Genoa 25; Frosinone 22; Lecce 21; Sassuolo 19; Udinese e Cagliari 18; Verona 17; Empoli 16; Salernitana 12.

I NUMERI

Reti realizzate: 36. Rigori: 1/3. Espulsioni: 1. Ammonizioni: 46. Assist: 26 (El Shaarawy, Luis Alberto e Politano 2; Anguissa, Badelj, Bradaric, Cambiaso, Ferguson, Giroud, Harroui, Hernandez, Iling-Junior, Kvaratskhelia, Lucca, Lykogiannis, McKennie, Mkhitaryan, Montipo, Osimhen, Pavard, Sanchez, Shpendi e Zortea 1). **Pali: 4** (Candreva, Giroud, Martinez e Sanabria 1).

Risultati

Bologna	2
Fiorentina	0
Empoli	3
Monza	0
Frosinone	3
Cagliari	1
Inter	4
Atalanta	0
Lecce	0
Juventus	3
Roma	2
Verona	1
Salernitana	1
Genoa	2
Sassuolo	1
Napoli	6
Torino	0
Lazio	2
Udinese	2
Milan	3

Tabellini

14/02/2024 ore 19:00

BOLOGNA-FIORENTINA 2-0

Marcatori: 12' Orsolini (B), 90+5' Odgaard (B)

BOLOGNA (4-2-3-1): Ravaglia 6,5; Posch 6,5, Beukema 6,5, Lucumi 6,5, Kristiansen 6,5 (88' Calafiori sv); Freuler 6,5, Aebischer 6,5 (70' Fabbian 6); Orsolini 7,5 (79' Ndoye sv), Ferguson 7, Saelemaekers 6,5 (78' Lykogiannis 6); Zirkzee 6 (88' Odgaard 6)

A disposizione: Bagnolini, Skorupski, Ilic, Corazza, De Silvestri, Moro, El Azzouzi, Urbanski, Karlsson

Allenatore: Thiago Motta 7

FIORENTINA (4-2-3-1): Terracciano 6; Kayode Olabode 5, Milenkovic 5,5, Ranieri 5,5, Biraghi 4,5; Arthur 5 (83' Lopez sv), Mandragora 5 (83' Duncan sv); Ikone 5,5, Bonaventura 4,5 (56' Beltran 5,5), Gonzalez 5 (71' Nzola 5,5); Belotti 5

A disposizione: Martinelli, Vannucchi, Faraoni, Comuzzo, Parisi, Infantino, Barak, Sottil

Allenatore: Vincenzo Italiano 4,5

ARBITRO: Daniele Chiffi 5,5

AMMONITI: 35' Milenkovic (F); 59' Freuler (B); 90+2' Posch (B); 90+2' Biraghi (F); 90+7' Beltran (F)

ESPULSI: nessuno

ANGOLI: 2-3

RECUPERO: pt 5, st 7

21/01/2024 ore 15:00

EMPOLI-MONZA 3-0

Marcatori: 13' Zurkowski (E), 38' Zurkowski (E), 73' Zurkowski (E)

EMPOLI (3-5-2): Caprile 6,5; Ismajli 6, Walukiewicz 6,5, Luperto 7; Bereszynski 6 (61' Cacace 6), Zurkowski 8, Grassi 6, Marin 6,5 (61' Maleh 6), Gyasi 6; Cerri 6,5 (69' Shpendi 6), Cambiaghi 7 (86' Fazzini sv)

A disposizione: Perisan, Seghetti, Goglichidze, Indragoli, Corona, Baldanzi
Allenatore: Davide Nicola 7
MONZA (3-4-2-1): Sorrentino 6,5; Izzo 5 (46' D'Ambrosio 6), Marì 5, Caldirola 5,5; Pereira 5 (67' Carboni V. 5,5), Gagliardini 5 (46' Bondo 5,5), Pessina 5,5, Kyriakopoulos 5; Colpani 5,5 (75' Maldini 6), Mota 5,5; Colombo 5 (46' Maric 5,5)
A disposizione: Mazza, Gori, Donati, Bettella, Carboni A., Akpa-Akpro, Ferraris, Ciurria
Allenatore: Raffaele Palladino 5
ARBITRO: Antonio Giua 6
AMMONITI: 49' Bereszynski (E); 70' Caldirola (M); 72' Mota (M); 90+2' Marì (M)
ESPULSI: nessuno
ANGOLI: 1-7
RECUPERO: pt 2, st 4

21/01/2024 ore 12:30
FROSINONE-CAGLIARI 3-1
Marcatori: 26' Sulemana (C), 64' Mazzitelli (F), 75' Soule (F), 90+5' Kaio Jorge (F)
FROSINONE (4-3-3): Turati 7; Zortea 6,5, Okoli 6,5, Romagnoli 6, Gelli 6,5 (90+5' Bonifazi sv); Mazzitelli 7, Barrenechea 6, Brescianini 6; Soule 7 (81' Ghedjemis 6,5), Cheddira 5,5 (60' Kaio Jorge 7), Reinier 5,5 (60' Harroui 6,5)
A disposizione: Frattali, Cerofolini, Garritano, Bourabia, Caso, Cuni, Kvernadze, Ibrahimovic
Allenatore: Eusebio Di Francesco 7
CAGLIARI (4-3-2-1): Scuffet 6,5; Zappa 6, Wieteska 5,5 (72' Goldaniga 5,5), Dossena 5,5, Azzi 6 (46' Augello 5,5); Makoumbou 6, Prati 5,5 (77' Lapadula 5,5), Sulemana 6,5; Nandez 5,5, Viola 5,5 (72' Di Pardo 6); Petagna 5,5 (72' Pavoletti 6)
A disposizione: Radunovic, Aresti, Hatzidiakos, Obert, Deiola, Jankto, Mutandwa, Vinciguerra, Desogus

Allenatore: Claudio Ranieri 5,5
ARBITRO: Federico Dionisi 6
AMMONITI: 22' Azzi (C); 57' Soule (F); 62' Petagna (C); 74' Dossena (C); 78' Lapadula (C); 90+3' Zortea (F); 90+4' Pavoletti (C); 90+7' Kaio Jorge (F)
ESPULSI: nessuno
ANGOLI: 8-4
RECUPERO: pt 9, st 7

28/02/2024 ore 20:45
INTER-ATALANTA 4-0
Marcatori: 26' Darmian (I), 45+1' Martinez (I), 54' Dimarco (I), 71' Frattesi (I)
INTER (3-5-2): Sommer 6; Pavard 6,5, De Vrij 6, Bastoni 6; Darmian 7 (46' Dumfries 6,5), Barella 6,5, Asllani 6, Mkhitaryan 6 (62' Frattesi 6,5; 73' Klaassen sv), Dimarco 6,5 (69' Carlos Augusto 6); Martinez 7 (68' Sanchez 7), Arnautovic 6
A disposizione: Di Gennaro, Audero, Bisseck, Buchanan, Akinsanmiro, Stankovic, Sarr
Allenatore: Simone Inzaghi 6,5
ATALANTA (3-4-1-2): Carnesecchi 4,5; Scalvini 5,5 (58' Hien 5,5), Djimsiti 5,5, Kolasinac 5,5 (58' Bakker 5,5); Hateboer 5, Pasalic 5,5, Ederson 5,5, Zappacosta 6; Koopmeiners 5 (57' Adopo 5,5); Miranchuk 6 (57' Lookman 5,5), De Ketelaere 6,5 (76' Toure sv)
A disposizione: Musso, Vismara, Toloi, Holm, Palomino, Ruggeri, De Roon, Scamacca
Allenatore: Gian Piero Gasperini 6,5
ARBITRO: Andrea Colombo 5
AMMONITI: 23' Darmian (I); 45' Ederson (A); 53' Djimsiti (A); 65' Hien (A); 71' Bakker (A); 76' Bastoni (I); 90' Toure (A); 90+5' Lookman (A)
ESPULSI: nessuno
ANGOLI: 4-1
RECUPERO: pt 3, st 5

21/01/2024 ore 20:45
LECCE-JUVENTUS 0-3

Marcatori: 59' Vlahovic (J), 68' Vlahovic (J), 85' Bremer (J)
LECCE (4-3-3): Falcone 5,5; Gendrey 5,5, Pongracic 6, Baschirotto 5,5, Gallo 5,5 (65' Dorgu 6); Kaba 6, Ramadani 6, Gonzalez 5,5 (60' Blin 5); Oudin 5,5 (65' Pierotti 5,5), Krstovic 6 (72' Piccoli 5,5), Almqvist 6 (72' Sansone 6)
A disposizione: Brancolini, Samooja, Venuti, Berisha, Strefezza
Allenatore: Roberto D'Aversa 5,5
JUVENTUS (3-5-2): Szczesny 6; Gatti 6, Bremer 7, Danilo 6,5; Cambiaso 6,5 (81' Alex Sandro sv), McKennie 7, Locatelli 6, Miretti 5,5 (57' Weah 6), Kostic 6,5 (74' Iling-Junior 6,5); Vlahovic 7,5, Yildiz 6,5 (74' Milik 6)
A disposizione: Pinsoglio, Perin, Rugani, Nicolussi Caviglia, Nonge
Allenatore: Massimiliano Allegri 7
ARBITRO: Daniele Doveri 6
AMMONITI: 22' McKennie (J); 89' Kaba (L)
ESPULSI: nessuno
ANGOLI: 5-5
RECUPERO: pt 2, st 3

20/01/2024 ore 18:00
ROMA-VERONA 2-1
Marcatori: 19' Lukaku (R), 25' Pellegrini (R), 76' Folorunsho (V)
ROMA (4-3-2-1): Rui Patricio 5; Karsdorp 6,5, Llorente 5,5, Huijsen 6, Spinazzola 6 (28' Kristensen 6); Bove 6,5, Paredes 6, Pellegrini 7; Dybala 6 (57' Zalewski 6), El Shaarawy 7 (81' Belotti sv); Lukaku 7
A disposizione: Boer, Svilar, Celik, Golic, Pagano, Pisilli, Oliveras, Costa Cesco
Allenatore: Daniele De Rossi 6,5
VERONA (4-2-3-1): Montipo 6; Tchatchoua 5, Dawidowicz 5,5, Magnani 5,5, Cabal 6; Serdar 5,5, Folorunsho 7; Saponara 5,5 (77' Cruz sv), Suslov 6, Mboula 5,5 (46' Bonazzoli

5,5); Djuric 5 (77' Henry sv)
A disposizione: Chiesa, Perilli, Amione, Calabrese, Charlys, Cisse
Allenatore: Marco Baroni 6
ARBITRO: Juan Luca Sacchi 5,5
AMMONITI: 41' Paredes (R); 53' Dawidowicz (V); 57' Folorunsho (V); 57' Llorente (R)
ESPULSI: nessuno
ANGOLI: 1-2
RECUPERO: pt 3, st 5

<u>21/01/2024 ore 18:00</u>
SALERNITANA-GENOA 1-2
Marcatori: 2' Martegani (S), 13' Retegui (G), 58' Gudmundsson (Rig.) (G)
SALERNITANA (4-3-2-1): Ochoa 6; Pierozzi 5,5, Gyomber 5, Lovato 4,5 (75' Zanoli sv), Bradaric 6,5 (82' Legowski sv); Martegani 7 (83' Daniliuc sv), Maggiore 5,5, Basic 5,5 (68' Kastanos 6); Candreva 6,5, Tchaouna 5,5 (75' Ikwuemesi 5,5); Simy 5
A disposizione: Fiorillo, Costil, Sambia, Bronn, Sfait, Botheim
Allenatore: Filippo Inzaghi 5,5
GENOA (3-5-2): Martinez 6,5; Vogliacco 6 (71' Thorsby 6), Bani 6,5, Vasquez 6; Frendrup 6, Malinovskyi 6,5, Badelj 6,5, Strootman 6,5 (87' Ekuban sv), Spence 6; Retegui 7, Gudmundsson 7
A disposizione: Leali, Sommariva, Cisse, Papadopoulos, Fini
Allenatore: Alberto Gilardino 6,5
ARBITRO: Daniele Orsato 6,5
AMMONITI: 29' Frendrup (G); 45+1' Badelj (G); 60' Bani (G); 71' Vogliacco (G); 90+1' Martinez (G)
ESPULSI: nessuno
ANGOLI: 5-5
RECUPERO: pt 2, st 6

<u>28/02/2024 ore 18:00</u>
SASSUOLO-NAPOLI 1-6
Marcatori: 17' Racic (S), 29' Rrahmani (N), 31' Osimhen (N), 41' Osimhen (N), 47' Osimhen (N), 51' Kvaratskhelia (N), 75' Kvaratskhelia (N)
SASSUOLO (4-2-3-1): Consigli 5,5; Pedersen 5, Tressoldi 4 (77' Kumbulla sv), Ferrari 4,5, Doig 4,5 (57' Missori 5,5); Racic 5,5 (57' Volpato 5), Matheus Henrique 4; Bajrami 5,5 (76' Defrel sv), Thorstvedt 5, Lauriente 4,5; Pinamonti 5 (87' Kumi sv)
A disposizione: Pegolo, Cragno, Erlic, Obiang, Lipani, Mulattieri, Berardi, Ceide
Allenatore: Emiliano Bigica 4
NAPOLI (4-3-3): Meret 6; Di Lorenzo 7, Rrahmani 7 (62' Natan 6), Ostigard 6,5, Mario Rui 6; Anguissa 7, Lobotka 6,5 (80' Dendoncker sv), Traore 6 (76' Zielinski sv); Politano 7 (62' Raspadori 6), Osimhen 8 (76' Simeone sv), Kvaratskhelia 7,5
A disposizione: Contini, Gollini, Juan Jesus, Olivera, Mazzocchi, Lindstrom
Allenatore: Francesco Calzona 7,5
ARBITRO: Daniele Chiffi 6,5
AMMONITI: nessuno
ESPULSI: nessuno
ANGOLI: 5-10
RECUPERO: pt 3, st 0

<u>22/02/2024 ore 20:45</u>
TORINO-LAZIO 0-2
Marcatori: 50' Guendouzi (L), 56' Cataldi (L)
TORINO (3-4-1-2): Milinkovic-Savic 6; Djidji 6 (75' Tameze sv), Lovato 6, Masina 6 (85' Pellegri sv); Bellanova 7, Linetty 6 (75' Gineitis sv), Ilic 5 (55' Ricci 6), Lazaro 6; Vlasic 6; Zapata 6, Sanabria 5,5
A disposizione: Gemello, Popa, Rodriguez, Sazonov, Kabic, Okereke, Savva
Allenatore: Ivan Juric 6
LAZIO (4-3-3): Provedel 7; Marusic 6, Gila 4,5, Romagnoli 6,5, Hysaj 5 (46' Lazzari 6,5); Guendouzi 7,5, Cataldi 7, Luis Alberto 7,5 (80' Casale sv); Isaksen 6 (74' Pedro sv), Immobile 5 (55' Castellanos 6), Felipe Anderson 6
A disposizione: Sepe, Pellegrini, Ruggeri, Kamada, Anderson, Coulibaly, Fernandes
Allenatore: Maurizio Sarri 6
ARBITRO: Federico La Penna 6,5
AMMONITI: 15' Ilic (T); 27' Linetty (T); 65' Gila (L); 72' Lovato (T); 79' Gila (L)
ESPULSI: 79' Gila (L)
ANGOLI: 7-4
RECUPERO: pt 0, st 6

<u>20/01/2024 ore 20:45</u>
UDINESE-MILAN 2-3
Marcatori: 31' Loftus-Cheek (M), 42' Samardzic (U), 62' Thauvin (U), 83' Jovic (M), 90+3' Okafor (M)
UDINESE (3-5-2): Okoye 6; Ferreira 5,5, Perez 6, Kristensen 6; Ebosele 5,5 (60' Ehizibue 6), Samardzic 7 (60' Payero 6), Walace 6, Lovric 6, Kamara 6,5 (84' Zarraga sv); Pereyra 5,5 (46' Thauvin 7), Lucca 6,5 (76' Success 6)
A disposizione: Silvestri, Padelli, Masina, Tikvic, Kabasele, Giannetti, Zemura, Camara, Brenner
Allenatore: Gabriele Cioffi 6
MILAN (4-2-3-1): Maignan 5,5; Calabria 5,5 (75' Florenzi 6), Gabbia 6,5, Kjaer 5,5, Hernandez 6; Adli 5,5, Reijnders 5 (68' Okafor 7); Pulisic 5,5 (75' Jovic 7), Loftus-Cheek 7, Leao 6 (90+5' Musah sv); Giroud 6,5
A disposizione: Sportiello, Mirante, Jimenez, Simic, Romero, Terracciano, Zeroli, Traore
Allenatore: Stefano Pioli 7
ARBITRO: Fabio Maresca 6
AMMONITI: 45+1' Kamara (U); 52' Ebosele (U); 56' Thauvin (U); 65' Walace (U); 71' Lucca (U); 78' Ferreira (U); 88' Hernandez (M)
ESPULSI: nessuno
ANGOLI: 5-7
RECUPERO: pt 6, st 8

22

L'Inter passa anche a Firenze
L'Empoli frena la Juventus

CLASSIFICA

Inter 57; Juventus 53; Milan 46; Lazio 37; Bologna e Atalanta 36; Roma e Napoli 35; Fiorentina 34; Torino 31; Monza e Genoa 28; Frosinone 23; Lecce 21; Sassuolo 19; Verona, Udinese e Cagliari 18; Empoli 17; Salernitana 12.

I NUMERI

Reti realizzate: 21. Rigori: 3/8. Espulsioni: 1. Ammonizioni: 44. Assist: 16 (De Ketelaere 2; Asllani, Barrenechea, Bellanova, Calabria, Calafiori, Florenzi, Gendrey, Karsdorp, Lazaro, Luperto, Mota, Retegui, Tchaouna e Zappa 1). **Pali: 6** (Gudmundsson, Hernandez, Malinovskyi, Reijnders, Thorstvedt e Vasquez 1).

Risultati

Atalanta	2
Udinese	0
Cagliari	1
Torino	2
Fiorentina	0
Inter	1
Genoa	2
Lecce	1
Juventus	1
Empoli	1
Lazio	0
Napoli	0
Milan	2
Bologna	2
Monza	1
Sassuolo	0
Salernitana	1
Roma	2
Verona	1
Frosinone	1

Tabellini

27/01/2024 ore 15:00

ATALANTA-UDINESE 2-0
Marcatori: 33' Miranchuk (A), 45+1' Scamacca (A)
ATALANTA (3-4-1-2): Carnesecchi 6,5; Scalvini 6,5 (80' Palomino sv), Djimsiti 6, Kolasinac 6,5; Holm 6,5 (69' Hateboer 6), De Roon 6,5, Ederson 6, Ruggeri 6,5 (69' Zappacosta 6); Miranchuk 7 (88' Muriel sv); Scamacca 7 (69' Pasalic 6), De Ketelaere 7
A disposizione: Musso, Rossi, Toloi, Bakker, Adopo, Toure
Allenatore: Gian Piero Gasperini 7
UDINESE (3-5-1-1): Okoye 6,5; Ferreira 5, Perez 5, Kristensen 5,5; Ebosele 5 (46' Ehizibue 6), Lovric 5,5 (80' Brenner sv), Walace 6, Samardzic 5,5 (61' Payero 5,5), Kamara 5,5 (76' Zemura 6); Thauvin 6 (61' Pereyra 5,5); Lucca 5,5
A disposizione: Silvestri, Padelli, Masina, Tikvic, Kabasele, Giannetti, Zarraga, Camara, Success
Allenatore: Gabriele Cioffi 5,5
ARBITRO: Marco Piccinini 6,5
AMMONITI: 28' Kristensen (U); 75' Pasalic (A); 77' Ederson (A)
ESPULSI: nessuno
ANGOLI: 4-4
RECUPERO: pt 2, st 3

26/01/2024 ore 20:45

CAGLIARI-TORINO 1-2
Marcatori: 23' Zapata (T), 45+3' Ricci (T), 77' Viola (C)
CAGLIARI (3-4-2-1): Scuffet 6,5; Wieteska 5,5, Dossena 5,5, Hatzidiakos 5 (46' Viola 7); Zappa 5,5, Makoumbou 6, Sulemana sv (11' Prati 6), Azzi 5 (70' Augello 5,5); Nandez 6 (71' Lapadula 6), Jankto 6 (46' Pavoletti 6); Petagna 6
A disposizione: Radunovic, Aresti, Obert, Di Pardo, Deiola, Desogus

Allenatore: Claudio Ranieri 6

TORINO (3-4-1-2): Milinkovic-Savic 6,5; Tameze 6, Buongiorno 6,5, Rodriguez 6; Bellanova 7 (87' Vojvoda sv), Linetty 6,5, Ricci 7 (62' Gineitis 6), Lazaro 6,5; Vlasic 6,5; Zapata 7 (87' Pellegri sv), Sanabria 6 (78' Sazonov 6,5)

A disposizione: Gemello, Popa, Zima, Muntu, Bianay Balcot, Ciammaglichella, Nije, Savva

Allenatore: Ivan Juric 6,5

ARBITRO: Andrea Colombo 6

AMMONITI: 41' Wieteska (C); 62' Ricci (T); 73' Viola (C); 82' Milinkovic-Savic (T); 83' Buongiorno (T); 90' Rodriguez (T)

ESPULSI: nessuno

ANGOLI: 9-2

RECUPERO: pt 4, st 7

28/01/2024 ore 20:45

FIORENTINA-INTER 0-1

Marcatori: 14' Martinez (I)

FIORENTINA (4-2-3-1): Terracciano 6; Faraoni 5,5, Martinez Quarta 6, Ranieri 7, Parisi 6 (89' Milenkovic sv); Arthur 6 (46' Lopez 6), Duncan 5,5 (83' Mandragora sv); Nzola 6,5, Bonaventura 6, Ikone5 (61' Gonzalez 4,5); Beltran 5 (83' Barak sv)

A disposizione: Martinelli, Vannucchi, Mina, Kayode Olabode, Comuzzo, Infantino, Amatucci, Sottil

Allenatore: Vincenzo Italiano 6

INTER (3-5-2): Sommer 7; Pavard 6 (83' Bisseck 6), De Vrij 6, Bastoni 6 (60' Acerbi 6); Darmian 6 (61' Dumfries 6), Frattesi 5,5, Asllani 6, Mkhitaryan 5,5, Carlos Augusto 6,5; Thuram 5 (60' Arnautovic 6), Martinez 7 (78' Sanchez sv)

A disposizione: Di Gennaro, Audero, Dimarco, Sensi, Klaassen, Buchanan, Akinsanmiro, Stankovic

Allenatore: Simone Inzaghi 7

ARBITRO: Gianluca Aureliano 5

AMMONITI: 42' Bastoni (I); 45+3' Ikone(F); 75' Sommer (I); 82' Pavard (I); 90+1' Mandragora (F)

ESPULSI: nessuno

ANGOLI: 7-6

RECUPERO: pt 2, st 5

28/01/2024 ore 12:30

GENOA-LECCE 2-1

Marcatori: 31' Krstovic (L), 70' Retegui (G), 76' Ekuban (G)

GENOA (3-5-2): Martinez 7; Vogliacco 5,5 (90+4' Matturro sv), Bani 6, Vasquez 5,5; De Winter 6, Thorsby 5,5 (46' Sabelli 6), Malinovskyi 6, Strootman 6, Spence 5,5 (46' Ekuban 7); Retegui 7 (90' Bohinen sv), Gudmundsson 6,5

A disposizione: Leali, Sommariva, Cittadini, Cisse, Papadopoulos, Arboscello, Fini

Allenatore: Alberto Gilardino 7

LECCE (4-3-3): Falcone 6,5; Gendrey 6,5, Pongracic 6, Baschirotto 5,5, Gallo 5,5 (90+1' Pierotti sv); Kaba 5,5 (90' Gonzalez sv), Ramadani 6, Oudin 5,5 (73' Rafia 5,5); Almqvist 6,5, Krstovic 6 (64' Piccoli 6), Sansone 6 (64' Banda 6)

A disposizione: Brancolini, Samooja, Venuti, Dorgu, Berisha, Blin

Allenatore: Roberto D'Aversa 6

ARBITRO: Luca Pairetto 6

AMMONITI: 57' Krstovic (L); 90+5' Ramadani (L)

ESPULSI: nessuno

ANGOLI: 3-8

RECUPERO: pt 0, st 5

27/01/2024 ore 18:00

JUVENTUS-EMPOLI 1-1

Marcatori: 50' Vlahovic (J), 70' Baldanzi (E)

JUVENTUS (3-5-2): Szczesny 6; Gatti 6,5, Bremer 6,5, Alex Sandro 6,5; Cambiaso 6,5 (78' Iling-Junior 6), McKennie 6,5, Locatelli 6, Miretti 5,5 (59' Weah 6,5), Kostic 6 (78' Yildiz 6); Vlahovic 7, Milik 4

A disposizione: Pinsoglio,

Perin, Danilo, Rugani, Nicolussi Caviglia, Nonge

Allenatore: Massimiliano Allegri 6

EMPOLI (3-5-2): Caprile 6; Ismajli 5,5, Walukiewicz 6, Luperto 5,5; Gyasi 5,5, Zurkowski 6,5 (90' Fazzini sv), Grassi 6 (56' Cancellieri 5,5), Maleh 7, Cacace 6; Cerri 5,5 (56' Baldanzi 7), Cambiaghi 6 (90+4' Marin sv)

A disposizione: Perisan, Berisha, Goglichidze, Pezzella, Bereszynski, Indragoli, Shpendi

Allenatore: Davide Nicola 6,5

ARBITRO: Livio Marinelli 6

AMMONITI: 20' Walukiewicz (E); 90+3' Weah (J)

ESPULSI: 16' Milik (J)

ANGOLI: 6-7

RECUPERO: pt 2, st 5

28/01/2024 ore 18:00

LAZIO-NAPOLI 0-0

LAZIO (4-3-3): Provedel 6; Lazzari 5,5 (71' Pellegrini 6), Gila 6,5, Romagnoli 6,5, Marusic 6; Guendouzi 6 (77' Vecino 6), Cataldi 6 (84' Rovella sv), Luis Alberto 5,5; Isaksen 6,5 (84' Pedro sv), Castellanos 6, Felipe Anderson 6,5

A disposizione: Sepe, Mandas, Casale, Hysaj, Ruggeri, Kamada, Fernandes

Allenatore: Maurizio Sarri 6

NAPOLI (3-4-2-1): Gollini 6; Ostigard 6,5, Rrahmani 6,5, Juan Jesus 6; Di Lorenzo 6,5, Demme 6 (60' Gaetano 6), Lobotka 6,5, Mario Rui 6 (80' Mazzocchi sv); Politano 6 (84' Lindstrom sv), Zielinski 5,5 (84' Dendoncker sv); Raspadori 5,5 (79' Ngonge sv)

A disposizione: Contini, Idasiak, D'Avino, Gioielli

Allenatore: Walter Mazzarri 6

ARBITRO: Daniele Orsato 6,5

AMMONITI: 49' Demme (N); 55' Romagnoli (L); 69' Gila (L); 82' Cataldi (L); 90+5' Ostigard (N)

ESPULSI: nessuno

ANGOLI: 4-3
RECUPERO: pt 0, st 5

27/01/2024 ore 20:45
MILAN-BOLOGNA 2-2
Marcatori: 29' Zirkzee (B), 45' Loftus-Cheek (M), 83' Loftus-Cheek (M), 90+2' Orsolini (Rig.) (B)
MILAN (4-2-3-1): Maignan 6; Calabria 6 (59' Florenzi 6,5), Kjaer 5,5, Gabbia 6, Hernandez 5,5; Adli 6 (59' Musah 6), Reijnders 6; Pulisic 5,5 (87' Terracciano 5), Loftus-Cheek 7,5, Leao 6,5 (87' Okafor sv); Giroud 5 (60' Jovic 5,5)
A disposizione: Sportiello, Mirante, Pellegrino, Jimenez, Simic, Zeroli, Traore
Allenatore: Stefano Pioli 6
BOLOGNA (4-2-3-1): Skorupski 6,5; De Silvestri 6 (82' Lucumi sv), Beukema 5,5, Calafiori 6, Kristiansen 6; Freuler 6, Aebischer 6 (66' Moro 6); Ferguson 6,5, Fabbian 6 (82' Orsolini 6), Urbanski 5,5 (67' Saelemaekers 6); Zirkzee 6
A disposizione: Bagnolini, Ravaglia, Ilic, Corazza, Lykogiannis, Karlsson
Allenatore: Thiago Motta 6,5
ARBITRO: Davide Massa 7
AMMONITI: 2' Calafiori (B); 22' Leao (M); 36' Calabria (M); 40' Ferguson (B); 44' Adli (M); 45+2' Loftus-Cheek (M); 57' Urbanski (B); 90+1' Terracciano (M)
ESPULSI: espulso l'allenatore Thiago Motta (Bologna)
ANGOLI: 4-1
RECUPERO: pt 3, st 6

28/01/2024 ore 15:00
MONZA-SASSUOLO 1-0
Marcatori: 31' Colpani (M)
MONZA (3-4-2-1): Di Gregorio 6; D'Ambrosio 6, Marì 6, Caldirola 6 (87' Izzo sv); Birindelli 6,5, Akpa-Akpro 5,5 (46' Bondo 5,5), Pessina 6 (87' Bettella sv), Ciurria 6; Colpani 7 (77' Zerbin sv), Carboni V. 6 (57' Djuric 6); Mota 6
A disposizione: Lamanna,
Sorrentino, Gori, Donati, Pereira, Carboni A., Kyriakopoulos, Colombo, Maldini
Allenatore: Raffaele Palladino 6,5
SASSUOLO (4-2-3-1): Consigli 6; Pedersen 5,5, Tressoldi 5, Ferrari 5, Doig 5,5 (90+1' Ceide sv); Boloca 5,5 (77' Lipani sv), Matheus Henrique 5,5; Castillejo 5,5 (46' Mulattieri 5,5), Thorstvedt 6 (72' Volpato 6), Lauriente 5,5 (46' Viti 6); Pinamonti 5,5
A disposizione: Pegolo, Cragno, Missori, Erlic, Racic
Allenatore: Alessio Dionisi 5,5
ARBITRO: Gianluca Manganiello 6,5
AMMONITI: 42' Akpa-Akpro (M); 43' Matheus Henrique (S); 68' Pedersen (S); 90+8' Tressoldi (S)
ESPULSI: nessuno
ANGOLI: 4-5
RECUPERO: pt 2, st 10

29/01/2024 ore 20:45
SALERNITANA-ROMA 1-2
Marcatori: 51' Dybala (Rig.) (R), 66' Pellegrini (R), 70' Kastanos (S)
SALERNITANA (4-3-2-1): Ochoa 6; Pierozzi 6,5 (78' Zanoli sv), Daniliuc 6, Gyomber 5,5 (73' Lovato 6), Bradaric 6,5; Sambia 5,5 (62' Martegani 6), Maggiore 5, Basic 6 (62' Kastanos 6,5); Candreva 7, Tchaouna 6; Simy 5,5 (73' Ikwuemesi 5,5)
A disposizione: Fiorillo, Costil, Bronn, Sfait, Legowski, Botheim, Stewart
Allenatore: Filippo Inzaghi 6
ROMA (4-3-2-1): Rui Patricio 6; Karsdorp 6, Mancini 6, Llorente 6,5, Kristensen 5; Bove 6, Cristante 6, Pellegrini 6,5 (88' Huijsen sv); Dybala 6,5 (71' Aouar 5,5), El Shaarawy 5,5 (78' Zalewski sv); Lukaku 5
A disposizione: Boer, Svilar, Celik, Pagano, Pisilli, Oliveras, Belotti, Costa Cesco
Allenatore: Daniele De Rossi 6

6
ARBITRO: Marco Di Bello 6
AMMONITI: 44' Pierozzi (S); 45+4' Pellegrini (R); 84' Dybala (R); 88' Candreva (S); 89' Rui Patricio (R)
ESPULSI: nessuno
ANGOLI: 5-1
RECUPERO: pt 4, st 5

28/01/2024 ore 15:00
VERONA-FROSINONE 1-1
Marcatori: 45+3' Suslov (Rig.) (V), 58' Kaio Jorge (F)
VERONA (4-2-3-1): Montipo 6; Tchatchoua 6,5, Dawidowicz 6,5, Magnani 6, Cabal 6,5 (87' Vinagre sv); Duda 6 (80' Dani Silva sv), Serdar 6 (63' Tavsan 6); Folorunsho 6,5, Suslov 7, Lazovic 6 (63' Henry 5,5); Noslin 5,5 (81' Cruz sv)
A disposizione: Chiesa, Perilli, Amione, Coppola, Belahyane, Saponara, Charlys, Mboula, Bonazzoli
Allenatore: Marco Baroni 6
FROSINONE (4-3-3): Turati 7; Gelli 6, Okoli 6, Romagnoli 6, Brescianini 6; Barrenechea 6,5, Bourabia 4 (46' Ghedjemis 6,5), Harroui 6,5 (82' Reinier sv); Soule 6 (90' Monterisi sv), Kaio Jorge 7 (82' Cheddira sv), Seck 5,5 (69' Mazzitelli 6)
A disposizione: Frattali, Cerofolini, Garritano, Kvernadze
Allenatore: Eusebio Di Francesco 6
ARBITRO: Federico La Penna 6
AMMONITI: 31' Harroui (F); 45+4' Serdar (V); 86' Cabal (V); 90+1' Mazzitelli (F)
ESPULSI: nessuno
ANGOLI: 1-9
RECUPERO: pt 6, st 4

23

GIORNATA - 4/2/24

All'Inter il derby d'Italia
Giornata piena di rimonte

CLASSIFICA

Inter 60; Juventus 53; Milan 49; Bologna e Atalanta 39; Roma e Napoli 38; Lazio 37; Fiorentina 34; Torino 32; Monza e Genoa 29; Lecce 24; Frosinone 23; Sassuolo e Udinese 19; Verona, Empoli e Cagliari 18; Salernitana 13.

I NUMERI

Reti realizzate: 28 (3 autoreti). **Rigori: 4/4. Espulsioni: 1. Ammonizioni: 42. Assist: 12** (Giroud, Kristiansen, Lauriente, Leao, Mazzocchi, Paredes, Lor. Pellegrini, Scalvini, Scamacca, Soule, Suslov e Zirkzee 1). **Pali: 7** (Belotti, Calhanoglu, Cambiaghi, Cristante, Holm, Kaba e Krstovic 1).

Risultati

Atalanta	3
Lazio	1
Bologna	4
Sassuolo	2
Empoli	0
Genoa	0
Frosinone	2
Milan	3
Inter	1
Juventus	0
Lecce	3
Fiorentina	2
Napoli	2
Verona	1
Roma	4
Cagliari	0
Torino	0
Salernitana	0
Udinese	0
Monza	0

Tabellini

04/02/2024 ore 18:00

ATALANTA-LAZIO 3-1
Marcatori: 16' Pasalic (A), 43' De Ketelaere (Rig.) (A), 76' De Ketelaere (A), 84' Immobile (Rig.) (L)
ATALANTA (3-4-1-2): Carnesecchi 6; Scalvini 7, Djimsiti 5,5, Kolasinac 6,5; Holm 6,5 (64' Hateboer 6), De Roon 6, Ederson 6,5 (90+2' Mendicino sv), Ruggeri 6; Pasalic 7 (79' Toloi sv); De Ketelaere 7,5 (79' Muriel sv), Miranchuk 6,5 (64' Scamacca 6,5)
A disposizione: Musso, Rossi, Bonfanti, Zappacosta, Bakker, Toure
Allenatore: Gian Piero Gasperini 7
LAZIO (4-3-3): Provedel 5,5; Lazzari 5,5 (46' Pellegrini 5), Gila 5 (46' Casale 5,5), Romagnoli 5,5, Marusic 5; Guendouzi 5,5, Rovella 5,5, Luis Alberto 5,5 (69' Vecino 6); Isaksen 5 (64' Pedro 6), Castellanos 5 (64' Immobile 7), Felipe Anderson 5,5
A disposizione: Sepe, Mandas, Kamenovic, Hysaj, Kamada, Fernandes
Allenatore: Maurizio Sarri 5
ARBITRO: Marco Guida 6
AMMONITI: 9' Pasalic (A); 45+1' Felipe Anderson (L); 45+1' Luis Alberto (L); 47' Rovella (L); 78' Ederson (A)
ESPULSI: nessuno
ANGOLI: 6-1
RECUPERO: pt 1, st 4

03/02/2024 ore 20:45

BOLOGNA-SASSUOLO 4-2
Marcatori: 13' Thorstvedt (S), 24' Viti (Aut.) (S), 34' Volpato (S), 73' Fabbian (B), 83' Ferguson (B), 86' Saelemaekers (B)
BOLOGNA (4-2-3-1): Skorupski 5; Posch 6, Beukema 6, Calafiori 6,5, Kristiansen 6 (82' Lykogiannis sv); Freuler 5,5, Aebischer 6 (58' Orsolini 5,5); Fabbian 7 (82' Moro sv), Ferguson 7, Urbanski 6 (58'

Saelemaekers 7,5); Zirkzee 7
A disposizione: Bagnolini, Ravaglia, Ilic, Corazza, Lucumi, De Silvestri, Karlsson, Odgaard
Allenatore: Thiago Motta 6,5
SASSUOLO (4-2-3-1): Consigli 6; Pedersen 5,5, Erlic 5,5 (82' Tressoldi 5,5), Viti 5, Doig 6; Lipani 6 (59' Boloca 5,5), Thorstvedt 6,5; Volpato 7 (59' Ceide 5,5), Bajrami 6 (68' Racic 5,5), Lauriente 6; Pinamonti 5,5 (81' Mulattieri sv)
A disposizione: Pegolo, Cragno, Missori, Ferrari
Allenatore: Alessio Dionisi 5,5
ARBITRO: Juan Luca Sacchi 6
AMMONITI: 45+1' Thorstvedt (S); 55' Aebischer (B); 85' Boloca (S); 90+3' Doig (S)
ESPULSI: nessuno
ANGOLI: 7-4
RECUPERO: pt 1, st 4

03/02/2024 ore 15:00
EMPOLI-GENOA 0-0
EMPOLI (3-4-2-1): Caprile 6; Ismajli 6,5, Walukiewicz 6, Luperto 7; Bereszynski 6 (54' Cacace 6), Grassi 6 (71' Kovalenko 6), Maleh 6, Gyasi 5,5; Zurkowski 5,5 (71' Destro 6), Cambiaghi 6,5 (85' Fazzini sv); Cerri 5,5 (54' Cancellieri 6)
A disposizione: Perisan, Berisha, Goglichidze, Pezzella, Shpendi, Niang
Allenatore: Davide Nicola 6
GENOA (3-5-2): Martinez 6; De Winter 5, Bani 6,5, Vasquez 6,5; Sabelli 6 (77' Martin 6), Frendrup 6, Badelj 6, Malinovskyi 5,5 (46' Ekuban 5,5), Spence 6; Retegui 5,5 (77' Vitinha 6), Gudmundsson 6
A disposizione: Leali, Sommariva, Vogliacco, Cittadini, Pittino, Thorsby, Bohinen, Strootman, Kuavita
Allenatore: Alberto Gilardino 6
ARBITRO: Ermanno Feliciani 6,5
AMMONITI: 53' Walukiewicz (E); 66' De Winter (G); 73' Sa-

belli (G); 75' Cambiaghi (E); 90+2' De Winter (G)
ESPULSI: 90+2' De Winter (G)
ANGOLI: 6-6
RECUPERO: pt 1, st 3

03/02/2024 ore 18:00
FROSINONE-MILAN 2-3
Marcatori: 17' Giroud (M), 24' Soule (Rig.) (F), 65' Mazzitelli (F), 72' Gabbia (M), 81' Jovic (M)
FROSINONE (4-3-3): Turati 5,5; Gelli 6, Romagnoli 4,5, Okoli 6, Brescianini 5,5 (85' Reinier sv); Mazzitelli 7 (85' Ibrahimovic sv), Barrenechea 6, Harroui 5,5 (77' Lirola 5,5); Seck 6,5 (77' Valeri 5), Kaio Jorge 6 (77' Cheddira sv), Soule 7
A disposizione: Frattali, Cerofolini, Monterisi, Garritano, Bourabia, Kvernadze
Allenatore: Eusebio Di Francesco 6
MILAN (4-2-3-1): Maignan 5; Calabria 6 (86' Florenzi sv), Kjaer 6, Gabbia 7, Hernandez 5,5; Adli 6, Reijnders 5,5 (62' Bennacer 6); Pulisic 6 (80' Jovic 7), Loftus-Cheek 5,5 (62' Okafor 5,5), Leao 6,5; Giroud 7,5 (86' Musah sv)
A disposizione: Sportiello, Nava, Jimenez, Simic, Bartesaghi, Terracciano
Allenatore: Stefano Pioli 6
ARBITRO: Luca Pairetto 6
AMMONITI: 43' Loftus-Cheek (M); 49' Reijnders (M); 56' Harroui (F); 90+5' Florenzi (M)
ESPULSI: nessuno
ANGOLI: 2-4
RECUPERO: pt 3, st 5

04/02/2024 ore 20:45
INTER-JUVENTUS 1-0
Marcatori: 37' Gatti (Aut.) (J)
INTER (3-5-2): Sommer 6; Pavard 6,5, Acerbi 6, Bastoni 6,5 (89' De Vrij sv); Darmian 6 (73' Dumfries 6), Barella 7 (89' Klaassen sv), Calhanoglu 7, Mkhitaryan 6,5, Dimarco 6,5 (73' Carlos Augusto 6); Thuram 6 (77' Arnautovic

5,5), Martinez 5,5
A disposizione: Di Gennaro, Audero, Bisseck, Sensi, Frattesi, Buchanan, Asllani, Sanchez
Allenatore: Simone Inzaghi 7
JUVENTUS (3-5-2): Szczesny 7; Gatti 6 (88' Alex Sandro sv), Bremer 6,5, Danilo 6,5; Cambiaso 5,5 (88' Miretti sv), McKennie 6,5 (90' Alcaraz sv), Locatelli 5,5, Rabiot 5,5, Kostic 6 (66' Weah 6); Yildiz 5,5 (66' Chiesa 5,5), Vlahovic 5
A disposizione: Pinsoglio, Perin, Rugani, Djalo, Nicolussi Caviglia, Nonge, Iling-Junior
Allenatore: Massimiliano Allegri 5,5
ARBITRO: Fabio Maresca 7
AMMONITI: 19' Vlahovic (J); 33' Danilo (J); 51' Mkhitaryan (I); 77' Thuram (I); 87' Bremer (J)
ESPULSI: nessuno
ANGOLI: 6-4
RECUPERO: pt 1, st 5

02/02/2024 ore 20:45
LECCE-FIORENTINA 3-2
Marcatori: 17' Oudin (L), 50' Mandragora (F), 67' Beltran (F), 90' Piccoli (L), 90+2' Dorgu (L)
LECCE (4-3-3): Falcone 5; Gendrey 6, Pongracic 6, Baschirotto 6, Gallo 6 (75' Dorgu 7); Kaba 6 (75' Gonzalez 6,5), Blin 6, Oudin 7 (69' Piccoli 7); Almqvist 5,5, Krstovic 6, Banda 7 (78' Sansone 6)
A disposizione: Brancolini, Samooja, Venuti, Touba, Rafia, Berisha, Burnete, Pierotti
Allenatore: Roberto D'Aversa 7
FIORENTINA (4-2-3-1): Terracciano 5,5; Faraoni 5,5, Martinez Quarta 5 (46' Milenkovic 5), Ranieri 5, Biraghi 5,5; Lopez 5, Duncan 5 (46' Mandragora 6); Bonaventura 5,5 (46' Belotti 6), Beltran 6 (78' Parisi 5,5), Sottil 5,5 (65' Gonzalez 5); Nzola 4
A disposizione: Martinelli, Vannucchi, Kayode Olabode, Comuzzo, Infantino, Barak

Allenatore: Vincenzo Italiano 4
ARBITRO: Antonio Giua 6,5
AMMONITI: 15' Martinez Quarta (F); 50' Almqvist (L); 72' Ranieri (F); 77' Banda (L); 83' Gendrey (L); 90' Gonzalez (F)
ESPULSI: nessuno
ANGOLI: 1-3
RECUPERO: pt 1, st 7

04/02/2024 ore 15:00
NAPOLI-VERONA 2-1
Marcatori: 72' Coppola (V), 79' Dawidowicz (Aut.) (V), 87' Kvaratskhelia (N)
NAPOLI (4-3-3): Gollini 6,5; Di Lorenzo 6, Rrahmani 6, Juan Jesus 7, Mario Rui 6,5 (52' Mazzocchi 6,5); Anguissa 6,5, Lobotka 6,5 (85' Dendoncker sv), Cajuste 6 (62' Ngonge 6,5); Politano 6 (62' Lindstrom 6), Simeone 6 (85' Raspadori sv), Kvaratskhelia 7
A disposizione: Contini, Idasiak, Natan, Ostigard, Traore
Allenatore: Walter Mazzarri 6,5
VERONA (4-2-3-1): Montipo 6,5; Tchatchoua 6, Coppola 6,5 (85' Magnani sv), Dawidowicz 6, Cabal 6; Duda 5 (86' Tavsan sv), Serdar 5,5; Suslov 5 (82' Dani Silva sv), Folorunsho 6, Lazovic 5 (81' Vinagre sv); Noslin 5 (60' Swiderski 5)
A disposizione: Chiesa, Perilli, Centonze, Belahyane, Charlys, Henry, Cruz, Bonazzoli
Allenatore: Marco Baroni 6
ARBITRO: Marco Piccinini 6
AMMONITI: 33' Coppola (V); 46' Mario Rui (N); 54' Suslov (V); 66' Lindstrom (N); 76' Lobotka (N)
ESPULSI: nessuno
ANGOLI: 9-2
RECUPERO: pt 2, st 5

05/02/2024 ore 20:45
ROMA-CAGLIARI 4-0
Marcatori: 2' Pellegrini (R), 23' Dybala (R), 51' Dybala (Rig.) (R), 59' Huijsen (R)
ROMA (4-3-3): Rui Patricio 6; Karsdorp 6,5, Mancini 6,5, Llorente 6 (55' Huijsen 7), Angelino 6,5 (58' Kristensen 6); Cristante 7, Paredes 7, Pellegrini 7,5 (55' Bove 6); Dybala 8 (74' Baldanzi 6), Lukaku 6,5, El Shaarawy 6,5 (55' Zalewski 6,5)
A disposizione: Boer, Svilar, Celik, Renato Sanches, Aouar, Pagano, Pisilli, Costa Cesco
Allenatore: Daniele De Rossi 7
CAGLIARI (3-5-2): Scuffet 6; Dossena 5 (62' Viola 5,5), Mina 4,5 (67' Wieteska 5,5), Obert 5; Zappa 5, Nandez 5,5 (75' Di Pardo 6), Prati 5 (62' Gaetano 6), Makoumbou 5, Azzi 5,5 (62' Luvumbo 5,5); Petagna 4,5, Lapadula 6
A disposizione: Radunovic, Aresti, Hatzidiakos, Augello, Deiola, Jankto, Pavoletti
Allenatore: Claudio Ranieri 5
ARBITRO: Matteo Marcenaro 5,5
AMMONITI: 66' Nandez (C); 66' Paredes (R)
ESPULSI: nessuno
ANGOLI: 7-5
RECUPERO: pt 3, st 2

04/02/2024 ore 12:30
TORINO-SALERNITANA 0-0
TORINO (3-4-1-2): Milinkovic-Savic 6,5; Tameze 6,5 (65' Pellegri 6), Sazonov 6,5 (80' Lovato sv), Rodriguez 6 (43' Masina 6); Bellanova 6,5, Ricci 5,5 (80' Ilic sv), Linetty 6, Lazaro 6; Vlasic 5 (65' Djidji 6); Sanabria 5, Zapata 6
A disposizione: Passador, Popa, Vojvoda, Gineitis, Okereke
Allenatore: Ivan Juric 5,5
SALERNITANA (3-4-2-1): Ochoa 6,5; Pierozzi 6,5, Boateng 6,5 (61' Pellegrino sv), Pasalidis 6 (73' Sambia 6); Zanoli 6, Maggiore 6, Basic 6,5, Bradaric 6; Candreva 6, Kastanos 6,5 (87' Vignato sv); Tchaouna 6 (62' Dia 6)
A disposizione: Costil, Salvati, Martegani, Gomis, Legowski, Weissman, Ikwuemesi
Allenatore: Filippo Inzaghi 6,5
ARBITRO: Daniele Chiffi 6
AMMONITI: 26' Sazonov (T); 63' Pierozzi (S); 90' Linetty (T)
ESPULSI: nessuno
ANGOLI: 10-1
RECUPERO: pt 4, st 6

03/02/2024 ore 15:00
UDINESE-MONZA 0-0
UDINESE (3-5-1-1): Okoye 6; Perez 6,5, Giannetti 6,5, Kristensen 6; Pereyra 5,5 (57' Ehizibue 6), Lovric 6, Walace 6, Payero 5,5 (68' Samardzic 6), Zemura 6 (68' Kamara 6); Thauvin 6,5 (88' Brenner sv); Lucca 6,5
A disposizione: Silvestri, Padelli, Ferreira, Tikvic, Kabasele, Ebosele, Zarraga, Success
Allenatore: Gabriele Cioffi 6
MONZA (3-4-2-1): Di Gregorio 7; D'Ambrosio 6 (82' Izzo sv), Marì 6, Caldirola 5,5 (46' Carboni A. 6); Birindelli 6 (57' Zerbin 6), Bondo 6, Pessina 6, Ciurria 5,5; Colpani 6 (57' Carboni V. 5,5), Mota 5,5 (73' Pereira sv); Djuric 5,5
A disposizione: Sorrentino, Gori, Donati, Bettella, Kyriakopoulos, Gagliardini, Machin, Akpa-Akpro, Colombo, Maldini
Allenatore: Raffaele Palladino 6
ARBITRO: Alessandro Prontera 5,5
AMMONITI: 27' Pereyra (U); 60' Walace (U); 65' Ehizibue (U); 84' Pereira (M); 90+3' Izzo (M)
ESPULSI: nessuno
ANGOLI: 7-4
RECUPERO: pt 0, st 4

La Juventus non si rialza, L'Inter allunga in classifica

CLASSIFICA
Inter 63; Juventus 53; Milan 52; Bologna e Atalanta 42; Lazio 40; Roma e Napoli 38; Fiorentina 37; Torino 33; Monza 30; Genoa 29; Lecce 24; Frosinone 23; Udinese 22; Empoli 21; Sassuolo 20; Verona 19; Cagliari 18; Salernitana 13.

I NUMERI
Reti realizzate: 33 (3 autoreti). **Rigori: 1/1. Espulsioni: 1. Ammonizioni: 40. Assist: 20** (Duncan e Lor. Pellegrini 2; Arnautovic, Badelj, Bellanova, Biraghi, Calafiori, Candreva, Darmian, Ikone, Leao, Luvumbo, Miranchuk, Niang, Pasalic, Pedersen, Posch e Vecino 1). **Pali: 5** (Beltran, Kamada, Pavard, Simeone e Zapata 1).

Risultati

Bologna	4
Lecce	0
Cagliari	1
Lazio	3
Fiorentina	5
Frosinone	1
Genoa	1
Atalanta	4
Juventus	0
Udinese	1
Milan	1
Napoli	0
Monza	0
Verona	0
Roma	2
Inter	4
Salernitana	1
Empoli	3
Sassuolo	1
Torino	1

Tabellini

11/02/2024 ore 15:00

BOLOGNA-LECCE 4-0
Marcatori: 5' Beukema (B), 27' Orsolini (B), 49' Orsolini (B), 82' Odgaard (B)
BOLOGNA (4-2-3-1): Skorupski 6; Posch 6,5 (61' De Silvestri 6), Beukema 7, Calafiori 6,5, Kristiansen 6; Freuler 6 (67' El Azzouzi 6), Fabbian 6,5; Orsolini 7,5 (61' Ndoye 6), Ferguson 6,5 (78' Moro sv), Saelemaekers 6,5; Zirkzee 6,5 (61' Odgaard 6,5)
A disposizione: Bagnolini, Ravaglia, Ilic, Corazza, Lykogiannis, Lucumi, Urbanski, Karlsson
Allenatore: Thiago Motta 7
LECCE (4-3-3): Falcone 5; Venuti 5, Pongracic 5,5, Baschirotto 5, Gallo 5 (46' Dorgu 5,5); Kaba 5,5 (46' Blin 5,5), Ramadani 5, Oudin 5 (77' Rafia sv); Almqvist 5, Krstovic 5 (51' Piccoli 5,5), Banda 5 (38' Sansone 5,5)
A disposizione: Brancolini, Samooja, Touba, Gonzalez, Berisha, Pierotti
Allenatore: Roberto D'Aversa 5
ARBITRO: Gianluca Manganiello 6,5
AMMONITI: 34' Calafiori (B); 41' Almqvist (L); 75' Oudin (L)
ESPULSI: nessuno
ANGOLI: 4-3
RECUPERO: pt 1, st 3

10/02/2024 ore 15:00

CAGLIARI-LAZIO 1-3
Marcatori: 26' Deiola (Aut.) (C), 49' Immobile (L), 51' Gaetano (C), 65' Felipe Anderson (L)
CAGLIARI (3-5-1-1): Scuffet 6; Zappa 5, Mina 6 (73' Wieteska 6), Obert 5,5 (63' Augello 6); Nandez 6, Gaetano 7, Deiola 5, Makoumbou 5, Azzi 5 (46' Dossena 5,5); Viola 5,5 (46' Luvumbo 6,5); Lapadula 5,5 (74' Pavoletti 5,5)
A disposizione: Radunovic, Aresti, Di Pardo, Prati, Jankto,

Petagna

Allenatore: Claudio Ranieri 5,5

LAZIO (4-3-3): Provedel 7; Marusic 6, Gila 6, Romagnoli 6, Hysaj 6; Guendouzi 6, Cataldi 6 (78' Kamada 6), Luis Alberto 6 (62' Vecino 6,5); Isaksen 6,5 (84' Pedro sv), Immobile 7 (62' Castellanos 6), Felipe Anderson 7

A disposizione: Sepe, Mandas, Pellegrini, Casale, Kamenovic, Lazzari, Napolitano, Fernandes

Allenatore: Maurizio Sarri 7
ARBITRO: Marco Di Bello 6,5
AMMONITI: 45+2' Immobile (L); 52' Makoumbou (C); 68' Romagnoli (L); 90+3' Vecino (L)
ESPULSI: Aresti (C) a fine partita
ANGOLI: 7-8
RECUPERO: pt 2, st 5

11/02/2024 ore 12:30
FIORENTINA-FROSINONE 5-1
Marcatori: 16' Belotti (Fi), 19' Ikone (Fi), 43' Martinez Quarta (Fi), 53' Gonzalez (Fi), 66' Mazzitelli (Fr), 85' Barak (Fi)
FIORENTINA (4-2-3-1): Terracciano 6,5; Kayode Olabode 6, Milenkovic 6, Martinez Quarta 6 (73' Comuzzo 6), Biraghi 6; Duncan 6,5 (73' Arthur 6), Mandragora 6; Gonzalez 7 (60' Bonaventura 6), Beltran 6 (83' Barak 6,5), Ikone 7; Belotti 7 (73' Nzola 6)
A disposizione: Martinelli, Vannucchi, Faraoni, Lopez, Infantino, Sottil
Allenatore: Vincenzo Italiano 6,5
FROSINONE (4-3-3): Turati 5; Gelli 6 (78' Cheddira 5), Monterisi 5 (46' Romagnoli 5,5), Okoli 5, Valeri 5,5; Mazzitelli 6, Barrenechea 5,5 (64' Reinier 6), Harroui 6 (64' Brescianini 5,5); Soule 5, Kaio Jorge 6, Seck 5 (46' Lirola 5)
A disposizione: Frattali, Cerofolini, Garritano, Baez, Caso, Kvernadze, Ibrahimovic
Allenatore: Eusebio Di Fran-

cesco 4,5
ARBITRO: Ermanno Feliciani 6
AMMONITI: 4' Martinez Quarta (Fi); 50' Romagnoli (Fr); 69' Terracciano (Fi); 90+2' Nzola (Fi)
ESPULSI: nessuno
ANGOLI: 2-5
RECUPERO: pt 1, st 3

11/02/2024 ore 18:00
GENOA-ATALANTA 1-4
Marcatori: 22' De Ketelaere (A), 51' Malinovskyi (G), 55' Koopmeiners (A), 90+10' Zappacosta (A), 90+13' Toure (A)
GENOA (3-5-2): Martinez 6; Vogliacco 5,5 (90+2' Vitinha sv), Bani 5, Vasquez 6; Sabelli 5,5 (83' Messias sv), Malinovskyi 6,5, Badelj 6 (63' Ekuban 6), Strootman 5,5 (63' Martin 5,5), Frendrup 6; Retegui 6, Gudmundsson 5
A disposizione: Leali, Sommariva, Cittadini, Spence, Thorsby, Bohinen, Ankeye
Allenatore: Alberto Gilardino 6
ATALANTA (3-4-1-2): Carnesecchi 7; Scalvini 6,5 (88' Toloi sv), Djimsiti 6, Kolasinac 6,5; Holm 5,5 (57' Zappacosta 6,5), Pasalic 7, De Roon 6, Ruggeri 6 (90+5' Hateboer sv); Koopmeiners 7; De Ketelaere 7 (57' Toure 6,5), Scamacca 5,5 (57' Miranchuk 6)
A disposizione: Musso, Rossi, Bonfanti, Bakker, Adopo, Mendicino, Diao
Allenatore: Gian Piero Gasperini 7
ARBITRO: Andrea Colombo 6,5
AMMONITI: 24' De Ketelaere (A); 24' Strootman (G); 32' Kolasinac (A); 54' Bani (G); 90+3' Martin (G); 90+7' Miranchuk (A); 90+2' De Roon (A)
ESPULSI: nessuno
ANGOLI: 7-4
RECUPERO: pt 2, st 13

12/02/2024 ore 20:45
JUVENTUS-UDINESE 0-1
Marcatori: 25' Giannetti (U)

JUVENTUS (3-5-2): Szczesny 6; Gatti 5,5, Bremer 6, Alex Sandro 5; Weah 5 (61' Yildiz 5,5), McKennie 5,5, Locatelli 5,5 (77' Nicolussi Caviglia sv), Rabiot 5,5, Cambiaso 6 (84' Cerri sv); Milik 5, Chiesa 5,5 (77' Iling-Junior sv)
A disposizione: Pinsoglio, Scaglia, Rugani, Djalo, Kostic, Miretti, Alcaraz, Nonge
Allenatore: Massimiliano Allegri 5
UDINESE (3-5-1-1): Okoye 7; Perez 6,5, Giannetti 7, Kristensen 6,5; Ehizibue 6 (65' Ferreira 6), Lovric 6, Walace 6,5, Samardzic 6,5, Zemura 6 (66' Ebosele 6); Thauvin 6 (77' Brenner sv); Lucca 6 (77' Success sv)
A disposizione: Silvestri, Padelli, Kamara, Tikvic, Kabasele, Zarraga, Payero, Davis
Allenatore: Gabriele Cioffi 7
ARBITRO: Rosario Abisso 6,5
AMMONITI: 10' Ehizibue (U); 38' Bremer (J); 74' Gatti (J); 82' Walace (U); 89' Success (U); 90+2' Nicolussi Caviglia (J)
ESPULSI: nessuno
ANGOLI: 8-4
RECUPERO: pt 2, st 5

11/02/2024 ore 20:45
MILAN-NAPOLI 1-0
Marcatori: 25' Hernandez (M)
MILAN (4-2-3-1): Maignan 6; Calabria 6 (37' Florenzi 6), Kjaer 6 (66' Simic sv), Gabbia 6, Hernandez 6,5; Bennacer 6 (65' Musah sv), Adli 6; Pulisic 5,5 (81' Jimenez sv), Loftus-Cheek 5,5, Leao 6,5; Giroud 5,5 (80' Jovic sv)
A disposizione: Sportiello, Mirante, Terracciano, Okafor, Eletu
Allenatore: Stefano Pioli 6,5
NAPOLI (3-5-1-1): Gollini 6; Ostigard 6 (46' Politano 6), Rrahmani 5,5, Juan Jesus 5,5 (89' Ngonge sv); Di Lorenzo 5, Anguissa 5, Lobotka 6, Zielinski 5 (76' Lindstrom sv), Mazzocchi 6,5 (76' Olivera

sv); Kvaratskhelia 6,5; Simeone 5,5 (55' Raspadori sv)
A disposizione: Contini, Natan, Dendoncker, Traore, Cajuste
Allenatore: Walter Mazzarri 5
ARBITRO: Daniele Doveri 6,5
AMMONITI: 85' Juan Jesus (N); 90+6' Hernandez (M)
ESPULSI: nessuno
ANGOLI: 1-2
RECUPERO: pt 3, st 6

11/02/2024 ore 15:00
MONZA-VERONA 0-0
MONZA (3-4-2-1): Di Gregorio 6; Izzo 6,5, Marì 6, Carboni A. 7; Birindelli 6,5 (74' Pereira 5,5), Pessina 6, Bondo 5,5 (70' Gagliardini 6), Zerbin 5,5 (70' Kyriakopoulos 5,5); Colpani 5,5, Mota 5 (62' Carboni V. 6); Colombo 5,5 (62' Djuric 6)
A disposizione: Sorrentino, Mazza, Donati, Caldirola, Bettella, Machin, Akpa-Akpro, Maldini
Allenatore: Raffaele Palladino 5,5
VERONA (4-2-3-1): Montipo 6,5; Tchatchoua 6 (57' Centonze 5,5), Magnani 6,5, Dawidowicz 6 (79' Coppola sv), Cabal 5,5; Duda 6, Serdar 7; Noslin 5,5 (46' Vinagre 5,5), Folorunsho 6,5, Lazovic 6 (72' Dani Silva sv); Swiderski 6 (57' Bonazzoli 5,5)
A disposizione: Chiesa, Perilli, Belahyane, Charlys, Tavsan, Henry, Mitrovic
Allenatore: Marco Baroni 6
ARBITRO: Davide Massa 5
AMMONITI: 58' Centonze (V); 60' Bondo (M); 67' Folorunsho (V)
ESPULSI: nessuno
ANGOLI: 5-2
RECUPERO: pt 0, st 5

10/02/2024 ore 18:00
ROMA-INTER 2-4
Marcatori: 17' Acerbi (I), 28' Mancini (R), 44' El Shaarawy (R), 49' Thuram (I), 56' Angelino (Aut.) (R), 90+3' Bastoni (I)
ROMA (4-3-3): Rui Patricio 5,5; Karsdorp 5,5, Mancini 6, Huijsen 5,5, Angelino 5 (61' Spinazzola 6); Cristante 5,5 (61' Bove 5,5), Paredes 5,5, Pellegrini 7 (76' Baldanzi 6,5); Dybala 5,5 (87' Azmoun sv), Lukaku 5, El Shaarawy 7 (76' Zalewski 6)
A disposizione: Boer, Svilar, Smalling, Llorente, Celik, Kristensen, Renato Sanches, Aouar, Costa Cesco
Allenatore: Daniele De Rossi 6
INTER (3-5-2): Sommer 6,5; Pavard 5,5, Acerbi 7 (63' De Vrij 6), Bastoni 7; Darmian 6 (75' Dumfries 6), Barella 6,5, Calhanoglu 6, Mkhitaryan 6,5, Dimarco 6,5 (75' Carlos Augusto 6); Thuram 7,5 (87' Sanchez sv), Martinez 6 (75' Arnautovic 6,5)
A disposizione: Di Gennaro, Audero, Bisseck, Klaassen, Buchanan, Asllani, Akinsanmiro
Allenatore: Simone Inzaghi 7
ARBITRO: Marco Guida 6
AMMONITI: 47' Mancini (R); 90+2' Huijsen (R)
ESPULSI: nessuno
ANGOLI: 3-8
RECUPERO: pt 4, st 5

09/02/2024 ore 20:45
SALERNITANA-EMPOLI 1-3
Marcatori: 23' Zanoli (Aut.) (S), 69' Weissman (S), 88' Niang (Rig.) (E), 90+4' Cancellieri (E)
SALERNITANA (3-4-2-1): Ochoa 6; Pierozzi 5,5 (41' Weissman 6,5), Boateng 6 (59' Pirola 5), Pellegrino 4,5; Zanoli 5 (46' Sambia 6), Maggiore 5,5 (76' Coulibaly 5,5), Basic 5, Bradaric 5,5; Candreva 6, Kastanos 6 (59' Tchaouna 5,5); Dia 5,5
A disposizione: Costil, Allocca, Martegani, Gomis, Legowski, Simy, Ikwuemesi, Vignato
Allenatore: Filippo Inzaghi 5
EMPOLI (3-4-2-1): Caprile 6,5; Bereszynski 6, Ismajli 5, Luperto 6,5; Gyasi 6, Grassi 6,5, Maleh 6 (70' Fazzini 6,5), Cacace 6,5; Zurkowski 6 (78' Kovalenko sv), Cambiaghi 7 (78' Cancellieri 6,5); Cerri 5,5 (70' Niang 7)
A disposizione: Perisan, Berisha, Goglichidze, Pezzella, Bastoni, Shpendi, Destro
Allenatore: Davide Nicola 7
ARBITRO: Maurizio Mariani 6,5
AMMONITI: 22' Maleh (E); 43' Zanoli (S); 77' Basic (S); 90+4' Cerri (E); 90+4' Bradaric (S)
ESPULSI: nessuno
ANGOLI: 4-8
RECUPERO: pt 3, st 6

10/02/2024 ore 20:45
SASSUOLO-TORINO 1-1
Marcatori: 5' Pinamonti (S), 9' Zapata (T)
SASSUOLO (4-2-3-1): Consigli 6,5; Pedersen 6, Erlic 6 (90+5' Tressoldi sv), Viti 6, Doig 5,5 (90+5' Ferrari sv); Matheus Henrique 6, Lipani 6 (72' Racic 6); Bajrami 6,5 (73' Defrel 6), Thorstvedt 6, Lauriente 5; Pinamonti 6,5 (89' Mulattieri sv)
A disposizione: Pegolo, Cragno, Missori, Kumbulla, Castillejo, Ceide
Allenatore: Alessio Dionisi 6
TORINO (3-4-1-2): Milinkovic-Savic 6,5; Djidji 6, Lovato 5,5 (83' Sazonov sv), Rodriguez sv (20' Masina 6); Bellanova 6,5 (83' Vojvoda sv), Tameze 6, Ilic 5,5 (73' Ricci sv), Lazaro 5,5; Vlasic 6,5; Sanabria 5,5 (74' Okereke sv), Zapata 6,5
A disposizione: Gemello, Popa, Gineitis, Nije, Savva
Allenatore: Ivan Juric 5,5
ARBITRO: Daniele Orsato 6,5
AMMONITI: 33' Doig (S); 66' Lovato (T); 82' Tameze (T); 90' Vlasic (T)
ESPULSI: nessuno
ANGOLI: 5-4
RECUPERO: pt 2, st 6

Juve pari e Milan ko: L'Inter è sempre più sola

Inquadra il Qr-code per vedere le pagelle commentate su Datasport.it

CLASSIFICA

Inter 66; Juventus 54; Milan 52; Bologna e Atalanta 45; Roma 41; Lazio 40; Napoli 39; Fiorentina 38; Torino 36; Monza 33; Genoa 30; Lecce 24; Frosinone e Udinese 23; Empoli 22; Sassuolo e Verona 20; Cagliari 19; Salernitana 13.

I NUMERI

Reti realizzate: 31. Rigori: 4/5. Espulsioni: 2. Ammonizioni: 32. Assist: 20 (Carlos Augusto 2; Augello, Colpani, Di Lorenzo, Ehizibue, Fabbian, Folorunsho, Holm, Immobile, Kristiansen, Locatelli, Maldini, Mancini, Mandragora, Pessina, Pulisic, Scalvini, Thiaw e Vojvoda 1). **Pali: 7** (Barella, Djuric, Lapadula, Martinez Quarta, Matheus Henrique, Suslov e Thuram 1).

Risultati

Atalanta	3
Sassuolo	0
Empoli	1
Fiorentina	1
Frosinone	0
Roma	3
Inter	4
Salernitana	0
Lazio	1
Bologna	2
Monza	4
Milan	2
Napoli	1
Genoa	1
Torino	2
Lecce	0
Udinese	1
Cagliari	1
Verona	2
Juventus	2

Tabellini

17/02/2024 ore 20:45

ATALANTA-SASSUOLO 3-0

Marcatori: 22' Pasalic (A), 58' Koopmeiners (A), 75' Bakker (A)

ATALANTA (3-4-2-1): Carnesecchi 8; Scalvini 6,5, Djimsiti 6,5, Kolasinac 6,5 (82' Hien sv); Holm 6,5 (74' Bakker 6,5), Pasalic 7, Ederson 6, Zappacosta 6,5; Miranchuk 6 (74' Scamacca 6), Koopmeiners 6,5 (90' Adopo sv); De Ketelaere 6 (82' Toure sv)

A disposizione: Musso, Rossi, Toloi, Ruggeri, Hateboer, De Roon

Allenatore: Gian Piero Gasperini 7

SASSUOLO (4-2-3-1): Consigli 6; Pedersen 5,5, Viti 5,5, Tressoldi 5, Doig 6; Lipani 5 (61' Boloca 5,5), Matheus Henrique 6; Bajrami 6 (60' Defrel 5,5), Thorstvedt 6 (72' Volpato 6), Lauriente 5,5 (84' Ferrari sv); Pinamonti 4,5 (72' Mulattieri 6)

A disposizione: Pegolo, Cragno, Missori, Kumbulla, Racic, Castillejo, Ceide

Allenatore: Alessio Dionisi 5,5

ARBITRO: Alessandro Prontera 6

AMMONITI: nessuno

ESPULSI: nessuno

ANGOLI: 11-5

RECUPERO: pt 5, st 3

18/02/2024 ore 15:00

EMPOLI-FIORENTINA 1-1

Marcatori: 30' Beltran (F), 56' Niang (Rig.) (E)

EMPOLI (3-4-2-1): Caprile 5,5; Walukiewicz 6, Ismajli 6, Luperto 6; Gyasi 5 (46' Niang 6,5), Grassi 6 (30' Marin 6), Maleh 6 (80' Fazzini sv), Cacace 6 (87' Pezzella sv); Zurkowski 6,5, Cambiaghi 6,5; Cerri 5 (46' Cancellieri 6,5)

A disposizione: Perisan, Vertua, Goglichidze, Bereszynski, Kovalenko, Basto-

ni, Shpendi, Destro
Allenatore: Davide Nicola 6
FIORENTINA (4-2-3-1): Terracciano 6; Faraoni 5 (62' Kayode Olabode 6), Milenkovic 6, Martinez Quarta 6, Biraghi 6 (75' Parisi sv); Duncan 5,5 (62' Arthur 5,5), Mandragora 6; Gonzalez 5, Beltran 6,5, Sottil 5,5 (72' Ikone5,5); Belotti 5 (72' Bonaventura 6)
A disposizione: Martinelli, Vannucchi, Ranieri, Comuzzo, Lopez, Infantino, Barak, Nzola
Allenatore: Vincenzo Italiano 5,5
ARBITRO: Luca Pairetto 5
AMMONITI: 2' Gyasi (E); 45+4' Luperto (E); 70' Biraghi (F); 73' Zurkowski (E); 82' Beltran (F)
ESPULSI: nessuno
ANGOLI: 0-3
RECUPERO: pt 5, st 4

18/02/2024 ore 18:00
FROSINONE-ROMA 0-3
Marcatori: 38' Huijsen (R), 71' Azmoun (R), 81' Paredes (Rig.) (R)
FROSINONE (4-2-3-1): Turati 5; Lirola 6 (67' Caso 5,5), Monterisi 6, Okoli 6, Valeri 6; Mazzitelli 6, Brescianini 6,5 (67' Harroui 5,5); Soule 6,5 (88' Seck sv), Reinier 5,5 (75' Barrenechea sv), Gelli 6; Kaio Jorge 5 (67' Cheddira 6)
A disposizione: Frattali, Cerofolini, Kamensek-Pahic, Baez, Kvernadze, Ibrahimovic
Allenatore: Eusebio Di Francesco 6
ROMA (4-2-3-1): Svilar 7; Kristensen 5,5 (67' Celik 6), Mancini 6,5, Huijsen 6 (46' Llorente 6,5), Angelino 6,5 (82' Smalling sv); Cristante 6, Paredes 6,5; Baldanzi 6,5 (82' Aouar sv), Azmoun 6,5, El Shaarawy 6; Lukaku 5,5 (46' Pellegrini 6,5)
A disposizione: Rui Patricio, Boer, Karsdorp, Spinazzola, Renato Sanches, Bove, Zalewski, Dybala
Allenatore: Daniele De Rossi

6,5
ARBITRO: Antonio Giua 5,5
AMMONITI: 39' Huijsen (R); 66' Mancini (R); 76' Azmoun (R)
ESPULSI: nessuno
ANGOLI: 10-2
RECUPERO: pt 2, st 3

16/02/2024 ore 21:00
INTER-SALERNITANA 4-0
Marcatori: 17' Thuram (I), 19' Martinez (I), 40' Dumfries (I), 90' Arnautovic (I)
INTER (3-5-2): Sommer sv; Pavard 6,5, De Vrij 6,5, Bastoni 6,5 (77' Buchanan 6); Dumfries 7, Barella 6,5, Calhanoglu 7 (66' Asllani 6), Mkhitaryan 6,5 (60' Klaassen 6), Carlos Augusto 7; Martinez 7,5 (60' Arnautovic 7), Thuram 7,5 (60' Sanchez 6)
A disposizione: Di Gennaro, Audero, Bisseck, Dimarco, Darmian, Frattesi, Stankovic
Allenatore: Simone Inzaghi 7
SALERNITANA (3-4-2-1): Ochoa 5,5; Pasalidis 5, Boateng 5 (24' Maggiore 5), Pellegrino 5; Sambia 5, Coulibaly 5 (65' Legowski sv), Basic 5, Zanoli 5 (83' Kastanos sv); Tchaouna 5 (83' Simy sv), Candreva 5,5; Dia sv (64' Weissman sv)
A disposizione: Costil, Allocca, Manolas, Martegani, Gomis, Vignato
Allenatore: Fabio Liverani 5,5
ARBITRO: Marco Piccinini 6,5
AMMONITI: 71' Tchaouna (S)
ESPULSI: nessuno
ANGOLI: 18-0
RECUPERO: pt 1, st 0

18/02/2024 ore 12:30
LAZIO-BOLOGNA 1-2
Marcatori: 18' Isaksen (L), 39' El Azzouzi (B), 78' Zirkzee (B)
LAZIO (4-3-3): Provedel 5; Lazzari 5,5 (77' Pellegrini 6), Patric sv (11' Casale 5), Gila 6, Marusic 5,5; Guendouzi 6, Cataldi 5,5, Luis Alberto 5 (76' Kamada 6); Isaksen 7,5 (65'

Pedro 5,5), Immobile 6,5 (65' Castellanos 5,5), Felipe Anderson 6
A disposizione: Sepe, Mandas, Hysaj, Anderson, Napolitano, Fernandes
Allenatore: Maurizio Sarri 6
BOLOGNA (4-1-4-1): Skorupski 7,5; Posch 5,5, Beukema 6,5, Lucumi 6, Kristiansen 6,5 (85' Calafiori sv); El Azzouzi 6,5 (73' Aebischer 6); Orsolini 5,5 (85' Lykogiannis sv), Ferguson 6,5, Fabbian 6,5 (73' Urbanski 6), Saelemaekers 5,5 (73' Ndoye 6); Zirkzee 7
A disposizione: Bagnolini, Ravaglia, Ilic, Corazza, De Silvestri, Moro, Karlsson, Odgaard
Allenatore: Thiago Motta 6,5
ARBITRO: Fabio Maresca 5,5
AMMONITI: 25' Fabbian (B); 35' Cataldi (L); 46' El Azzouzi (B); 79' Marusic (L); 90+3' Aebischer (B)
ESPULSI: nessuno
ANGOLI: 8-3
RECUPERO: pt 3, st 4

18/02/2024 ore 20:45
MONZA-MILAN 4-2
Marcatori: 45' Pessina (Rig.) (Mo), 45+6' Mota (Mo), 64' Giroud (Mi), 88' Pulisic (Mi), 90' Bondo (Mo), 90+5' Colombo (Mo)
MONZA (3-4-2-1): Di Gregorio 6 (43' Sorrentino 6); Izzo 6,5, Marì 6,5, Carboni A. 6; Birindelli 6, Pessina 7,5, Gagliardini 6,5, Mota 7,5 (81' Maldini sv); Colpani 6,5 (81' Pereira sv), Carboni V. 6,5 (66' Bondo 7); Djuric 6,5 (66' Colombo 6,5)
A disposizione: Gori, Donati, Caldirola, Bettella, D'Ambrosio, Kyriakopoulos, Machin, Akpa-Akpro, Zerbin
Allenatore: Raffaele Palladino 7
MILAN (4-2-3-1): Maignan 5,5; Florenzi 5,5 (83' Musah sv), Thiaw 4, Gabbia 5, Hernandez 5,5; Bennacer 5 (54' Giroud 6,5), Adli 5 (46' Reijn-

ders 6); Chukwueze 5,5 (46'
Pulisic 7), Loftus-Cheek 5,5,
Okafor 5 (46' Leao 5); Jovic 4
A disposizione: Sportiello,
Mirante, Kjaer, Jimenez, Si-
mic, Bartesaghi, Terracciano
Allenatore: Stefano Pioli 4,5
ARBITRO: Andrea Colombo
5,5
AMMONITI: 33' Djuric (Mo);
45+8' Pessina (Mo); 76' Mo-
ta (Mo); 76' Bondo (Mo); 83'
Gabbia (Mi)
ESPULSI: 53' Jovic (Mi)
ANGOLI: 7-3
RECUPERO: pt 9, st 7

17/02/2024 ore 15:00
NAPOLI-GENOA 1-1
Marcatori: 47' Frendrup (G),
90' Ngonge (N)
NAPOLI (4-3-3): Meret 6,5;
Di Lorenzo 5,5, Rrahmani 6,
Ostigard 6 (46' Natan 5,5),
Mazzocchi 5,5 (65' Olivera
5,5); Anguissa 5, Lobotka 6,5,
Traore 5,5 (59' Lindstrom
5,5); Politano 6 (59' Ngonge
6), Simeone 5 (75' Raspadori
sv), Kvaratskhelia 6,5
A disposizione: Contini, Gol-
lini, Mario Rui, Dendoncker,
Zielinski, Cajuste
Allenatore: Walter Mazzarri
5
GENOA (3-5-2): Martinez 7;
De Winter 5, Bani 6, Vasquez
6; Sabelli 5,5 (90+2' Cittadini
5,5), Messias 5,5 (75' Mali-
novskyi sv), Badelj 6,5 (90+1'
Strootman sv), Frendrup 6,5,
Martin 5; Retegui 5,5 (75' Eku-
ban sv), Gudmundsson 5,5
(83' Vitinha sv)
A disposizione: Leali, Som-
mariva, Vogliacco, Haps,
Spence, Thorsby, Bohinen,
Ankeye
Allenatore: Alberto Gilardi-
no 6,5
ARBITRO: Juan Luca Sacchi 5
AMMONITI: 26' Ostigard (N);
42' Kvaratskhelia (N); 50' Va-
squez (G); 54' Di Lorenzo (N);
90+3' Vitinha (G)
ESPULSI: nessuno
ANGOLI: 7-2
RECUPERO: pt 3, st 8

16/02/2024 ore 19:00
TORINO-LECCE 2-0
Marcatori: 50' Bellanova (T),
81' Zapata (T)
TORINO (3-4-1-2): Milinko-
vic-Savic 5,5; Djidji 6,5, Lo-
vato 6,5, Masina 7; Bellanova
7,5, Ricci 6, Ilic 6,5 (88' Ginei-
tis sv), Lazaro 6 (76' Vojvoda
6,5); Vlasic 5,5 (62' Linetty 6);
Pellegri 5,5 (62' Sanabria 6,5),
Zapata 7 (88' Okereke sv)
A disposizione: Gemello, Po-
pa, Sazonov, Savva
Allenatore: Ivan Juric 6,5
LECCE (4-3-3): Falcone 6,5;
Gendrey 5,5, Pongracic 4,
Baschirotto 6, Dorgu 5,5 (79'
Gallo sv); Rafia 6 (61' Sansone
5,5), Ramadani 6, Blin 5,5 (61'
Kaba 6); Almqvist 6, Piccoli
5,5 (79' Krstovic sv), Oudin 6
(74' Touba sv)
A disposizione: Samooja,
Borbei, Venuti, Gonzalez, Be-
risha, Burnete, Pierotti
Allenatore: Roberto D'Aver-
sa 5,5
ARBITRO: Giovanni Ayroldi
6,5
AMMONITI: 41' Pongracic (L);
45' Djidji (T); 50' Blin (L); 70'
Pongracic (L); 78' Dorgu (L)
ESPULSI: 70' Pongracic (L)
ANGOLI: 5-5
RECUPERO: pt 0, st 4

18/02/2024 ore 15:00
UDINESE-CAGLIARI 1-1
Marcatori: 14' Zemura (U),
44' Gaetano (C)
UDINESE (3-5-1-1): Okoye 6;
Perez 6,5, Giannetti 5,5, Kri-
stensen 5,5; Ehizibue 6,5 (65'
Ferreira 5,5), Samardzic 5,5,
Walace 6, Lovric 6 (84' Paye-
ro sv), Zemura 7 (65' Ebosele
5,5); Thauvin 6,5 (79' Brenner
sv); Lucca 6 (79' Success sv)
A disposizione: Silvestri, Pa-
delli, Tikvic, Kabasele, Zarra-
ga, Davis
Allenatore: Gabriele Cioffi 6
CAGLIARI (4-3-2-1): Scuffet
6; Zappa 5,5 (78' Di Pardo sv),
Mina 6,5, Dossena 6, Augello
6; Deiola 6, Makoumbou 6,

Jankto 5,5 (78' Nandez sv);
Gaetano 7, Luvumbo 6; Lapa-
dula 5,5 (78' Pavoletti sv)
A disposizione: Radunovic,
Iliev, Wieteska, Obert, Viola,
Sulemana, Azzi, Prati, Peta-
gna
Allenatore: Claudio Ranieri
6,5
ARBITRO: Maurizio Mariani
6,5
AMMONITI: 20' Lucca (U); 33'
Dossena (C); 39' Augello (C);
54' Giannetti (U); 78' Ferreira
(U)
ESPULSI: nessuno
ANGOLI: 3-4
RECUPERO: pt 2, st 5

17/02/2024 ore 18:00
VERONA-JUVENTUS 2-2
Marcatori: 11' Folorunsho
(V), 28' Vlahovic (Rig.) (J), 52'
Noslin (V), 55' Rabiot (J)
VERONA (4-2-3-1): Montipo
6,5; Tchatchoua 5 (85' Cop-
pola sv), Magnani 6,5, Dawi-
dowicz 6,5, Cabal 5; Duda 6,5,
Dani Silva 6 (86' Henry sv);
Folorunsho 7,5 (74' Belahya-
ne 6), Suslov 6,5, Lazovic 5,5
(74' Vinagre 6); Noslin 7 (65'
Swiderski 6)
A disposizione: Chiesa,
Perilli, Centonze, Charlys,
Tavsan, Mitrovic, Bonazzoli
Allenatore: Marco Baroni 6,5
JUVENTUS (3-5-2): Szcze-
sny 6; Gatti 5 (56' Alex San-
dro 6), Rugani 5,5, Danilo 5,5;
Cambiaso 6 (82' Weah sv),
McKennie 6, Locatelli 6, Ra-
biot 7, Kostic 5,5 (57' Chiesa
6); Yildiz 6 (66' Alcaraz 6),
Vlahovic 6 (81' Milik sv)
A disposizione: Pinsoglio,
Scaglia, Djalo, Miretti, Nico-
lussi Caviglia, Nonge, Iling-
Junior
Allenatore: Massimiliano
Allegri 5,5
ARBITRO: Marco Di Bello 6
AMMONITI: nessuno
ESPULSI: nessuno
ANGOLI: 5-4
RECUPERO: pt 3, st 6

Bologna quarto in solitaria, Dybala riaccende la Roma

Inquadra
il Qr-code
per vedere
le pagelle
commentate
su
Datasport.it

CLASSIFICA

Inter 69; Juventus 57; Milan 53; Bologna 48; Atalanta 46; Roma 44; Fiorentina 41; Lazio e Napoli 40; Monza e Torino 36; Genoa 33; Empoli 25; Lecce 24; Frosinone e Udinese 23; Sassuolo, Verona e Cagliari 20; Salernitana 13.

I NUMERI

Reti realizzate: 32 (un'autorete). **Rigori: 4/5. Espulsioni: 1. Ammonizioni: 38. Assist: 24** (Marin e McKennie 2; Asllani, Bajrami, Bellanova, Cristante, Dimarco,, Djuric, Dossena, Fabbian, Frattesi, Gagliardini, Gudmundsson, Guendouzi, Harroui, Hernandez, Lukaku, Orsolini, Raspadori, Sanchez, Vlahovic e Zortea 1). **Pali: 9** (Gonzalez 3; Belotti, Cancellieri, Djuric, Kristensen, Lucca e Vasquez 1).

Risultati

Bologna	2
Verona	0
Cagliari	1
Napoli	1
Fiorentina	2
Lazio	1
Genoa	2
Udinese	0
Juventus	3
Frosinone	2
Lecce	0
Inter	4
Milan	1
Atalanta	1
Roma	3
Torino	2
Salernitana	0
Monza	2
Sassuolo	2
Empoli	3

Tabellini

23/02/2024 ore 20:45
BOLOGNA-VERONA 2-0
Marcatori: 27' Fabbian (B), 65' Freuler (B)
BOLOGNA (4-2-3-1): Skorupski 6; Posch 6,5 (75' De Silvestri 6), Beukema 6,5, Lucumi 6, Kristiansen 6; Fabbian 7,5 (81' Aebischer sv), Freuler 7 (82' El Azzouzi sv); Orsolini 6,5 (75' Lykogiannis 6), Ferguson 6,5, Ndoye 6 (82' Karlsson sv); Zirkzee 6,5
A disposizione: Bagnolini, Ravaglia, Ilic, Corazza, Calafiori, Moro, Saelemaekers, Urbanski, Odgaard
Allenatore: Thiago Motta 7
VERONA (4-2-3-1): Montipo 6; Centonze 6 (58' Tchatchoua 6), Magnani 6, Dawidowicz 5,5, Cabal 5,5; Duda 5,5 (82' Dani Silva sv), Serdar 5,5; Noslin 5,5 (82' Henry 6,5), Suslov 6, Folorunsho 6 (87' Lazovic sv); Swiderski 5,5 (58' Mitrovic 5,5)

A disposizione: Chiesa, Perilli, Vinagre, Coppola, Belahyane, Charlys, Tavsan, Bonazzoli
Allenatore: Marco Baroni 5,5
ARBITRO: Giacomo Camplone 6,5
AMMONITI: 20' Freuler (B); 45+6' Duda (V); 69' Ferguson (B); 79' Cabal (V)
ESPULSI: nessuno
ANGOLI: 11-1
RECUPERO: pt 8, st 3

25/02/2024 ore 15:00
CAGLIARI-NAPOLI 1-1
Marcatori: 66' Osimhen (N), 90+6' Luvumbo (C)
CAGLIARI (4-4-2): Scuffet 6; Nandez 6,5, Mina 6, Dossena 6,5, Augello 5,5 (76' Oristanio 6); Jankto 5,5 (61' Zappa 6), Makoumbou 6, Deiola 6, Luvumbo 7; Gaetano 6 (61' Viola 6), Lapadula 5,5 (61' Pavoletti sv; 76' Petagna 5,5)
A disposizione: Radunovic, Aresti, Wieteska, Obert, Di Pardo, Prati, Azzi
Allenatore: Claudio Ranieri

6,5

NAPOLI (4-3-3): Meret 6; Mazzocchi 6 (85' Ostigard sv), Rrahmani 6, Juan Jesus 5, Olivera 6; Anguissa 6, Lobotka 6, Zielinski 5,5 (79' Cajuste 6); Raspadori 6,5 (79' Lindstrom 5,5), Osimhen 7 (85' Simeone sv), Kvaratskhelia 5,5 (73' Politano 5,5)

A disposizione: Contini, Gollini, Natan, Mario Rui, Dendoncker, Traore

Allenatore: Francesco Calzona 6

ARBITRO: Luca Pairetto 5,5

AMMONITI: 36' Lapadula (C); 48' Luvumbo (C); 68' Nandez (C); 86' Deiola (C); 90+1' Olivera (N)

ESPULSI: nessuno

ANGOLI: 4-3

RECUPERO: pt 4, st 7

26/02/2024 ore 20:45

FIORENTINA-LAZIO 2-1

Marcatori: 45' Luis Alberto (L), 61' Kayode Olabode (F), 69' Bonaventura (F)

FIORENTINA (4-2-3-1): Terracciano 6; Kayode Olabode 7, Milenkovic 6, Ranieri 6,5, Biraghi 6,5; Arthur 6,5 (90' Lopez sv), Bonaventura 7; Gonzalez 6, Beltran 6,5 (81' Barak 6), Sottil 6 (85' Mandragora sv); Belotti 7 (90' Nzola sv)

A disposizione: Martinelli, Vannucchi, Faraoni, Comuzzo, Parisi, Infantino, Duncan, IkonÃ©

Allenatore: Vincenzo Italiano 7

LAZIO (4-3-3): Provedel 5,5; Lazzari 5,5, Casale 5, Romagnoli 5,5, Marusic 5,5 (46' Hysaj 5,5); Guendouzi 6, Cataldi 5,5 (62' Vecino 6), Luis Alberto 6; Isaksen 5 (46' Zaccagni 6), Immobile 5 (78' Castellanos 5), Felipe Anderson 5 (78' Pedro 5)

A disposizione: Sepe, Mandas, Pellegrini, Ruggeri, Kamada, Anderson, Coulibaly, Fernandes

Allenatore: Maurizio Sarri 5

ARBITRO: Marco Guida 6

AMMONITI: 67' Guendouzi (L); 89' Vecino (L)

ESPULSI: nessuno

ANGOLI: 13-2

RECUPERO: pt 2, st 6

24/02/2024 ore 20:45

GENOA-UDINESE 2-0

Marcatori: 36' Retegui (G), 40' Bani (G)

GENOA (3-5-2): Martinez 6; De Winter 6, Bani 7, Vasquez 6,5 (54' Vogliacco 6); Sabelli 6 (78' Spence sv), Frendrup 6,5, Badelj 6 (87' Strootman sv), Messias 6,5 (78' Malinovskyi sv), Martin 6,5; Gudmundsson 6,5, Retegui 7,5 (79' Ekuban sv)

A disposizione: Leali, Sommariva, Cittadini, Haps, Thorsby, Bohinen, Vitinha

Allenatore: Alberto Gilardino 7

UDINESE (3-5-1-1): Okoye 6,5; Perez 6, Giannetti 5, Kristensen 4,5; Ehizibue 5 (46' Ebosele 5,5), Samardzic 5,5 (54' Ferreira 6), Walace 5,5, Lovric 6 (86' Zarraga sv), Zemura 5,5 (54' Kamara 6); Thauvin 5 (78' Davis sv); Lucca 6

A disposizione: Silvestri, Padelli, Tikvic, Kabasele, Payero, Success, Brenner

Allenatore: Gabriele Cioffi 5

ARBITRO: Francesco Fourneau 6,5

AMMONITI: 2' Giannetti (U); 30' De Winter (G); 42' Kristensen (U); 49' Kristensen (U); 86' Ebosele (U)

ESPULSI: 49' Kristensen (U)

ANGOLI: 8-3

RECUPERO: pt 1, st 4

25/02/2024 ore 12:30

JUVENTUS-FROSINONE 3-2

Marcatori: 3' Vlahovic (J), 14' Cheddira (F), 27' Brescianini (F), 32' Vlahovic (J), 90+5' Rugani (J)

JUVENTUS (3-5-2): Szczesny 6; Gatti 5 (87' Milik sv), Bremer 5, Rugani 6,5; Cambiaso 5,5, McKennie 7 (86' Iling-Junior sv), Locatelli 5,5, Rabiot 5,5 (28' Alcaraz 6), Kostic 5 (62' Weah 5,5); Vlahovic 7,5, Chiesa 5 (62' Yildiz 5,5)

A disposizione: Pinsoglio, Daffara, Alex Sandro, Djalo, Miretti, Nicolussi Caviglia, Nonge

Allenatore: Massimiliano Allegri 5,5

FROSINONE (3-5-2): Cerofolini 5,5; Lirola 5,5 (90+5' Monterisi sv), Romagnoli 5,5, Okoli 5; Zortea 6,5, Brescianini 7, Mazzitelli 6 (87' Gelli sv), Harroui 6,5 (73' Barrenechea 6), Valeri 6; Soule 5,5 (87' Seck sv), Cheddira 7 (73' Kaio Jorge 6)

A disposizione: Frattali, Turati, Reinier, Vural, Garritano, Baez, Kvernadze, Ibrahimovic, Ghedjemis

Allenatore: Eusebio Di Francesco 5,5

ARBITRO: Antonio Rapuano 6,5

AMMONITI: 7' Bremer (J); 64' Valeri (F); 70' Cerofolini (F); 71' Locatelli (J)

ESPULSI: nessuno

ANGOLI: 8-3

RECUPERO: pt 1, st 7

25/02/2024 ore 18:00

LECCE-INTER 0-4

Marcatori: 15' Martinez (I), 54' Frattesi (I), 56' Martinez (I), 67' De Vrij (I)

LECCE (4-3-3): Falcone 5,5; Gendrey 5,5, Touba 4,5 (57' Gonzalez 5,5), Baschirotto 5, Gallo 5; Blin 6, Ramadani 5,5 (79' Berisha sv), Rafia 5,5 (57' Kaba 5,5); Almqvist 5,5 (77' Oudin sv), Piccoli 5,5, Sansone 5,5 (57' Banda 6)

A disposizione: Samooja, Borbei, Venuti, Esposito, Krstovic, Burnete, Pierotti

Allenatore: Roberto D'Aversa 5

INTER (3-5-2): Audero 6; Bisseck 6,5, De Vrij 7, Carlos Augusto 6,5; Dumfries 6, Frattesi 7,5 (76' Akinsanmiro sv), Asllani 6,5 (55' Barella 6), Mkhitaryan 6 (64' Klaassen 6), Dimarco 6,5 (76' Buchanan

sv); Sanchez 7, Martinez 7,5 (65' Arnautovic 6)
A disposizione: Di Gennaro, Calligaris, Pavard, Darmian, Bastoni, Calhanoglu, Sarr
Allenatore: Simone Inzaghi 8
ARBITRO: Daniele Doveri 6
AMMONITI: 3' Sansone (L); 38' Asllani (I); 63' Mkhitaryan (I)
ESPULSI: nessuno
ANGOLI: 7-10
RECUPERO: pt 2, st 0

25/02/2024 ore 20:45
MILAN-ATALANTA 1-1
Marcatori: 3' Leao (M), 42' Koopmeiners (Rig.) (A)
MILAN (4-2-3-1): Maignan 6; Florenzi 6 (57' Calabria 6), Thiaw 6, Gabbia 6, Hernandez 6; Adli 6,5, Bennacer 6 (79' Musah sv); Pulisic 6 (88' Okafor sv), Loftus-Cheek 5,5, Leao 7,5; Giroud 5
A disposizione: Sportiello, Mirante, Kalulu, Kjaer, Jimenez, Reijnders, Terracciano, Chukwueze
Allenatore: Stefano Pioli 6
ATALANTA (3-4-1-2): Carnesecchi 6,5; Scalvini 6,5 (89' Toloi sv), Djimsiti 5,5, Kolasinac 6; Holm 5,5 (46' Zappacosta 6), De Roon 7, Ederson 6, Ruggeri 6 (79' Hien sv); Koopmeiners 6,5; Miranchuk 5,5 (63' Scamacca 5), De Ketelaere 5,5 (46' Lookman 5,5)
A disposizione: Musso, Rossi, Palomino, Hateboer, Pasalic, Bakker, Adopo, Toure
Allenatore: Gian Piero Gasperini 6
ARBITRO: Daniele Orsato 6,5
AMMONITI: 44' De Roon (A); 45+4' Holm (A); 45+3' Leao (M); 56' Lookman (A); 90+4' Ederson (A)
ESPULSI: nessuno
ANGOLI: 5-3
RECUPERO: pt 4, st 5

26/02/2024 ore 18:30
ROMA-TORINO 3-2
Marcatori: 42' Dybala (Rig.) (R), 44' Zapata (T), 57' Dybala (R), 69' Dybala (R), 89' Huijsen

(Aut.) (R)
ROMA (3-4-2-1): Svilar 6,5; Mancini 6,5, Smalling 6 (78' Huijsen 5), Ndicka 5,5; Kristensen 5,5, Cristante 6,5, Paredes 6,5 (65' Bove 6), Angelino 6,5 (64' Spinazzola 6); Dybala 8, Pellegrini 6 (86' Renato Sanches sv); Azmoun 6 (65' Lukaku 6)
A disposizione: Rui Patricio, Boer, Celik, Aouar, Zalewski, Baldanzi, Cherubini, El Shaarawy
Allenatore: Daniele De Rossi 6,5
TORINO (3-4-1-2): Milinkovic-Savic 5,5; Djidji 5,5, Lovato sv (14' Sazonov 5), Masina 5,5 (81' Ilic sv); Bellanova 7, Gineitis 6 (80' Linetty sv), Ricci 6,5, Lazaro 6,5 (62' Rodriguez 6); Vlasic 6,5; Sanabria 6 (81' Okereke sv), Zapata 6,5
A disposizione: Gemello, Popa, Kabic, Savva
Allenatore: Ivan Juric 6,5
ARBITRO: Juan Luca Sacchi 6,5
AMMONITI: 25' Lazaro (T); 33' Ricci (T); 45+1' Ndicka (R); 85' Cristante (R)
ESPULSI: nessuno
ANGOLI: 0-4
RECUPERO: pt 2, st 5

24/02/2024 ore 18:00
SALERNITANA-MONZA 0-2
Marcatori: 78' Maldini (M), 83' Pessina (M)
SALERNITANA (3-4-2-1): Ochoa 7; Pasalidis 5, Manolas 6 (61' Boateng 5,5), Pellegrino 5,5; Zanoli 5, Basic 6 (73' Legowski sv), Coulibaly 5,5, Bradaric 5; Kastanos 6 (73' Dia sv), Candreva 5,5 (87' Simy sv); Weissman 5,5 (61' Tchaouna 5,5)
A disposizione: Costil, Allocca, Sambia, Martegani, Gomis, Maggiore, Ikwuemesi, Vignato
Allenatore: Fabio Liverani 5
MONZA (4-2-3-1): Di Gregorio 6,5; Birindelli 6, Izzo 6 (73' Kyriakopoulos sv), Marì 6 (67' Caldirola 6,5), Carboni A. 6,5; Gagliardini 6,5, Pessina 7; Col-

pani 6 (46' Bondo 6,5), Carboni V. 5,5 (82' Akpa-Akpro sv), Mota 6 (67' Maldini 7); Djuric 7
A disposizione: Sorrentino, Gori, Donati, Pereira, D'Ambrosio, Machin, Colombo, Zerbin, Popovic
Allenatore: Raffaele Palladino 7
ARBITRO: Michael Fabbri 6,5
AMMONITI: 38' Pasalidis (S); 48' Marì (M); 63' Izzo (M); 72' Basic (S)
ESPULSI: nessuno
ANGOLI: 7-11
RECUPERO: pt 0, st 4

24/02/2024 ore 15:00
SASSUOLO-EMPOLI 2-3
Marcatori: 11' Luperto (E), 54' Pinamonti (Rig.) (S), 64' Niang (Rig.) (E), 77' Ferrari (S), 90+4' Bastoni (E)
SASSUOLO (4-2-3-1): Consigli 6; Pedersen 5,5, Tressoldi 6, Ferrari 5,5, Doig 5,5; Matheus Henrique 5, Boloca 5,5 (46' Bajrami 6); Volpato 5,5 (68' Mulattieri 5,5), Thorstvedt 6 (88' Defrel sv), Lauriente 5 (89' Racic sv); Pinamonti 6,5
A disposizione: Pegolo, Cragno, Missori, Kumbulla, Toljan, Obiang, Castillejo, Lipani, Ceide
Allenatore: Alessio Dionisi 5,5
EMPOLI (3-4-2-1): Caprile 6; Ismajli 5,5, Walukiewicz 6, Luperto 6,5; Cancellieri 6,5 (88' Pezzella sv), Marin 6,5, Maleh 5,5, Cacace 6 (88' Destro sv); Kovalenko 6 (80' Bastoni 6,5), Cambiaghi 6,5 (88' Bereszynski sv); Cerri 5,5 (55' Niang 6,5)
A disposizione: Perisan, Berisha, Goglichidze, Shpendi
Allenatore: Davide Nicola 7
ARBITRO: Gianluca Aureliano 6,5
AMMONITI: 10' Boloca (S); 54' Ismajli (E); 56' Cancellieri (E); 90+5' Bastoni (E)
ESPULSI: nessuno
ANGOLI: 4-1
RECUPERO: pt 2, st 6

Juve ko anche a Napoli: l'Inter vola a +15

CLASSIFICA

Inter 72; Juventus 57; Milan 56; Bologna 51; Roma 47; Atalanta 46; Napoli 43; Fiorentina 42; Lazio 40; Torino 37; Monza 36; Genoa 33; Empoli e Lecce 25; Udinese e Frosinone 24; Verona e Cagliari 23; Sassuolo 20; Salernitana 14.

I NUMERI

Reti realizzate: 21 (un'autorete). **Rigori: 3/5. Espulsioni: 5. Ammonizioni: 48. Assist: 8** (Alcaraz, Bonazzoli, V. Carboni, Dybala, Lukaku, Maggiore, Sanchez e Thauvin 1). **Pali: 6** (Cambiaghi, Djuric, Gelli, Krstovic, Tchaouna e Vlahovic 1).

Risultati

Atalanta	1
Bologna	2
Empoli	0
Cagliari	1
Frosinone	1
Lecce	1
Inter	2
Genoa	1
Lazio	0
Milan	1
Monza	1
Roma	4
Napoli	2
Juventus	1
Torino	0
Fiorentina	0
Udinese	1
Salernitana	1
Verona	1
Sassuolo	0

Tabellini

03/03/2024 ore 18:00

ATALANTA-BOLOGNA 1-2

Marcatori: 28' Lookman (A), 57' Zirkzee (Rig.) (B), 61' Ferguson (B)

ATALANTA (3-4-1-2): Carnesecchi 5,5; Scalvini 6 (66' Miranchuk 6), Djimsiti 6, Kolasinac 5,5; Zappacosta 6 (62' Holm 5,5), Pasalic 5,5 (62' Ederson 5,5), De Roon 6, Ruggeri 6,5 (89' Hien sv); Koopmeiners 5; De Ketelaere 5,5 (66' Scamacca 5,5), Lookman 6,5

A disposizione: Musso, Vismara, Toloi, Palomino, Hateboer, Bakker, Adopo, Toure

Allenatore: Gian Piero Gasperini 6

BOLOGNA (4-3-3): Skorupski 6; Posch 5,5 (46' Lucumi 6,5), Beukema 6, Calafiori 6,5, Kristiansen 6,5; Fabbian 5,5 (56' Urbanski 6,5), Freuler 6,5, Ferguson 7; Orsolini 5,5 (46' Saelemaekers 7), Zirkzee 7 (81' Odgaard sv), Ndoye 6 (87' Aebischer sv)

A disposizione: Bagnolini, Ravaglia, Ilic, Corazza, Lykogiannis, De Silvestri, Moro, El Azzouzi, Karlsson, Castro

Allenatore: Thiago Motta 7

ARBITRO: Federico La Penna 6,5

AMMONITI: 6' Posch (B); 14' Koopmeiners (A); 64' Holm (A); 69' Ederson (A); 90+5' Odgaard (B)

ESPULSI: nessuno

ANGOLI: 6-2

RECUPERO: pt 0, st 6

03/03/2024 ore 15:00

EMPOLI-CAGLIARI 0-1

Marcatori: 69' Jankto (C)

EMPOLI (4-3-2-1): Caprile 6,5; Ismajli 6, Walukiewicz 6 (81' Cerri sv), Luperto 6,5, Cacace 5,5 (72' Pezzella 6); Maleh 5,5, Marin 6, Kovalenko 5,5 (72' Fazzini 6); Cambiaghi 6,5, Cancellieri 5,5 (72' Gyasi 5,5); Destro 5,5 (58' Niang 5,5)

A disposizione: Perisan, Be-

risha, Bereszynski, Ebuehi, Zurkowski, Bastoni, Shpendi
Allenatore: Davide Nicola 6
CAGLIARI (4-3-1-2): Scuffet 7; Nandez 6,5, Dossena 6,5, Mina 7, Augello 6 (78' Azzi sv); Jankto 6,5 (77' Wieteska sv), Deiola 6, Makoumbou 6; Gaetano 6 (87' Shomurodov sv); Luvumbo 6 (32' Zappa 6), Lapadula 6 (87' Mutandwa sv)
A disposizione: Radunovic, Iliev, Obert, Di Pardo, Viola, Prati, Oristanio
Allenatore: Claudio Ranieri 6,5
ARBITRO: Antonio Rapuano 6
AMMONITI: 17' Gaetano (C); 79' Mina (C); 85' Scuffet (C)
ESPULSI: nessuno
ANGOLI: 3-0
RECUPERO: pt 4, st 8

03/03/2024 ore 15:00
FROSINONE-LECCE 1-1
Marcatori: 45+2' Cheddira (F), 61' Cerofolini (Aut.) (F)
FROSINONE (4-3-3): Cerofolini 6,5; Zortea 5, Romagnoli 6,5, Okoli 6, Valeri 6,5; Brescianini 5,5 (77' Barrenechea sv), Mazzitelli 6, Gelli 5,5 (77' Ghedjemis sv); Soule 5,5, Cheddira 7 (87' Kaio Jorge sv), Harroui sv (4' Reinier 5,5; 87' Seck sv)
A disposizione: Frattali, Turati, Lirola, Monterisi, Garritano, Baez, Cuni, Kvernadze, Ibrahimovic
Allenatore: Eusebio Di Francesco 6
LECCE (4-3-3): Falcone 6; Gendrey 5,5, Pongracic 6,5, Baschirotto 6,5, Gallo 6,5; Kaba 5,5 (62' Gonzalez 6), Ramadani 6, Rafia 5 (67' Oudin 6); Almqvist 5 (76' Blin sv), Krstovic 6 (76' Piccoli sv), Banda 6 (67' Sansone 5,5)
A disposizione: Samooja, Venuti, Dorgu, Touba, Berisha, Pierotti
Allenatore: Roberto D'Aversa 6
ARBITRO: Marco Guida
AMMONITI: 44' Reinier (F); 55' Almqvist (L)

ESPULSI: nessuno
ANGOLI: 12-8
RECUPERO: pt 3, st 8

04/03/2024 ore 20:45
INTER-GENOA 2-1
Marcatori: 30' Asllani (I), 38' Sanchez (Rig.) (I), 54' Vasquez (G)
INTER (3-5-2): Sommer 6; Pavard 6 (73' Bisseck 6), De Vrij 6, Carlos Augusto 6,5; Dumfries 6 (46' Darmian 6), Barella 6,5, Asllani 7, Mkhitaryan 6, Dimarco 6 (65' Acerbi 6); Martinez 6 (76' Arnautovic 6), Sanchez 7 (65' Thuram 6)
A disposizione: Di Gennaro, Audero, Klaassen, Frattesi, Buchanan, Akinsanmiro, Stankovic
Allenatore: Simone Inzaghi 7
GENOA (3-5-2): Martinez 6,5; De Winter 6,5, Bani 6,5, Vasquez 7; Sabelli 6,5 (88' Ekuban sv), Messias 6 (63' Vitinha 6), Badelj 5,5, Frendrup 5 (46' Strootman 6), Martin 5,5 (63' Spence 6); Retegui 6,5, Gudmundsson 6
A disposizione: Leali, Sommariva, Vogliacco, Cittadini, Pittino, Thorsby, Bohinen, Malinovskyi
Allenatore: Alberto Gilardino 7
ARBITRO: Giovanni Ayroldi 6,5
AMMONITI: 20' Frendrup (G); 22' Dumfries (I); 47' Strootman (G); 61' Vasquez (G); 69' Martinez (I)
ESPULSI: nessuno
ANGOLI: 4-5
RECUPERO: pt 3, st 4

01/03/2024 ore 20:45
LAZIO-MILAN 0-1
Marcatori: 88' Okafor (M)
LAZIO (4-3-3): Provedel 6,5; Marusic 5,5, Romagnoli 6,5, Gila 6,5, Pellegrini 5; Guendouzi 6, Vecino 6,5 (78' Cataldi sv), Luis Alberto 6 (60' Hysaj 6); Felipe Anderson 5,5, Castellanos 5,5 (60' Immobile 5,5), Zaccagni 6,5 (66' Isaksen 6)

A disposizione: Mandas, Renzetti, Casale, Ruggeri, Kamada, Anderson, Lazzari, Pedro
Allenatore: Maurizio Sarri 6
MILAN (4-2-3-1): Maignan 6; Florenzi 5,5 (64' Calabria 6), Kjaer 6 (81' Tomori sv), Gabbia 6,5 (81' Thiaw sv), Hernandez 6; Bennacer 5,5 (64' Reijnders 6), Adli 5,5 (71' Okafor 7); Pulisic 6,5, Loftus-Cheek 6, Leao 6; Giroud 5,5
A disposizione: Sportiello, Mirante, Kalulu, Jimenez, Terracciano, Musah, Chukwueze
Allenatore: Stefano Pioli 6
ARBITRO: Marco Di Bello 4,5
AMMONITI: 50' Pellegrini (L); 57' Pellegrini (L); 58' Romagnoli (L); 61' Florenzi (M); 70' Adli (M); 77' Immobile (L); 80' Gabbia (M); 84' Hernandez (M); 90' Hysaj (L); 90+5' Leao (M); 90+6' Pulisic (M)
ESPULSI: 57' Pellegrini (L); 90+4' Marusic (L); 90+6' Guendouzi (L)
ANGOLI: 2-5
RECUPERO: pt 1, st 7

02/03/2024 ore 18:00
MONZA-ROMA 1-4
Marcatori: 38' Pellegrini (R), 42' Lukaku (R), 63' Dybala (R), 82' Paredes (Rig.) (R), 87' Carboni A. (M)
MONZA (4-2-3-1): Di Gregorio 6; Birindelli 6, Marì 5,5, Caldirola 5,5 (85' Donati sv), Carboni A. 7; Gagliardini 6 (22' Carboni V. 6), Bondo 5,5; Colpani 5,5 (46' Kyriakopoulos 6), Pessina 6,5, Mota 5,5 (66' Maldini 6); Djuric 6,5 (85' Akpa-Akpro sv)
A disposizione: Sorrentino, Gori, Pereira, Bettella, Machin, Colombo, Zerbin, Popovic, Ciurria
Allenatore: Raffaele Palladino 6
ROMA (4-3-3): Svilar 6,5; Kristensen 6 (27' Celik 6,5), Mancini 6,5 (77' Huijsen 6), Ndicka 6, Angelino 5,5 (59' Smalling 6,5); Cristante 6,5, Paredes 7, Pellegrini 7 (59' Bo-

ve 6); Dybala 8 (77' Baldanzi 6), Lukaku 7,5, El Shaarawy 6
A disposizione: Rui Patricio, Boer, Llorente, Spinazzola, Renato Sanches, Aouar, Zalewski, Azmoun
Allenatore: Daniele De Rossi 8
ARBITRO: Marco Piccinini 6
AMMONITI: 25' Kristensen (R); 48' Angelino (R); 58' Svilar (R); 62' Bondo (M); 84' Cristante (R)
ESPULSI: nessuno
ANGOLI: 6-3
RECUPERO: pt 6, st 4

03/03/2024 ore 20:45

NAPOLI-JUVENTUS 2-1

Marcatori: 42' Kvaratskhelia (N), 81' Chiesa (J), 88' Raspadori (N)
NAPOLI (4-3-3): Meret 6,5; Di Lorenzo 6,5, Rrahmani 6,5 (65' Ostigard 6), Juan Jesus 7, Olivera 6,5; Anguissa 7, Lobotka 7, Traore 6,5 (65' Zielinski 6); Politano 6,5 (65' Raspadori 6,5), Osimhen 6, Kvaratskhelia 8 (90+3' Lindstrom sv)
A disposizione: Contini, Gollini, Natan, Mario Rui, Mazzocchi, Dendoncker, Simeone
Allenatore: Francesco Calzona 7
JUVENTUS (3-5-2): Szczesny 6,5; Rugani 5, Bremer 6, Alex Sandro 5,5; Cambiaso 5 (66' Weah 5), Miretti 5 (76' Nonge 4; 90' Danilo 5), Locatelli 5,5, Alcaraz 5 (90' Milik 5), Iling-Junior 5,5 (76' Yildiz 5); Chiesa 6, Vlahovic 6
A disposizione: Pinsoglio, Daffara, Gatti, Djalo, Kostic, Nicolussi Caviglia
Allenatore: Massimiliano Allegri 5
ARBITRO: Maurizio Mariani 6,5
AMMONITI: 18' Vlahovic (J); 26' Bremer (J); 28' Cambiaso (J); 47' Traore (N); 86' Nonge (J)
ESPULSI: nessuno
ANGOLI: 2-1
RECUPERO: pt 1, st 6

02/03/2024 ore 20:45

TORINO-FIORENTINA 0-0

TORINO (3-4-1-2): Milinkovic-Savic 6,5; Djidji 6, Buongiorno 7, Masina 6; Bellanova 7, Linetty 7 (87' Sazonov sv), Ilic sv (9' Ricci 4), Rodriguez 6,5; Vlasic 6; Sanabria 5 (46' Gineitis 6,5), Zapata 7 (84' Pellegri sv)
A disposizione: Gemello, Popa, Lazaro, Kabic, Okereke, Savva
Allenatore: Ivan Juric 5
FIORENTINA (4-2-3-1): Terracciano 7; Kayode Olabode 6, Milenkovic 6,5, Ranieri 6 (54' Mandragora 6), Biraghi 6; Bonaventura 6 (85' Nzola sv), Arthur 5,5 (46' Lopez 5,5); Gonzalez 6,5, Beltran 5,5 (46' Barak 6), Sottil 5,5 (68' Ikone 6); Belotti 5
A disposizione: Martinelli, Vannucchi, Dodo Domilson, Faraoni, Comuzzo, Parisi, Infantino, Duncan
Allenatore: Vincenzo Italiano 6
ARBITRO: Matteo Marchetti 5
AMMONITI: 7' Ranieri (F); 41' Beltran (F); 45+7' Arthur (F); 45+5' Ricci (T); 45+7' Ricci (T); 83' Barak (F)
ESPULSI: 45' Ricci (T)
ANGOLI: 4-5
RECUPERO: pt 9, st 5

02/03/2024 ore 15:00

UDINESE-SALERNITANA 1-1

Marcatori: 10' Tchaouna (S), 45+3' Kamara (U)
UDINESE (3-5-1-1): Okoye 6; Ferreira 6, Giannetti 6, Perez 6; Ebosele 5, Lovric 6, Walace 6, Payero 5,5 (67' Ehizibue 6), Kamara 7 (75' Zemura 6); Thauvin 7; Lucca 5,5
A disposizione: Silvestri, Padelli, Tikvic, Kabasele, Zarraga, Samardzic, Pereyra, Success, Davis, Brenner
Allenatore: Gabriele Cioffi 5,5
SALERNITANA (4-3-1-2): Ochoa 7; Zanoli 5,5 (86' Sambia sv), Manolas 6 (73' Pasalidis 6), Pellegrino 5,5, Bradaric 6; Coulibaly 5,5 (73' Gomis 6), Maggiore 6,5 (86' Legowski sv), Basic 6; Candreva 6,5; Tchaouna 7, Weissman 5,5 (71' Ikwuemesi 5,5)
A disposizione: Costil, Allocca, Ferrari, Martegani, Kastanos, Simy, Dia, Vignato
Allenatore: Fabio Liverani 6
ARBITRO: Gianluca Manganiello 6
AMMONITI: 16' Ebosele (U); 36' Payero (U); 47' Giannetti (U); 50' Pellegrino (S); 64' Ebosele (U); 75' Walace (U)
ESPULSI: 64' Ebosele (U)
ANGOLI: 5-6
RECUPERO: pt 4, st 4

03/03/2024 ore 12:30

VERONA-SASSUOLO 1-0

Marcatori: 79' Swiderski (V)
VERONA (4-2-3-1): Montipo 6,5; Tchatchoua 6 (90' Magnani sv), Coppola 6, Dawidowicz 6, Cabal 6; Duda 6, Serdar 6,5; Noslin 6 (60' Mitrovic 6), Suslov 6,5 (90' Vinagre sv), Lazovic 5,5 (68' Bonazzoli 6,5); Henry 5,5 (68' Swiderski 7)
A disposizione: Chiesa, Perilli, Centonze, Belahyane, Dani Silva, Charlys, Tavsan
Allenatore: Marco Baroni 6,5
SASSUOLO (4-3-3): Consigli 6,5; Pedersen 6, Erlic 6, Ferrari 6, Doig 5,5; Boloca 6 (68' Racic 6), Matheus Henrique 5, Thorstvedt 6 (83' Volpato sv); Berardi 6,5 (60' Castillejo 5,5), Pinamonti 5,5 (83' Mulattieri sv), Lauriente 5
A disposizione: Pegolo, Cragno, Missori, Kumbulla, Toljan, Bajrami, Obiang, Lipani, Ceide, Defrel
Allenatore: Davide Ballardini 6
ARBITRO: Fabio Maresca 6
AMMONITI: 47' Matheus Henrique (S); 51' Dawidowicz (V); 72' Castillejo (S); 81' Cabal (V); 83' Serdar (V); 89' Coppola (V)
ESPULSI: nessuno
ANGOLI: 2-10
RECUPERO: pt 1, st 7

L'Inter vince la 10ª di fila
Il Milan sorpassa la Juve

Inquadra il Qr-code per vedere le pagelle commentate su **Datasport.it**

CLASSIFICA

Inter 75; Milan 59; Juventus 58; Bologna 51; Roma 48; Atalanta 47; Napoli 44; Fiorentina 43; Lazio 40; Monza 39; Torino 38; Genoa 33; Udinese 27; Verona e Cagliari 26; Empoli e Lecce 25; Frosinone 24; Sassuolo 23; Salernitana 14.

I NUMERI

Reti realizzate: 28 (un'autorete). **Rigori: 0/3. Espulsioni: 2. Ammonizioni: 42. Assist: 19** (Colpani e McKennie 2; Bastoni, Candreva, Djimsiti, Gonzalez, Kamara, Mario Rui, Nandez, Ndicka, Okafor, Pasalic, Racic, Suslov, Thauvin, Zanoli e Zappa 1). **Pali: 5** (Almqvist, Colpani, Kajo Jorge, Oudin e Zaccagni 1).

Risultati

Bologna	0
Inter	1
Cagliari	4
Salernitana	2
Fiorentina	2
Roma	2
Genoa	2
Monza	3
Juventus	2
Atalanta	2
Lazio	1
Udinese	2
Lecce	0
Verona	1
Milan	1
Empoli	0
Napoli	1
Torino	1
Sassuolo	1
Frosinone	0

Tabellini

09/03/2024 ore 18:00

BOLOGNA-INTER 0-1
Marcatori: 37' Bisseck (I)
BOLOGNA (4-1-4-1): Skorupski 6,5; Posch 6,5, Beukema 6, Lucumi 6,6, Kristiansen 5,5; Freuler 5,5; Odgaard 6,5 (79' Orsolini sv), Ferguson 6,5, Aebischer 5,5 (69' Moro 6), Saelemaekers 5,5 (74' Ndoye 6,6); Zirkzee 6 (79' Castro sv)
A disposizione: Bagnolini, Ravaglia, Ilic, Corazza, Lykogiannis, De Silvestri, Calafiori, El Azzouzi, Fabbian, Urbanski
Allenatore: Thiago Motta 6
INTER (3-5-2): Sommer 6,5; Bisseck 7, Acerbi 6,5, Bastoni 7; Darmian 6, Barella 6 (80' Klaassen 5,5), Calhanoglu 6 (61' Asllani 6), Mkhitaryan 6 (61' Frattesi 6), Carlos Augusto 6 (46' Dumfries 6); Thuram 6 (66' Arnautovic 6), Sanchez 6
A disposizione: Di Gennaro, Audero, De Vrij, Pavard, Dimarco, Buchanan, Martinez
Allenatore: Simone Inzaghi 7
ARBITRO: Luca Pairetto 6,5
AMMONITI: 25' Zirkzee (B); 47' Freuler (B); 81' Klaassen (I)
ESPULSI: nessuno
ANGOLI: 7-2
RECUPERO: pt 1, st 7

09/03/2024 ore 15:00

CAGLIARI-SALERNITANA 4-2
Marcatori: 12' Lapadula (C), 40' Gaetano (C), 51' Shomurodov (C), 56' Kastanos (S), 58' Maggiore (S), 76' Shomurodov (C)
CAGLIARI (4-2-3-1): Scuffet 5,5; Zappa 6,5, Mina 6, Dossena 6, Augello 6 (77' Wieteska sv); Makoumbou 6, Deiola 6; Nandez 6,5 (66' Viola 6), Gaetano 7 (46' Shomurodov 7,5), Jankto 5,5 (66' Azzi 6); Lapadula 7 (66' Oristanio 6)
A disposizione: Radunovic, Aresti, Hatzidiakos, Obert, Di Pardo, Prati, Mutandwa

Allenatore: Claudio Ranieri 6,5

SALERNITANA (4-3-1-2): Ochoa 5,5; Zanoli 5,5 (74' Sambia 6), Manolas 5,5 (46' Pirola 5,5), Fazio 4, Bradaric 5,5; Coulibaly 5,5 (74' Gomis 6), Maggiore 6,5, Kastanos 6,5 (87' Basic sv); Candreva 6; Weissman 5,5 (65' Simy 6), Tchaouna 5,5

A disposizione: Costil, Allocca, Pasalidis, Pellegrino, Ferrari, Martegani, Legowski, Ikwuemesi, Vignato
Allenatore: Fabio Liverani 5,5
ARBITRO: Francesco Fourneau 6
AMMONITI: 70' Augello (C); 73' Kastanos (S); 85' Sambia (S)
ESPULSI: nessuno
ANGOLI: 5-4
RECUPERO: pt 1, st 4

10/03/2024 ore 20:45
FIORENTINA-ROMA 2-2
Marcatori: 18' Ranieri (F), 58' Aouar (R), 69' Mandragora (F), 90+5' Llorente (R)
FIORENTINA (4-2-3-1): Terracciano 6; Kayode Olabode 6, Milenkovic 6, Ranieri 6, Biraghi 5; Lopez 5,5 (90+1' Arthur sv), Mandragora 6 (90+2' Barak sv); Gonzalez 6 (46' Ikone5,5), Bonaventura 6, Sottil 6,5 (78' Duncan 5,5); Belotti 6,5 (90+1' Nzola sv)

A disposizione: Martinelli, Vannucchi, Dodo Domilson, Faraoni, Martinez Quarta, Comuzzo, Parisi, Castrovilli, Infantino
Allenatore: Vincenzo Italiano 5,5
ROMA (4-3-3): Svilar 7; Mancini 4,5 (33' Huijsen 6), Llorente 7, Ndicka 6, Angelino 6 (80' Spinazzola 6); Cristante 6,5, Paredes 5 (79' Pellegrini 6), Aouar 6; Dybala 5,5 (73' Baldanzi 5,5), Lukaku 5, El Shaarawy 5 (73' Zalewski 6)
A disposizione: Rui Patricio, Boer, Karsdorp, Celik, Bove, Azmoun
Allenatore: Daniele De Rossi

6
ARBITRO: Davide Massa 5
AMMONITI: 6' Mancini (R); 37' Paredes (R); 45+1' Huijsen (R); 57' Bonaventura (F); 65' Milenkovic (F); 68' Ndicka (R); 76' Baldanzi (R)
ESPULSI: nessuno
ANGOLI: 8-2
RECUPERO: pt 1, st 5

09/03/2024 ore 20:45
GENOA-MONZA 2-3
Marcatori: 8' Pessina (M), 18' Mota (M), 52' Gudmundsson (G), 68' Vitinha (G), 79' Maldini (M)
GENOA (3-5-2): Martinez 6; Vogliacco 5,5 (46' Spence 6,5), Bani 5,5, De Winter 5; Sabelli 5 (84' Ekuban sv), Strootman 5,5 (46' Vitinha 7), Badelj 6 (87' Thorsby sv), Frendrup 5,5 (46' Malinovskyi 6), Messias 5,5; Gudmundsson 6, Retegui 5,5

A disposizione: Leali, Sommariva, Cittadini, Pittino, Bohinen
Allenatore: Alberto Gilardino 5,5

MONZA (4-2-3-1): Di Gregorio 6,5; Birindelli 6,5 (86' Pereira sv), Izzo 6, Marì 5,5, Carboni A. 6; Akpa-Akpro 5,5 (75' Carboni V. 6,5), Bondo 6,5; Colpani 7,5 (63' Kyriakopoulos 6), Pessina 7 (86' Machin sv), Mota 7,5 (75' Maldini 6,5); Djuric 6
A disposizione: Sorrentino, Gori, Donati, Caldirola, Colombo, Zerbin, Popovic, Ciurria
Allenatore: Raffaele Palladino 7
ARBITRO: Ermanno Feliciani 6
AMMONITI: 17' Sabelli (G); 44' Djuric (M)
ESPULSI: nessuno
ANGOLI: 10-1
RECUPERO: pt 4, st 5

10/03/2024 ore 18:00
JUVENTUS-ATALANTA 2-2
Marcatori: 35' Koopmeiners (A), 66' Cambiaso (J), 70' Milik

(J), 75' Koopmeiners (A)
JUVENTUS (3-5-2): Szczesny 6; Gatti 6, Bremer 5,5, Danilo 5,5; Cambiaso 7 (82' Weah sv), McKennie 7,5 (88' Yildiz sv), Locatelli 5, Miretti 6 (76' Nicolussi Caviglia sv), Iling-Junior 6,5 (82' Alex Sandro sv); Milik 6,5 (76' Kean sv), Chiesa 7

A disposizione: Pinsoglio, Scaglia, Rugani, Djalo, Kostic, Nonge
Allenatore: Massimiliano Allegri 6
ATALANTA (3-4-1-2): Carnesecchi 5,5; Djimsiti 6,5, Hien 6, Scalvini 5,5 (67' Toloi 5,5); Zappacosta 5 (67' Hateboer 6), Ederson 6, Pasalic 7, Ruggeri 5,5 (88' Bakker sv); Koopmeiners 8; De Ketelaere 6 (88' Miranchuk sv), Scamacca 7 (57' Lookman 5,5)

A disposizione: Musso, Vismara, Palomino, Kolasinac, De Roon, Adopo, Toure
Allenatore: Gian Piero Gasperini 6,5
ARBITRO: Marco Guida 6,5
AMMONITI: 90+3' Hateboer (A)
ESPULSI: nessuno
ANGOLI: 4-3
RECUPERO: pt 0, st 4

11/03/2024 ore 20:45
LAZIO-UDINESE 1-2
Marcatori: 47' Lucca (U), 49' Giannetti (Aut.) (U), 51' Zarraga (U)
LAZIO (4-3-3): Provedel 5,5 (90+9' Mandas sv); Lazzari 5, Gila 5,5, Romagnoli 5, Hysaj 5; Vecino 5, Cataldi 5,5 (60' Kamada 5), Luis Alberto 5 (81' Pedro sv); Felipe Anderson 5,5 (46' Isaksen 5,5), Immobile 5 (60' Castellanos 5), Zaccagni 6

A disposizione: Sepe, Casale, Ruggeri, Anderson
Allenatore: Maurizio Sarri 5
UDINESE (3-5-2): Okoye 6,5; Ferreira 6,5 (77' Bijol 6), Giannetti 6, Perez 6; Pereyra 6,5, Lovric 6,5, Zarraga 7, Payero 6,5 (74' Samardzic 6), Kamara

6,5 (74' Zemura 6); Thauvin 7 (90+1' Davis sv), Lucca 7
A disposizione: Silvestri, Padelli, Tikvic, Ehizibue, Kabasele, Kristensen, Success, Brenner
Allenatore: Gabriele Cioffi 7,5
ARBITRO: Gianluca Aureliano 6,5
AMMONITI: 44' Perez (U); 45+1' Felipe Anderson (L); 57' Romagnoli (L); 64' Okoye (U); 83' Bijol (U); 86' Lucca (U); 87' Samardzic (U); 90+9' Vecino (L); 90+4' Perez (U)
ESPULSI: 90+4' Perez (U)
ANGOLI: 9-5
RECUPERO: pt 2, st 12

10/03/2024 ore 12:30

LECCE-VERONA 0-1

Marcatori: 17' Folorunsho (V)
LECCE (4-3-3): Falcone 6; Gendrey 6, Pongracic 6, Baschirotto 5,5, Gallo 6,5 (70' Dorgu 6); Gonzalez 6, Ramadani 5,5 (80' Blin sv), Oudin 6 (80' Pierotti sv); Almqvist 5,5 (60' Piccoli 5,5), Krstovic 5, Banda 5,5 (70' Sansone 6)
A disposizione: Samooja, Borbei, Venuti, Touba, Rafia, Berisha
Allenatore: Roberto D'Aversa 4
VERONA (4-2-3-1): Montipo 6,5; Tchatchoua 5,5 (58' Centonze 6), Magnani 6,5, Coppola 6, Cabal 6; Duda 6,5, Serdar 6,5 (76' Dani Silva 6); Suslov 6,5 (86' Henry 5), Folorunsho 7, Lazovic 6 (76' Mitrovic 6); Noslin 6 (58' Swiderski 6)
A disposizione: Chiesa, Perilli, Vinagre, Belahyane, Charlys, Tavsan, Bonazzoli
Allenatore: Marco Baroni 6,5
ARBITRO: Daniele Chiffi 5,5
AMMONITI: 37' Banda (L); 43' Tchatchoua (V); 79' Sansone (L); 84' Dani Silva (V); 90+2' Pongracic (L); 90+2' Henry (V)
ESPULSI: Henry (V) a fine partita
ANGOLI: 11-6
RECUPERO: pt 3, st 8

10/03/2024 ore 15:00

MILAN-EMPOLI 1-0

Marcatori: 40' Pulisic (M)
MILAN (4-2-3-1): Maignan 6; Calabria 6, Thiaw 5,5, Tomori 6 (63' Kalulu 6), Hernandez 6; Bennacer 6,5, Reijnders 6,5 (62' Musah 6); Pulisic 7 (63' Chukwueze 6), Loftus-Cheek 6,5, Okafor 6,5 (90' Adli sv); Jovic 5 (73' Giroud 6)
A disposizione: Sportiello, Mirante, Kjaer, Gabbia, Jimenez, Terracciano
Allenatore: Stefano Pioli 6
EMPOLI (3-4-2-1): Caprile 6,5; Ismajli 5,5 (42' Bereszynski 6), Walukiewicz 5,5, Luperto 6; Gyasi 6, Fazzini 6 (55' Kovalenko 5,5), Maleh 6, Pezzella 5,5 (55' Cacace 6); Cambiaghi 6, Zurkowski 5,5 (76' Cancellieri 6); Niang 5 (76' Destro 5,5)
A disposizione: Perisan, Berisha, Ebuehi, Bastoni, Shpendi, Caputo, Cerri
Allenatore: Davide Nicola 6
ARBITRO: Juan Luca Sacchi 6
AMMONITI: 24' Fazzini (E); 26' Reijnders (M); 53' Pezzella (E); 65' Zurkowski (E); 80' Cancellieri (E)
ESPULSI: nessuno
ANGOLI: 11-4
RECUPERO: pt 2, st 4

08/03/2024 ore 20:45

NAPOLI-TORINO 1-1

Marcatori: 61' Kvaratskhelia (N), 64' Sanabria (T)
NAPOLI (4-3-3): Meret 5,5; Di Lorenzo 5, Ostigard 6, Juan Jesus 6, Mario Rui 6,5 (79' Olivera 6); Anguissa 6, Lobotka 6 (90+2' Lindstrom sv), Zielinski 4,5 (67' Traore 5,5); Politano 6 (67' Raspadori 5,5), Osimhen 5,5, Kvaratskhelia 7
A disposizione: Contini, Gollini, Natan, Rrahmani, Mazzocchi, Dendoncker, Simeone
Allenatore: Francesco Calzona 5,5
TORINO (3-4-1-2): Milinkovic-Savic 6,5; Djidji 5 (76' Sazonov sv), Buongiorno 5,5, Masina 5; Bellanova 5 (87' La-

zaro sv), Linetty 6 (88' Vojvoda sv), Gineitis 5, Rodriguez 5,5; Vlasic 6; Pellegri 5 (63' Sanabria 6,5), Zapata 5,5
A disposizione: Gemello, Popa, Kabic, Okereke, Savva
Allenatore: Ivan Juric 5,5
ARBITRO: Daniele Orsato 4
AMMONITI: 32' Zapata (T); 36' Osimhen (N); 39' Juan Jesus (N); 45+3' Buongiorno (T)
ESPULSI: nessuno
ANGOLI: 13-7
RECUPERO: pt 4, st 7

09/03/2024 ore 15:00

SASSUOLO-FROSINONE 1-0

Marcatori: 58' Thorstvedt (S)
SASSUOLO (4-2-3-1): Consigli 6,5; Pedersen 6, Erlic 6, Ferrari 5,5, Doig 5,5; Thorstvedt 7 (63' Matheus Henrique 6), Racic 6; Defrel 5,5 (72' Boloca 6), Bajrami 5,5, Lauriente 5,5 (84' Kumbulla sv); Pinamonti 6 (84' Mulattieri sv)
A disposizione: Pegolo, Cragno, Missori, Viti, Tressoldi, Obiang, Castillejo, Volpato, Lipani, Ceide
Allenatore: Davide Ballardini 7
FROSINONE (4-3-3): Turati 6,5; Zortea 6, Okoli 5,5, Romagnoli 5,5, Valeri sv (9' Lirola 5,5); Mazzitelli 6, Barrenechea 6, Brescianini 6 (63' Ibrahimovic sv); Soule 6 (84' Cuni 6), Cheddira 6 (84' Kaio Jorge 5), Ghedjemis 6 (63' Seck 5,5)
A disposizione: Frattali, Cerofolini, Monterisi, Reinier, Kamensek-Pahic, Gelli, Garritano, Baez
Allenatore: Eusebio Di Francesco 5,5
ARBITRO: Federico La Penna 5,5
AMMONITI: 23' Thorstvedt (S); 32' Doig (S); 50' Ghedjemis (F); 73' Lauriente (S)
ESPULSI: nessuno
ANGOLI: 1-2
RECUPERO: pt 3

Si ferma la serie dell'Inter
Salta il fattore campo

CLASSIFICA

Inter 76; Milan 62; Juventus 59; Bologna 54; Roma 51; Atalanta 47; Fiorentina 46; Napoli 45; Lazio 43; Monza 42; Torino 41; Genoa 34; Lecce 28; Udinese 27; Verona e Cagliari 26; Empoli 25; Frosinone 24; Sassuolo 23; Salernitana 14.

I NUMERI

Reti realizzate: 22 (un'autorete). **Rigori: nessuno. Espulsioni: 1. Ammonizioni: 38. Assist: 13** (A. Bastoni, Biraghi, Castrovilli, De Ketelaere, Guendouzi, Lookman, Luis Alberto, Martinez Quarta, Okoli, Paredes, Vojvoda, Zapata e Zortea 1). **Pali: 8** (Bajrami, Casale, Iling-Junior, Kean, Luis Alberto, Okafor, Pulisic e Vlasic 1).

Risultati

Atalanta	2
Fiorentina	3
Empoli	0
Bologna	1
Frosinone	2
Lazio	3
Inter	1
Napoli	1
Juventus	0
Genoa	0
Monza	1
Cagliari	0
Roma	1
Sassuolo	0
Salernitana	0
Lecce	1
Udinese	0
Torino	2
Verona	1
Milan	3

Tabellini

02/06/2024 ore 18:00

ATALANTA-FIORENTINA 2-3

Marcatori: 6' Belotti (F), 12' Lookman (A), 19' Gonzalez (F), 32' Scalvini (A), 45+1' Belotti (F)

ATALANTA (3-4-2-1): Carnesecchi 5,5; Toloi 6 (74' Djimsiti 6), Hien 5,5, Scalvini 6,5 (84' Hateboer sv); Holm 5,5 (57' Miranchuk 6,5), Ederson 6,5, Pasalic 6, Ruggeri 5,5; Koopmeiners 5,5, Lookman 7 (56' Scamacca 6); De Ketelaere 6,5 (74' Toure sv)

A disposizione: Musso, Rossi, Zappacosta, Bakker, Mendicino, Adopo

Allenatore: Gian Piero Gasperini 6,5

FIORENTINA (4-2-3-1): Martinelli 6,5; Kayode Olabode 5,5 (88' Faraoni sv), Martinez Quarta 6, Ranieri 5,5, Biraghi 6; Lopez 6,5, Duncan 6 (77' Infantino sv); Gonzalez 7 (88' Barak sv), Beltran 5,5 (77' Ikone sv), Castrovilli 6,5 (66' Kouame 6); Belotti 7,5

A disposizione: Terracciano, Christensen, Dodo, Milenkovic, Comuzzo, Parisi, Bonaventura, Arthur

Allenatore: Vincenzo Italiano 7

ARBITRO: Daniele Orsato 7

AMMONITI: 75' Martinez Quarta (F); 85' Ranieri (F)

ESPULSI: nessuno

ANGOLI: 4-4

RECUPERO: pt 1, st 5

15/03/2024 ore 20:45

EMPOLI-BOLOGNA 0-1

Marcatori: 90+4' Fabbian (B)

EMPOLI (4-3-3): Caprile 7,5; Bereszynski 6, Walukiewicz 6, Luperto 6, Pezzella 5,5 (46' Cacace 6); Zurkowski 6 (66' Kovalenko 6), Marin 5,5, Maleh 5,5; Gyasi 6 (66' Ebuehi 6), Niang 5,5 (75' Caputo 6), Cambiaghi 5,5 (75' Cerri 6)

A disposizione: Perisan, Berisha, Goglichidze, Bastoni, Shpendi, Destro

Allenatore: Davide Nicola 7

BOLOGNA (4-3-3): Skorupski 6,5; Beukema 7 (72' Corazza 6), Lucumi 6,5, Calafiori 7, Kristiansen 6; Urbanski 6,6 (79' Fabbian 7), Freuler 6, Ferguson 6,5 (79' Aebischer 6); Odgaard 6 (72' Castro 6), Ndoye 6,5 (57' Orsolini 5,5), Saelemaekers 6,5

A disposizione: Bagnolini, Ravaglia, Ilic, Lykogiannis, De Silvestri, Moro, El Azzouzi

Allenatore: Thiago Motta 7

ARBITRO: Michael Fabbri 7

AMMONITI: 28' Luperto (E); 30' Pezzella (E); 90+6' Maleh (E); 90+7' Freuler (B)

ESPULSI: nessuno

ANGOLI: 7-6

RECUPERO: pt 0, st 7

16/03/2024 ore 20:45

FROSINONE-LAZIO 2-3

Marcatori: 13' Lirola (F), 38' Zaccagni (L), 57' Castellanos (L), 62' Castellanos (L), 70' Cheddira (F)

FROSINONE (4-3-3): Turati 7; Zortea 6, Okoli 5,5, Romagnoli 6, Lirola 7 (80' Valeri 6); Mazzitelli 6 (62' Seck 6), Barrenechea 5,5, Brescianini 6,5 (90' Reinier sv); Soule 7, Cheddira 7 (90+1' Cuni sv), Gelli 6 (80' Kaio Jorge sv)

A disposizione: Frattali, Cerofolini, Monterisi, Garritano, Baez, Kvernadze, Ibrahimovic, Ghedjemis

Allenatore: Eusebio Di Francesco 6

LAZIO (4-3-3): Mandas 6; Marusic 5,5, Casale 5,5, Romagnoli 5,5, Pellegrini 5 (46' Lazzari 7); Guendouzi 6, Cataldi 5,5 (56' Vecino 6,5), Luis Alberto 6,5; Felipe Anderson 5,5 (82' Isaksen sv), Immobile 5 (56' Castellanos 8), Zaccagni 7 (86' Kamada sv)

A disposizione: Sepe, Renzetti , Hysaj, Gila, Anderson, Pedro

Allenatore: Giovanni Martusciello 7

ARBITRO: Antonio Rapuano 6,5

AMMONITI: 34' Pellegrini (L); 55' Barrenechea (F); 88' Lazzari (L); 90+1' Castellanos (L)

ESPULSI: nessuno

ANGOLI: 9-4

RECUPERO: pt 3, st 9

17/03/2024 ore 20:45

INTER-NAPOLI 1-1

Marcatori: 43' Darmian (I), 81' Juan Jesus (N)

INTER (3-5-2): Sommer 6; Pavard 6 (46' Bisseck 6), Acerbi 6, Bastoni 6,5; Darmian 6,5 (84' Buchanan sv), Barella 6,5 (70' Frattesi 6,5), Calhanoglu 6, Mkhitaryan 6,5, Dimarco 6,5 (79' Dumfries 6,5); Thuram 6, Martinez 6,5 (79' Sanchez sv)

A disposizione: Di Gennaro, Audero, De Vrij, Klaassen, Asllani, Stankovic, Sarr

Allenatore: Simone Inzaghi 6

NAPOLI (4-3-3): Meret 7; Di Lorenzo 6,5, Rrahmani 6, Juan Jesus 6, Olivera 5,5 (74' Mario Rui sv); Anguissa 6, Lobotka 6,5, Traore 6 (70' Cajuste sv); Politano 6,5 (90+2' Ngonge sv), Raspadori 5,5 (75' Simeone sv), Kvaratskhelia 6,5 (90+1' Lindstrom sv)

A disposizione: Contini, Gollini, Natan, Mazzocchi, Dendoncker, Ostigard, Zielinski, Osimhen

Allenatore: Francesco Calzona 6

ARBITRO: Federico La Penna 6

AMMONITI: 36' Pavard (I); 52' Lobotka (N); 54' Barella (I)

ESPULSI: nessuno

ANGOLI: 5-7

RECUPERO: pt 1, st 3

17/03/2024 ore 12:30

JUVENTUS-GENOA 0-0

JUVENTUS (3-5-2): Szczesny 6; Gatti 6,5, Bremer 6, Danilo 6; Cambiaso 6,5 (82' Kean sv), McKennie 5,5 (58' Rabiot 6), Locatelli 5,5, Miretti 6 (78' Weah sv), Kostic 5 (59' Iling-Junior 6,5); Vlahovic 4,5, Chiesa 5 (59' Yildiz 5,5)

A disposizione: Pinsoglio, Perin, De Sciglio, Alex Sandro, Rugani, Djaló, Nicolussi Caviglia, Nonge

Allenatore: Massimiliano Allegri 5

GENOA (3-4-2-1): Martinez 6,5; De Winter 6,5, Bani 6,5 (85' Cittadini sv), Vasquez 6; Spence 6, Badelj 6 (85' Bohinen sv), Frendrup 6 (69' Strootman 6), Messias 5,5; Vitinha 6, Gudmundsson 5 (70' Malinovskyi 6); Retegui 5 (79' Ankeye sv)

A disposizione: Leali, Sommariva, Vogliacco, Pittino , Haps, Thorsby

Allenatore: Alberto Gilardino 6,5

ARBITRO: Antonio Giua 6

AMMONITI: 39' Danilo (J); 58' Cambiaso (J); 65' Vitinha (G); 90+2' Vlahovic (J); 90+3' Vlahovic (J)

ESPULSI: 90+3' Vlahovic (J)

ANGOLI: 12-2

RECUPERO: pt 1, st 5

16/03/2024 ore 15:00

MONZA-CAGLIARI 1-0

Marcatori: 41' Maldini (M)

MONZA (4-2-3-1): Di Gregorio 6; Birindelli 6,5 (75' Caldirola 6), Izzo 6, Mari 6,5, Carboni A. 6; Pessina 6,5, Bondo 6; Colpani 6,5 (74' Carboni V. 6,5), Maldini 7 (63' Zerbin 6), Mota 6 (63' Gagliardini 6); Djuric 6 (82' Colombo sv)

A disposizione: Sorrentino, Gori, Donati, Pereira, Kyriakopoulos, Machin, Akpa-Akpro, Ciurria

Allenatore: Raffaele Palladino 6

CAGLIARI (4-2-3-1): Scuffet 6; Zappa 6, Wieteska 6, Dossena 6, Augello 5,5 (84' Azzi sv); Makoumbou 5,5 (46' Prati 6), Deiola 5,5 (88' Viola sv); Nandez 5,5, Shomurodov 5,5 (84' Mutandwa sv), Jankto 5,5 (46' Oristanio 6); Lapadula 5,5

A disposizione: Radunovic, Aresti, Hatzidiakos, Obert, Di Pardo, Sulemana

Allenatore: Claudio Ranieri 6

ARBITRO: Matteo Marcenaro 6
AMMONITI: 30' Izzo (M); 59' Deiola (C); 65' Bondo (M)
ESPULSI: nessuno
ANGOLI: 3-7
RECUPERO: pt 1, st 6

17/03/2024 ore 18:00
ROMA-SASSUOLO 1-0
Marcatori: 50' Pellegrini (R)
ROMA (4-3-3): Svilar 6; Karsdorp 6 (70' Celik 6), Mancini 6, Llorente 6, Spinazzola 5,5 (37' Angelino 6); Cristante 6, Paredes 6, Pellegrini 6,5; Aouar 5,5 (70' Baldanzi 6), Lukaku 5,5 (86' Azmoun sv), El Shaarawy 6 (86' Huijsen 6)
A disposizione: Rui Patricio, Boer, Ndicka, Bove, Zalewski, Pisilli, Abraham, Costa Cesco
Allenatore: Daniele De Rossi 6,5
SASSUOLO (4-3-3): Consigli 6; Pedersen 5,5, Erlic 5,5, Ferrari 5,5, Viti 6 (86' Tressoldi sv); Racic 6 (79' Bajrami 5,5), Obiang 5 (72' Volpato 6), Matheus Henrique 6; Defrel 6 (73' Boloca 6), Pinamonti 6 (79' Mulattieri sv), Lauriente 5,5
A disposizione: Pegolo, Cragno, Missori, Kumbulla, Lipani, Ceide
Allenatore: Davide Ballardini 5,5
ARBITRO: Gianluca Manganiello 6
AMMONITI: 59' Pellegrini (R); 89' Azmoun (R); 90' Erlic (S)
ESPULSI: nessuno
ANGOLI: 4-7
RECUPERO: pt 3, st 4

16/03/2024 ore 18:00
SALERNITANA-LECCE 0-1
Marcatori: 17' Gyomber (Aut.) (S)
SALERNITANA (4-3-1-2): Costil 6; Gyomber 5 (67' Zanoli 5,5), Manolas 5,5, Pirola 6, Bradaric 6; Coulibaly 5,5 (53' Gomis 6), Maggiore 5,5 (71' Martegani 6), Basic 5,5; Candreva 6; Tchaouna 6 (67' Vignato 6), Weissman 5 (53' Simy 5,5)
A disposizione: Ochoa, Allocca, Pasalidis, Boateng, Sambia, Fazio, Pellegrino, Sfait, Legowski, Ikwuemesi
Allenatore: Fabio Liverani 5
LECCE (4-3-3): Falcone 7,5; Gendrey 6 (90' Venuti sv), Pongracic 6, Baschirotto 6, Gallo 6,5 (71' Sansone 6); Blin 6, Ramadani 5,5, Oudin 5,5 (46' Dorgu 6); Almqvist 6, Krstovic 6,5 (78' Gonzalez 6), Piccoli 6
A disposizione: Brancolini, Samooja, Touba, Rafia, Berisha, Pierotti
Allenatore: Luca Gotti 6,5
ARBITRO: Fabio Maresca 6,5
AMMONITI: 30' Coulibaly (S); 45' Maggiore (S); 49' Ramadani (L); 54' Piccoli (L); 73' Pirola (S); 82' Zanoli (S); 90+7' Pongracic (L)
ESPULSI: nessuno
ANGOLI: 7-1
RECUPERO: pt 1, st 7

16/03/2024 ore 15:00
UDINESE-TORINO 0-2
Marcatori: 10' Zapata (T), 53' Vlasic (T)
UDINESE (3-5-2): Okoye 6,5; Ferreira 5 (46' Kristensen 6), Bijol 5, Giannetti 5,5; Pereyra 5 (76' Success 6), Lovric 5, Walace 5, Payero 5 (31' Ehizibue 5; 59' Ebosele 5,5), Kamara 5 (58' Zemura 5,5); Thauvin 5, Lucca 5,5
A disposizione: Silvestri, Padelli, Tikvic, Kabasele, Zarraga, Samardzic, Brenner
Allenatore: Gabriele Cioffi 5
TORINO (3-4-1-2): Milinkovic-Savic 6; Vojvoda 7 (65' Lovato 6), Buongiorno 6,5 (83' Sazonov sv), Masina 6,5; Bellanova 6,5 (83' Lazaro sv), Ricci 6,5, Gineitis 6,5, Rodriguez 6,5; Vlasic 7; Okereke 6 (67' Sanabria 6), Zapata 7,5
A disposizione: Gemello, Popa, Bianay Balcot, Linetty, Pellegri, Kabic, Savva
Allenatore: Ivan Juric 7
ARBITRO: Andrea Colombo 6,5
AMMONITI: 43' Walace (U); 45' Ehizibue (U); 52' Buongiorno (T); 57' Giannetti (U); 87' Sazonov (T)
ESPULSI: nessuno
ANGOLI: 3-4
RECUPERO: pt 1, st 5

17/03/2024 ore 15:00
VERONA-MILAN 1-3
Marcatori: 44' Hernandez (M), 50' Pulisic (M), 64' Noslin (V), 79' Chukwueze (M)
VERONA (4-2-3-1): Montipo 6,5; Centonze 5,5, Coppola 6, Dawidowicz 5 (57' Magnani 6), Cabal 5,5 (76' Vinagre 6); Duda 5,5, Serdar 5,5 (46' Dani Silva 6); Suslov 6, Folorunsho 5 (57' Swiderski 6), Lazovic 5 (57' Mitrovic 6); Noslin 7
A disposizione: Chiesa, Perilli, Belahyane, Charlys, Tchatchoua, Tavsan, Bonazzoli
Allenatore: Marco Baroni 6
MILAN (4-2-3-1): Maignan 6; Calabria 6, Kalulu 6 (46' Gabbia 6), Tomori 6 (84' Kjaer sv), Hernandez 7; Bennacer 6, Reijnders 6,5; Pulisic 6,5 (66' Giroud 6), Loftus-Cheek 5,5 (66' Musah 6), Leao 5,5; Okafor 6,5 (74' Chukwueze 7)
A disposizione: Sportiello, Nava, Thiaw, Florenzi, Adli, Terracciano, Jovic
Allenatore: Stefano Pioli 6,5
ARBITRO: Maurizio Mariani 6
AMMONITI: 7' Serdar (V); 30' Tomori (M); 45' Hernandez (M); 87' Reijnders (M)
ESPULSI: nessuno
ANGOLI: 3-5
RECUPERO: pt 2, st 5

Corsa al 2° posto: Milan a +6
Napoli: Champions è a rischio

CLASSIFICA

Inter 79; Milan 65; Juventus 59; Bologna 57; Roma 52; Atalanta 50; Lazio e Fiorentina 46; Napoli 45; Torino 44; Monza 42; Genoa 35; Lecce 29; Udinese 28; Verona e Cagliari 27; Frosinone ed Empoli 25; Sassuolo 24; Salernitana 14.

I NUMERI

Reti realizzate: 19. Rigori: 2/2. Espulsioni: 1. Ammonizioni: 31. Assist: 15 (A. Bastoni, Beltran, Calafiori, Dumfries, Freuler, Guendouzi, Leao, Matheus Henrique, Miranchuk, Noslin, Pasalic, Reijnders, Ruggeri, Saelemaekers e Zortea 1). **Pali: 8** (Angelino, A. Bastoni, Miranchuk, Osimhen, Oudin, Samardzic, Zielinski e Vasquez 1).

Risultati

Bologna	3
Salernitana	0
Cagliari	1
Verona	1
Fiorentina	1
Milan	2
Genoa	1
Frosinone	1
Inter	2
Empoli	0
Lazio	1
Juventus	0
Lecce	0
Roma	0
Napoli	0
Atalanta	3
Sassuolo	1
Udinese	1
Torino	1
Monza	0

Tabellini

01/04/2024 ore 12:30

BOLOGNA-SALERNITANA 3-0

Marcatori: 14' Orsolini (B), 44' Saelemaekers (B), 90+2' Lykogiannis (B)

BOLOGNA (4-2-3-1): Ravaglia 6,5; Posch 6 (83' De Silvestri sv), Lucumi 6, Calafiori 7, Lykogiannis 7; Freuler 6,5 (74' Urbanski 6), Aebischer 6,5; Orsolini 7 (64' Ndoye 6), Ferguson 6,5 (74' Fabbian 6), Saelemaekers 7,5; Odgaard 6 (64' Zirkzee 6,5)

A disposizione: Bagnolini, Skorupski, Ilic, Kristiansen, Corazza, Moro, El Azzouzi, Karlsson, Castro

Allenatore: Thiago Motta 7

SALERNITANA (4-4-1-1): Costil 5,5; Pierozzi 5 (60' Sambia 5,5), Manolas 6 (83' Boateng sv), Pirola 5,5, Pellegrino 5,5 (66' Vignato 6); Tchaouna 6, Maggiore 5 (60' Coulibaly 5,5), Basic 5 (66' Legowski 5,5), Bradaric 5,5; Candreva 5; Simy 5,5

A disposizione: Fiorillo, Salvati, Pasalidis, Ferrari, Zanoli, Martegani, Gomis, Weissman, Ikwuemesi

Allenatore: Stefano Colantuono 5,5

ARBITRO: Ermanno Feliciani 6

AMMONITI: 17' Pierozzi (S); 45+1' Candreva (S); 77' Tchaouna (S)

ESPULSI: nessuno

ANGOLI: 5-3

RECUPERO: pt 2, st 4

01/04/2024 ore 15:00

CAGLIARI-VERONA 1-1

Marcatori: 30' Bonazzoli (V), 74' Sulemana (C)

CAGLIARI (4-3-2-1): Scuffet 6; Zappa 5, Mina 6, Dossena 6, Augello 5,5 (82' Azzi sv); Nandez 6,5 (72' Oristanio 6), Makoumbou 5,5 (72' Prati 6), Deiola 6,5 (72' Sulemana 7); Shomurodov 5 (46' Viola 6,5), Luvumbo 6; Lapadula 5,5

A disposizione: Radunovic, Aresti, Hatzidiakos, Wieteska, Obert, Di Pardo, Jankto, Gaetano, Mutandwa
Allenatore: Claudio Ranieri 6
VERONA (4-2-3-1): Montipo 6,5; Tchatchoua 5,5, Magnani 6, Dawidowicz 6,5, Cabal 5,5; Serdar 6,5, Duda 6; Mitrovic 6 (46' Lazovic 6), Folorunsho 5,5, Noslin 6,5 (85' Swiderski sv); Bonazzoli 7 (65' Suslov 5,5)
A disposizione: Chiesa, Perilli, Centonze, Vinagre, Coppola, Dani Silva, Charlys, Henry, Cisse
Allenatore: Marco Baroni 6
ARBITRO: Daniele Doveri 5,5
AMMONITI: 27' Duda (V); 90+3' Magnani (V)
ESPULSI: nessuno
ANGOLI: 7-2
RECUPERO: pt 2, st 7

30/03/2024 ore 20:45
FIORENTINA-MILAN 1-2
Marcatori: 47' Loftus-Cheek (M), 50' Duncan (F), 53' Leao (M)
FIORENTINA (4-2-3-1): Terracciano 6,5; Dodo 5 (69' Kayode Olabode 6), Milenkovic 4,5, Martinez Quarta 5 (88' Barak 5), Biraghi 5,5; Mandragora 5, Duncan 6; Ikone 6 (88' Sottil sv), Beltran 5,5 (79' Nzola sv), Kouame 5,5 (69' Gonzalez 6); Belotti 6,5
A disposizione: Martinelli , Vannucchi, Ranieri, Faraoni, Comuzzo, Parisi, Arthur, Lopez, Castrovilli, Infantino
Allenatore: Vincenzo Italiano 5,5
MILAN (4-2-3-1): Maignan 7; Calabria 6, Thiaw 5,5 (46' Gabbia 6), Tomori 6, Florenzi 6; Bennacer 6, Reijnders 6 (63' Musah 6); Chukwueze 6,5 (73' Pulisic 6), Loftus-Cheek 7, Leao 7 (62' Okafor 5,5); Giroud 5,5 (82' Jovic sv)
A disposizione: Sportiello, Nava, Simic , Bartesaghi , Adli, Terracciano, Zeroli
Allenatore: Stefano Pioli 7
ARBITRO: Fabio Maresca 6

AMMONITI: 13' Biraghi (F); 21' Thiaw (M); 24' Martinez Quarta (F); 90' Tomori (M); 90+3' Loftus-Cheek (M)
ESPULSI: nessuno
ANGOLI: 7-5
RECUPERO: pt 0, st 6

30/03/2024 ore 15:00
GENOA-FROSINONE 1-1
Marcatori: 30' Gudmundsson (Rig.) (G), 36' Reinier (F)
GENOA (3-5-2): Martinez 6; Vogliacco 6, Bani 6, Vasquez 6,5; Sabelli 6 (76' Thorsby sv), Frendrup 6, Badelj 6 (76' Ankeye sv), Messias 6, Spence 5,5 (46' Malinovskyi sv (63' Strootman 6)); Gudmundsson 7, Retegui 5,5 (54' Haps 6)
A disposizione: Leali, Sommariva, De Winter, Pittino , Bohinen
Allenatore: Alberto Gilardino 5,5
FROSINONE (3-4-2-1): Turati 6,5; Lirola 6, Okoli 5,5, Romagnoli 6,5; Zortea 6,5, Barrenechea 6,5, Brescianini 6, Valeri 6; Soule 6 (83' Ibrahimovic sv), Reinier 7 (76' Mazzitelli 6); Cheddira 6 (83' Cuni sv)
A disposizione: Frattali, Cerofolini, Monterisi, Bonifazi, Lusuardi, Garritano, Baez, Seck, Kvernadze, Ghedjemis
Allenatore: Eusebio Di Francesco 6
ARBITRO: Juan Luca Sacchi 5
AMMONITI: 42' Retegui (G); 45' Badelj (G); 60' Zortea (F)
ESPULSI: nessuno
ANGOLI: 3-8
RECUPERO: pt 1, st 8

01/04/2024 ore 20:45
INTER-EMPOLI 2-0
Marcatori: 6' Dimarco (I), 81' Sanchez (I)
INTER (3-5-2): Audero 6; Pavard 6,5, Acerbi 6,5, Bastoni 7 (77' Dumfries 6,5); Darmian 6, Barella 7, Calhanoglu 6 (69' Asllani 6), Mkhitaryan 6,5 (84' Frattesi sv), Dimarco 7 (69' Carlos Augusto 6); Thuram 6, Martinez 5,5 (77' San-

chez 6,5)
A disposizione: Sommer, Di Gennaro, Bisseck, Sensi, Klaassen, Buchanan
Allenatore: Simone Inzaghi 6,5
EMPOLI (4-3-2-1): Caprile 6; Bereszynski 6, Walukiewicz 5,5, Luperto 6, Pezzella 6 (73' Cacace 5,5); Zurkowski 5,5, Marin 6, Bastoni 6 (73' Fazzini 6); Gyasi 5,5 (82' Cancellieri sv), Cambiaghi 5,5, Niang 5,5 (82' Destro sv)
A disposizione: Perisan, Seghetti , Goglichidze, Kovalenko, Shpendi, Caputo, Cerri
Allenatore: Davide Nicola 5,5
ARBITRO: Federico Dionisi 6
AMMONITI: 66' Cambiaghi (E); 89' Cacace (E)
ESPULSI: nessuno
ANGOLI: 8-6
RECUPERO: pt 0, st 4

30/03/2024 ore 18:00
LAZIO-JUVENTUS 1-0
Marcatori: 90+3' Marusic (L)
LAZIO (3-4-2-1): Mandas 6,5; Gila 6,5, Romagnoli 6,5, Casale 6; Felipe Anderson 6,5, Kamada 6 (80' Guendouzi 6,5), Cataldi 6 (80' Vecino sv), Marusic 7; Pedro 5,5 (57' Isaksen 6), Zaccagni 6 (84' Luis Alberto sv); Castellanos 5,5 (58' Immobile 5,5)
A disposizione: Sepe, Renzetti , Patric, Hysaj
Allenatore: Igor Tudor 6,5
JUVENTUS (4-3-3): Szczesny 6; Danilo 6, Bremer 6,5, Rugani 6, De Sciglio 5,5 (46' Iling-Junior 5,5); Miretti 5,5 (46' McKennie 5,5), Locatelli 5,5, Rabiot 5,5; Cambiaso 5,5 (63' Weah 5,5), Kean 5 (80' Sekulov 5), Chiesa 6 (68' Yildiz 5,5)
A disposizione: Pinsoglio, Perin, Gatti, Djaló, Nicolussi Caviglia, Nonge
Allenatore: Massimiliano Allegri 5,5
ARBITRO: Andrea Colombo 5,5
AMMONITI: 71' Iling-Junior (J); 75' Weah (J); 90+1' Immo-

bile (L)
ESPULSI: nessuno
ANGOLI: 7-2
RECUPERO: pt 0, st 5

01/04/2024 ore 18:00

LECCE-ROMA 0-0
LECCE (4-4-2): Falcone 6,5; Gendrey 6, Pongracic 6,5, Baschirotto 6,5, Gallo 6,5 (82' Venuti sv); Almqvist 6 (61' Banda 6), Blin 6,5, Ramadani 6,5, Dorgu 5,5 (72' Oudin 6); Krstovic 7, Piccoli 5,5 (62' Sansone 5,5)
A disposizione: Brancolini, Samooja, Esposito , Touba, Rafia, Gonzalez , Berisha, Burnete, Pierotti
Allenatore: Luca Gotti 6,5
ROMA (4-3-3): Svilar 6,5; Karsdorp 5 (83' Celik sv), Mancini 6, Ndicka 5,5 (46' Huijsen 6), Angelino 6; Cristante 5,5, Paredes 6, Bove 5 (64' Aouar 5,5); Baldanzi 6 (83' Dybala sv), Lukaku 5, Zalewski 5 (64' El Shaarawy 6,5)
A disposizione: Rui Patricio, Boer, Smalling, Llorente, Renato Sanches, Pisilli, Costa Cesco
Allenatore: Daniele De Rossi 5,5
ARBITRO: Matteo Marcenaro 5
AMMONITI: 12' Ndicka (R); 38' Piccoli (L); 45' Baschirotto (L); 81' Ramadani (L); 85' Cristante (R)
ESPULSI: nessuno
ANGOLI: 8-4
RECUPERO: pt 2, st 5

30/03/2024 ore 12:30

NAPOLI-ATALANTA 0-3
Marcatori: 26' Miranchuk (A), 45' Scamacca (A), 88' Koopmeiners (A)
NAPOLI (4-3-3): Meret 6; Di Lorenzo 5,5, Rrahmani 5, Juan Jesus 4,5, Mario Rui 5,5; Anguissa 5 (75' Simeone 6), Lobotka 5,5, Traore 5 (46' Zielinski 6,5); Politano 5 (67' Lindstrom 5,5), Osimhen 6, Raspadori 5 (46' Ngonge 5,5)
A disposizione: Contini, Gol-

lini, Natan, Olivera, Mazzocchi, Dendoncker, Ostigard, Cajuste
Allenatore: Francesco Calzona 5
ATALANTA (3-4-1-2): Carnesecchi 7; Scalvini 7 (71' Toloi 6), Hien 7, Kolasinac 6,5 (67' Djimsiti 6); Hateboer 6,5, De Roon 6,5, Ederson 6,5, Zappacosta 6 (60' Ruggeri 6,5); Pasalic 7 (61' Koopmeiners 7); Miranchuk 7,5, Scamacca 7 (61' Lookman 6,5)
A disposizione: Musso, Rossi, Holm, Palomino, Bakker, Adopo, Toure
Allenatore: Gian Piero Gasperini 7,5
ARBITRO: Luca Pairetto 5,5
AMMONITI: 38' Osimhen (N); 54' Kolasinac (A); 82' Koopmeiners (A); 84' Di Lorenzo (N)
ESPULSI: nessuno
ANGOLI: 7-5
RECUPERO: pt 2, st 5

01/04/2024 ore 15:00

SASSUOLO-UDINESE 1-1
Marcatori: 41' Defrel (S), 44' Thauvin (U)
SASSUOLO (4-2-3-1): Consigli 6; Toljan 6,5, Tressoldi 6, Ferrari 6, Doig 5,5; Racic 6 (72' Boloca 6), Matheus Henrique 6 (80' Castillejo sv); Defrel 6,5 (79' Bajrami 6), Thorstvedt 6,5, Lauriente 6 (90+1' Volpato sv); Pinamonti 5,5
A disposizione: Pegolo, Cragno, Missori, Kumbulla, Viti, Obiang, Lipani, Ceide
Allenatore: Davide Ballardini 6
UDINESE (3-5-2): Okoye 6; Ferreira 5,5, Bijol 6, Perez 5,5; Pereyra 6, Lovric 6,5 (77' Zarraga 5,5), Walace 5,5, Samardzic 5, Kamara 6; Thauvin 6,5 (90' Ehizibue sv), Lucca 6 (89' Success sv)
A disposizione: Silvestri, Padelli, Ebosele, Payero, Tikvic, Kabasele, Giannetti, Kristensen, Zemura
Allenatore: Gabriele Cioffi 5,5

ARBITRO: Michael Fabbri 6,5
AMMONITI: 16' Lucca (U); 25' Bijol (U); 40' Doig (S)
ESPULSI: nessuno
ANGOLI: 10-1
RECUPERO: pt 1, st 4

30/03/2024 ore 15:00

TORINO-MONZA 1-0
Marcatori: 68' Sanabria (Rig.) (T)
TORINO (3-4-1-2): Milinkovic-Savic 6; Tameze 6 (83' Lovato sv), Buongiorno 6,5, Rodriguez 6 (83' Masina sv); Bellanova 6, Ricci 7, Linetty 6, Lazaro 5,5; Vlasic 6; Zapata 6, Okereke 5,5 (62' Sanabria 6,5)
A disposizione: Gemello, Popa, Sazonov, Vojvoda, Pellegri, Kabic, Savva
Allenatore: Ivan Juric 6,5
MONZA (4-2-3-1): Di Gregorio 6,5; Birindelli 5,5 (77' Zerbin sv), Izzo 6, Mari 6, Carboni A. 5,5 (56' Pereira 6); Akpa-Akpro 6,5 (70' Caldirola sv), Gagliardini 6; Colpani 5,5 (69' Carboni V. 5,5), Pessina 4, Maldini 6 (56' Mota 6); Djuric 5,5
A disposizione: Sorrentino, Gori, Donati, Kyriakopoulos, Colombo, Berretta , Colombo, Ferraris, Ciurria
Allenatore: Raffaele Palladino 5,5
ARBITRO: Gianluca Aureliano 6
AMMONITI: 67' Pessina (M); 72' Pessina (M); 76' Caldirola (M)
ESPULSI: 72' Pessina (M)
ANGOLI: 7-2
RECUPERO: pt 0, st 6

Digiuno finito per la Juventus
Mancini-gol: derby alla Roma

CLASSIFICA

Inter 82; Milan 68; Juventus 62; Bologna 58; Roma 55; Atalanta 50; Napoli 48; Lazio e Fiorentina 46; Torino 44; Monza 42; Genoa 38; Cagliari 30; Lecce 29; Udinese ed Empoli 28; Verona 27; Frosinone 26; Sassuolo 25; Salernitana 15.

I NUMERI

Reti realizzate: 29. Rigori: 2/2. Espulsioni: 1. Ammonizioni: 44. Assist: 21 (Adli 2; Anguissa, Bajrami, Bellanova, Birindelli, Cacace, Chukwueze, Dybala, Kvaratskhelia, Lazovic, Lookman, Luvumbo, Maleh, Marin, Pereyra, Pinamonti, Shomurodov, Vojvoda, Zanoli e Zerbin 1). **Pali: 10** (Bremer, El Shaarawy, Gatti, Hernandez, J. Gonzalez, N. Gonzalez, Martinez, Ndoye, Vasquez e Sanabria 1).

Risultati

Cagliari	2
Atalanta	1
Empoli	3
Torino	2
Frosinone	0
Bologna	0
Juventus	1
Fiorentina	0
Milan	3
Lecce	0
Monza	2
Napoli	4
Roma	1
Lazio	0
Salernitana	2
Sassuolo	2
Udinese	1
Inter	2
Verona	1
Genoa	2

Tabellini

07/04/2024 ore 18:00

CAGLIARI-ATALANTA 2-1

Marcatori: 13' Scamacca (A), 42' Augello (C), 88' Viola (C)

CAGLIARI (4-3-2-1): Scuffet 6; Nandez 6,5 (79' Zappa sv), Mina 6,5, Dossena 6,5, Augello 7 (79' Azzi 5,5); Makoumbou 6, Deiola 6 (86' Wieteska sv), Sulemana 6; Gaetano 6,5 (79' Viola 7), Oristanio 6; Shomurodov 7 (66' Luvumbo 6,5)
A disposizione: Radunovic, Aresti, Hatzidiakos, Obert, Di Pardo, Prati, Jankto, Lapadula, Mutandwa
Allenatore: Claudio Ranieri 7,5

ATALANTA (3-4-1-2): Carnesecchi 6; Toloi 4,5, Djimsiti 5, Kolasinac 5,5; Hateboer 5,5 (46' Bakker 5; 86' Ruggeri sv), De Roon 5,5, Ederson 6, Zappacosta 5,5 (66' Holm 5,5); Koopmeiners 6 (55' De Ketelaere 5,5); Scamacca 6,5 (55' Toure 5,5), Lookman 6
A disposizione: Musso, Rossi, Hien, Palomino, Bonfanti, Pasalic, Adopo, Miranchuk
Allenatore: Gian Piero Gasperini 5
ARBITRO: Antonio Rapuano 5,5
AMMONITI: 54' De Roon (A); 63' Zappacosta (A); 66' Deiola (C); 73' Nandez (C); 75' Luvumbo (C); 75' Toloi (A)
ESPULSI: nessuno
ANGOLI: 4-4
RECUPERO: pt 2, st 7

06/04/2024 ore 20:45

EMPOLI-TORINO 3-2

Marcatori: 6' Cambiaghi (E), 60' Zapata (T), 74' Cancellieri (E), 90+1' Zapata (T), 90+4' Niang (E)

EMPOLI (3-4-2-1): Caprile 6; Bereszynski 6, Walukiewicz 6, Luperto 6; Gyasi 6, Marin 6,5, Bastoni 5,5 (65' Maleh 6,5), Pezzella 6 (65' Cacace 7); Cambiaghi 7 (70' Cancellieri 7), Zurkowski 5,5 (88' Fazzini sv); Cerri 5,5 (70' Niang 7)
A disposizione: Perisan, Seghetti , Goglichidze, Grassi,

Kovalenko, Shpendi, Caputo, Destro
Allenatore: Davide Nicola 7
TORINO (3-4-1-2): Milinkovic-Savic 5,5; Tameze 5,5, Buongiorno 6, Rodriguez 6 (82' Okereke sv); Bellanova 5,5, Ricci 5,5 (82' Lovato sv), Linetty 5,5 (88' Masina sv), Vojvoda 6,5 (76' Lazaro 6); Vlasic 6,5; Zapata 7,5, Sanabria 5,5
A disposizione: Gemello, Popa, Sazonov, Kabic, Savva
Allenatore: Ivan Juric 5,5
ARBITRO: Davide Massa 6
AMMONITI: 11' Walukiewicz (E); 27' Cerri (E); 39' Zapata (T)
ESPULSI: nessuno
ANGOLI: 1-7
RECUPERO: pt 2, st 7

07/04/2024 ore 12:30
FROSINONE-BOLOGNA 0-0
FROSINONE (3-4-2-1): Turati 7; Bonifazi 6, Romagnoli 6, Okoli 6,5; Zortea 6, Barrenechea 6, Mazzitelli 6 (86' Garritano sv), Valeri 5,5 (66' Lirola 6); Soule 5,5 (85' Cuni sv), Reinier 5,5 (65' Brescianini 6); Cheddira 5,5 (77' Seck sv)
A disposizione: Frattali, Cerofolini, Marchizza, Lusuardi, Baez, Kaio Jorge, Kvernadze, Ibrahimovic, Ghedjemis
Allenatore: Eusebio Di Francesco 6
BOLOGNA (4-2-3-1): Skorupski 7; Posch 5,5, Lucumi 6,5, Calafiori 5,5, Kristiansen 6 (77' Lykogiannis 6); Freuler 6, Aebischer 5,5 (69' Fabbian 6); Orsolini 6,5 (76' Ndoye 5), Ferguson 6, Saelemaekers 5,5 (46' Urbanski 6); Zirkzee 5,5 (81' Castro sv)
A disposizione: Bagnolini, Ravaglia, Ilic, Corazza, De Silvestri, Moro, El Azzouzi, Karlsson
Allenatore: Thiago Motta 6
ARBITRO: Daniele Orsato 5,5
AMMONITI: 12' Saelemaekers (B); 43' Romagnoli

(F); 71' Kristiansen (B); 89' Lykogiannis (B)
ESPULSI: nessuno
ANGOLI: 5-2
RECUPERO: pt 1, st 5

07/04/2024 ore 20:45
JUVENTUS-FIORENTINA 1-0
Marcatori: 21' Gatti (J)
JUVENTUS (3-5-2): Szczesny 7,5; Gatti 7, Bremer 6,5, Danilo 6; Cambiaso 6 (75' Alcaraz sv), McKennie 6,5, Locatelli 6, Rabiot 5,5, Kostic 6 (59' Iling-Junior 5,5); Vlahovic 6,5 (85' Kean sv), Chiesa 6 (59' Yildiz 6)
A disposizione: Pinsoglio, Perin, De Sciglio, Alex Sandro, Rugani, Djaló, Miretti, Weah, Nicolussi Caviglia
Allenatore: Massimiliano Allegri 6
FIORENTINA (4-2-3-1): Terracciano 6; Kayode Olabode 5 (84' Dodo sv), Milenkovic 5,5, Ranieri 5,5, Biraghi 6; Bonaventura 6, Mandragora 5 (46' Lopez 6,5); Gonzalez 6,5, Barak 6 (61' Nzola 5,5), Kouame 5,5 (61' Beltran 6); Belotti 5 (46' Sottil 6,5)
A disposizione: Christensen, Faraoni, Martinez Quarta, Comuzzo, Parisi, Arthur, Castrovilli, Infantino, Duncan, Ikone
Allenatore: Vincenzo Italiano 6
ARBITRO: Federico La Penna 6,5
AMMONITI: 69' Cambiaso (J); 87' Yildiz (J); 90+3' Beltran (F)
ESPULSI: nessuno
ANGOLI: 5-6
RECUPERO: pt 2, st 4

06/04/2024 ore 15:00
MILAN-LECCE 3-0
Marcatori: 6' Pulisic (M), 20' Giroud (M), 57' Leao (M)
MILAN (4-2-3-1): Maignan 6; Calabria 6,5, Gabbia 6,5 (61' Kjaer 5,5), Tomori 6,5, Hernandez 6 (83' Terracciano sv); Adli 6,5, Reijnders 6 (78' Bennacer sv); Chukwueze 7, Pulisic 6,5 (62' Musah 6), Leao

6,5; Giroud 6,5 (62' Jovic 6)
A disposizione: Sportiello, Nava, Florenzi, Simic , Bartesaghi , Zeroli , Okafor
Allenatore: Stefano Pioli 7
LECCE (4-3-3): Falcone 6,5; Venuti 5,5 (70' Gendrey 5,5), Pongracic 5,5, Baschirotto 5,5, Gallo 6; Blin 5,5 (77' Berisha sv), Ramadani 5,5, Gonzalez 6 (46' Piccoli 5,5); Banda 5 (46' Almqvist 6), Krstovic 4,5 (46' Piccoli 5,5); Ban da 5 (46' Almqvist 6), Krstovic 4,5, Dorgu 5,5 (85' Pierotti sv)
A disposizione: Brancolini, Samooja, Touba, Rafia, Oudin, Sansone
Allenatore: Luca Gotti 5
ARBITRO: Luca Massimi 6
AMMONITI: 34' Blin (L); 78' Chukwueze (M)
ESPULSI: 45' Krstovic (L)
ANGOLI: 5-1
RECUPERO: pt 4, st 4

07/04/2024 ore 15:00
MONZA-NAPOLI 2-4
Marcatori: 9' Djuric (M), 55' Osimhen (N), 57' Politano (N), 61' Zielinski (N), 62' Colpani (M), 68' Raspadori (N)
MONZA (4-2-3-1): Di Gregorio 6; Birindelli 6 (76' Kyriakopoulos sv), Izzo 6, Mari 6, Caldirola 6; Akpa-Akpro 5,5 (55' Bondo 5,5), Gagliardini 6 (76' Carboni V. sv); Colpani 6,5, Mota 6 (27' Maldini 5,5), Zerbin 6,5 (55' Ciurria 5,5); Djuric 6,5
A disposizione: Sorrentino, Gori, Donati, Pereira, Carboni A., Berretta , Colombo
Allenatore: Raffaele Palladino 6
NAPOLI (4-3-3): Meret 6; Di Lorenzo 6, Rrahmani 6, Juan Jesus 5,5, Olivera 6 (80' Mario Rui sv); Anguissa 6, Lobotka 6, Zielinski 6,5 (68' Cajuste 6); Ngonge 5,5 (54' Politano 7,5), Osimhen 6,5, Kvaratskhelia 5,5 (68' Raspadori 6,5)
A disposizione: Contini, Gollini, Natan, Mazzocchi, Dendoncker, Ostigard, Traore, Simeone
Allenatore: Francesco Calzona 6,5

ARBITRO: Daniele Doveri 4
AMMONITI: 41' Ngonge (N); 46' Akpa-Akpro (M); 84' Donati (M); 90' Caldirola (M)
ESPULSI: nessuno
ANGOLI: 1-6
RECUPERO: pt 4, st 4

06/04/2024 ore 18:00
ROMA-LAZIO 1-0
Marcatori: 42' Mancini (R)
ROMA (4-3-3): Svilar 6; Celik 6, Mancini 7, Llorente 7, Angelino 6,5 (79' Smalling sv); Cristante 6, Paredes 6 (81' Bove sv), Pellegrini 6,5; Dybala 6,5 (79' Abraham sv), Lukaku 5,5, El Shaarawy 6 (70' Spinazzola 6)
A disposizione: Rui Patricio, Boer, Karsdorp, Huijsen, Kristensen, Renato Sanches, Zalewski, Pisilli, Baldanzi, Costa Cesco
Allenatore: Daniele De Rossi 6,5
LAZIO (3-4-2-1): Mandas 6; Casale 6, Romagnoli 5 (46' Patric 6), Gila 5,5; Marusic 5,5 (79' Pellegrini sv), Guendouzi 6, Vecino 6 (70' Luis Alberto 6), Felipe Anderson 5,5; Isaksen 5 (46' Pedro 5,5), Kamada 5,5; Immobile 5 (46' Castellanos 5,5)
A disposizione: Sepe, Renzetti , Hysaj, Cataldi, Rovella
Allenatore: Igor Tudor 5,5
ARBITRO: Marco Guida 5,5
AMMONITI: 21' Vecino (L); 55' Mancini (R); 68' Celik (R); 73' Pedro (L); 75' Castellanos (L); 79' Paredes (R); 90+3' Pellegrini (R); 90+6' Lukaku (R)
ESPULSI: nessuno
ANGOLI: 3-6
RECUPERO: pt 1, st 6

05/04/2024 ore 20:45
SALERNITANA-SASSUOLO 2-2
Marcatori: 37' Lauriente (Sas), 44' Bajrami (Sas), 52' Candreva (Rig.) (Sal), 90+1' Maggiore (Sal)
SALERNITANA (4-3-3): Costil 6; Pierozzi 6 (85' Simy sv), Manolas 5,5 (77' Boateng sv), Pirola 6,5, Bradaric 6; Maggiore 6,5, Coulibaly 6, Gomis 5,5 (46' Zanoli 6,5); Candreva 6,5, Ikwuemesi 5,5 (64' Weissman 5,5), Tchaouna 5,5 (77' Vignato sv)
A disposizione: Fiorillo, Allocca, Pasalidis, Sambia, Gyomber, Pellegrino, Martegani, Sfait, Legowski
Allenatore: Stefano Colantuono 6
SASSUOLO (4-2-3-1): Consigli 6; Toljan 6, Erlic 6 (69' Kumbulla 6), Ferrari 5,5, Doig 5,5; Boloca 6, Thorstvedt 5,5 (73' Racic sv); Defrel 6 (90+3' Viti sv), Bajrami 7 (73' Matheus Henrique sv), Lauriente 6,5; Pinamonti 6,5
A disposizione: Pegolo, Cragno, Missori, Tressoldi , Obiang, Castillejo, Volpato, Lipani, Mulattieri, Ceide
Allenatore: Davide Ballardini 6
ARBITRO: Simone Sozza 5
AMMONITI: 27' Pierozzi (Sal); 62' Maggiore (Sal); 67' Lauriente (Sas); 72' Pirola (Sal); 82' Kumbulla (Sas); 90+3' Racic (Sas); 90+7' Vignato (Sal)
ESPULSI: nessuno
ANGOLI: 4-9
RECUPERO: pt 1, st 7

08/04/2024 ore 20:45
UDINESE-INTER 1-2
Marcatori: 40' Samardzic (U), 55' Calhanoglu (Rig.) (I), 90+5' Frattesi (I)
UDINESE (3-5-1-1): Okoye 6,5; Perez 6, Bijol 6, Kristensen 6; Ehizibue 5,5 (62' Ferreira 6), Zarraga 6 (70' Payero 6), Walace 6, Samardzic 7 (62' Lovric 6; 82' Ebosele sv), Kamara 5,5 (70' Zemura 6); Pereyra 5,5; Thauvin 5,5
A disposizione: Silvestri, Padelli, Tikvic, Kabasele, Giannetti, Success
Allenatore: Gabriele Cioffi 6,5
INTER (3-5-2): Sommer 5,5; Pavard 6, Acerbi 6, Carlos Augusto 6,5; Dumfries 6 (68' Darmian 6), Barella 6, Calhanoglu 7 (74' Sanchez 6), Mkhitaryan 7 (68' Frattesi 7), Dimarco 6,5 (81' Buchanan sv); Martinez 6,5, Thuram 6,5 (81' Arnautovic sv)
A disposizione: Di Gennaro, Audero, Bisseck, Sensi, Klaassen, Asllani, Stankovic
Allenatore: Simone Inzaghi 6,5
ARBITRO: Marco Piccinini 6,5
AMMONITI: 78' Pereyra (U); 90+2' Pavard (I); 90+3' Martinez (I)
ESPULSI: nessuno
ANGOLI: 0-8
RECUPERO: pt 3, st 8

07/04/2024 ore 18:00
VERONA-GENOA 1-2
Marcatori: 9' Bonazzoli (V), 45' Ekuban (G), 58' Gudmundsson (G)
VERONA (4-2-3-1): Montipo 6,5; Centonze 6, Coppola 5,5, Dawidowicz 5,5, Cabal 5,5; Duda 6 (46' Dani Silva 6), Serdar 6 (83' Folorunsho sv); Noslin 5,5, Suslov 5,5 (62' Mitrovic 6), Lazovic 6 (62' Swiderski 6); Bonazzoli 6,5 (73' Henry sv)
A disposizione: Chiesa, Perilli, Vinagre, Belahyane, Charlys, Tchatchoua, Tavsan, Cisse
Allenatore: Marco Baroni 5,5
GENOA (3-5-2): Martinez 5,5; De Winter 6, Bani 6,5, Vasquez 7; Sabelli 6 (78' Spence sv), Messias 6, Badelj 5,5 (66' Bohinen 5,5), Frendrup 6, Haps 6; Gudmundsson 6 (88' Ankeye sv), Ekuban 6,5 (66' Thorsby 6)
A disposizione: Leali, Sommariva, Martin, Vogliacco, Strootman, Papadopoulos
Allenatore: Alberto Gilardino 6,5
ARBITRO: Gianluca Manganiello 6
AMMONITI: 24' Centonze (V); 25' Gudmundsson (G); 40' Duda (V); 67' Serdar (V)
ESPULSI: nessuno
ANGOLI: 5-3
RECUPERO: pt 2, st 5

Scatto Lecce verso la salvezza
Record di pareggi in un turno

CLASSIFICA

Inter 83; Milan 69; Juventus 63; Bologna 59; Roma 58; Atalanta 51; Lazio e Napoli 49; Fiorentina 47; Torino 45; Monza 43; Genoa 39; Lecce 32; Cagliari 31; Verona, Udinese ed Empoli 28; Frosinone 27; Sassuolo 26; Salernitana 15.

I NUMERI

Reti realizzate: 29. Rigori: 2/3. Espulsioni: 1. Ammonizioni: 34. Assist: 20
(Bonaventura, Centonze, Cristante, Defrel, Di Lorenzo, Dybala, Gabbia, Koopmeiners, Kvaratskhelia, Lapadula, Luis Alberto, Luvumbo, Maggiore, Musah, Noslin, Pierotti, Rovella, Sanchez, Scamacca, Soule, Thorstvedt e Zortea 1). **Pali: 2** (Piccoli e Vlahovic 1).

Risultati

Atalanta	2
Verona	2
Bologna	0
Monza	0
Fiorentina	1
Genoa	1
Inter	2
Cagliari	2
Lazio	4
Salernitana	1
Lecce	1
Empoli	0
Napoli	2
Frosinone	2
Sassuolo	3
Milan	3
Torino	0
Juventus	0
Udinese	1
Roma	2

Tabellini

15/04/2024 ore 20:45

ATALANTA-VERONA 2-2

Marcatori: 13' Scamacca (A), 18' Ederson (A), 56' Lazovic (V), 60' Noslin (V)

ATALANTA (3-4-1-2): Carnesecchi 5,5; Toloi 6 (63' Kolasinac 6), Djimsiti 6, Hien 5,5; Holm 5,5 (81' Hateboer sv), Pasalic 6, Ederson 6,5, Ruggeri 6; Koopmeiners 7; De Ketelaere 7 (63' Miranchuk 6,5), Scamacca 7 (63' Lookman 6)

A disposizione: Musso, Rossi, Bonfanti, Bakker, Adopo, Toure

Allenatore: Gian Piero Gasperini 6,5

VERONA (4-2-3-1): Montipo 6,5; Centonze 6,5 (90' Tchatchoua sv), Dawidowicz 6,5, Magnani 6,5, Cabal 6,5; Folorunsho 6 (90' Coppola sv), Dani Silva 6; Suslov 6,5 (77' Vinagre 6), Noslin 7, Lazovic 7 (77' Mitrovic 6); Bonazzoli 6 (58' Swiderski 6)

A disposizione: Chiesa, Perilli, Belahyane, Charlys, Tavsan, Henry, Cisse

Allenatore: Marco Baroni 7

ARBITRO: Juan Luca Sacchi 6,5

AMMONITI: 42' Suslov (V); 83' Dani Silva (V)

ESPULSI: nessuno

ANGOLI: 5-4

RECUPERO: pt 1, st 5

13/04/2024 ore 20:45

BOLOGNA-MONZA 0-0

BOLOGNA (4-1-4-1): Skorupski 6; Posch 6, Beukema 6, Lucumi 6,5, Kristiansen 6; Freuler 6; Orsolini 6,5, Aebischer 5,5, Ferguson 6 (62' Ndoye 6), Urbanski 5,5; Zirkzee 5,5

A disposizione: Ravaglia, Ilic, Corazza, Lykogiannis, De Silvestri, Calafiori, Moro, El Azzouzi, Fabbian, Karlsson, Castro

Allenatore: Thiago Motta 5,5

MONZA (4-2-3-1): Di Gregorio 7,5; Birindelli 6, Izzo 6, Mari 6,5, Carboni A. 6 (68' Pereira 6); Akpa-Akpro 6 (79'

Gagliardini sv), Bondo 6 (84'
Colombo sv); Colpani 5,5 (84'
Carboni V. sv), Pessina 6, Zerbin 6 (79' Maldini sv); Djuric
5,5

A disposizione: Sorrentino,
Gori, Donati, D'Ambrosio, Kyriakopoulos, Vignato, Ciurria

Allenatore: Raffaele Palladino 6

ARBITRO: Federico La Penna
6

AMMONITI: 5' Orsolini (B);
19' Akpa-Akpro (M); 33' Ferguson (B); 36' Izzo (M); 74'
Beukema (B); 80' Bondo (M);
87' Birindelli (M); 90+4' Ndoye (B)

ESPULSI: nessuno

ANGOLI: 10-0

RECUPERO: pt 1, st 5

15/04/2024 ore 18:30

FIORENTINA-GENOA 1-1

Marcatori: 42' Gudmundsson (Rig.) (G), 54' Ikone (F)

FIORENTINA (4-2-3-1): Terracciano 6,5; Kayode Olabode
6, Martinez Quarta 5, Ranieri
6, Parisi 5; Bonaventura 6,5
(84' Milenkovic sv), Duncan 5
(46' Arthur 5,5); Ikone 6, Beltran 5,5 (55' Kouame 6), Sottil
5,5 (55' Gonzalez 5,5); Belotti
6 (55' Mandragora 6)

A disposizione: Martinelli ,
Christensen, Dodo, Biraghi,
Faraoni, Comuzzo, Lopez, Castrovilli, Infantino, Barak

Allenatore: Vincenzo Italiano 5,5

GENOA (3-5-2): Martinez
5,5; De Winter 6, Bani 6, Vasquez 6; Sabelli 6 (61' Spence
6), Frendrup 6, Badelj 6,5 (80'
Strootman sv), Gudmundsson 6,5, Martin (61' Haps 6);
Messias 6 (44' Thorsby 6),
Ekuban 6 (61' Retegui 6,5)

A disposizione: Leali, Sommariva, Vogliacco, Cittadini,
Pittino , Bohinen, Papadopoulos, Ankeye

Allenatore: Alberto Gilardino 6

ARBITRO: Davide Di Marco
4,5

AMMONITI: 63' Spence (G);

90+1' Ranieri (F); 90+6' Bani
(G)

ESPULSI: nessuno

ANGOLI: 6-2

RECUPERO: pt 3, st 8

14/04/2024 ore 20:45

INTER-CAGLIARI 2-2

Marcatori: 12' Thuram (I), 65'
Shomurodov (C), 74' Calhanoglu (Rig.) (I), 83' Viola (C)

INTER (3-5-2): Sommer 6;
Bisseck 5,5, Acerbi 6, Bastoni
6 (86' Buchanan sv); Darmian
6,5 (75' Dumfries sv), Barella
7, Calhanoglu 6,5, Mkhitaryan
6 (64' Frattesi 6), Dimarco 6,5
(76' Carlos Augusto sv); Sanchez 6 (75' Arnautovic sv),
Thuram 6

A disposizione: Di Gennaro,
Audero, De Vrij, Sensi, Cuadrado, Klaassen, Asllani

Allenatore: Simone Inzaghi 6

CAGLIARI (3-5-2): Scuffet
6,5; Hatzidiakos 6 (88' Wieteska sv), Mina 5, Obert 6; Di
Pardo 6 (78' Zappa sv), Jankto
5 (29' Prati 6), Makoumbou 6,
Sulemana 6, Augello 7; Shomurodov 6 (78' Lapadula sv),
Luvumbo 6,5 (78' Viola 6,5)

A disposizione: Radunovic,
Aresti, Dossena, Azzi, Gaetano, Mutandwa

Allenatore: Claudio Ranieri 7

ARBITRO: Francesco Fourneau 6

AMMONITI: 40' Prati (C); 73'
Mina (C)

ESPULSI: nessuno

ANGOLI: 7-0

RECUPERO: pt 1, st 5

12/04/2024 ore 20:45

LAZIO-SALERNITANA 4-1

Marcatori: 7' Felipe Anderson (L), 14' Vecino (L), 16'
Tchaouna (S), 35' Felipe Anderson (L), 87' Isaksen (L)

LAZIO (4-4-1-1): Mandas 6;
Marusic 6 (58' Hysaj 6), Patric 6, Casale 6, Gila 6 (84'
Isaksen 6,5); Felipe Anderson
7, Vecino 6,5 (80' Rovella 6,5),
Kamada 6, Lazzari 6,5; Luis
Alberto 6,5 (80' Cataldi sv);
Castellanos 6 (80' Pedro sv)

A disposizione: Sepe, Renzetti , Anderson

Allenatore: Igor Tudor 6,5

SALERNITANA (3-4-2-1):
Costil 6,5; Gyomber 5,5, Boateng 5,5 (46' Sambia 5,5),
Pirola 5,5; Zanoli 5,5 (46'
Legowski 6), Coulibaly 5,5,
Maggiore 6 (46' Manolas 6),
Bradaric 5,5; Tchaouna 6,5,
Candreva 6 (85' Martegani
sv); Ikwuemesi 6 (76' Weissman 6)

A disposizione: Ochoa, Allocca, Pasalidis, Fazio, Pierozzi, Pellegrino, Gomis,
Simy, Vignato

Allenatore: Stefano Colantuono 6

ARBITRO: Luca Zufferli 6,5

AMMONITI: 36' Coulibaly (S)

ESPULSI: nessuno

ANGOLI: 9-0

RECUPERO: pt 3, st 5

13/04/2024 ore 15:00

LECCE-EMPOLI 1-0

Marcatori: 89' Sansone (L)

LECCE (4-2-3-1): Falcone 6,5;
Gendrey 6,5 (88' Venuti sv),
Pongracic 6, Baschirotto 6,5,
Gallo 6,5; Blin 6, Ramadani
6,5; Almqvist 5,5 (62' Sansone 6,5), Oudin 6,5 (89' Pierotti
6,5), Dorgu 6 (73' Gonzalez 6);
Piccoli 6

A disposizione: Brancolini,
Samooja, Touba, Rafia, Berisha, Banda, Burnete

Allenatore: Luca Gotti 7

EMPOLI (3-4-2-1): Caprile 7;
Bereszynski 6, Walukiewicz
4,5, Luperto 6; Gyasi 5,5,
Marin 6, Bastoni 5,5 (70' Kovalenko 6), Pezzella 5,5 (84'
Cacace sv); Zurkowski 5 (60'
Maleh 5,5), Cancellieri 5,5
(60' Cambiaghi 5,5); Cerri 5,5
(60' Niang 6)

A disposizione: Perisan, Seghetti , Goglichidze, Grassi,
Fazzini, Shpendi, Caputo,
Destro

Allenatore: Davide Nicola 5,5

ARBITRO: Maurizio Mariani
5,5

AMMONITI: 45+3' Almqvist
(L); 90+1' Gyasi (E)

ESPULSI: nessuno
ANGOLI: 10-3
RECUPERO: pt 3, st 5

14/04/2024 ore 12:30

NAPOLI-FROSINONE 2-2

Marcatori: 16' Politano (N), 50' Cheddira (F), 63' Osimhen (N), 73' Cheddira (F)

NAPOLI (4-3-3): Meret 5,5; Di Lorenzo 5, Rrahmani 5,5, Ostigard 5,5, Mario Rui 5,5; Anguissa 4,5 (85' Simeone 5), Lobotka 5,5, Zielinski 5 (78' Cajuste 5,5); Politano 6,5 (78' Raspadori 5), Osimhen 5,5, Kvaratskhelia 6

A disposizione: Idasiak, Gollini, Natan, Mazzocchi, Dendoncker, Traore, Lindstrom
Allenatore: Francesco Calzona 5

FROSINONE (3-4-2-1): Turati 6; Lirola 5, Romagnoli 5, Okoli 5; Zortea 5,5 (90+5' Lusuardi sv), Barrenechea 5,5, Mazzitelli 5 (90+5' Gelli sv), Valeri 6; Soule 5 (78' Seck sv), Brescianini 5 (78' Reinier sv); Cheddira 7

A disposizione: Frattali, Cerofolini, Marchizza, Garritano, Baez, Kaio Jorge, Cuni, Kvernadze, Ghedjemis
Allenatore: Eusebio Di Francesco 6,5
ARBITRO: Michael Fabbri 6,5
AMMONITI: 29' Rrahmani (N); 66' Mario Rui (N); 90+7' Okoli (F); 90+9' Mario Rui (N)
ESPULSI: 90+9' Mario Rui (N)
ANGOLI: 6-2
RECUPERO: pt 3, st 9

14/04/2024 ore 15:00

SASSUOLO-MILAN 3-3

Marcatori: 4' Pinamonti (S), 10' Lauriente (S), 20' Leao (M), 53' Lauriente (S), 59' Jovic (M), 84' Okafor (M)

SASSUOLO (4-3-3): Consigli 6,5; Toljan sv (9' Tressoldi 5,5), Erlic 6, Ferrari 5,5, Viti 6; Boloca 6 (77' Racic 6), Obiang 6, Thorstvedt 6,5 (62' Matheus Henrique 6); Volpato 6,5 (46' Defrel 6,5), Pinamonti 7, Lauriente 7,5 (77' Ceide 5,5)

A disposizione: Pegolo, Cragno, Missori, Kumbulla, Doig, Bajrami, Lipani, Mulattieri
Allenatore: Davide Ballardini 6,5

MILAN (4-2-3-1): Sportiello 5,5; Florenzi 5,5, Kjaer 4,5 (55' Gabbia 6), Thiaw 5, Hernandez 6; Adli 5 (82' Okafor 6,5), Musah 5 (55' Giroud 6); Chukwueze 6,5 (65' Pulisic 6,5), Loftus-Cheek 5,5 (55' Reijnders 6), Leao 7; Jovic 6,5

A disposizione: Nava, Raveyre, Calabria, Tomori, Bennacer, Terracciano, Zeroli
Allenatore: Stefano Pioli 6
ARBITRO: Davide Massa 6,5
AMMONITI: 19' Ferrari (S); 57' Tressoldi (S); 69' Thiaw (M); 69' Pinamonti (S)
ESPULSI: nessuno
ANGOLI: 2-6
RECUPERO: pt 4, st 5

13/04/2024 ore 18:00

TORINO-JUVENTUS 0-0

TORINO (3-4-1-2): Milinkovic-Savic 7; Tameze 6,5, Buongiorno 6,5, Rodriguez 6; Bellanova 6 (85' Masina sv), Linetty 6, Ricci 6,5, Vojvoda 6 (78' Lazaro 5); Vlasic 6,5; Sanabria 6 (77' Okereke sv), Zapata 6

A disposizione: Gemello, Popa, Lovato, Sazonov, Ilic, Ciammaglichella, Kabic, Savva
Allenatore: Ivan Juric 6

JUVENTUS (3-5-2): Szczesny 6,5; Gatti 6,5 (77' Alex Sandro sv), Bremer 7, Danilo 6; Cambiaso 6,5 (90+5' Alcaraz sv), McKennie 6, Locatelli 6, Rabiot 5,5, Kostic 6 (64' Iling-Junior 5); Chiesa 6 (65' Yildiz 5), Vlahovic 5 (78' Kean 5,5)

A disposizione: Pinsoglio, Perin, De Sciglio, Rugani, Djaló, Miretti, Weah, Nicolussi Caviglia
Allenatore: Massimiliano Allegri 5,5
ARBITRO: Fabio Maresca 5,5
AMMONITI: 44' Gatti (J); 45+3' Ricci (T); 45+4' Vojvoda (T); 70' Cambiaso (J); 76' Linetty (T)
ESPULSI: espulso l'allenatore Ivan Juric (Torino)
ANGOLI: 6-2
RECUPERO: pt 5, st 8

14/04/2024 ore 18:00

UDINESE-ROMA 1-2

Marcatori: 23' Pereyra (U), 64' Lukaku (R), 90+5' Cristante (R)

UDINESE (3-5-1-1): Okoye 6; Perez 5,5 (90+1' Kabasele sv), Bijol 6, Kristensen 6; Ehizibue 6 (70' Ferreira 5,5), Samardzic 5,5, Walace 6, Payero 6, Kamara 6 (70' Zemura 6); Pereyra 7; Lucca 6

A disposizione: Silvestri, Padelli, Tikvic, Giannetti, Ebosele, Zarraga, Success
Allenatore: Fabio Cannavaro 6

ROMA (3-5-2): Svilar 6,5; Huijsen 4,5 (53' Karsdorp 6; 90+3' El Shaarawy sv), Llorente 6 (72' Smalling sv; 86' Llorente), Ndicka 6 (72' Mancini 6); Zalewski 5,5 (72' Spinazzola 6), Cristante 7,5, Paredes 6 (72' Pellegrini 6), Aouar 5,5 (53' Dybala 6,5), Angelino 6; Lukaku 7 (72' Abraham 6), Baldanzi 6,5 (72' Azmoun 6)

A disposizione: Rui Patricio, Boer, Celik, Kristensen, Renato Sanches, Bove, Costa Cesco
Allenatore: Daniele De Rossi 6,5
ARBITRO: Luca Pairetto 6
AMMONITI: 31' Kamara (U); 58' Bijol (U); 66' Payero (U); 69' Baldanzi (R); 90+3' Karsdorp (R)
ESPULSI: nessuno
NOTE: gara interrotta il 14 aprile al 71' per il malore accusato da Ndicka e proseguita il 25 aprile.
ANGOLI: 4-8
RECUPERO: pt 1, st 6

33

Estasi Inter: scudetto nel derby Il Bologna riallontana la Roma

Inquadra il Qr-code per vedere le pagelle commentate su Datasport.it

CLASSIFICA

Inter 86; Milan 69; Juventus 64; Bologna 62; Roma 58; Atalanta 54; Lazio 52; Fiorentina 50; Napoli 49; Torino 46; Monza 43; Genoa 39; Lecce 35; Cagliari 32; Verona ed Empoli 31; Udinese e Frosinone 28; Sassuolo 26; Salernitana 15.

I NUMERI

Reti realizzate: 22 (un'autorete). **Rigori: 2/2. Espulsioni: 3. Ammonizioni: 44. Assist: 17** (Lookman 2; Bondo, Calafiori, Duda, El Azzouzi, Folorunsho, Gallo, Gyasi, Kamada, Krstovic, Mandragora, Noslin, Oudin, Pavard, Ranieri e Zirkzee 1). **Pali: 5 (**Cambiaghi, Gabbia, Maldini, Saelemaekers e Thuram 1).

Risultati

Cagliari	2
Juventus	2
Empoli	1
Napoli	0
Genoa	0
Lazio	1
Milan	1
Inter	2
Monza	1
Atalanta	2
Roma	1
Bologna	3
Salernitana	0
Fiorentina	2
Sassuolo	0
Lecce	3
Torino	0
Frosinone	0
Verona	1
Udinese	0

Tabellini

19/04/2024 ore 20:45

CAGLIARI-JUVENTUS 2-2

Marcatori: 30' Gaetano (Rig.) (C), 36' Mina (Rig.) (C), 61' Vlahovic (J), 87' Dossena (Aut.) (C)

CAGLIARI (3-4-2-1): Scuffet 6; Mina 7, Dossena 5,5, Hatzidiakos 6 (87' Wieteska sv); Nandez 6,5 (79' Zappa sv), Makoumbou 6, Sulemana 6 (46' Prati 6), Augello 6; Luvumbo 7,5, Gaetano 7 (69' Deiola 6); Shomurodov 6,5 (79' Viola sv)

A disposizione: Radunovic, Aresti, Obert, Di Pardo, Oristanio, Jankto, Azzi, Lapadula, Mutandwa

Allenatore: Claudio Ranieri 7

JUVENTUS (3-5-2): Szczesny 5,5; Gatti 5, Bremer 5, Danilo 5,5; Weah 5 (68' McKennie 5,5), Alcaraz 5,5 (46' Yildiz 6,5), Locatelli 5,5 (74' Milik 6), Rabiot 5,5, Cambiaso 5,5 (86' Iling-Junior sv); Vlahovic 6,5, Chiesa 5

A disposizione: Pinsoglio, Perin, De Sciglio, Alex Sandro, Rugani, Djaló, Kostic, Nicolussi Caviglia

Allenatore: Massimiliano Allegri 6

ARBITRO: Marco Piccinini 6,5

AMMONITI: 35' Szczesny (J); 45+2' Luvumbo (C); 45+2' Weah (J); 48' Bremer (J); 60' Nandez (C)

ESPULSI: nessuno

ANGOLI: 4-3

RECUPERO: pt 5, st 6

20/04/2024 ore 18:00

EMPOLI-NAPOLI 1-0

Marcatori: 4' Cerri (E)

EMPOLI (3-4-2-1): Caprile 6,5; Bereszynski 6,5, Walukiewicz 6,5, Luperto 6,5; Gyasi 7, Grassi 6,5 (82' Bastoni sv), Maleh 6,5, Pezzella 6 (82' Cacace sv); Fazzini 7 (70' Zurkowski 6), Cambiaghi 6,5 (70' Cancellieri 6); Cerri 7 (20' Niang 6)

A disposizione: Perisan, Seghetti, Goglichidze, Kovalenko, Marin, Shpendi, Capu-

to, Destro
Allenatore: Davide Nicola 8
NAPOLI (4-3-3): Meret 6; Di Lorenzo 5, Ostigard 5, Juan Jesus 5, Natan 5 (46' Mazzocchi 6); Anguissa 5 (89' Simeone sv), Lobotka 5, Zielinski 5; Politano 5 (72' Ngonge 5,5), Osimhen 5,5, Kvaratskhelia 5,5 (72' Raspadori 5,5)
A disposizione: Contini, Gollini, Dendoncker, D'Avino, Traore, Cajuste, Lindstrom, Raspadori
Allenatore: Francesco Calzona 5
ARBITRO: Gianluca Manganiello 7
AMMONITI: 37' Juan Jesus (N); 54' Pezzella (E); 58' Bereszynski (E); 90+3' Ngonge (N)
ESPULSI: nessuno
ANGOLI: 2-8
RECUPERO: pt 1, st 4

19/04/2024 ore 18:30
GENOA-LAZIO 0-1
Marcatori: 67' Luis Alberto (L)
GENOA (3-5-2): Martinez 6; De Winter 5,5, Vogliacco 6 (79' Sabelli sv), Vasquez 6; Spence 6, Frendrup 5,5 (89' Thorsby sv), Strootman 5,5 (68' Badelj 6), Gudmundsson 6, Martin 6; Retegui 6, Ekuban 5,5 (68' Ankeye 5,5)
A disposizione: Leali, Sommariva, Cittadini, Pittino, Haps, Bohinen, Papadopoulos
Allenatore: Alberto Gilardino 5,5
LAZIO (3-4-2-1): Mandas 6; Patric 6,5, Casale 5,5 (46' Romagnoli 6,5), Gila 6,5; Marusic 6, Vecino 6, Kamada 7, Lazzari 5,5 (36' Hysaj 6); Felipe Anderson 6 (68' Pedro 6), Luis Alberto 7 (86' Rovella sv); Castellanos 5,5 (68' Cataldi 6)
A disposizione: Sepe, Renzetti, Pellegrini, Isaksen
Allenatore: Igor Tudor 6,5
ARBITRO: Ermanno Feliciani 6,5

AMMONITI: 16' Casale (L); 87' Cataldi (L); 87' Vogliacco (G)
ESPULSI: nessuno
ANGOLI: 2-9
RECUPERO: pt 1, st 4

22/04/2024 ore 20:45
MILAN-INTER 1-2
Marcatori: 18' Acerbi (I), 49' Thuram (I), 80' Tomori (M)
MILAN (4-2-3-1): Maignan 6; Calabria 5,5, Tomori 6,5, Gabbia 6, Hernandez 5; Adli 5,5 (68' Chukwueze 6), Reijnders 6 (53' Giroud 5,5); Musah 6 (77' Okafor sv), Loftus-Cheek 5,5 (68' Bennacer 6), Pulisic 5,5; Leao 5,5
A disposizione: Sportiello, Nava, Caldara, Florenzi, Terracciano, Jovic
Allenatore: Stefano Pioli 5,5
INTER (3-5-2): Sommer 6,5; Pavard 6,5, Acerbi 6,5, Bastoni 6,5 (88' De Vrij sv); Darmian 6,5 (84' Dumfries 5), Barella 6,5 (77' Frattesi sv), Calhanoglu 7 (84' Asllani sv), Mkhitaryan 6,5, Dimarco 6 (78' Carlos Augusto sv); Thuram 6,5, Martinez 5
A disposizione: Di Gennaro, Audero, Bisseck, Sensi, Cuadrado, Klaassen, Buchanan, Arnautovic, Sanchez
Allenatore: Simone Inzaghi 7,5
ARBITRO: Andrea Colombo 6
AMMONITI: 23' Barella (I); 32' Martinez (I); 37' Hernandez (M); 90' Gabbia (M); 90+2' Tomori (M)
ESPULSI: 90+4' Hernandez (M); 90+4' Dumfries (I); 90+7' Calabria (M)
ANGOLI: 5-3
RECUPERO: pt 1, st 7

21/04/2024 ore 20:45
MONZA-ATALANTA 1-2
Marcatori: 44' De Ketelaere (A), 72' Toure (A), 89' Maldini (M)
MONZA (4-2-3-1): Di Gregorio 6,5; Birindelli 5,5, Izzo 5,5 (78' Caldirola 6), Mari 6, Kyriakopoulos 5,5 (65' Maldini 6,5); Bondo 5,5, Gagliardini 6

(78' D'Ambrosio sv); Colpani 6 (54' Carboni V. 6), Pessina 5,5, Zerbin 6; Djuric 5,5 (78' Colombo sv)
A disposizione: Sorrentino, Gori, Donati, Pereira, Carboni A., Ferraris, Vignato
Allenatore: Raffaele Palladino 5,5
ATALANTA (3-4-1-2): Carnesecchi 6; Toloi 6 (68' Djimsiti 5,5), Hien 6, Kolasinac 6; Holm 6 (28' Hateboer 6), Pasalic 6, Ederson 6 (68' De Roon 6), Bakker 6 (46' Ruggeri 6); De Ketelaere 7 (64' Koopmeiners 6); Toure 6,5, Lookman 6,5
A disposizione: Musso, Rossi, Bonfanti, Zappacosta, Adopo, Miranchuk, Scamacca
Allenatore: Gian Piero Gasperini 6,5
ARBITRO: Antonio Giua 6
AMMONITI: 3' Birindelli (M); 66' Izzo (M); 83' Djimsiti (A); 90+3' Hien (A); 90+4' Bondo (M)
ESPULSI: nessuno
ANGOLI: 2-8
RECUPERO: pt 4, st 5

22/04/2024 ore 18:30
ROMA-BOLOGNA 1-3
Marcatori: 14' El Azzouzi (B), 45' Zirkzee (B), 56' Azmoun (R), 65' Saelemaekers (B)
ROMA (4-3-3): Svilar 6; Celik 5 (52' Karsdorp 5,5), Mancini 5, Llorente 5,5, Angelino 5 (52' Spinazzola 5,5); Cristante 5,5 (85' Costa Cesco sv), Paredes 5,5, Pellegrini 5; Dybala 6, Abraham 5,5 (52' Azmoun 6,5), El Shaarawy 5 (72' Baldanzi 6)
A disposizione: Rui Patricio, Boer, Huijsen, Smalling, Kristensen, Renato Sanches, Aouar, Bove, Zalewski
Allenatore: Daniele De Rossi 5
BOLOGNA (4-3-3): Skorupski 6; Posch 6,5 (80' De Silvestri sv), Beukema 6,5, Calafiori 7 (80' Kristiansen sv), Lucumi 6,5; Aebischer 6, Freuler 6,5, El Azzouzi 7,5 (77'

Urbanski sv); Ndoye 6,5 (80' Fabbian sv), Zirkzee 7,5 (69' Castro 6), Saelemaekers 7,5
A disposizione: Bagnolini, Ravaglia, Ilic, Corazza, Lykogiannis, Moro, Orsolini, Karlsson
Allenatore: Thiago Motta 7,5
ARBITRO: Fabio Maresca 5,5
AMMONITI: 6' Paredes (R); 6' Zirkzee (B); 13' Angelino (R); 33' Pellegrini (R); 40' El Shaarawy (R); 63' Llorente (R); 64' Freuler (B)
ESPULSI: nessuno
ANGOLI: 8-2
RECUPERO: pt 3, st 6

21/04/2024 ore 18:00
SALERNITANA-FIORENTINA 0-2
Marcatori: 80' Kouame (F), 90+6' Ikone (F)
SALERNITANA (3-4-2-1): Ochoa 6,5; Pierozzi 6, Fazio 6, Pirola 6 (63' Pellegrino 4,5); Sambia 6 (84' Zanoli sv), Legowski 5,5, Basic 6,5 (84' Simy sv), Bradaric 6; Tchaouna 5,5, Candreva 6 (68' Martegani 5); Ikwuemesi 5 (68' Weissman 5)
A disposizione: Costil, Allocca, Pasalidis, Gomis, Sfait, Vignato
Allenatore: Stefano Colantuono 5
FIORENTINA (4-2-3-1): Terracciano 6; Kayode Olabode 6 (82' Faraoni 6), Martinez Quarta 6, Ranieri 6,5, Parisi 6; Duncan 6 (82' Mandragora 6), Lopez 5,5 (70' Arthur 6); Ikone 6, Castrovilli 6 (70' Kouame 7), Sottil 5,5; Barak 6 (87' Milenkovic sv)
A disposizione: Martinelli, Christensen, Dodo, Biraghi, Biagetti, Infantino, Caprini, Sene
Allenatore: Vincenzo Italiano 6
ARBITRO: Matteo Marchetti 6,5
AMMONITI: 18' Lopez (F); 45+1' Basic (S); 45' Sottil (F); 47' Ranieri (F); 61' Candreva (S); 77' Martinez Quarta (F)

ESPULSI: nessuno
ANGOLI: 2-5
RECUPERO: pt 0, st 6

21/04/2024 ore 12:30
SASSUOLO-LECCE 0-3
Marcatori: 11' Gendrey (L), 15' Dorgu (L), 61' Piccoli (L)
SASSUOLO (4-2-3-1): Consigli 5,5; Toljan 5, Erlic 5,5, Ferrari 5, Viti 5,5 (46' Doig 5,5); Matheus Henrique 5, Thorstvedt 5,5 (65' Lipani sv); Defrel 5,5 (46' Mulattieri 6), Bajrami 5,5 (46' Volpato 5,5), Lauriente 5 (85' Ceide sv); Pinamonti 5,5
A disposizione: Pegolo, Cragno, Missori, Kumbulla, Tressoldi, Racic, Obiang, Boloca
Allenatore: Davide Ballardini 5
LECCE (4-4-2): Falcone 6,5; Gendrey 6,5 (85' Venuti sv), Pongracic 6,5, Baschirotto 6, Gallo 6; Rafia 6 (56' Gonzalez 6), Blin 6,5, Oudin 6,5, Dorgu 6,5 (75' Berisha sv); Krstovic 6,5 (84' Pierotti sv), Piccoli 7 (75' Sansone 6)
A disposizione: Brancolini, Samooja, Touba, Burnete
Allenatore: Luca Gotti 6,5
ARBITRO: Daniele Doveri 6,5
AMMONITI: 19' Lauriente (S)
ESPULSI: nessuno
ANGOLI: 9-4
RECUPERO: pt 2, st 2

21/04/2024 ore 15:00
TORINO-FROSINONE 0-0
TORINO (3-4-1-2): Milinkovic-Savic 6,5; Tameze 5,5, Buongiorno 6, Rodriguez 5; Bellanova 6, Linetty 5,5, Ilic 5 (86' Lovato sv), Vojvoda 5 (76' Lazaro 5); Vlasic 5,5; Okereke 5,5 (67' Sanabria 5), Zapata 5,5
A disposizione: Gemello, Popa, Masina, Silva, Ciammaglichella, Kabic
Allenatore: Ivan Juric 5
FROSINONE (3-5-2): Turati 6,5; Lirola 6, Romagnoli 6,5, Okoli 6,5; Zortea 6,5, Mazzitelli 6,5 (82' Gelli sv), Barrenechea 6, Brescianini 6,5 (78'

Seck 5), Valeri 6,5; Soule 6,5 (88' Reinier sv), Cheddira 6,5 (88' Cuni sv)
A disposizione: Frattali, Cerofolini, Monterisi, Lusuardi, Garritano, Baez, Kaio Jorge, Kvernadze, Ibrahimovic, Ghedjemis
Allenatore: Eusebio Di Francesco 6,5
ARBITRO: Antonio Rapuano 6
AMMONITI: 34' Valeri (F); 61' Linetty (T); 83' Okoli (F); 87' Tameze (T)
ESPULSI: nessuno
ANGOLI: 6-4
RECUPERO: pt 0, st 4

20/04/2024 ore 20:45
VERONA-UDINESE 1-0
Marcatori: 90+3' Coppola (V)
VERONA (4-2-3-1): Montipo 6,5; Centonze 6,5, Coppola 7, Magnani 6,5, Cabal 6,5 (83' Suslov sv); Serdar 6 (83' Duda sv), Dani Silva 6 (59' Bonazzoli 6); Mitrovic 6 (59' Swiderski 6), Folorunsho 7, Lazovic 6,5 (77' Vinagre 6); Noslin 6,5
A disposizione: Chiesa, Perilli, Corradi, Belahyane, Charlys, Tchatchoua, Tavsan, Henry, Cisse
Allenatore: Marco Baroni 7
UDINESE (3-4-2-1): Okoye 6,5; Perez 6, Bijol 6, Kristensen 6; Ehizibue 6 (81' Ferreira sv), Walace 6, Payero 6, Kamara 6; Samardzic 6,5, Pereyra 6; Lucca 6,5 (90+2' Success sv)
A disposizione: Silvestri, Padelli, Tikvic, Kabasele, Zemura, Ebosele, Zarraga, Davis, Brenner
Allenatore: Gabriele Cioffi 6
ARBITRO: Marco Guida 6,5
AMMONITI: 13' Serdar (V); 14' Cabal (V); 16' Walace (U); 29' Samardzic (U)
ESPULSI: nessuno
ANGOLI: 10-6
RECUPERO: pt 0, st 6

Il Milan blinda il 2° posto
La Salernitana retrocede in B

Inquadra il Qr-code per vedere le pagelle commentate su **Datasport.it**

CLASSIFICA

Inter 89; Milan 70; Juventus 65; Bologna 63; Roma 59; Atalanta 57; Lazio 55; Fiorentina 53; Napoli 50; Torino 46; Torino 46; Monza 44; Genoa 42; Lecce 36; Cagliari 32; Frosinone, Verona ed Empoli 31; Udinese 29; Sassuolo 26; Salernitana 15.

I NUMERI

Reti realizzate: 25. Rigori: 6/6. Espulsioni: 2. Ammonizioni: 37. Assist: 17 (Arthur e Sottil 2; Barak, Brescianini, Cajuste, Doig, Frendrup, Hien, Luis Alberto, Mkhitaryan, Ndicka, Pierotti, Sabelli, Valeri e Vasquez 1). **Pali: 4** (Barak, Davis, Felipe Anderson e Parisi 1).

Risultati

Atalanta	2
Empoli	0
Bologna	1
Udinese	1
Fiorentina	5
Sassuolo	1
Frosinone	3
Salernitana	0
Genoa	3
Cagliari	0
Inter	2
Torino	0
Juventus	0
Milan	0
Lazio	1
Verona	0
Lecce	1
Monza	1
Napoli	2
Roma	2

Tabellini

28/04/2024 ore 18:00

ATALANTA-EMPOLI 2-0

Marcatori: 42' Pasalic (Rig.) (A), 51' Lookman (A)

ATALANTA (3-4-2-1): Carnesecchi 6; Djimsiti 6,5 (57' Kolasinac 6), Hien 6,5, Scalvini 6; Zappacosta 6, Pasalic 6,5, De Roon 6 (57' Ederson 6), Ruggeri 6 (57' Hateboer 6); Miranchuk 5,5 (73' Koopmeiners 6), Lookman 7 (84' De Ketelaere 6); Toure 6,5

A disposizione: Musso, Rossi, Bonfanti, Comi, Bakker, Adopo, Scamacca

Allenatore: Gian Piero Gasperini 7

EMPOLI (3-4-2-1): Caprile 5; Bereszynski 5,5, Walukiewicz sv (25' Cacace 6), Luperto 5,5; Gyasi 6, Grassi 6 (61' Marin 6), Maleh 5,5 (74' Cancellieri 5,5), Pezzella 5,5; Fazzini 5,5 (62' Kovalenko 6), Cambiaghi 5,5; Niang 5,5 (62' Caputo 5,5)

A disposizione: Perisan, Seghetti, Goglichidze, Zurkowski, Bastoni, Shpendi, Destro

Allenatore: Davide Nicola 5,5

ARBITRO: Michael Fabbri 5,5

AMMONITI: 24' Luperto (E); 77' Kovalenko (E); 82' Scalvini (A)

ESPULSI: nessuno

ANGOLI: 8-1

RECUPERO: pt 3, st 4

28/04/2024 ore 15:00

BOLOGNA-UDINESE 1-1

Marcatori: 45+1' Payero (U), 78' Saelemaekers (B)

BOLOGNA (4-1-4-1): Skorupski 6; Posch 5,5 (68' Corazza 6), Lucumi 5,5, Beukema 5, Kristiansen 6; Freuler 5; Ndoye 5,5 (87' Lykogiannis sv), Aebischer 5,5, El Azzouzi 5,5 (46' Orsolini 5,5), Saelemaekers 7,5; Zirkzee 5,5 (87' Fabbian sv)

A disposizione: Bagnolini, Ravaglia, Ilic, De Silvestri, Calafiori, Moro, Urbanski, Karlsson, Castro

Allenatore: Thiago Motta 5,5

UDINESE (3-4-2-1): Okoye 5;

Perez 6,5, Bijol 6,5, Kristensen 6; Ehizibue 6 (60' Ferreira 6), Walace 6, Payero 7 (87' Brenner sv), Kamara 6 (87' Zemura sv); Samardzic 6,5, Pereyra 6 (69' Zarraga 5,5); Lucca 6 (69' Davis 6)
A disposizione: Mosca, Padelli, Tikvic, Kabasele, Ebosele, Success
Allenatore: Fabio Cannavaro 6,5
ARBITRO: Juan Luca Sacchi 6
AMMONITI: 42' Ehizibue (U); 50' Okoye (U); 53' Lucca (U); 55' Beukema (B); 64' Beukema (B); 68' Perez (U); 75' Zirkzee (B); 82' Payero (U); 89' Davis (U); 90+2' Ferreira (U)
ESPULSI: 64' Beukema (B)
ANGOLI: 10-3
RECUPERO: pt 4, st 6

28/04/2024 ore 20:45
FIORENTINA-SASSUOLO 5-1
Marcatori: 18' Sottil (F), 54' Martinez Quarta (F), 57' Thorstvedt (S), 58' Gonzalez (F), 62' Barak (F), 66' Gonzalez (F)
FIORENTINA (4-2-3-1): Christensen 5,5; Kayode Olabode 6, Martinez Quarta 6,5 (71' Comuzzo 5,5), Ranieri 6, Parisi 6,5; Arthur 6,5 (80' Lopez 6), Duncan 5,5; Ikone 5,5 (46' Gonzalez 7,5), Barak 7, Sottil 7 (83' Castrovilli sv); Kouame 6 (71' Belotti 5,5)
A disposizione: Terracciano, Martinelli, Dodo, Biraghi, Milenkovic, Faraoni, Bonaventura, Infantino, Beltran
Allenatore: Vincenzo Italiano 6,5
SASSUOLO (4-4-1-1): Consigli 5; Tressoldi 5 (64' Missori 4,5), Ferrari 4,5, Kumbulla 4,5, Viti 5,5 (46' Mulattieri 5,5); Volpato 5,5 (46' Bajrami 6), Obiang 5 (64' Matheus Henrique 5,5), Boloca 5,5 (73' Ceide sv), Doig 5; Thorstvedt 6,5; Pinamonti 5,5
A disposizione: Pegolo, Cragno, Pedersen, Erlic, Toljan, Racic, Lipani
Allenatore: Davide Ballardini 4
ARBITRO: Matteo Marcenaro 6,5
AMMONITI: 13' Tressoldi (S); 32' Martinez Quarta (F); 67' Thorstvedt (S); 80' Comuzzo (F)
ESPULSI: nessuno
ANGOLI: 10-3

26/04/2024 ore 20:45
FROSINONE-SALERNITANA 3-0
Marcatori: 10' Soule (Rig.) (F), 25' Brescianini (F), 85' Zortea (F)
FROSINONE (3-4-2-1): Turati 6 (46' Cerofolini 6); Lirola 6,5 (71' Bonifazi 6), Romagnoli 6, Okoli 6 (78' Monterisi sv); Zortea 7, Mazzitelli 6,5 (87' Gelli sv), Barrenechea 6,5, Valeri 6,5; Soule 7, Brescianini 7,5; Cheddira 6,5 (78' Cuni sv)
A disposizione: Frattali, Marchizza, Reinier, Garritano, Baez, Seck, Kaio Jorge, Kvernadze, Ibrahimovic, Ghedjemis
Allenatore: Eusebio Di Francesco 7
SALERNITANA (3-4-2-1): Costil 6; Pierozzi 5,5 (46' Pasalidis 6), Fazio 6, Pirola 5,5; Sambia 5,5 (66' Zanoli), Coulibaly 6, Basic 6, Bradaric 5,5; Tchaouna 5,5, Vignato 6 (75' Gomis 5,5); Ikwuemesi 6
A disposizione: Fiorillo, Salvati, Pellegrino, Manolas, Martegani, Sfait, Legowski, Simy, Weissman
Allenatore: Stefano Colantuono 6
ARBITRO: Francesco Fourneau 6,5
AMMONITI: 9' Sambia (S); 36' Pierozzi (S); 41' Zortea (F); 50' Mazzitelli (F)
ESPULSI: nessuno
ANGOLI: 7-3
RECUPERO: pt 2, st 3

29/04/2024 ore 20:45
GENOA-CAGLIARI 3-0
Marcatori: 17' Thorsby (G), 27' Frendrup (G), 63' Gudmundsson (G)
GENOA (3-5-2): Martinez 6; Vogliacco 6, De Winter 6,5, Vasquez 6,5 (73' Cittadini 6); Sabelli 6,5 (64' Spence 6), Thorsby 7,5, Badelj 7 (73' Bohinen 6), Frendrup 7,5, Martin 6 (64' Haps 6); Gudmundsson 7 (78' Vitinha sv), Retegui 6
A disposizione: Leali, Sommariva, Strootman, Ekuban, Ankeye
Allenatore: Alberto Gilardino 7,5
CAGLIARI (3-4-2-1): Scuffet 6,5; Hatzidiakos 5 (46' Zappa 5,5), Wieteska 5, Obert 5; Di Pardo 5 (46' Nandez 5,5), Deiola 5, Prati 5,5, Augello 5 (85' Mutandwa sv); Oristanio 5,5 (46' Lapadula 5,5), Gaetano 5,5; Shomurodov 5 (72' Azzi 6)
A disposizione: Radunovic, Aresti, Mina, Sulemana, Makoumbou, Petagna
Allenatore: Claudio Ranieri 6
ARBITRO: Federico Dionisi 6,5
AMMONITI: 58' Shomurodov (C); 72' Augello (C)
ESPULSI: nessuno
ANGOLI: 2-4
RECUPERO: pt 2, st 3

28/04/2024 ore 12:30
INTER-TORINO 2-0
Marcatori: 56' Calhanoglu (I), 60' Calhanoglu (Rig.) (I)
INTER (3-5-2): Sommer 6; Pavard 6,5, De Vrij 6,5, Bastoni 6 (71' Buchanan 6); Darmian 6, Barella 7 (72' Arnautovic 6), Calhanoglu 8 (63' Asllani 6), Mkhitaryan 7 (63' Frattesi 6), Carlos Augusto 6; Thuram 6,5 (63' Sanchez 6), Martinez 6,5
A disposizione: Di Gennaro, Audero, Acerbi, Bisseck, Dimarco, Sensi, Cuadrado, Klaassen
Allenatore: Simone Inzaghi 7
TORINO (4-3-2-1): Milinkovic-Savic 6; Bellanova 6, Buongiorno 6, Lovato 5, Rodriguez 6 (72' Masina 6); Ta-

meze 5, Ricci 6, Ilic 5,5; Vlasic 6, Lazaro 5 (63' Vojvoda 6); Zapata 6 (63' Sanabria 5,5)
A disposizione: Gemello, Popa, Dellavalle, Silva, Pellegri, Kabic, Okereke, Savva
Allenatore: Ivan Juric 5,5
ARBITRO: Maria Sole Ferrieri Caputi 5,5
AMMONITI: nessuno
ESPULSI: 49' Tameze (T)
ANGOLI: 5-4
RECUPERO: pt 2, st 5

27/04/2024 ore 18:00
JUVENTUS-MILAN 0-0
JUVENTUS (3-5-2): Szczesny 6; Gatti 6,5, Bremer 6, Danilo 6,5; Weah 6,5 (71' McKennie 6,5), Cambiaso 6,5, Locatelli 6, Rabiot 6, Kostic 6 (63' Chiesa 7); Vlahovic 5,5 (62' Milik 6,5), Yildiz 6 (82' Miretti 6)
A disposizione: Pinsoglio, Perin, Alex Sandro, Rugani, Djaló, Alcaraz, Nicolussi Caviglia, Iling-Junior, Kean
Allenatore: Massimiliano Allegri 6
MILAN (4-2-3-1): Sportiello 6; Musah 5,5 (82' Bartesaghi sv), Gabbia 6,5, Thiaw 7, Florenzi 6; Adli 5,5 (62' Bennacer 6), Reijnders 5; Pulisic 5,5 (83' Chukwueze sv), Loftus-Cheek 5,5 (82' Zeroli sv), Leao 6; Giroud 5 (71' Okafor 5,5)
A disposizione: Maignan, Nava, Caldara, Simic, Terracciano
Allenatore: Stefano Pioli 6
ARBITRO: Maurizio Mariani 6
AMMONITI: 45+1' Musah (M)
ESPULSI: nessuno
ANGOLI: 9-4
RECUPERO: pt 2, st 4

27/04/2024 ore 20:45
LAZIO-VERONA 1-0
Marcatori: 72' Zaccagni (L)
LAZIO (3-4-2-1): Mandas 6,5; Patric 5,5, Romagnoli 6, Casale 6 (60' Pedro 6); Isaksen 5 (60' Zaccagni 7), Guendouzi 6,5, Kamada 6,5, Marusic 6; Felipe Anderson 6 (87' Vecino sv), Luis Alberto 6,5 (76' Hysaj 6); Castellanos 6 (87' Immobile sv)
A disposizione: Sepe, Renzetti, Pellegrini, Lazzari, Cataldi, Rovella, Gonzalez
Allenatore: Igor Tudor 7
VERONA (4-2-3-1): Montipo 6,5; Tchatchoua 5,5 (78' Centonze sv), Coppola 6, Magnani 6, Cabal 5,5; Folorunsho 5,5 (86' Henry sv), Serdar 5,5; Noslin 6, Mitrovic 5,5 (60' Duda 5,5), Lazovic 5,5 (78' Bonazzoli sv); Swiderski 5,5 (60' Suslov 5)
A disposizione: Chiesa, Perilli, Vinagre, Dawidowicz, Belahyane, Dani Silva, Patane, Charlys, Tavsan
Allenatore: Marco Baroni 5,5
ARBITRO: Davide Massa 6
AMMONITI: 38' Romagnoli (L); 50' Casale (L); 71' Luis Alberto (L); 71' Duda (V); 74' Cabal (V); 86' Coppola (V); 90+2' Noslin (V); 90+4' Zaccagni (L)
ESPULSI: nessuno
ANGOLI: 4-2
RECUPERO: pt 1, st 4

27/04/2024 ore 15:00
LECCE-MONZA 1-1
Marcatori: 90+2' Krstovic (L), 90+6' Pessina (Rig.) (M)
LECCE (4-4-2): Falcone 6; Gendrey 6,5 (82' Venuti 5), Pongracic 6,5, Baschirotto 6, Gallo 6,5; Oudin 5,5 (82' Pierotti 6,5), Blin 5,5, Rafia 6,5 (61' Gonzalez 6), Dorgu 6 (68' Almqvist 6); Krstovic 7, Piccoli 5,5 (60' Sansone 6)
A disposizione: Brancolini, Samooja, Borbei, Touba, Berisha
Allenatore: Luca Gotti 6
MONZA (4-2-3-1): Di Gregorio 6; Birindelli 6, Izzo 6 (81' D'Ambrosio sv), Mari 6,5, Kyriakopoulos 6; Akpa-Akpro 6 (68' Gagliardini 6), Bondo 6; Carboni V. 5,5 (59' Colpani 5,5), Pessina 6,5, Zerbin 6 (68' Maldini 6); Colombo 6 (59' Djuric 6)
A disposizione: Sorrentino, Gori, Donati, Caldirola, Pereira, Caprari, Ferraris, Vignato

Allenatore: Raffaele Palladino 6
ARBITRO: Alberto Santoro 5,5
AMMONITI: 15' Colombo (M); 25' Oudin (L); 70' Izzo (M); 71' Krstovic (L); 78' Gagliardini (M)
ESPULSI: nessuno
ANGOLI: 0-5
RECUPERO: pt 1, st 8

28/04/2024 ore 18:00
NAPOLI-ROMA 2-2
Marcatori: 59' Dybala (Rig.) (R), 65' Olivera (N), 84' Osimhen (Rig.) (N), 89' Abraham (R)
NAPOLI (4-3-3): Meret 6; Di Lorenzo 5,5, Rrahmani 6, Juan Jesus 5,5, Olivera 6,5; Anguissa 5, Lobotka 6, Cajuste 5,5 (69' Traore sv; 88' Ostigard sv); Politano 6 (69' Ngonge 6), Osimhen 6, Kvaratskhelia 6,5 (86' Raspadori sv)
A disposizione: Contini, Idasiak, Natan, Mario Rui, Mazzocchi, Dendoncker, Lindstrom, Simeone
Allenatore: Francesco Calzona 5,5
ROMA (4-3-3): Svilar 6,5; Kristensen 5 (86' Baldanzi sv), Mancini 5, Ndicka 5,5, Spinazzola 6; Bove 4,5 (69' Renato Sanches 5), Cristante 5, Pellegrini 6; Dybala 6, Azmoun 5 (69' Abraham 6), El Shaarawy 5 (61' Angelino 6)
A disposizione: Rui Patricio, Boer, Huijsen, Celik, Aouar, Zalewski, Pagano, Costa Cesco
Allenatore: Daniele De Rossi 5,5
ARBITRO: Simone Sozza 4
AMMONITI: 75' Rrahmani (N); 80' Anguissa (N)
ESPULSI: nessuno
ANGOLI: 9-2
RECUPERO: pt 1, st 5

L'Inter scivola dopo 28 gare
Tre punti d'oro per il Verona

CLASSIFICA

Inter 89; Milan 71; Juventus 66; Bologna 64; Roma e Atalanta 60; Lazio 56; Fiorentina 53; Napoli 51; Torino 47; Monza 45; Genoa 43; Lecce 37; Verona 34; Cagliari 33; Frosinone ed Empoli 32; Udinese 30; Sassuolo 29; Salernitana 15.

I NUMERI

Reti realizzate: 23 (un'autorete). **Rigori: 2/2. Espulsioni: 1. Ammonizioni: 36. Assist: 14** (Almqvist, Chiesa, Chukwueze, Doig, Florenzi, Gaetano, T. Kristensen, Nzola, Pasalic, Pessina, Politano, Pulisic, E. Vignato e Vogliacco 1). **Pali: 8** (Baschirotto, Castrovilli, Chiesa, Kamada, R. Kristensen, Pulisic, Sanabria e Sansone 1).

Risultati

Cagliari	1
Lecce	1
Empoli	0
Frosinone	0
Milan	3
Genoa	3
Monza	2
Lazio	2
Roma	1
Juventus	1
Salernitana	1
Atalanta	2
Sassuolo	1
Inter	0
Torino	0
Bologna	0
Udinese	1
Napoli	1
Verona	2
Fiorentina	1

Tabellini

05/05/2024 ore 12:30
CAGLIARI-LECCE 1-1

Marcatori: 26' Mina (C), 84' Krstovic (L)

CAGLIARI (4-4-2): Scuffet 6,5; Zappa 6 (46' Wieteska 5,5), Mina 7, Dossena 6,5, Augello 6 (77' Azzi 5,5); Nandez 6 (90+1' Obert sv), Makoumbou 6, Deiola 6, Luvumbo 6,5 (67' Shomurodov 5,5); Gaetano 5, Lapadula 6 (46' Sulemana 6)
A disposizione: Radunovic, Aresti, Hatzidiakos, Di Pardo, Prati, Oristanio, Pavoletti, Petagna, Mutandwa
Allenatore: Claudio Ranieri 6
LECCE (4-4-2): Falcone 6; Gendrey 6, Baschirotto 6, Pongracic 5,5, Gallo 6; Oudin 6 (72' Rafia 6), Blin 6,5, Ramadani 5,5 (72' Almqvist 7), Dorgu 5,5 (59' Pierotti 6); Krstovic 7, Piccoli 5 (46' Sansone 6)
A disposizione: Brancolini, Samooja, Borbei, Venuti, Touba, Gonzalez, Berisha
Allenatore: Luca Gotti 6

ARBITRO: Matteo Marcenaro 5
AMMONITI: 14' Piccoli (L); 54' Sansone (L); 56' Ramadani (L); 64' Scuffet (C); 74' Baschirotto (L); 74' Nandez (C); 78' Deiola (C); 78' Augello (C)
ESPULSI: 42' Gaetano (C)
ANGOLI: 3-15
RECUPERO: pt 3, st 7

05/05/2024 ore 15:00
EMPOLI-FROSINONE 0-0

EMPOLI (3-4-2-1): Caprile 6,5; Bereszynski 6,5, Ismajli 6,5, Luperto 6,5; Gyasi 5,5, Marin 6, Grassi 6 (55' Maleh 6), Pezzella 5,5 (84' Cacace sv); Fazzini 6 (71' Zurkowski 6), Cambiaghi 5,5 (71' Cancellieri 6); Niang 5,5 (55' Caputo 5,5)
A disposizione: Perisan, Vertua, Goglichidze, Kovalenko, Bastoni, Shpendi, Destro
Allenatore: Davide Nicola 6
FROSINONE (3-4-1-2): Cerofolini 6; Lirola 6,5, Romagnoli 6 (73' Bonifazi 6), Okoli 6,5; Zortea 6, Barrenechea 6,

Mazzitelli 6, Valeri 5,5; Brescianini 6 (85' Gelli sv); Soule 6 (90+2' Ibrahimovic sv), Cheddira 6 (73' Cuni 6)
A disposizione: Frattali, Palmisani, Marchizza, Monterisi, Reinier, Garritano, Harroui, Baez, Seck, Kaio Jorge, Ghedjemis
Allenatore: Eusebio Di Francesco 6
ARBITRO: Daniele Doveri 6
AMMONITI: 18' Okoli (F); 60' Valeri (F); 68' Maleh (E); 75' Zurkowski (E); 75' Barrenechea (F)
ESPULSI: nessuno
ANGOLI: 3-8
RECUPERO: pt 2, st 4

05/05/2024 ore 18:00
MILAN-GENOA 3-3
Marcatori: 5' Retegui (Rig.) (G), 45' Florenzi (M), 48' Ekuban (G), 72' Gabbia (M), 75' Giroud (M), 87' Thiaw (Aut.) (M)
MILAN (4-2-3-1): Sportiello 6; Florenzi 6,5 (80' Kalulu sv), Gabbia 6, Tomori 5,5, Hernandez 6; Bennacer 5,5 (80' Adli sv), Reijnders 6; Chukwueze 6 (81' Thiaw 5,5), Pulisic 6,5, Leao 5,5 (67' Okafor 6,5); Giroud 6
A disposizione: Nava, Torriani, Caldara, Bartesaghi, Pobega, Terracciano, Zeroli, Sia
Allenatore: Stefano Pioli 5,5
GENOA (3-5-2): Martinez 6,5; Vogliacco 6,5 (86' Cittadini sv), De Winter 6, Vasquez 6; Spence 5,5, Frendrup 6, Badelj 6 (74' Strootman sv), Thorsby 6,5, Martin 5,5 (74' Haps sv); Retegui 6,5, Ekuban 6,5 (87' Papadopoulos sv)
A disposizione: Leali, Sommariva, Sabelli, Bohinen, Ankeye
Allenatore: Alberto Gilardino 6,5
ARBITRO: Alessandro Prontera 6,5
AMMONITI: 43' Reijnders (M); 90+4' Vasquez (G)
ESPULSI: nessuno
ANGOLI: 7-1

RECUPERO: pt 1, st 5

04/05/2024 ore 18:00
MONZA-LAZIO 2-2
Marcatori: 11' Immobile (L), 73' Djuric (M), 83' Vecino (L), 90+3' Djuric (M)
MONZA (4-2-3-1): Di Gregorio 6; Birindelli 6 (71' Donati 5), Izzo 6, Mari 6, Kyriakopoulos 6 (71' Mota 6); Pessina 6,5, Bondo 5,5 (86' Caprari sv); Colpani 6,5, Carboni V. 6 (71' Akpa-Akpro 5,5), Zerbin 6 (78' Caldirola sv); Djuric 7,5
A disposizione: Sorrentino, Gori, Pereira, D'Ambrosio, Colombo, Ferraris
Allenatore: Raffaele Palladino 6,5
LAZIO (3-4-2-1): Mandas 6; Patric 5,5, Romagnoli 5,5, Hysaj 5,5; Marusic 6, Guendouzi 6, Kamada 6,5 (65' Vecino 6,5), Zaccagni 5 (32' Casale 5); Felipe Anderson 5,5 (82' Pedro sv), Luis Alberto 6 (65' Cataldi 5,5); Immobile 6,5 (65' Castellanos 5,5)
A disposizione: Sepe, Provedel, Pellegrini, Lazzari, Rovella, Isaksen, Gonzalez
Allenatore: Igor Tudor 5,5
ARBITRO: Luca Pairetto 6
AMMONITI: 15' Zaccagni (L); 35' Casale (L); 45' Kamada (L); 56' Romagnoli (L); 68' Patric (L); 90+5' Vecino (L); 90+6' Cataldi (L); 90+6' Donati (M)
ESPULSI: nessuno
ANGOLI: 5-4
RECUPERO: pt 2, st 6

05/05/2024 ore 20:45
ROMA-JUVENTUS 1-1
Marcatori: 15' Lukaku (R), 31' Bremer (J)
ROMA (4-3-2-1): Svilar 7,5; Kristensen 5,5, Ndicka 6, Llorente 5,5, Angelino 6; Cristante 6,5, Paredes 6, Pellegrini 6 (78' Bove sv); Dybala 6,5 (46' Zalewski 6), Baldanzi 6,5 (68' Azmoun 6); Lukaku 6,5 (68' Abraham 5)
A disposizione: Rui Patricio, Karsdorp, Huijsen, Smalling, Celik, Mancini, Spinazzola, Renato Sanches, Aouar, Costa Cesco, El Shaarawy
Allenatore: Daniele De Rossi 7
JUVENTUS (3-5-2): Szczesny 6,5; Gatti 5,5, Bremer 7,5, Danilo 6; Weah 5,5 (61' Kostic 5,5), McKennie 6, Locatelli 6, Rabiot 6, Cambiaso 5 (85' Alcaraz sv); Vlahovic 5,5 (76' Milik 6), Chiesa 7 (76' Kean 6)
A disposizione: Pinsoglio, Perin, De Sciglio, Rugani, Djaló, Miretti, Nicolussi Caviglia, Iling-Junior
Allenatore: Massimiliano Allegri 7
ARBITRO: Andrea Colombo 5
AMMONITI: 4' Weah (J); 71' Rabiot (J); 84' Abraham (R)
ESPULSI: nessuno
ANGOLI: 9-6
RECUPERO: pt 0, st 5

06/05/2024 ore 18:00
SALERNITANA-ATALANTA 1-2
Marcatori: 18' Tchaouna (S), 57' Scamacca (A), 63' Koopmeiners (A)
SALERNITANA (3-4-2-1): Fiorillo 6; Pasalidis 5,5 (46' Pellegrino 5), Fazio 5,5, Pirola 5,5; Sambia 6 (69' Zanoli 6), Basic 5,5, Coulibaly 5,5, Bradaric 5,5 (77' Sfait sv); Tchaouna 7, Vignato 6 (69' Legowski 6); Ikwuemesi 6 (60' Weissman 5,5)
A disposizione: Costil, Salvati, Guccione, Manolas, Martegani, Simy, Fusco
Allenatore: Stefano Colantuono 6
ATALANTA (3-4-2-1): Carnesecchi 6; Scalvini 5,5 (46' Ruggeri 6), Hien 6, De Roon 6; Hateboer 6,5, Ederson 5,5 (46' Koopmeiners 7), Pasalic 6,5, Zappacosta 6; Miranchuk 5,5 (46' De Ketelaere 6), Lookman 6 (83' Toure sv); Scamacca 7 (80' Djimsiti sv)
A disposizione: Musso, Rossi, Bonfanti, Palestra, Comi, Bakker, Adopo
Allenatore: Gian Piero Gasperini 6

ARBITRO: Ermanno Feliciani 6
AMMONITI: 45+1' Pasalidis (S)
ESPULSI: nessuno
ANGOLI: 1-7
RECUPERO: pt 4, st 4

04/05/2024 ore 20:45
SASSUOLO-INTER 1-0
Marcatori: 20' Lauriente (S)
SASSUOLO (3-5-2): Consigli 6,5; Erlic 6, Ferrari 5,5, Kumbulla 6; Toljan 6 (86' Missori sv), Lipani 6,5 (71' Obiang 6), Matheus Henrique 6,5 (86' Racic sv), Thorstvedt 6,5 (59' Boloca 6), Doig 6; Lauriente 7, Pinamonti 6
A disposizione: Pegolo, Cragno, Pedersen, Viti, Bajrami, Volpato, Mulattieri, Ceide
Allenatore: Davide Ballardini 7
INTER (3-5-2): Audero 6; Pavard 6,5, De Vrij 6, Bastoni 6 (69' Buchanan 6); Dumfries 5 (60' Cuadrado 5,5), Frattesi 5,5 (69' Barella 5,5), Asllani 6 (74' Klaassen 6), Mkhitaryan 5,5 (60' Arnautovic 5,5), Carlos Augusto 5,5; Martinez 5,5, Sanchez 5,5
A disposizione: Sommer, Di Gennaro, Bisseck, Dimarco, Darmian, Sensi, Calhanoglu, Thuram
Allenatore: Simone Inzaghi 5,5
ARBITRO: Matteo Marchetti 6
AMMONITI: 89' Pavard (I); 90' Boloca (S)
ESPULSI: nessuno
ANGOLI: 2-5
RECUPERO: pt 4, st 4

03/05/2024 ore 20:45
TORINO-BOLOGNA 0-0
TORINO (3-4-2-1): Milinkovic-Savic 6,5; Vojvoda 6,5, Buongiorno 7, Masina 6,5; Bellanova 6 (86' Lazaro), Ricci 6, Ilic 6,5, Rodriguez 6,5; Vlasic 6 (28' Linetty 6), Sanabria 6,5 (78' Pellegri 5); Zapata 5,5
A disposizione: Gemello, Popa, Lovato, Dellavalle, Silva, Ciammaglichella, Kabic, Okereke, Savva
Allenatore: Ivan Juric 6
BOLOGNA (4-3-3): Skorupski 7; Posch 6, Lucumi 6,5, Calafiori 6,5, Kristiansen 6; Aebischer 6,5 (82' El Azzouzi 6), Freuler 6, Fabbian 6 (59' Moro 6); Ndoye 5,5 (69' Orsolini 6), Zirkzee 6 (82' Castro 6), Saelemaekers 6,5 (69' Odgaard 6)
A disposizione: Bagnolini, Ravaglia, Ilic, Corazza, Lykogiannis, De Silvestri, Urbanski, Karlsson
Allenatore: Thiago Motta 6
ARBITRO: Simone Sozza 5,5
AMMONITI: 8' Vojvoda (T); 13' Fabbian (B); 50' Rodriguez (T); 52' Aebischer (B)
ESPULSI: nessuno
ANGOLI: 2-4
RECUPERO: pt 2, st 4

06/05/2024 ore 20:45
UDINESE-NAPOLI 1-1
Marcatori: 51' Osimhen (N), 90+2' Success (U)
UDINESE (3-4-2-1): Okoye 6; Ferreira 5,5, Bijol 5,5, Kristensen 6; Ehizibue 6 (69' Ebosele 5,5), Walace 6, Zarraga 5, Kamara 5 (87' Zemura 5,5); Samardzic 6, Brenner 5 (53' Success 6,5); Lucca 5 (53' Davis 6)
A disposizione: Mosca, Padelli, Abankwah, Tikvic, Kabasele, Pereyra, Pejicic
Allenatore: Fabio Cannavaro 5,5
NAPOLI (4-3-3): Meret 6; Di Lorenzo 5,5, Rrahmani 6, Ostigard 5, Olivera 5,5; Anguissa 4,5, Lobotka 6, Cajuste 5,5 (73' Traore 5); Politano 6, Osimhen 6 (87' Simeone sv), Lindstrom 5 (81' Ngonge sv)
A disposizione: Contini, Idasiak, Natan, Juan Jesus, Mario Rui, Mazzocchi, D'Avino
Allenatore: Francesco Calzona 5,5
ARBITRO: Gianluca Aureliano 6
AMMONITI: nessuno

ESPULSI: nessuno
ANGOLI: 7-5
RECUPERO: pt 2, st 5

05/05/2024 ore 15:00
VERONA-FIORENTINA 2-1
Marcatori: 13' Lazovic (Rig.) (V), 42' Castrovilli (F), 59' Noslin (V)
VERONA (4-2-3-1): Montipo 6,5; Centonze 6, Magnani 7 (85' Dani Silva sv), Coppola 6, Vinagre 6 (63' Tchatchoua 6); Serdar 6, Duda 5,5; Noslin 7,5, Folorunsho 6 (85' Dawidowicz sv), Lazovic 6,5 (74' Suslov 5,5); Bonazzoli 6 (46' Swiderski 6)
A disposizione: Chiesa, Perilli, Corradi, Belahyane, Charlys, Tavsan, Henry, Mitrovic
Allenatore: Marco Baroni 6,5
FIORENTINA (4-2-3-1): Christensen 4,5; Faraoni 6 (84' Belotti 6), Milenkovic 4,5, Ranieri 4,5, Parisi 5,5; Lopez 5,5 (69' Mandragora 5), Duncan 5,5 (62' Bonaventura 5); Ikone 5 (69' Beltran 6), Barak 5,5, Castrovilli 7 (63' Kouame 5,5); Nzola 5
A disposizione: Terracciano, Dodo, Biraghi, Martinez Quarta, Kayode Olabode, Comuzzo, Arthur, Infantino, Fortini, Caprini
Allenatore: Vincenzo Italiano 5
ARBITRO: Antonio Rapuano 5,5
AMMONITI: 46' Coppola (V); 77' Mandragora (F); 79' Folorunsho (V)
ESPULSI: nessuno
ANGOLI: 1-2
RECUPERO: pt 1, st 8

Bologna e Juventus in Champions Roma ko: l'Atalanta è 5ª da sola

Inquadra il Qr-code per vedere le pagelle commentate su Datasport.it

CLASSIFICA

Inter 92; Milan 74; Bologna e Juventus 67; Atalanta 63; Roma 60; Lazio 59; Fiorentina 56; Napoli 51; Torino 50; Genoa 46; Monza 45; Lecce 37; Verona 34; Cagliari e Udinese 33; Frosinone ed Empoli 32; Sassuolo 29; Salernitana 16.

I NUMERI

Reti realizzate: 31 (un'autorete). **Rigori: 2/3. Espulsioni: 1. Ammonizioni: 32. Assist: 23** (Barak e Lazaro 2; Bennacer, Calafiori, Frattesi, Hernandez, Koopmeiners, Leao, Locatelli, Martinez, Mota, Okafor, Payero, Pedro, Sambia, Scamacca, Sensi, Serdar, Thorsby, Zaccagni e Zappa 1). **Pali: 9** (Bisseck, Cambiaso, Cheddira, De Ketelaere, Koopmeiners, Leao, Miretti, Shomurodov e Vlahovic 1)

Risultati

Atalanta	2
Roma	1
Fiorentina	2
Monza	1
Frosinone	0
Inter	5
Genoa	2
Sassuolo	1
Juventus	1
Salernitana	1
Lazio	2
Empoli	0
Lecce	0
Udinese	2
Milan	5
Cagliari	1
Napoli	0
Bologna	2
Verona	1
Torino	2

Tabellini

12/05/2024 ore 20:45

ATALANTA-ROMA 2-1

Marcatori: 18' De Ketelaere (A), 20' De Ketelaere (A), 66' Pellegrini (Rig.) (R)

ATALANTA (3-4-2-1): Carnesecchi 6,5; De Roon 5,5, Hien 6,5, Djimsiti 6; Hateboer 6,5, Ederson 6 (88' Miranchuk sv), Pasalic 6,5 (75' Scalvini 6), Ruggeri 6 (58' Zappacosta 6); De Ketelaere 8 (58' Lookman 6), Koopmeiners 7; Scamacca 7 (58' Toure 5,5)

A disposizione: Musso, Rossi, Toloi, Bonfanti, Palestra, Comi, Bakker, Adopo

Allenatore: Gian Piero Gasperini 7,5

ROMA (4-3-3): Svilar 6,5; Kristensen 4,5 (86' Costa Cesco sv), Mancini 5, Ndicka 4,5, Angelino 5,5; Cristante 5,5 (86' Azmoun sv), Paredes 5 (46' Bove 5,5), Pellegrini 6; Baldanzi 5 (46' Abraham 6,5), Lukaku 5, El Shaarawy 5,5

A disposizione: Rui Patricio, Boer, Karsdorp, Huijsen, Smalling, Llorente, Celik, Aouar, Zalewski, Pisilli

Allenatore: Daniele De Rossi 5

ARBITRO: Marco Guida 5,5

AMMONITI: 46' Ndicka (R); 58' Koopmeiners (A)

ESPULSI: nessuno

ANGOLI: 6-1

RECUPERO: pt 1, st 4

13/05/2024 ore 20:45

FIORENTINA-MONZA 2-1

Marcatori: 9' Djuric (M), 32' Gonzalez (F), 78' Arthur (F)

FIORENTINA (4-2-3-1): Terracciano 6; Kayode Olabode 6 (80' Faraoni sv), Martinez Quarta 6, Milenkovic 6, Parisi 6 (80' Biraghi sv); Arthur 7 (80' Duncan sv), Mandragora 6; Gonzalez 6,5, Barak 6, Castrovilli 6 (74' Beltran 6); Nzola 5 (61' Kouame 6)

A disposizione: Martinelli, Christensen, Dodo, Ranieri, Comuzzo, Bonaventura, Lo-

pez, Infantino
Allenatore: Vincenzo Italiano 7
MONZA (4-2-3-1): Di Gregorio 6; Birindelli 5,5 (64' Pereira 5,5), Mari 6 (73' D'Ambrosio sv), Izzo 6, Kyriakopoulos 5,5 (46' Caldirola 6); Bondo 6, Pessina 6; Mota 6 (64' Akpa-Akpro 6), Colpani 5,5 (82' Carboni V. sv), Zerbin 6; Djuric 6,5
A disposizione: Sorrentino, Gori, Donati, Gagliardini, Colombo, Caprari, Ferraris, Vignato
Allenatore: Raffaele Palladino 5,5
ARBITRO: Luca Zufferli 6,5
AMMONITI: 41' Parisi (F); 69' Bondo (M)
ESPULSI: nessuno
ANGOLI: 6-1
RECUPERO: pt 2, st 4

10/05/2024 ore 20:45
FROSINONE-INTER 0-5
Marcatori: 19' Frattesi (I), 60' Arnautovic (I), 77' Buchanan (I), 80' Martinez (I), 84' Thuram (I)
FROSINONE (3-4-2-1): Cerofolini 5,5; Lirola 5,5 (71' Harroui 5,5), Okoli 5 (82' Monterisi sv), Bonifazi 5; Zortea 5, Mazzitelli 5,5 (38' Gelli 5,5), Brescianini 6, Valeri 5,5; Soule 5,5, Reinier 5,5 (71' Kaio Jorge 5,5); Cheddira 6,5 (82' Ibrahimovic sv)
A disposizione: Frattali, Palmisani, Marchizza, Garritano, Baez, Seck, Cuni, Kvernadze, Ghedjemis
Allenatore: Eusebio Di Francesco 5,5
INTER (3-5-2): Sommer 8; Bisseck 6,5, De Vrij 6,5, Carlos Augusto 6,5; Darmian 6,5 (46' Cuadrado 6), Frattesi 7,5 (64' Klaassen 6), Asllani 6, Barella 7 (75' Sensi sv), Dimarco 6,5 (72' Buchanan 7); Thuram 7, Arnautovic 7 (64' Martinez 7)
A disposizione: Di Gennaro, Audero, Pavard, Bastoni, Dumfries, Calhanoglu, Mkhitaryan, Sanchez
Allenatore: Simone Inzaghi 7

ARBITRO: Antonio Giua 6,5
AMMONITI: nessuno
ESPULSI: nessuno
ANGOLI: 8-4
RECUPERO: pt 3, st 0

12/05/2024 ore 15:00
GENOA-SASSUOLO 2-1
Marcatori: 31' Pinamonti (Rig.) (S), 56' Badelj (G), 63' Kumbulla (Aut.) (S)
GENOA (3-5-2): Martinez 6; Vogliacco 6 (46' Ekuban 6), De Winter 5,5, Vasquez 6; Sabelli 5,5 (46' Spence 6), Frendrup 6, Badelj 6,5 (85' Bohinen sv), Thorsby 6,5, Martin 6; Gudmundsson 6 (75' Strootman sv), Retegui 5,5 (88' Ankeye 6)
A disposizione: Leali, Sommariva, Cittadini, Matturro, Haps
Allenatore: Alberto Gilardino 6,5
SASSUOLO (3-5-2): Consigli 6; Erlic 6 (87' Mulattieri sv), Kumbulla 5 (68' Volpato 6), Ferrari 6; Toljan 5,5, Matheus Henrique 6 (87' Lipani sv), Obiang 5,5 (76' Racic 6), Thorstvedt 6 (67' Bajrami 6), Doig 6; Pinamonti 6,5, Lauriente 5,5
A disposizione: Pegolo, Cragno, Missori, Pedersen, Viti, Tressoldi, Boloca, Ceide
Allenatore: Davide Ballardini 6
ARBITRO: Maurizio Mariani 6
AMMONITI: 48' Thorsby (G); 50' Obiang (S); 75' Doig (S)
ESPULSI: nessuno
ANGOLI: 3-7
RECUPERO: pt 5, st 5

12/05/2024 ore 18:00
JUVENTUS-SALERNITANA 1-1
Marcatori: 27' Pierozzi (S), 90+1' Rabiot (J)
JUVENTUS (3-5-2): Szczesny 6,5; Gatti 5,5, Bremer 6, Rugani 5 (77' Yildiz 6); Cambiaso 6,5, McKennie 5 (46' Miretti 6,5), Locatelli 5, Rabiot 6,5, Kostic 5 (46' Iling-Junior 6); Vlahovic 5,5 (76' Milik 6),

Kean 5 (46' Chiesa 6,5)
A disposizione: Pinsoglio, Perin, Djaló, Alcaraz, Nicolussi Caviglia
Allenatore: Massimiliano Allegri 5,5
SALERNITANA (3-4-2-1): Fiorillo 7; Pierozzi 7, Fazio 6, Pirola 6,5; Zanoli 6 (90' Pasalidis sv), Coulibaly 6, Basic 6,5, Sambia 6,5 (90+1' Pellegrino sv); Tchaouna 6,5, Vignato 6 (65' Legowski 6); Ikwuemesi 6 (73' Kastanos 6)
A disposizione: Costil, Salvati, Ferrari, Sfait, Di Vico, Simy, Weissman
Allenatore: Stefano Colantuono 6,5
ARBITRO: Alberto Santoro 5
AMMONITI: 22' Vlahovic (J); 25' Rabiot (J); 68' Zanoli (S); 85' Sambia (S); 88' Fiorillo (S); 90+3' Pasalidis (S); 90+7' Basic (S)
ESPULSI: nessuno
ANGOLI: 9-4
RECUPERO: pt 4, st 7

12/05/2024 ore 12:30
LAZIO-EMPOLI 2-0
Marcatori: 45+3' Patric (L), 89' Vecino (L)
LAZIO (3-4-2-1): Mandas 7; Patric 7, Romagnoli 6,5, Hysaj 6; Marusic 6,5, Guendouzi 5 (65' Vecino 7), Kamada 6,5 (88' Cataldi sv), Lazzari 6,5; Felipe Anderson 5,5 (65' Rovella 6), Zaccagni 6,5 (76' Pedro 6,5); Immobile 5,5 (65' Castellanos 6)
A disposizione: Renzetti, Provedel, Pellegrini, Casale, Isaksen, Gonzalez
Allenatore: Igor Tudor 7
EMPOLI (3-5-2): Caprile 5,5; Bereszynski 5, Ismajli 6, Luperto 6 (77' Shpendi 6); Gyasi 5, Bastoni 6 (55' Cambiaghi 6), Marin 6, Maleh 5,5 (76' Fazzini 6), Pezzella 5,5 (66' Cacace 6); Caputo 5 (67' Destro 6), Cancellieri 6
A disposizione: Perisan, Seghetti, Goglichidze, Walukiewicz, Grassi, Kovalenko, Zurkowski, Niang, Cerri

Allenatore: Davide Nicola 5,5
ARBITRO: Gianluca Aureliano 5,5
AMMONITI: 73' Gyasi (E); 77' Lazzari (L); 85' Rovella (L); 90+5' Romagnoli (L)
ESPULSI: nessuno
ANGOLI: 7-7
RECUPERO: pt 3, st 6

13/05/2024 ore 18:30
LECCE-UDINESE 0-2
Marcatori: 36' Lucca (U), 85' Samardzic (U)
LECCE (4-2-3-1): Falcone 6; Gendrey 6, Baschirotto 5, Pongracic 6, Gallo 5,5; Blin 5,5 (56' Pierotti 6), Ramadani 5,5; Almqvist 6 (72' Gonzalez 6), Rafia 5,5 (56' Berisha 6), Dorgu 6 (72' Oudin 6); Krstovic 5,5
A disposizione: Brancolini, Samooja, Borbei, Venuti, Esposito, Touba, Samek, Burnete
Allenatore: Luca Gotti 6
UDINESE (3-4-2-1): Okoye 6,5; Perez 6,5, Bijol 6,5, Kristensen 5,5; Ehizibue 6 (74' Ebosele 6,5), Walace 6 (90+2' Zarraga sv), Payero 6,5, Kamara 6; Samardzic 7 (90+2' Ferreira sv), Success 6,5 (67' Pereyra 6); Lucca 7 (67' Davis 6,5)
A disposizione: Mosca, Padelli, Abankwah, Tikvic, Kabasele, Giannetti, Zemura, Pejicic, Brenner
Allenatore: Fabio Cannavaro
ARBITRO: Davide Massa 6
AMMONITI: 17' Blin (L); 57' Dorgu (L); 60' Payero (U)
ESPULSI: nessuno
ANGOLI: 8-2
RECUPERO: pt 1, st 6

11/05/2024 ore 20:45
MILAN-CAGLIARI 5-1
Marcatori: 36' Bennacer (M), 59' Pulisic (M), 63' Nandez (C), 74' Reijnders (M), 83' Leao (M), 86' Pulisic (M)
MILAN (4-3-3): Sportiello 6; Kalulu 6, Gabbia 6 (46' Tomori 6), Thiaw 6, Florenzi 6 (68' Hernandez 6,5); Musah 5,5, Bennacer 6,5 (84' Pobega sv), Reijnders 6,5; Chukwueze 6 (46' Leao 7), Giroud 6 (46' Okafor 6,5), Pulisic 7
A disposizione: Nava, Torriani, Calabria, Caldara, Adli, Terracciano, Zeroli, Jovic
Allenatore: Stefano Pioli 6,5
CAGLIARI (3-5-2): Scuffet 5,5; Zappa 6, Mina 5 (88' Wieteska sv), Dossena 5 (76' Azzi sv); Obert 5,5, Nandez 6,5 (76' Lapadula sv), Sulemana 5, Prati 5,5, Deiola 5,5 (76' Oristanio 6); Luvumbo 5,5, Shomurodov 5,5 (82' Mutandwa sv)
A disposizione: Radunovic, Aresti, Hatzidiakos, Di Pardo, Mancosu, Viola, Pavoletti, Petagna
Allenatore: Claudio Ranieri 5,5
ARBITRO: Simone Sozza 6
AMMONITI: 28' Bennacer (M); 33' Gabbia (M); 69' Mina (C)
ESPULSI: nessuno
ANGOLI: 6-3
RECUPERO: pt 1, st 3

11/05/2024 ore 18:00
NAPOLI-BOLOGNA 0-2
Marcatori: 9' Ndoye (B), 12' Posch (B)
NAPOLI (4-3-3): Meret 5; Di Lorenzo 4, Rrahmani 4, Juan Jesus 4, Olivera 4 (82' Mazzocchi sv); Anguissa 4 (81' Traore sv), Lobotka 5,5, Cajuste 4,5 (72' Raspadori sv); Politano 4,5 (61' Ngonge 5,5), Osimhen 4, Kvaratskhelia 4 (81' Simeone sv)
A disposizione: Contini, Gollini, Natan, Mario Rui, Dendoncker, D'Avino, Ostigard, Lindstrom
Allenatore: Francesco Calzona 3
BOLOGNA (4-3-3): Ravaglia 7; Posch 7, Lucumi 6,5, Calafiori 7, Kristiansen 6,5; Aebischer 6,5, Freuler 6,5 (83' El Azzouzi sv), Urbanski 6,5 (73' Fabbian sv); Ndoye 7 (56' Saelemaekers sv), Zirkzee 6,5 (72' Castro sv), Odgaard 6,5 (56' Orsolini 6)
A disposizione: Bagnolini, Skorupski, Ilic, Corazza, Lykogiannis, De Silvestri, Beukema, Moro, Karlsson
Allenatore: Thiago Motta 7
ARBITRO: Luca Pairetto 6
AMMONITI: 33' Kvaratskhelia (N); 47' Cajuste (N); 71' Lucumi (B)
ESPULSI: nessuno
ANGOLI: 9-3
RECUPERO: pt 1, st 4

12/05/2024 ore 15:00
VERONA-TORINO 1-2
Marcatori: 67' Swiderski (V), 77' Savva (T), 83' Pellegri (T)
VERONA (4-2-3-1): Montipo 5,5; Centonze 5,5, Magnani 6 (63' Dani Silva 6), Coppola 5, Cabal 6 (81' Vinagre sv); Dawidowicz 5,5, Duda 6; Lazovic 5,5 (62' Suslov 5,5), Serdar 6,5 (87' Henry sv), Noslin 6; Bonazzoli 5,5 (62' Swiderski 7)
A disposizione: Chiesa, Perilli, Corradi, Belahyane, Charlys, Tchatchoua, Tavsan, Mitrovic
Allenatore: Marco Baroni 5,5
TORINO (3-4-1-2): Milinkovic-Savic 6,5; Vojvoda 6 (56' Linetty 6), Lovato 6, Masina 6 (76' Dellavalle 6); Bellanova 5,5 (69' Savva 7), Tameze 5, Ilic 6, Rodriguez 6 (56' Lazaro 7); Ricci 6; Sanabria 5,5, Zapata 5,5 (56' Pellegri 7)
A disposizione: Gemello, Passador, Buongiorno, Sazonov, Silva, Ciammaglichella, Kabic, Okereke
Allenatore: Ivan Juric 6,5
ARBITRO: Livio Marinelli 6,5
AMMONITI: 38' Noslin (V); 44' Magnani (V); 90+3' Pellegri (T); 90+3' Suslov (V); 90+4' Linetty (T)
ESPULSI: Henry (V) a fine partita
ANGOLI: 7-4
RECUPERO: pt 1, st 6

Atalanta in Champions
Il Sassuolo saluta la A

CLASSIFICA

Inter 93; Milan 74; Bologna e Juventus 68; Atalanta 66; Roma 63; Lazio 60; Fiorentina 57; Torino 53; Napoli 52; Genoa 46; Monza 45; Verona e Lecce 37; Cagliari 36; Frosinone 35; Udinese 34; Empoli 33; Sassuolo 29; Salernitana 16.

I NUMERI

Reti realizzate: 27. Rigori: 4/4. Espulsioni: 3. Ammonizioni: 38. Assist: 15 (Bellanova, Castro, Dossena, El Shaarawy, Harroui, Lazovic, Miranchuk, Noslin, Pellegri, Politano, Rodriguez, Rovella, Sanchez, Scamacca e Urbanski 1). **Pali: 8** (Colpani, Folorunsho, Martinez, Piccoli, Pierozzi, Politano, Soule e Zappacosta 1).

Risultati

Bologna	3
Juventus	3
Fiorentina	2
Napoli	2
Inter	1
Lazio	1
Lecce	0
Atalanta	2
Monza	0
Frosinone	1
Roma	1
Genoa	0
Salernitana	1
Verona	2
Sassuolo	0
Cagliari	2
Torino	3
Milan	1
Udinese	1
Empoli	1

Tabellini

20/05/2024 ore 20:45

BOLOGNA-JUVENTUS 3-3
Marcatori: 2' Calafiori (B), 11' Castro (B), 53' Calafiori (B), 76' Chiesa (J), 83' Milik (J), 84' Yildiz (J)
BOLOGNA (4-1-4-1): Skorupski 6; Posch 6, Calafiori 8 (75' Beukema 5), Lucumi 5,5, Kristiansen 6; Freuler 7 (76' El Azzouzi 5,5); Ndoye 6,5, Aebischer 6, Urbanski 7 (70' Fabbian 5,5), Odgaard 6 (70' Orsolini 5,5); Castro 7 (63' Saelemaekers 6)
A disposizione: Bagnolini, Ravaglia, Ilic, Soumaoro, Corazza, Lykogiannis, De Silvestri, Moro, Karlsson
Allenatore: Thiago Motta 6
JUVENTUS (3-5-2): Szczesny 6; Gatti 5 (57' Yildiz 7), Bremer 5,5, Danilo 5; Cambiaso 5 (46' Weah 6), Miretti 5 (46' Alcaraz 6), Locatelli 5, Rabiot 5 (71' Fagioli 6), Iling-Junior 5,5; Vlahovic 5 (64' Milik 7), Chiesa 6,5
A disposizione: Pinsoglio, Perin, Alex Sandro, Rugani, Djaló, Kostic, McKennie, Nicolussi Caviglia, Kean
Allenatore: Paolo Montero 6
ARBITRO: Giovanni Ayroldi 6,5
AMMONITI: 26' Miretti (J); 29' Cambiaso (J); 62' Danilo (J); 68' Bremer (J); 82' Aebischer (B); 90' Fagioli (J)
ESPULSI: nessuno
ANGOLI: 3-2
RECUPERO: pt 0, st 3

17/05/2024 ore 20:45

FIORENTINA-NAPOLI 2-2
Marcatori: 8' Rrahmani (N), 40' Biraghi (F), 42' Nzola (F), 57' Kvaratskhelia (N)
FIORENTINA (4-2-3-1): Terracciano 6; Dodo 5,5, Milenkovic 5,5, Martinez Quarta 6, Biraghi 7 (78' Parisi 5,5); Arthur 6 (87' Lopez sv), Bonaventura 5,5; Gonzalez 5,5, Beltran 5,5 (78' Mandragora 5,5), Kouame 5,5 (66' Ikone 5);

Nzola 7 (67' Belotti 6)
A disposizione: Martinelli, Christensen, Ranieri, Faraoni, Kayode Olabode, Comuzzo, Castrovilli, Infantino, Duncan, Barak
Allenatore: Vincenzo Italiano 6
NAPOLI (4-3-3): Meret 5; Mazzocchi 6,5, Ostigard 6, Rrahmani 7, Olivera 6; Anguissa 6, Lobotka 5,5, Cajuste 5,5; Politano 6 (76' Ngonge 5,5), Simeone 5,5 (76' Raspadori 6), Kvaratskhelia 6,5 (86' Lindstrom sv)
A disposizione: Contini, Idasiak, Natan, Juan Jesus, Dendoncker, Traore
Allenatore: Francesco Calzona 6,5
ARBITRO: Matteo Marchetti 5
AMMONITI: 41' Kvaratskhelia (N); 70' Cajuste (N); 84' Mandragora (F)
ESPULSI: nessuno
ANGOLI: 5-3
RECUPERO: pt 2, st 5

19/05/2024 ore 18:00
INTER-LAZIO 1-1
Marcatori: 32' Kamada (L), 87' Dumfries (I)
INTER (3-5-2): Sommer 5,5; Pavard 7, Acerbi 5,5, Bastoni 6 (64' Carlos Augusto 6); Darmian 6 (64' Dumfries 7), Barella 6,5, Calhanoglu 5,5 (76' Sanchez 6,5), Mkhitaryan 5,5 (64' Frattesi 6), Dimarco 6,5 (77' Buchanan 6); Martinez 6, Thuram 5
A disposizione: Di Gennaro, Audero, De Vrij, Bisseck, Sensi, Cuadrado, Klaassen, Asllani, Arnautovic
Allenatore: Simone Inzaghi 6
LAZIO (3-4-2-1): Provedel 7; Patric 6, Casale 6,5, Gila 6,5 (78' Cataldi sv); Marusic 5, Rovella 6,5 (66' Guendouzi 6), Vecino 6, Pellegrini 6 (65' Hysaj 6); Kamada 7 (72' Felipe Anderson 5,5), Zaccagni 6 (72' Luis Alberto 5,5); Castellanos 5,5
A disposizione: Mandas, Renzetti, Lazzari, Pedro, Immobile, Isaksen, Gonzalez
Allenatore: Igor Tudor 6,5
ARBITRO: Juan Luca Sacchi 6
AMMONITI: 52' Casale (L)
ESPULSI: nessuno
ANGOLI: 8-0
RECUPERO: pt 1, st 4

18/05/2024 ore 18:00
LECCE-ATALANTA 0-2
Marcatori: 48' De Ketelaere (A), 53' Scamacca (A)
LECCE (4-4-2): Falcone 5,5; Gendrey 6 (29' Venuti 6), Baschirotto 5,5, Pongracic 6, Gallo 6; Gonzalez 5,5 (55' Oudin 6), Berisha 6 (54' Blin 5,5), Ramadani 5,5 (83' Rafia sv), Dorgu 5,5 (54' Pierotti 6); Krstovic 5,5, Piccoli 6
A disposizione: Brancolini, Samooja, Borbei, Esposito, Touba, Samek, Almqvist, Burnete
Allenatore: Luca Gotti 5,5
ATALANTA (3-4-1-2): Musso 6,5; Toloi 6, Hien 6,5, Bonfanti 6 (75' Bakker sv); Hateboer 6, Pasalic 6,5 (68' Adopo 6), Scalvini 6,5, Zappacosta 6 (46' Ederson 6,5); Miranchuk 6; Toure 5,5 (46' De Ketelaere 7), Scamacca 7,5 (62' Djimsiti 6)
A disposizione: Carnesecchi, Rossi, Ruggeri, Mendicino, Lookman
Allenatore: Gian Piero Gasperini 6,5
ARBITRO: Antonio Rapuano 6
AMMONITI: 25' Hateboer (A); 37' Toure (A); 44' Pasalic (A); 67' Toloi (A)
ESPULSI: nessuno
ANGOLI: 2-5
RECUPERO: pt 1, st 3

19/05/2024 ore 15:00
MONZA-FROSINONE 0-1
Marcatori: 9' Cheddira (F)
MONZA (4-2-3-1): Sorrentino 6,5; Birindelli 5,5 (78' Pereira sv), Mari 6, Izzo 5,5 (46' D'Ambrosio 6), Kyriakopoulos 5 (46' Zerbin 5,5); Bondo 5,5 (46' Carboni V. 6), Gagliardini 6; Colpani 6, Pessina 6, Mota 6 (66' Caprari 5,5); Djuric 6

A disposizione: Mazza, Gori, Donati, Caldirola, Akpa-Akpro, Colombo, Ferraris, Vignato
Allenatore: Raffaele Palladino 5,5
FROSINONE (3-4-2-1): Cerofolini 6; Lirola 6, Romagnoli 6,5, Okoli 6; Zortea 6,5, Barrenechea 6 (86' Reinier sv), Brescianini 6, Valeri 6; Soule 6,5 (90+1' Baez sv), Harroui 7 (72' Gelli 6); Cheddira 7 (86' Cuni sv)
A disposizione: Frattali, Palmisani, Marchizza, Monterisi, Bonifazi, Lusuardi, Garritano, Mazzitelli, Kaio Jorge, Ibrahimovic, Ghedjemis
Allenatore: Eusebio Di Francesco 6,5
ARBITRO: Michael Fabbri 6,5
AMMONITI: 28' Bondo (M); 47' Soule (F); 90+2' Gelli (F)
ESPULSI: nessuno
ANGOLI: 3-4
RECUPERO: pt 2, st 6

19/05/2024 ore 20:45
ROMA-GENOA 1-0
Marcatori: 79' Lukaku (R)
ROMA (4-3-2-1): Svilar 6,5; Celik 6, Llorente 6, Ndicka 6,5, Angelino 6,5 (81' Mancini sv); Cristante 6, Paredes 4, Bove 6; Baldanzi 6,5 (63' El Shaarawy 7), Pellegrini 6 (63' Dybala 6,5; 90+2' Kristensen sv); Lukaku 7,5 (90+2' Abraham sv)
A disposizione: Rui Patricio, Boer, Huijsen, Smalling, Aouar, Zalewski, Azmoun, Costa Cesco
Allenatore: Daniele De Rossi 7
GENOA (3-5-2): Martinez 6,5; Vogliacco 6,5 (81' Vitinha sv), De Winter 6, Vasquez 6; Spence 5,5, Frendrup 6 (90+1' Ankeye sv), Badelj 6 (81' Malinovskyi sv), Strootman 6,6 (67' Thorsby 6), Martin 6; Ekuban 6 (67' Gudmundsson 6), Retegui 6,5
A disposizione: Leali, Sommariva, Bani, Sabelli, Cittadini, Matturro, Haps, Bohinen

Allenatore: Alberto Gilardino 6,5
ARBITRO: Gianluca Manganiello 6,5
AMMONITI: 71' Paredes (R); 82' Lukaku (R)
ESPULSI: 72' Paredes (R)
ANGOLI: 6-3
RECUPERO: pt 0, st 6

20/05/2024 ore 18:30

SALERNITANA-VERONA 1-2

Marcatori: 22' Suslov (V), 45+3' Folorunsho (V), 90' Maggiore (S)

SALERNITANA (3-4-2-1): Fiorillo 6,5; Pierozzi 6, Fazio 5,5 (72' Manolas 6), Pirola 5 (46' Candreva 6); Sambia 5, Coulibaly 5 (46' Maggiore 6,5), Basic 5, Zanoli 5,5; Tchaouna 5, Kastanos 5,5 (83' Vignato sv); Weissman 5 (76' Fusco 6,5)

A disposizione: Costil, Salvati, Pasalidis, Pellegrino, Sfait, Legowski, Boncori

Allenatore: Stefano Colantuono 5,5

VERONA (4-2-3-1): Montipo 6; Tchatchoua 6, Coppola 6,5, Dawidowicz 6, Cabal 6,5 (67' Magnani 6); Duda 6,5, Serdar 6,5; Suslov 7,5 (81' Dani Silva sv), Folorunsho 7,5 (81' Swiderski sv), Lazovic 6,5 (90+1' Vinagre sv); Noslin 6,5

A disposizione: Chiesa, Perilli, Centonze, Corradi, Belahyane, Charlys, Tavsan, Mitrovic, Ajayi, Bonazzoli

Allenatore: Marco Baroni 7
ARBITRO: Marco Di Bello 6,5
AMMONITI: 14' Sambia (S); 56' Duda (V); 71' Basic (S); 73' Tchaouna (S); 73' Serdar (V)
ESPULSI: nessuno
ANGOLI: 4-6
RECUPERO: pt 5, st 5

19/05/2024 ore 12:30

SASSUOLO-CAGLIARI 0-2
Marcatori: 71' Prati (C), 90+1' Lapadula (Rig.) (C)
SASSUOLO (3-5-2): Consigli 5,5; Tressoldi 5 (62' Pedersen 5,5), Erlic sv (20' Kumbulla

4,5), Ferrari 5; Missori 5,5 (46' Defrel 5,5), Matheus Henrique 5,5, Racic 5,5 (57' Boloca sv), Thorstvedt 5,5 (57' Obiang 5), Doig 5,5; Lauriente 5,5, Pinamonti 5,5

A disposizione: Pegolo, Cragno, Viti, Toljan, Bajrami, Volpato, Lipani, Mulattieri, Ceide
Allenatore: Davide Ballardini 5,5

CAGLIARI (4-3-1-2): Scuffet 6,5; Zappa 6, Mina 5,5, Dossena 6,5, Augello 6,5 (86' Obert sv); Nandez 6,5 (89' Di Pardo sv), Sulemana 6, Deiola 6,5 (67' Prati 6,5); Gaetano 6,5 (67' Viola 6,5); Shomurodov 6 (46' Luvumbo 6), Lapadula 7

A disposizione: Radunovic, Aresti, Hatzidiakos, Wieteska, Mancosu, Oristanio, Azzi, Pavoletti, Petagna, Mutandwa

Allenatore: Claudio Ranieri 7
ARBITRO: Daniele Doveri 6,5
AMMONITI: 54' Thorstvedt (S); 61' Deiola (C); 76' Dossena (C); 79' Pinamonti (S); 79' Pegolo (S); 90+3' Matheus Henrique (S); 90+3' Matheus Henrique (S)
ESPULSI: 90+3' Matheus Henrique (S)
ANGOLI: 5-6
RECUPERO: pt 2, st 6

18/05/2024 ore 20:45

TORINO-MILAN 3-1
Marcatori: 26' Zapata (T), 40' Ilic (T), 46' Rodriguez (T), 55' Bennacer (Rig.) (M)

TORINO (3-4-1-2): Milinkovic-Savic 6,5; Tameze 6,5, Buongiorno 7 (80' Lovato sv), Masina 6; Bellanova 7 (74' Lazaro sv), Linetty 6, Ilic 7, Rodriguez 7 (61' Vojvoda 6); Ricci 6,5; Zapata 7,5, Pellegri 6,5 (74' Sanabria sv)

A disposizione: Gemello, Popa, Sazonov, Dellavalle, Djidji, Silva, Ciammaglichella, Kabic, Okereke, Savva
Allenatore: Ivan Juric 7

MILAN (4-3-3): Sportiello 6; Kalulu 5,5, Thiaw 5, Tomori 5, Terracciano 5,5 (65' Florenzi

5,5); Musah 6 (77' Giroud sv), Bennacer 6 (77' Pobega sv), Reijnders 5,5; Pulisic 6, Jovic 5, Okafor 6 (61' Leao 6)

A disposizione: Maignan, Mirante, Calabria, Caldara, Bartesaghi, Adli, Zeroli
Allenatore: Stefano Pioli 5
ARBITRO: Ermanno Feliciani 6,5
AMMONITI: 78' Tomori (M); 90+5' Ricci (T)
ESPULSI: nessuno
ANGOLI: 3-8
RECUPERO: pt 2, st 5

19/05/2024 ore 15:00

UDINESE-EMPOLI 1-1
Marcatori: 90' Niang (Rig.) (E), 90+14' Samardzic (Rig.) (U)

UDINESE (3-4-2-1): Okoye 6; Perez 6, Bijol 6,5, Kristensen 6,5; Ehizibue 6 (55' Ebosele 6), Walace 6 (87' Zarraga sv), Payero 6, Kamara 6,5 (87' Ferreira sv); Samardzic 6, Success sv (7' Brenner 5,5; 55' Davis 5); Lucca 6

A disposizione: Mosca, Padelli, Abankwah, Tikvic, Kabasele, Giannetti, Zemura, Palma, Pereyra, Pejicic
Allenatore: Fabio Cannavaro 6

EMPOLI (3-5-2): Caprile 6; Bereszynski 6 (59' Walukiewicz 6,5), Ismajli 6, Luperto 6,5; Gyasi 5,5, Bastoni 5,5 (59' Fazzini 5), Grassi 6 (81' Marin sv), Maleh 6,5, Pezzella 5,5; Cerri 6 (30' Niang 7), Cancellieri 6 (81' Cambiaghi 6,5)

A disposizione: Perisan, Seghetti, Goglichidze, Cacace, Kovalenko, Zurkowski, Shpendi, Caputo, Destro
Allenatore: Davide Nicola 6
ARBITRO: Marco Guida 5
AMMONITI: 4' Grassi (E); 35' Perez (U); 54' Bastoni (E); 64' Ismajli (E); 75' Gyasi (E); 90+12' Fazzini (E); 90+6' Marin (E)
ESPULSI: 90+14' Grassi (E)
ANGOLI: 5-5
RECUPERO: pt 5, st 14

Salvezza per Udinese ed Empoli Frosinone, un finale amarissimo

Inquadra il Qr-code per vedere le pagelle commentate su Datasport.it

CLASSIFICA

Inter 94; Milan 75; Juventus 71; Atalanta 69; Bologna 68; Roma 63; Lazio 61; Fiorentina 60; Torino e Napoli 53; Genoa 49; Monza 45; Verona e Lecce 38; Udinese 37; Cagliari ed Empoli 36; Frosinone 35; Sassuolo 30; Salernitana 17.

I NUMERI

Reti realizzate: 28. Rigori: 2/2. Espulsioni: 1. Ammonizioni: 27. Assist: 18 (Angelino, Biraghi, Cancellieri, Castrovilli, De Ketelaere, Fagioli, Florenzi, Frattesi, Gudmundsson, Gyasi, Lucca, Martin, Nandez, Noslin, Prati, Pulisic, Sambia e Suslov 1). **Pali: 12** (Brescianini, Cajuste, Chiesa, Dorgu, Fabbian, Fagioli, Marin, Ngonge, Prati, Soule, Simy e Zalewski 1).

Risultati

Squadra	
Atalanta	3
Torino	0
Cagliari	2
Fiorentina	3
Empoli	2
Roma	1
Frosinone	0
Udinese	1
Genoa	2
Bologna	0
Juventus	2
Monza	0
Lazio	1
Sassuolo	1
Milan	3
Salernitana	3
Napoli	0
Lecce	0
Verona	2
Inter	2

Tabellini

26/05/2024 ore 18:00

ATALANTA-TORINO 3-0
Marcatori: 26' Scamacca (A), 43' Lookman (A), 71' Pasalic (Rig.) (A)
ATALANTA (3-4-2-1): Carnesecchi 6,5 (86' Rossi 6,5); Toloi 6,5, Djimsiti 6,5 (62' Hien 6), Scalvini 6,5; Holm 6 (63' Ruggeri 6), Pasalic 7, Koopmeiners 6,5, Zappacosta 6,5; De Ketelaere 6,5 (73' Miranchuk sv), Lookman 7,5; Scamacca 7 (73' Toure sv)
A disposizione: Musso, Bonfanti, Ederson, Bakker, Adopo, Mendicino, Diao
Allenatore: Gian Piero Gasperini 7,5
TORINO (3-4-1-2): Gemello 4,5; Tameze 4,5 (72' Lovato 5,5), Buongiorno 5, Masina 5; Bellanova 5,5 (71' Lazaro 5,5), Linetty 5,5 (85' Savva sv), Ilic 5, Vojvoda 5; Ricci 5; Pellegri 5,5 (63' Sanabria 5), Zapata 5,5 (85' Okereke sv)
A disposizione: Passador, Popa, Rodriguez, Sazonov, Djidji, Bianay Balcot, Silva, Ciammaglichella, Kabic
Allenatore: Ivan Juric 4,5
ARBITRO: Simone Sozza 6,5
AMMONITI: 58' Linetty (T); 77' Hien (A)
ESPULSI: nessuno
ANGOLI: 2-5
RECUPERO: pt 1, st 3

23/05/2024 ore 20:45

CAGLIARI - FIORENTINA 2-3
Marcatori: 39' Bonaventura (F), 64' Deiola (C), 87' Mutandwa (C), 89' Gonzalez (F), 90+13' Arthur (Rig.) (F)
CAGLIARI (4-2-3-1): Scuffet 6,5 (90+4' Aresti sv); Zappa 6, Mina 6,5, Obert 6, Augello 6; Deiola 7 (78' Sulemana sv; 90+4' Mancosu sv), Prati 6,5; Nandez 6,5 (90+3' Di Pardo 5), Viola 7, Luvumbo 6,5 (78' Mutandwa 7); Lapadula 7
A disposizione: Radunovic, Hatzidiakos, Wieteska, Ori-

stanio, Azzi, Gaetano, Pavoletti, Petagna, Shomurodov
Allenatore: Claudio Ranieri 7
FIORENTINA (4-2-3-1): Terracciano 7; Dodo 5,5, Milenkovic 5 (66' Martinez Quarta 6), Ranieri 5,5, Biraghi 5,5; Bonaventura 6 (73' Beltran 6,5), Mandragora 5,5 (56' Arthur 7); Ikone 4,5 (56' Gonzalez 6), Barak 5, Castrovilli 5,5; Belotti 5,5 (74' Nzola 5,5)
A disposizione: Martinelli, Christensen, Faraoni, Kayode Olabode, Comuzzo, Parisi, Lopez, Infantino, Duncan, Kouame
Allenatore: Vincenzo Italiano 6
ARBITRO: Alessandro Prontera 6,5
AMMONITI: 44' Mandragora (F); 45+4' Biraghi (F); 71' Bonaventura (F); 90+4' Sulemana (C); 90+2' Mina (C); 90' Nzola (F)
ESPULSI: nessuno
ANGOLI: 4-5
RECUPERO: pt 4, st 12

26/05/2024 ore 20:45

EMPOLI-ROMA 2-1
Marcatori: 13' Cancellieri (E), 45+1' Aouar (R), 90+3' Niang (E)
EMPOLI (3-5-2): Caprile 6; Bereszynski 6 (67' Caputo 5,5), Ismajli 6, Luperto 6; Gyasi 6,5 (46' Walukiewicz 6), Bastoni 6 (55' Fazzini 5,5), Marin 6,5, Maleh 6 (77' Cambiaghi sv), Cacace 6,5; Destro 5,5 (46' Niang 7), Cancellieri 7
A disposizione: Perisan, Seghetti, Berisha, Goglichidze, Pezzella, Kovalenko, Zurkowski, Shpendi
Allenatore: Davide Nicola 7
ROMA (4-3-3): Svilar 6; Celik 6, Mancini 5,5, Ndicka 5, Angelino 5,5; Bove 6, Cristante 5,5, Aouar 6,5 (70' Pellegrini 5,5); Dybala 6 (88' Costa Cesco sv), Abraham 5 (70' Azmoun 5,5), Zalewski 6 (79' El Shaarawy sv)
A disposizione: Rui Patricio, Boer, Karsdorp, Huijsen,

Smalling, Llorente, Kristensen, Pagano, Pisilli, Baldanzi
Allenatore: Daniele De Rossi 5,5
ARBITRO: Davide Massa 6
AMMONITI: 2' Gyasi (E); 34' Destro (E); 81' Marin (E); 90' Costa Cesco (R); 90' Niang (E)
ESPULSI: nessuno
ANGOLI: 4-5
RECUPERO: pt 3, st 7

26/05/2024 ore 20:45
FROSINONE-UDINESE 0-1
Marcatori: 76' Davis (U)
FROSINONE (3-4-2-1): Cerofolini 6,5; Lirola 4,5 (85' Cuni sv), Romagnoli 5,5, Okoli 5,5; Zortea 6,5 (90+5' Monterisi sv), Barrenechea 6, Brescianini 6 (88' Gelli sv), Valeri 5,5; Soule 6,5 (85' Ghedjemis sv), Harroui 6 (85' Reinier sv); Cheddira 5,5
A disposizione: Frattali, Palmisani, Marchizza, Bonifazi, Lusuardi, Garritano, Mazzitelli, Baez, Kvernadze, Ibrahimovic
Allenatore: Eusebio Di Francesco 5,5
UDINESE (3-5-2): Okoye 7; Kristensen 6, Bijol 7, Perez 6; Ehizibue 6 (58' Ferreira 6), Samardzic 6, Walace 6, Payero 6, Kamara 6,5 (87' Zemura sv); Lucca 6,5, Brenner 5,5 (46' Davis 7; 90+5' Kabasele sv)
A disposizione: Mosca, Padelli, Abankwah, Tikvic, Giannetti, Ebosele, Zarraga, Pereyra, Thauvin
Allenatore: Fabio Cannavaro 6,5
ARBITRO: Daniele Doveri 7
AMMONITI: 66' Perez (U); 77' Davis (U)
ESPULSI: nessuno
ANGOLI: 11-1
RECUPERO: pt 3, st 6

24/05/2024 ore 20:45
GENOA-BOLOGNA 2-0
Marcatori: 13' Malinovskyi (G), 59' Vitinha (G)
GENOA (3-5-2): Leali 6,5 (86' Sommariva sv); Cittadini 6

(77' Matturro sv), Vogliacco 6, Vasquez 6,5; Sabelli 6,5 (63' Spence 6), Malinovskyi 7 (63' Strootman 6,5), Frendrup 6,5, Thorsby 6,5, Martin 6; Vitinha 7 (77' Ekuban sv), Gudmundsson 6,5
A disposizione: Martinez, Bani, Haps, Bohinen, Badelj, Retegui, Ankeye
Allenatore: Alberto Gilardino 7
BOLOGNA (4-1-4-1): Ravaglia 6 (86' Bagnolini sv); De Silvestri 5,5 (86' Corazza sv), Beukema 6, Lucumí 6, Lykogiannis 5,5; Moro 5,5; Orsolini 6,5 (61' Odgaard 5,5), El Azzouzi 5,5, Fabbian 6,5 (60' Urbanski 5,5), Saelemaekers 5,5 (70' Karlsson 5,5); Castro 5,5
A disposizione: Skorupski, Posch, Ilic, Soumaoro, Kristiansen, Calafiori, Freuler, Aebischer, Ndoye
Allenatore: Thiago Motta 5,5
ARBITRO: Alberto Santoro 6,5
AMMONITI: 56' El Azzouzi (B); 64' Castro (B); 67' Leali (G)
ESPULSI: nessuno
ANGOLI: 3-6
RECUPERO: pt 2, st 4

25/05/2024 ore 18:00
JUVENTUS-MONZA 2-0
Marcatori: 26' Chiesa (J), 28' Alex Sandro (J)
JUVENTUS (3-4-3): Perin 6 (46' Pinsoglio 7); Danilo 7, Rugani 6,5, Alex Sandro 7,5 (74' Djalo 6); Weah 6,5, Fagioli 7 (79' Nicolussi Caviglia sv), Alcaraz 6, Iling-Junior 6; Chiesa 7, Milik 6 (73' Vlahovic 6), Yildiz 6,5 (88' Miretti sv)
A disposizione: Szczesny, De Sciglio, Bremer, Gatti, Locatelli, Kostic, McKennie, Kean
Allenatore: Paolo Montero 7
MONZA (3-4-2-1): Sorrentino 6; D'Ambrosio 5,5, Marí 5,5, Izzo 6; Birindelli 6 (65' Zerbin 4), Gagliardini 5 (46' Bondo 6), Pessina 6, Pereira 5 (74' Kyriakopoulos sv); Colpani 6 (46' Djuric 5,5), Carboni V. 5,5

(81' Ferraris sv); Mota 5
A disposizione: Di Gregorio, Mazza, Gori, Donati, Caldirola, Carboni A., Akpa-Akpro, Colombo, Caprari, Vignato
Allenatore: Raffaele Palladino 5,5
ARBITRO: Maria Sole Ferrieri Caputi 6
AMMONITI: 38' Carboni V. (M); 63' Yildiz (J); 67' Zerbin (M); 90' Zerbin (M)
ESPULSI: 90' Zerbin (M)
ANGOLI: 3-4
RECUPERO: pt 1, st 7

26/05/2024 ore 20:45
LAZIO-SASSUOLO 1-1
Marcatori: 60' Zaccagni (L), 66' Viti (S)
LAZIO (3-4-2-1): Provedel 6; Hysaj 5,5, Romagnoli 5,5, Gila 6; Marusic 5,5, Vecino 6 (53' Felipe Anderson 6), Rovella 6 (53' Guendouzi 6), Pellegrini 6,5 (71' Lazzari 6); Kamada 5,5, Zaccagni 7 (90' Pedro sv); Castellanos 5,5 (71' Immobile 6)
A disposizione: Mandas, Renzetti, Luis Alberto, Cataldi, Isaksen, Gonzalez
Allenatore: Igor Tudor 6
SASSUOLO (3-5-2): Cragno 6; Erlic 6, Viti 6,5, Ferrari 6; Missori 6,5 (88' Pedersen sv), Obiang 6, Lipani 6 (83' Racic sv), Thorstvedt 6,5, Doig 6 (75' Toljan 6); Mulattieri 5,5 (83' Pinamonti sv), Volpato 6 (75' Lauriente 6)
A disposizione: Scacchetti, Kumbulla, Tressoldi, Bajrami, Boloca, Abubakar, Ceide, Defrel
Allenatore: Davide Ballardini 6
ARBITRO: Paride Tremolada 6
AMMONITI: 19' Volpato (S); 65' Kamada (L); 82' Guendouzi (L); 88' Zaccagni (L)
ESPULSI: nessuno
ANGOLI: 5-3
RECUPERO: pt 0, st 4

25/05/2024 ore 20:45
MILAN-SALERNITANA 3-3
Marcatori: 22' Leao (M), 27' Giroud (M), 64' Simy (S), 77' Calabria (M), 87' Sambia (S), 89' Simy (S)
MILAN (4-2-3-1): Mirante 6 (88' Nava 5,5); Calabria 6, Gabbia 6 (58' Caldara sv), Tomori 5,5 (88' Kjaer sv), Hernandez 6; Florenzi 6,5, Reijnders 6; Pulisic 6, Bennacer 6, Leao 6 (59' Adli 5,5); Giroud 7 (85' Jovic 5,5)
A disposizione: Sportiello, Kalulu, Thiaw, Loftus-Cheek, Pobega, Musah, Terracciano, Okafor
Allenatore: Stefano Pioli 6,5
SALERNITANA (3-4-2-1): Fiorillo 5,5; Pierozzi 5,5, Gyomber 5,5 (75' Pellegrino sv), Pasalidis 5,5; Sambia 6,5, Maggiore 5,5 (82' Sfait sv), Coulibaly 6, Zanoli 5,5 (82' Legowski sv); Candreva 6 (61' Vignato sv), Kastanos 5,5 (60' Simy sv); Tchaouna 6
A disposizione: Costil, Salvati, Ferrari, Guccione, Di Vico, Fusco, Boncori
Allenatore: Stefano Colantuono 6
ARBITRO: Davide Di Marco 6
AMMONITI: 51' Pierozzi (S)
ESPULSI: nessuno
ANGOLI: 13-3
RECUPERO: pt 2, st 5

26/05/2024 ore 18:00
NAPOLI-LECCE 0-0
NAPOLI (4-3-3): Meret 6; Di Lorenzo 5 (85' Mazzocchi sv), Ostigard 5,5, Juan Jesus 5, Olivera 6; Anguissa 5, Lobotka 6, Cajuste 5 (65' Osimhen 5); Politano 5,5 (46' Ngonge 6,5), Simeone 5 (46' Raspadori 4,5), Kvaratskhelia 6
A disposizione: Contini, Gollini, Natan, Rrahmani, D'Avino, Traore, Lindstrom
Allenatore: Francesco Calzona 5
LECCE (4-3-3): Falcone 6; Gendrey 5, Baschirotto 6, Pongracic 5,5, Gallo 6 (64' Piccoli 5,5); Blin 5 (77' Oudin 6), Ramadani 6, Berisha 6 (77' Rafia 5,5); Almqvist 5 (55' Gonzalez 5,5), Krstovic 5 (56' Pierotti sv), Dorgu 6
A disposizione: Brancolini, Samooja, Borbei, Venuti, Esposito, Touba, Samek, Burnete
Allenatore: Luca Gotti 6
ARBITRO: Federico Dionisi 6
AMMONITI: nessuno
ESPULSI: nessuno
ANGOLI: 4-1
RECUPERO: pt 0, st 5

26/05/2024 ore 20:45
VERONA-INTER 2-2
Marcatori: 10' Arnautovic (I), 17' Noslin (V), 37' Suslov (V), 45+1' Arnautovic (I)
VERONA (4-2-3-1): Perilli 7,5; Tchatchoua 6, Coppola 5, Cabal 5,5 (67' Magnani 6), Vinagre 6; Belahyane 6,5 (74' Dani Silva 6), Serdar 6,5; Lazovic 6 (67' Charlys 6), Suslov 7,5 (83' Cisse sv), Mitrovic 6 (74' Tavsan 6); Noslin 7,5
A disposizione: Chiesa, Toniolo, Centonze, Dawidowicz, Corradi, Patane, Ajayi, Bonazzoli
Allenatore: Marco Baroni 7
INTER (3-5-2): Audero 6 (68' Di Gennaro 6,5); Bisseck 6, Acerbi 5,5, Carlos Augusto 6,5; Dumfries 5,5 (56' Cuadrado 6), Frattesi 6,5, Calhanoglu 6, Barella 5,5 (68' Asllani 6), Dimarco 6 (56' Buchanan 6); Arnautovic 7,5 (56' Sanchez 6), Thuram 6
A disposizione: Sommer, De Vrij, Pavard, Darmian, Bastoni, Sensi, Klaassen, Mkhitaryan, Martinez
Allenatore: Simone Inzaghi 6
ARBITRO: Luca Zufferli 6
AMMONITI: 30' Cabal (V); 61' Barella (I)
ESPULSI: nessuno
ANGOLI: 9-3
RECUPERO: pt 2, st 3

Classifica

L'Inter si aggiudica la 122ª edizione della Serie A. A sancire e rendere davvero speciale il 20° Scudetto nerazzurro è il successo ottenuto il 22 aprile in un derby disputato in casa del Milan. Il tecnico Simone Inzaghi plasma al meglio una squadra in grado di conseguire il 4° bottino più alto di punti nella storia della Serie A (94) e il 2° maggior distacco nell'era dei tre punti (19 dal **Milan**). I rossoneri si prendono il 2° posto e il conseguente accesso alla Supercoppa Italiana. La **Juventus**, vincitrice della Coppa Italia, crolla alla distanza, conservando a fatica la 3ª posizione. Volano in Champions League anche **l'Atalanta** (4ª) e trionfatrice in Europa League e il brillante quanto sorprendente **Bologna** (5°). Le incostanti **Roma** (6ª) e **Lazio** 7ª) disputeranno l'Europa League mentre la **Fiorentina** (8ª) proverà ancora una volta a far sua la Conference League.

Squadra	Pt	G	V	N	P	GF	GS	PtC	GC
Inter	94	38	29	7	2	89	22	46	19
Milan	75	38	22	9	7	76	49	40	19
Juventus	71	38	19	14	5	54	31	40	19
Atalanta	69	38	21	6	11	72	42	41	19
Bologna	68	38	18	14	6	54	32	41	19
Roma	63	38	18	9	11	65	46	40	19
Lazio	61	38	18	7	13	49	39	34	19
Fiorentina	60	38	17	9	12	61	46	35	19
Torino	53	38	13	14	11	36	36	33	19
Napoli	53	38	13	14	11	55	48	25	19
Genoa	49	38	12	13	13	45	45	30	19
Monza	45	38	11	12	15	39	51	24	19
Verona	38	38	9	11	18	38	51	24	19
Lecce	38	38	8	14	16	32	54	24	19
Udinese	37	38	6	19	13	37	53	14	19
Cagliari	36	38	8	12	18	42	68	25	19
Empoli	36	38	9	9	20	29	54	20	19
Frosinone	35	38	8	11	19	44	69	25	19
Sassuolo	30	38	7	9	22	43	75	20	19
Salernitana	17	38	2	11	25	32	81	8	19

24 **Lautaro Martinez**
Inter

16 **Dusan Vlahovic**
Juventus

15 **Victor Osimhen** *
Napoli

Gol: i primi della classe

* A pari merito con Olivier Giroud (Milan), ma con miglior rendimento

A centroclassifica troviamo un costante Torino (9°), i deludentissimi ex campioni d'Italia del Napoli (10°), la rivelazione Genoa (11°) e un positivo Monza (12ª). Il Lecce (14°) si garantisce la permanenza in A con tre gare d'anticipo. Verona (13°) e Cagliari (16°) centrano l'insperato obiettivo salvezza una giornata prima di Udinese (15°) ed Empoli (17°) a rischio retrocessione sino al termine del 38° turno. Beffa finale per il **Frosinone** (18°) costretto a lasciare la massima serie con il **Sassuolo** (19°) e la **Salernitana** (20ª).

VC	NC	PC	GFC	GSC	PtT	GT	VT	NT	PT	GFT	GST	M.I.	
14	4	1	44	11	48	19	15	3	1	45	11	18	
12	4	3	38	17	35	19	10	5	4	38	32	-1	
11	7	1	26	11	31	19	8	7	4	28	20	-5	
13	2	4	42	16	28	19	8	4	7	30	26	-7	
12	5	2	33	12	27	19	6	9	4	21	20	-8	
12	4	3	38	19	23	19	6	5	8	27	27	-13	
10	4	5	23	14	27	19	8	3	8	26	25	-15	
10	5	4	37	22	25	19	7	4	8	24	24	-16	
8	9	2	18	9	20	19	5	5	9	18	27	-23	
6	7	6	24	27	28	19	7	7	5	31	21	-23	
8	6	5	27	22	19	19	4	7	8	18	23	-27	
6	6	7	23	26	21	19	5	6	8	16	25	-31	
6	6	7	23	26	14	19	3	5	11	15	25	-38	
6	6	7	17	27	14	19	2	8	9	15	27	-38	
1	11	7	21	29	23	19	5	8	6	16	24	-39	
6	7	6	28	32	11	19	2	5	12	14	36	-40	
5	5	9	15	23	16	19	4	4	11	14	31	-40	
7	4	8	28	32	10	19	1	7	11	16	37	-41	
5	5	9	23	34	10	19	2	4	13	20	41	-46	
1	5	13	17	38	9	19	1	6	12	15	43	-59	

i 24 record
della Serie A

Vittorie

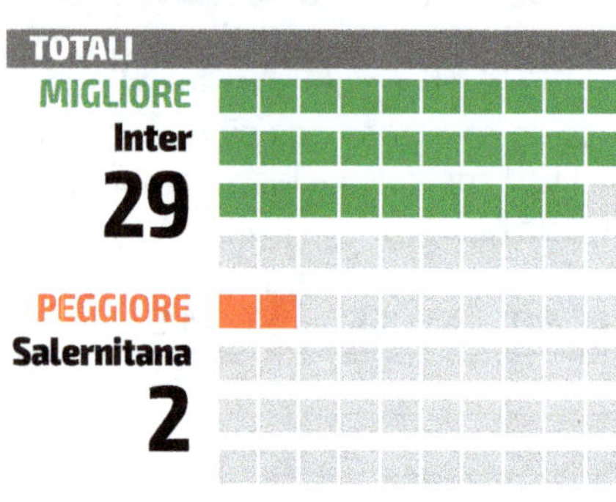

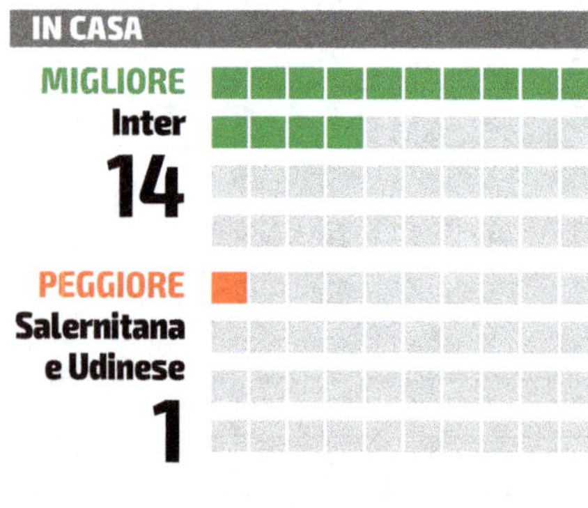

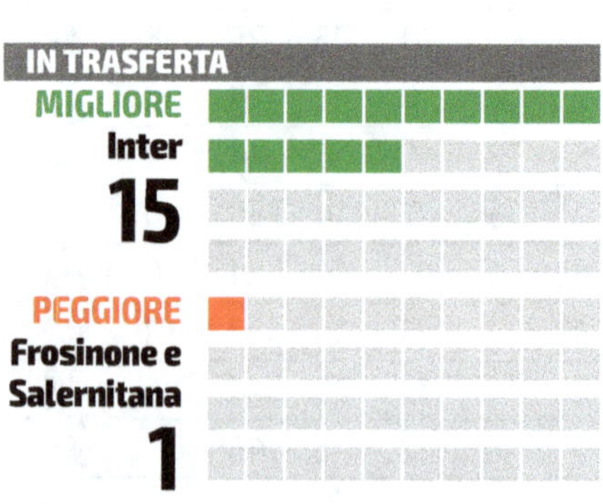

Sconfitte

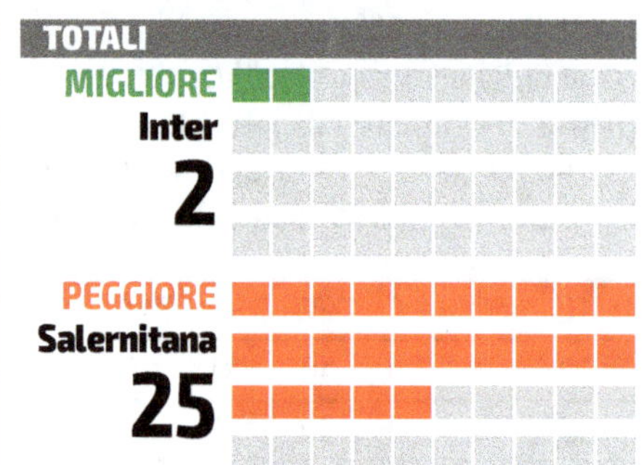

Gol fatti

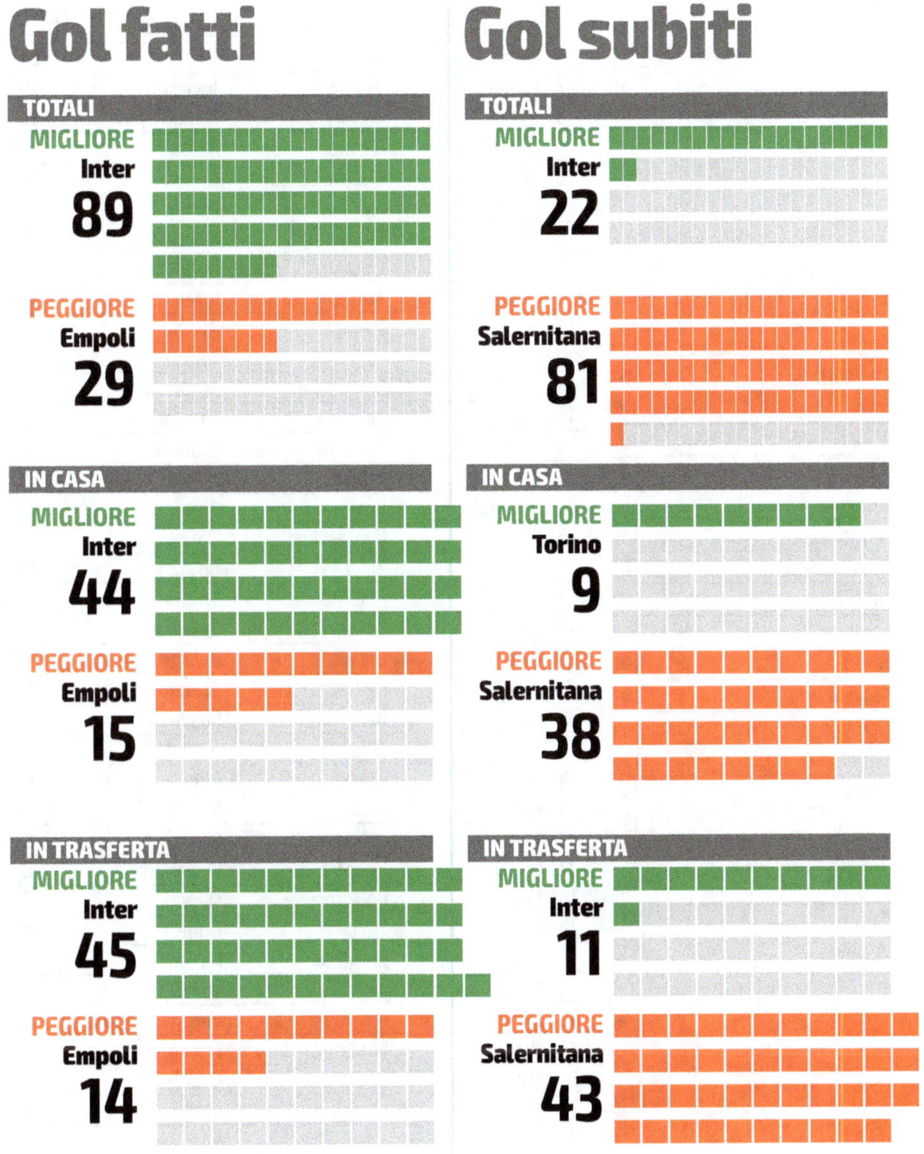

Gol subiti

Statistiche
Squadra e Singoli

Goal

GIOCATORI IN RETE

Squadra	
Cagliari	19
Fiorentina	18
Inter	17
Milan	17
Atalanta	16
Bologna	16
Roma	16
Frosinone	14
Juventus	14
Lazio	14
Napoli	14
Salernitana	14
Udinese	14
Genoa	13
Lecce	13
Monza	13
Sassuolo	13
Empoli	12
Torino	12
Verona	11

CLASSIFICA CANNONIERI

	Nome	Cognome	Squadra	Goal
1	Lautaro	Martinez	Inter	24
2	Dusan	Vlahovic	Juventus	16
3	Victor	Osimhen	Napoli	15
4	Olivier	Giroud	Milan	15
5	Albert	Gudmundsson	Genoa	14
6	Paulo	Dybala	Roma	13
7	Hakan	Calhanoglu	Inter	13
8	Romelu	Lukaku	Roma	13
9	Marcus	Thuram	Inter	13
10	Duvan	Zapata	Atalanta/Torino	13
11	Gianluca	Scamacca	Atalanta	12
12	Nicolas	Gonzalez	Fiorentina	12
13	Teun	Koopmeiners	Atalanta	12
14	Christian	Pulisic	Milan	12
15	Ademola	Lookman	Atalanta	11
16	Khvicha	Kvaratskhelia	Napoli	11
17	Joshua	Zirkzee	Bologna	11
18	Andrea	Pinamonti	Sassuolo	11
19	Matias	Soule	Frosinone	11
20	Riccardo	Orsolini	Bologna	10
21	Charles	De Ketelaere	Atalanta	10
22	Domenico	Berardi	Sassuolo	9
23	Federico	Chiesa	Juventus	9
24	Milan	Djuric	Monza/Verona	9
25	Rafael	Leao	Milan	9
26	Lorenzo	Pellegrini	Roma	8
27	Giacomo	Bonaventura	Fiorentina	8
28	Matteo	Politano	Napoli	8
29	Lorenzo	Lucca	Udinese	8
30	Andrea	Colpani	Monza	8
31	Ciro	Immobile	Lazio	7
32	Cyril	Ngonge	Verona/Napoli	7
33	Walid	Cheddira	Frosinone	7
34	Mateo	Retegui	Genoa	7
35	Nikola	Krstovic	Lecce	7

	Nome	Cognome	Squadra	Minuti Giocati	Goal	Minuti/ Goal
1	Lautaro	Martinez	Inter	2667	24	**111**
2	M'Baye	Niang	Empoli	705	6	**118**
3	Gianluca	Scamacca	Atalanta	1423	12	**119**
4	Victor	Osimhen	Napoli	1992	15	**133**
5	Dusan	Vlahovic	Juventus	2319	16	**145**
6	Noah	Okafor	Milan	872	6	**145**
7	Luka	Jovic	Milan	906	6	**151**
8	Paulo	Dybala	Roma	1976	13	**152**
9	Davide	Frattesi	Inter	935	6	**156**
10	Nicolas	Gonzalez	Fiorentina	1893	12	**158**
11	Olivier	Giroud	Milan	2372	15	**158**
12	Domenico	Berardi	Sassuolo	1437	9	**160**
13	Ademola	Lookman	Atalanta	1902	11	**173**
14	Riccardo	Orsolini	Bologna	1790	10	**179**
15	Matias	Vecino	Lazio	1135	6	**189**
16	Charles	De Ketelaere	Atalanta	1965	10	**197**
17	Hakan	Calhanoglu	Inter	2575	13	**198**
18	Romelu	Lukaku	Roma	2650	13	**204**
19	Marcus	Thuram	Inter	2707	13	**208**
20	Teun	Koopmeiners	Atalanta	2541	12	**212**
21	Albert	Gudmundsson	Genoa	3023	14	**216**
22	Christian	Pulisic	Milan	2619	12	**218**
23	Duvan	Zapata	Atalanta/Torino	3006	13	**231**
24	Lorenzo	Pellegrini	Roma	1865	8	**233**
25	Ciro	Immobile	Lazio	1657	7	**237**
26	Federico	Chiesa	Juventus	2205	9	**245**
27	Cyril	Ngonge	Verona/Napoli	1743	7	**249**
28	Khvicha	Kvaratskhelia	Napoli	2752	11	**250**
29	Joshua	Zirkzee	Bologna	2772	11	**252**
30	Lucas	Beltran	Fiorentina	1620	6	**270**
31	Andrea	Belotti	Roma/Fiorentina	1625	6	**271**
32	Milan	Djuric	Monza/Verona	2463	9	**274**
33	Rafael	Leao	Milan	2521	9	**280**
34	Andrea	Pinamonti	Sassuolo	3098	11	**282**
35	Matias	Soule	Frosinone	3141	11	**286**
36	Giacomo	Bonaventura	Fiorentina	2286	8	**286**
37	Matteo	Politano	Napoli	2409	8	**301**
38	Walid	Cheddira	Frosinone	2129	7	**304**
39	Mateo	Retegui	Genoa	2225	7	**318**
40	Lorenzo	Lucca	Udinese	2601	8	**325**
41	Mario	Pasalic	Atalanta	1960	6	**327**
42	Mattia	Zaccagni	Lazio	1972	6	**329**
43	Andrea	Colpani	Monza	2683	8	**335**

Gialli

SQUADRE CON PIÙ AMMONITI

Squadra	
Lazio	97
Roma	93
Salernitana	89
Empoli	88
Udinese	88
Juventus	85
Lecce	85
Verona	85
Bologna	83
Fiorentina	80
Monza	80
Milan	78
Atalanta	73
Genoa	73
Torino	73
Cagliari	72
Napoli	71
Sassuolo	68
Frosinone	66
Inter	46

Rossi

SQUADRE CON PIÙ ESPULSI

Squadra	
Milan	8
Verona	6
Cagliari	5
Lazio	5
Lecce	5
Monza	5
Napoli	5
Udinese	5
Sassuolo	4
Genoa	3
Roma	3
Salernitana	3
Bologna	2
Frosinone	2
Juventus	2
Torino	2
Atalanta	1
Empoli	1
Inter	1
Fiorentina	0

I GIOCATORI PIÙ AMMONITI

	Nome	Cognome	Ruolo	Squadra
15	Leandro	Paredes	CEN	Roma
14	Luca	Ranieri	DIF	Fiorentina
13	Ylber	Ramadani	CEN	Lecce
12	Karol	Linetty	CEN	Torino
11	Youssef	Maleh	CEN	Empoli
11	Theo	Hernandez	DIF	Milan
10	Marten	De Roon	CEN	Atalanta
10	Enzo	Barrenechea	CEN	Frosinone
10	Andrea	Cambiaso	DIF	Juventus
10	Ondrej	Duda	CEN	Verona
9	Remo	Freuler	CEN	Bologna
9	Emmanuel	Gyasi	ATT	Empoli
9	Lucas	Martinez Quarta	DIF	Fiorentina
9	Caleb	Okoli	DIF	Frosinone
9	Mattia	Bani	DIF	Genoa
9	Gleison	Bremer	DIF	Juventus
9	Alessio	Romagnoli	DIF	Lazio
9	Warren	Bondo	CEN	Monza
9	Armando	Izzo	DIF	Monza
9	Gianluca	Mancini	DIF	Roma
9	Norbert	Gyomber	DIF	Salernitana
9	Joao	Ferreira	DIF	Udinese
9	Diego	Coppola	DIF	Verona
8	Jose dos Santos	Ederson	CEN	Atalanta
8	Michel	Aebischer	CEN	Bologna
8	Lewis	Ferguson	CEN	Bologna
8	Joshua	Zirkzee	ATT	Bologna
8	Cristiano	Biraghi	DIF	Fiorentina
8	Adrien	Rabiot	CEN	Juventus
8	Danilo	Cataldi	CEN	Lazio
8	Ciro	Immobile	ATT	Lazio
8	Matias	Vecino	CEN	Lazio
8	Mattia	Zaccagni	ATT	Lazio
8	Marin	Pongracic	DIF	Lecce
8	Tijjani	Reijnders	CEN	Milan
8	Khvicha	Kvaratskhelia	ATT	Napoli
8	Bryan	Cristante	CEN	Roma

I GIOCATORI PIÙ ESPULSI

	Nome	Cognome	Ruolo	Squadra
2	Antoine	Makoumbou	CEN	Cagliari
2	Davide	Calabria	DIF	Milan
2	Ondrej	Duda	CEN	Verona
2	Thomas	Henry	ATT	Verona

Cambi fatti

CHI HA FATTO PIÙ CAMBI

Inter	190
Monza	189
Atalanta	188
Cagliari	184
Empoli	184
Fiorentina	184
Lazio	183
Lecce	180
Salernitana	180
Verona	179
Frosinone	177
Sassuolo	177
Milan	176
Bologna	174
Juventus	173
Roma	172
Napoli	171
Udinese	170
Genoa	160
Torino	160

Cambi subiti

I GIOCATORI ENTRATI PIÙ VOLTE A PARTITA INIZIATA

	Nome	Cognome	Ruolo	Squadra
28	Rodriguez L.	Pedro	ATT	Lazio
26	Davide	Frattesi	CEN	Inter
26	Samuele	Mulattieri	ATT	Sassuolo
25	Roberto	Piccoli	ATT	Empoli/Lecce
25	Arkadiusz	Milik	ATT	Juventus
23	Zopolato N.	Carlos Augusto	DIF	Inter
23	Matias	Vecino	CEN	Lazio
23	Giacomo	Raspadori	ATT	Napoli
22	Marko	Arnautovic	ATT	Inter
22	Noah	Okafor	ATT	Milan
21	Nicola	Sansone	ATT	Lecce
21	Valentin	Carboni V.	CEN	Monza
20	Samuel	Iling-Junior	ATT	Juventus
20	Jesper	Lindstrom	CEN	Napoli
20	Giovanni	Simeone	ATT	Napoli
20	Sardar	Azmoun	ATT	Roma
19	Caleb	Ekuban	ATT	Genoa
19	Valentin	Castellanos	ATT	Lazio
19	Mateusz	Legowski	CEN	Salernitana
18	Matteo	Cancellieri	ATT	Empoli
18	M'Bala	Nzola	ATT	Fiorentina
18	Timothy	Weah	CEN	Juventus
18	Kenan	Yildiz	ATT	Juventus
18	Isaac	Success	ATT	Udinese

I GIOCATORI USCITI PIÙ VOLTE DURANTE LA PARTITA

	Nome	Cognome	Ruolo	Squadra
30	Andrea	Colpani	CEN	Monza
29	Matteo	Politano	ATT	Napoli
28	Federico	Dimarco	DIF	Inter
24	Charles	De Ketelaere	ATT	Atalanta
24	Stefano	Sabelli	DIF	Genoa
24	Andrea	Cambiaso	DIF	Juventus
24	Andrea	Pinamonti	ATT	Sassuolo
23	Filip	Kostic	CEN	Juventus
23	Hassane	Kamara	DIF	Udinese
22	Milan	Badelj	CEN	Genoa
21	Matteo	Ruggeri	DIF	Atalanta
21	Henrikh	Mkhitaryan	CEN	Inter
21	Marcus	Thuram	ATT	Inter
21	Mattia	Zaccagni	ATT	Lazio
21	Christian	Pulisic	ATT	Milan
21	Darko	Lazovic	CEN	Verona
20	Hakan	Calhanoglu	CEN	Inter
20	Armand	Lauriente"	ATT	Sassuolo
20	Kristian	Thorstvedt	CEN	Sassuolo

Serie A

L'organigramma della Lega

Lorenzo Casini Presidente
Luca Percassi Vicepresidente del consiglio
Luigi De Siervo Amministratore Delegato
Gaetano Blandini Consigliere di Lega indipendente
Rebecca Corsi, Luca Percassi, Paolo Scaroni, Maurizio Setti Consiglieri
Claudio Lotito, Giuseppe Marotta Consiglieri Federali

COLLEGIO DEI REVISORI
Maurizio Dallocchio Presidente
Enrico Calabretta, Mario Tardini Componenti effettivi
Luigi Capitani, Maria Luisa Mosconi Supplenti

Il regolamento

Dalla stagione 2004-2005, al campionato di Serie A partecipano 20 squadre, con 3 retrocessioni a fronte di 3 promozioni dalla Serie B. Le squadre si affrontano secondo il sistema "all'italiana" con partite di andata e ritorno. Sono assegnati 3 punti per ciascuna vittoria, un punto ad entrambe le squadre in caso di pareggio e nessun punto in caso di sconfitta.

In caso di parità nella graduatoria finale, si tiene conto dei seguenti criteri:
- punti ottenuti negli scontri diretti
- differenza reti dei confronti diretti
- differenza reti totale
- maggior numero di reti segnate
- eventuale sorteggio

La squadra che ottiene il maggior numero di punti al termine delle 38 giornate di campionato, si laurea campione d'Italia e accede direttamente alla fase a gironi della Champions League, assieme alla seconda, terza e quarta classifica. La quinta e la sesta in graduatoria si qualificano alla prossima Europa League mentre la settima prenderà parte alla Conference League. Retrocedono in Serie B, invece, le ultime tre classificate che, dopo 38 giornate, avranno totalizzato il minor numero di punti.

L'Albo d'oro

Anno	Squadra	Anno	Squadra	Anno	Squadra
1929-30	**Inter**	1961-62	**Milan**	1992-93	**Milan**
1930-31	**Juventus**	1962-63	**Inter**	1993-94	**Milan**
1931-32	**Juventus**	1963-64	**Bologna**	1994-95	**Juventus**
1932-33	**Juventus**	1964-65	**Inter**	1995-96	**Milan**
1933-34	**Juventus**	1965-66	**Inter**	1996-97	**Juventus**
1934-35	**Juventus**	1966-67	**Juventus**	1997-98	**Juventus**
1935-36	**Bologna**	1967-68	**Milan**	1998-99	**Milan**
1936-37	**Bologna**	1968-69	**Fiorentina**	1999-00	**Lazio**
1937-38	**Inter**	1969-70	**Cagliari**	2000-01	**Roma**
1938-39	**Bologna**	1970-71	**Inter**	2001-02	**Juventus**
1939-40	**Inter**	1971-72	**Juventus**	2002-03	**Juventus**
1940-41	**Bologna**	1972-73	**Juventus**	2003-04	**Milan**
1941-42	**Roma**	1973-74	**Lazio**	2004-05	Titolo revocato
1942-43	**Torino**	1974-75	**Juventus**	2005-06	**Inter**
1943-44	Non assegnato	1975-76	**Torino**	2006-07	**Inter**
1944-45	Non assegnato	1976-77	**Juventus**	2007-08	**Inter**
1945-46	**Torino**	1977-78	**Juventus**	2008-09	**Inter**
1946-47	**Torino**	1978-79	**Milan**	2009-10	**Inter**
1947-48	**Torino**	1979-80	**Inter**	2010-11	**Milan**
1948-49	**Torino**	1980-81	**Juventus**	2011-12	**Juventus**
1949-50	**Juventus**	1981-82	**Juventus**	2012-13	**Juventus**
1950-51	**Milan**	1982-83	**Roma**	2013-14	**Juventus**
1951-52	**Juventus**	1983-84	**Juventus**	2014-15	**Juventus**
1952-53	**Inter**	1984-85	**Hellas Verona**	2015-16	**Juventus**
1953-54	**Inter**	1985-86	**Juventus**	2016-17	**Juventus**
1954-55	**Milan**	1986-87	**Napoli**	2017-18	**Juventus**
1955-56	**Fiorentina**	1987-88	**Milan**	2018-19	**Juventus**
1956-57	**Milan**	1988-89	**Inter**	2019-20	**Juventus**
1957-58	**Juventus**	1989-90	**Napoli**	2020-21	**Inter**
1958-59	**Milan**	1990-91	**Sampdoria**	2021-22	**Milan**
1959-60	**Juventus**	1991-92	**Milan**	2022-23	**Napoli**
1960-61	**Juventus**			2023-24	**Inter**

Gli arbitri

La commissione

RESPONSABILE

Gianluca	Rocchi	Firenze

COMPONENTI

Antonio	Damato	Barletta
Elenito Giovanni	Di Liberato	Teramo
Andrea	Gervasoni	Mantova
Dino	Tommasi	Bassano del Grappa
Mauro	Tonolini	Milano

I numeri

47 Arbitri

84 Assistenti arbitrali

13 Arbitri Var pro

5 Assistenti Var Pro

Gli arbitri

nome	cognome	distretto
ARBITRI		
Rosario	Abisso	Palermo
Gianluca	Aureliano	Bologna
Giovanni	Ayroldi	Molfetta
Niccolò	Baroni	Firenze
Kevin	Bonacina	Bergamo
Giacomo	Camplone	Pescara
Daniele	Chiffi	Padova
Giuseppe	Collu	Cagliari
Andrea	Colombo	Como
Francesco	Cosso	Reggio Calabria
Marco	Di Bello	Brindisi
Davide	Di Marco	Ciampino
Federico	Dionisi	L'Aquila
Daniele	Doveri	Roma 1
Michael	Fabbri	Ravenna
Ermanno	Feliciani	Teramo
Maria Sole	Ferrieri Caputi	Livorno
Francesco	Fourneau	Roma 1
Davide	Ghersini	Genova
Antonio	Giua	Olbia
Matteo	Gualtieri	Asti
Marco	Guida	Torre Annunziata
Federico	La Penna	Roma 1
Gianluca	Manganiello	Pinerolo
Matteo	Marcenaro	Genova
Matteo	Marchetti	Ostia Lido
Fabio	Maresca	Napoli
Maurizio	Mariani	Aprilia

nome	cognome	distretto
Livio	Marinelli	Tivoli
Davide	Massa	Imperia
Luca	Massimi	Termoli
Daniele	Minelli	Varese
Marco	Monaldi	Macerata
Daniele	Orsato	Schio
Luca	Pairetto	Nichelino
Daniele	Perenzoni	Rovereto
Ivano	Pezzuto	Lecce
Marco	Piccinini	Forlì
Alessandro	Prontera	Bologna
Antonio	Rapuano	Rimini
Daniele	Rutella	Enna
Juan Luca	Sacchi	Macerata
Alberto	Santoro	Messina
Simone	Sozza	Seregno
Paride	Tremolada	Monza
Manuel	Volpi	Arezzo
Luca	Zufferli	Udine
ASSISTENTI ARBITRALI		
Salvatore	Affatato	Verbano-Cusio-Ossola
Stefano	Alassio	Imperia
Mario Davide	Arace	Lugo di Romagna
Giovanni	Baccini	Conegliano
Khaled	Bahri	Sassari
Claudio	Barone	Roma 1
Marco	Belsanti	Bari
Filippo	Bercigli	Firenze
Alessio	Berti	Prato

nome	cognome	distretto
Daniele	Bindoni	Venezia
Paolo	Bitonti	Bologna
Matteo	Bottegoni	Terni
Marco	Bresmes	Bergamo
Pasquale	Capaldo	Napoli
Ciro	Carbone	Napoli
Ivan	Catallo	Frosinone
Alex	Cavallina	Parma
Marco	Ceccon	Lovere
Dario	Cecconi	Empoli
Marco	Ceolin	Treviso
Alessandro	Cipressa	Lecce
Nicolò	Cipriani	Empoli
Valerio	Colarossi	Roma 2
Francesco	Cortese	Palermo
Alessandro	Costanzo	Orvieto
Marco	D'Ascanio	Ancona
Pasquale	De Meo	Foggia
Pietro	Dei Giudici	Latina
Stefano	Del Giovane	Albano Laziale
Giuseppe	Di Giacinto	Teramo
Vittorio	Di Gioia	Nola
Damiano	Di Iorio	Verbano-Cusio-Ossola
Francesca	Di Monte	Chieti
Federico	Fontani	Siena

nome	cognome	distretto
Domenico	Fontemurato	Roma 2
Mauro	Galetto	Rovigo
Stefano	Galimberti	Seregno
Dario	Garzelli	Livorno
Alessandro	Giallatini	Roma 2
Davide	Imperiale	Genova
Paolo	Laudato	Taranto
Stefano	Liberti	Pisa
Alessandro	Lo Cicero	Brescia
Fabrizio	Lombardo	Cinisello Balsamo
Federico	Longo	Paola
Francesco	Luciani	Milano
Damiano	Margani	Latina
Gaetano	Massara	Reggio Calabria
Vito	Mastrodonato	Molfetta
Filippo	Meli	Parma
Thomas	Miniutti	Maniago
Gamal	Mokhtar	Lecco
Luca	Mondin	Treviso
Davide	Moro	Schio
Andrea	Niedda	Ozieri
Niccolò	Pagliardini	Arezzo
Domenico	Palermo	Bari
Matteo	Passeri	Gubbio
Giorgio	Peretti	Verona

nome	cognome	distretto
Giuseppe	Perrotti	Campobasso
Mattia	Politi	Lecce
Emanuele	Prenna	Molfetta
Fabiano	Preti	Mantova
Edoardo	Raspollini	Livorno
Marco	Ricci	Firenze
Fabrizio Aniello	Ricciardi	Ancona
Domenico	Rocca	Catanzaro
Christian	Rossi	La Spezia
Luigi	Rossi	Rovigo
Marcello	Rossi	Biella
Mattia	Scarpa	Reggio Emilia
Marco	Scatragli	Arezzo
Antonio	Severino	Campobasso
Alberto	Tegoni	Milano
Alessio	Tolfo	Pordenone
Tiziana	Trasciatti	Foligno
Marco	Trinchieri	Milano
Filippo	Valeriani	Ravenna
Valerio	Vecchi	Lamezia Terme
Mario	Vigile	Cosenza
Mauro	Vivenzi	Brescia
Federico	Votta	Moliterno
Daisuke Emanuele	Yoshikawa	Roma 1
Andrea	Zingarelli	Siena

nome	cognome	distretto
ARBITRI VMO		
Antonio	Di Martino	Teramo
Aleandro	Di Paolo	Avezzano
Matteo	Gariglio	Pinerolo
Massimiliano	Irrati	Pistoia
Lorenzo	Maggioni	Lecco
Valerio	Marini	Roma 1
Paolo	Mazzoleni	Bergamo
Francesco	Meraviglia	Pistoia
Gianpiero	Miele	Nola
Luigi	Nasca	Bari
Daniele	Paterna	Teramo
Marco	Serra	Torino
Paolo	Valeri	Roma 2
ASSISTENTI VMO		
Rodolfo	Di Vuolo	Castellammare di Stabia
Salvatore	Longo	Paola
Oreste	Muto	Torre Annunziata
Giacomo	Paganessi	Bergamo
Orlando	Pagnotta	Nocera Inferiore

Datasport
a tappe

La Storia di un miglioramento costante nella gestione della comunicazione sportiva

2023/2024 Si esplorano nuovi media, nuove organizzazioni, nuovi prodotti sempre più periferici e locali partendo da una base dati globale sempre più grande.
Obiettivo di periodo: l'adozione del Tempo Effettivo nel Calcio nei pro e negli amatori.

2022 novembre Inizia l'era della Intelligenza Artificiale. Le competenze si amplificano e coinvolgono grandi gruppi di persone ognuno competente nel suo ruolo e diventa difficile competere con il video sempre più dedicato e frammentato.

2021/2023 Ricerca di nuovi approcci di un settore editoriale allo sbando.

2019/2020 Introduzione di un nuovo concetto di comunicazione del calcio in modo trasversale nei mezzi, nel tempo e nei media. Soddisfazione di tutti i bisogni informativi per tutte le classi di età, per tutti i diversi interessi, per qualunque mezzo utilizzato per la consultazione.

2018/2019 Datasport nuova versione e progetto "Una persona in ogni Stadio".

2017 Parte su www.datasport.it la pubblicazione, modello YearBook americano, dei dati di tutte le partite dalla Serie A ai Dilettanti e alle Giovanili, Live con i dati statistici, progetto che vanta numerosi tentativi di imitazione.

2016/2024 Pubblicazione di 20 almanacchi Yearbook con i dati di tutta la stagione, dalla Serie A maschile e femminile alla Primavera passando Serie C e Serie D, sia in carta sia in ebook. Importante la dedizione al Progetto di Matteo Pifferi, di Alberto Rossi e delle competenze grafiche di Antonella Colucci.

2016 Partecipazione alle Olimpiadi di Rio de Janeiro con innovazioni e approfondimenti tecnici non presenti sino ad allora con uso di computer di ultima generazione che hanno piantato in asso tutti e tre gli inviati.

2012 Partecipazione alle Olimpiadi di Londra con innovazioni e approfondimenti tecnici, video ed internet, non presenti sino ad allora. Storie umane e di colore dalle Olimpiadi. Storie degli atleti italiani raccontate dal campo di gara a cura di Guido Di Santo.

2006 Campionato Mondiale di Calcio di Germania: interviste audio in diretta sul sito internet con uso di un telefonino per la connessione e di un apparato tecnico appositamente predisposto per la registrazione. Prime parole di Andrea Pirlo, capitano della squadra italiana campione del Mondo, in diretta in italiano su un sito internet.

2004 Partecipazione alle Olimpiadi di Atene con innovazioni e approfondimenti tecnici non presenti sino ad allora.

2000 Presa in carico come 1°Editore del

manuale di Fantacalcio di Riccardo Albini, Alberto Rossetti e Benedetta. Prima uscita assoluta del concetto Fantasy Football già presente negli Stati Uniti.

2000 RAI Televideo, introduzione del concetto notiziario aggiornato sulle attività delle squadre con il resoconto dalle sedi di allenamento.
Partecipazione alle Olimpiadi di Sydney con innovazioni e approfondimenti tecnici. Intervista a Mohamed Ali.

1996 Analisi tecnica per la modifica del regolamento del calcio FIFA (passaggio al portiere, 10 raccattapalle, recupero, barella in campo, Tabellone per comunicare il tempo da recuperare, ecc.). Presentatore del Progetto: Paolo Casarin.

1995 1° luglio Pubblicazione del primo numero di Datasport.it, sito e notiziario internet su tutto lo sport italiano Sei mesi prima del leader della comunicazione sportiva italiana.

1994 Primo sito di notizie di calcio Datasport.it - Internet World Wide Web con server a Rende (CS) collegato con il mondo attraverso una T-Bone Motorola. Promotore attività informatiche Francesco Marrara. Primo esempio di clouds collegati con il mondo senza rendercene conto.

1992/1998 Collaborazione con AIA e FIGC con l'analisi tecnica delle partite e delle prestazioni degli arbitri. Presidente Gianni Petrucci e designatore degli arbitri Paolo Casarin.

1990 Rilevazione Statistica in diretta di tutte le partite del Campionato Mondiale di Calcio Italia '90 - Prima assoluta mondiale. Abbiamo insegnato al mondo che anche il gioco del calcio poteva essere registrato, analizzato e valutato.

1990 Banca Dati FIFA di tutti i giocatori, squadre e partite giocate nei gironi eliminatori e nei gironi finali durante i campionati Mondiali di Calcio dal 1930 al 1986.

1988 Coppa dei Sogni Gazzetta dello Sport a cura di Alessandro De Calò, Paolo Condò, Stefano Bizzotto e Fabio Bianchi, Da un'idea di Enrico Maida e la realizzazione tecnica di Luciano Menghi Responsabile del primo database di dati e notizie (Tesaurus) della RCS e Giacomo Zordan, prezioso e antesignano informatico di Datasport.

1988 Inizio della trasmissione 'Tutto Basket' condotta da Giorgio Micheletti - gestione in tempo reale di tutti i dati del campionato italiano di Serie A.

1987/1989 Redattore insieme a Bruno Talamonti di 'Tutto il Calcio Minuto per Minuto' con conduttori Roberto Bortoluzzi e Massimo De Luca. Incremento delle informazioni sulle partite di Serie C e valorizzazione dei campionati non di Serie A sulla schedina del Totocalcio, detta la Sisal ideata da Massimo Della Pergola successivamente collaboratore di Datasport per i Sistemi da giocare dai tabaccai.

1987 Inizio della trasmissione 'Qui Studio a Voi Stadio' ideata da Ruggero Muttarini e Paolo Romani - gestione informatica e editoriale dei dati sportivi con incremento esponenziale del ricavo pubblicitario televisivo per una trasmissione della domenica pomeriggio.

1986 Raccolta delle statistiche sulla Serie B, ndividuali e di squadra.

1986/2008 Gestione domenicale della pagina 201 di RaiTelevideo con l'introduzione del concetto di risultato in tempo reale dalla Serie A alla D, gestione di 14 campionati in contemporanea. Direttore Giorgio Cingoli, redattori Donatella Scarnati, Paolo Petruccioli, Mauro Mosconi, Guido Fumarola.

1985 1° settembre. Raccolta delle Statistiche individuali e di squadra della Serie A. Gestione del paginone centrale della Gazzetta dello Sport con tutti i dati del Campionato Riferimento preziosissimo per tutti gli appassionati.

Yearbook dei Campionati di Calcio 2023/24

Disponibili su Amazon.it